# 刑辩撷英

## 刑事辩护经典案例选编

XINGBIAN XIEYING

XINGSHI BIANHU JINGDIAN ANLI XUANBIAN

河南省洛阳市律师协会／编著

法律出版社 LAW PRESS · CHINA

北京

**图书在版编目(CIP)数据**

刑辩撷英:刑事辩护经典案例选编/河南省洛阳市律师协会编著. -- 北京:法律出版社,2021
ISBN 978-7-5197-6032-8

Ⅰ. ①刑… Ⅱ. ①河… Ⅲ. ①刑事诉讼-辩护-案例-中国 Ⅳ. ①D925.210.5

中国版本图书馆 CIP 数据核字(2021)第205772号

**刑辩撷英**
——刑事辩护经典案例选编
**XINGBIAN XIEYING**
—XINGSHI BIANHU JINGDIAN ANLI XUANBIAN

河南省洛阳市律师协会 编著

策划编辑 冯雨春
责任编辑 冯雨春 谢瑞忠
装帧设计 鲁 娟

**出版发行** 法律出版社
**编辑统筹** 法律应用出版分社
**责任校对** 邢艳萍
**责任印制** 吕亚莉
**经　　销** 新华书店

**开本** 710毫米×1000毫米 1/16
**印张** 24.5 **字数** 434千
**版本** 2021年11月第1版
**印次** 2021年11月第1次印刷
**印刷** 天津嘉恒印务有限公司

地址:北京市丰台区莲花池西里7号(100073)
网址:www.lawpress.com.cn
投稿邮箱:info@lawpress.com.cn
举报盗版邮箱:jbwq@lawpress.com.cn

销售电话:010-83938349
客服电话:010-83938350
咨询电话:010-63939796


**书号**:ISBN 978-7-5197-6032-8
**定价**:100.00元
凡购买本社图书,如有印装错误,我社负责退换。电话:010-83938349

# 编委会

洛阳市律师协会《刑辩撷英—刑事辩护经典案例选编》编委成员合影

第一排（从左至右）：王君祥、尚旭辉、张杰

第二排（从左至右）：孙瑞红、王亚静、李松奎、张耀昱、杨综治、张宝、张水山、张耀武、程建龙、张原芳、姜爱军

# 前　言 / PREFACE

律师制度是中国特色社会主义司法制度的重要组成部分。律师队伍是落实依法治国基本方略、建设社会主义法治国家的重要力量，是社会主义法治工作队伍的重要组成部分。刑事辩护律师作为律师队伍中的重要组成部分，在建设社会主义法治国家的进程中发挥着不可替代的重要作用。刑事辩护律师业务水平的高低将直接影响到律师职能的履行。

洛阳，千年帝都、牡丹花城，物华天宝、人杰地灵。洛阳法律历史文化也同样源远流长。截至2020年12月31日，洛阳现有律师事务所146家（其中合伙制所113家，个人所32家，国资所1家），执业律师1827名（其中专职律师1790人，兼职律师37名），另外洛阳市还有公司律师17名，公职律师153名，法律援助律师13名。刑事辩护业务是洛阳律师非常重要的业务之一，有近千名律师从事刑事辩护业务。洛阳市律师协会刑事法律业务委员会（以下简称“刑委会”）有委员75人，是洛阳市律师协会最大的专业委员会。刑委会为了着力提高洛阳刑辩律师的业务能力，对洛阳刑事辩护律师提供了大量的业务指导与培训。近些年来，洛阳刑事辩护律师在刑事辩护领域收获了较多的成果，涌现了一批经典的刑事辩护案例。这些案例中，或者被告人被判决无罪、免于刑事处罚，或者案件被改变定性，等等。这些刑事辩护有力地维护了当事人合法权益，维护了法律的正确实施，也维护了社会公平正义。

为了更快地提高洛阳刑事辩护律师的业务能力，同时也为了弘扬正能量，刑委会决定将近些年洛阳刑事辩护律师办理的经典刑事辩护案例选编成册，以资继往开来。刑委会在洛阳市司法局、洛阳市律协的领导和帮助下，成立了以主管副会长、刑委会主任、副主任、秘书长、副秘书长为骨干的编委会，编辑了这本《刑辩撷英—刑事辩护经典案例选编》。为了提高本书的理论水平和选取案例的科学性，编委会还邀请了三位刑法学博士作为案例选编与点评专家。

本书征集的案例是近几年来判决无罪、免于刑事处罚、改变定性或重大改判的典型案例，经过编委会的严格审查，最后精选出60余篇案例。

本书的出版是我们集体智慧的结晶，是刑委会业务开展中的一座里程碑。在此，洛阳市律协及律协刑委会向入编的广大作者律师表示真诚的祝贺，向洛阳市司法局领导的大力支持表示感谢，向在百忙中为该书作序的上海交通大学凯原法学院教授张绍谦老师表示感谢，向默默奉献不计报酬辛苦点评改稿的三名专家教授河南科技大学法学院教授王君祥老师和刑法学博士张宝老师、洛阳师范学院刑法学博士张杰老师表示由衷的感谢，对前期参与和帮助该书出版工作的律师同仁及慷慨捐款的编委会成员张耀武、张水山、程建龙、张耀显、庄红强、张原芳、李松奎、索亚星、杨新涛、刘伟、姜爱军、杨综治、孙瑞红、王亚静等律师表示感谢！洛阳市律师协会支持本书的款项有限，编委会成员慷慨解囊捐助，在此特致谢忱。

本书可以作为刑事辩护律师培训案例参考，可以作为法律院校刑事辩护法律实务参考教学使用，也可以为全国的刑事辩护律师办理刑事案件提供参考。由于本书的编写时间有限，编写经验不足，难免存在一定的疏漏之处，欢迎读者批评指正。我们将推陈出新，努力提高编写水平。

我们生活在一个美好的时代，一个全面推进依法治国的时代，我们刑事辩护律师需要拿出更多的时间、智慧和精湛的专业素养担负起这个时代赋予我们的历史使命！

# 序　言 / PREFACE

“九朝古都”洛阳位居豫西，据黄河之险，西靠秦岭，东临嵩岳，北依太行，南望伏牛，风景优美，文明厚重，历史悠久，人杰地灵，一句“一千年看北京、三千年看西安、五千年看洛阳”，足以道出洛阳在中华文明发展中的重要地位；将洛阳比作“中华文化的读本”，一点也不显夸张。或许由于本人土生土长于洛阳，对洛阳及洛阳人有着天然难以割舍的感情，也或许是出于法律人对法治的共同信仰，所以当洛阳市律师协会副会长尚旭辉先生邀请我为洛阳市律师协会刑事法律委员会编写的《刑辩撷英—刑事辩护经典案例选编》一书作序时，我便欣然接受并乐意为之。

现任最高人民检察院检察长张军曾言：“案例是人民法院审理案件后形成的司法产品，是总结审判经验，诠释法律精神的重要载体，具有宣传法治、教育群众和指导审判的重要作用”。为此，我国最高司法机关一直高度重视典型案例的实践作用，并逐步形成了具有中国特色的案例指导制度。从法院审判乃至法治建设视角看，重视挑选并研究典型案例，对于统一司法适用、促进司法公正，加强法治宣传，提升司法公信力，满足人民群众对公正司法的期待与需求，都具有十分重要的意义。因为从典型案例中提炼指导规则，用典型案例指导类似案件，就等于在从抽象到具体的法律适用之外，又增加了一个由具体到具体的实践指导途径，有利于更准确地对事实和法律进行聚焦，最大限度地实现法律适用上的统一。同时，典型案例也是开展法制宣传的活教材，通过典型案例判决的释法说理，可以让广大民众从中受到启示和教育，从而自觉学法、知法、守法、用法。从刑事辩护的视角看，典型案例同样具有重要的实践价值和理论价值。因为法律不是僵死的规则，而是鲜活的事实和生动的逻辑。律师对执业过程中的典型案件进行有意识收集、整理、提炼，不仅可以充分发掘案件事实及案件本身蕴含的法治信息，直接有利于做好个案的刑事辩护，而且提炼出来的关于个案的法律逻辑和法理诠释也能为今后类似案件的辩护提供新的思路与视角，从而形成实践丰富理论，理论指导实践的良性互动。美国大法官霍姆斯曾言：“法律的生命在于经验而不在于逻辑”，其中真意大抵如此。

通过认真阅读，深感《刑辩撷英—刑事辩护经典案例选编》是一本难得的理论与实践兼备，法理与情理并融的书籍，具体理由除了基于前述对典型案例意义的实践认知以外，还因为本书具有如下几个显著特点：

第一，案例典型。全书收集的众多案例中，不仅案件事实典型，每个案件的争议焦点都直击当前法律规定或法律适用的焦点和难点，从而使得每个案件的辩护都能在一定程度上激起一片涟漪，而且案件处理结果也都具有一定的典型性。案例中除了部分案件裁决轻判以外，有相当一部分案件都以公安机关撤销案件或检察院撤回起诉而终结，甚至还有部分案件直接取得了无罪判决。在当前无罪判决率极为低下的司法环境下，能够取得如此好的辩护效果，应当说足见其典型性。在当前最高司法机关着力强调同案同判，最大限度统一法律适用的时代背景下，我相信本书收录的典型案例不仅对于刑事律师辩护具有重要的参考价值，而且对于法律统一适用，提升司法公信力也将具有十分重要的实践意义。

第二，体系新颖。本书选取典型疑难刑事案例，结合司法实践中的新情况、新问题，大体以“案情简介”“辩护要旨”“辩护意见”“案件结果”“结语及建议”“案件评析”“专家点评”的编排体系以案说法，不仅对具体个案的事实和法律适用问题进行了精准的分析，而且以专家点评的方式，对案件的具体辩护及由案件可能引申的刑法总则和分则中的主要问题进行了比较全面系统的评析。不仅对于读者直观、形象地学习、理解刑法很有帮助，而且对于司法人员、律师同行、院校师生及其他研习法律者援引类似案件，正确适用刑法也都具有清晰明确的指引。

第三，说理透彻。胡云腾大法官在谈刑事辩护中曾经强调，刑事辩护律师必须重视有力辩护、有理辩护和有效辩护。辩护律师不仅要提出观点、要求和主张等，更要充分说理，以理服人。所以好的刑事辩护必须要立足事实和证据充分说理，惟其如此，才能确保辩护意见有充分的事实证据支撑和法理支持，进而取得良好的辩护效果。本书中的律师辩护集中体现了这一要求，不仅在个案中深刻诠释了法理，而且在结语及建议部分更深入地阐释了常识、常理，很好地做到了天理、国法、人情、常识、常理、常情判断融为一体，应当说集中展现了洛阳律师协会刑事法律委员会律师们扎实的业务能力和良好的业务素养。

当然，本书中也存在一些值得进一步完善的地方。例如，少数案例的写作结构不够统一、辩护说理有待进一步深化等。但瑕不掩瑜，总体而言，该书仍可以说是一部实践与理论兼备，法理与情理并融的高质量研究成果。

卡夫卡曾言："目的是有，道路却无，我们谓之路者，乃踌躇也。"对于洛阳律师协会刑事法律委员会的朋友们来讲，本书的出版既是对过去业务经验和知识的总结，也是未来提升专业素养，再攀业务高峰的起点。惟愿洛阳律师协会刑事法律委员会的律师们再接再厉、继续奋发图强，通过不懈努力写出更好的作品，并通过这种专业研究，尽快打造出一批既精通辩护业务，又具有较高学术造诣的高水平刑事律师队伍！

上海交通大学凯原法学院教授　**张绍谦**

2021年3月15日

# 目　录 / CONTENTS

# · 1 ·

# 晋某某非法运输危险物质案

## ——“纯苯”不属于非法运输危险物质罪中的“危险物质”

曾 磊

## 一、案例基本信息

涉案罪名：以危险方法危害公共安全罪、污染环境罪、非法运输危险物质罪、危险物品肇事罪、危险驾驶罪

办案单位：江苏省镇江市京口区人民法院

结案时间：2019 年 1 月 16 日

结案方式：判决

## 二、案例正文

### 【案情简介】

2017 年 3 月 27 日 23 时 30 分许，晋某某、薛某某轮换驾驶、共同押运装载有 31.88 吨液态纯苯的豫 CF × × × 号重型半挂牵引车牵引豫 CH × × × 号重型罐式半挂车，在 × × 市 × 徒区 308 省道 209 公里 300 米处发生交通事故，致使该油罐车后方左侧管线爆裂。因晋某某、薛某某自知车辆违反规定运输纯苯，为逃避公安机关的打击，二人经商量后，在明知苯为易燃、易爆、有毒致癌物质并且泄漏的情况下，罔顾周边群众、车辆的安全，仍然驾驶该车向目的地 × × × × 仓储行驶，至 308 省道 192 公里向北 200 米处的某市某镇某村途中导致纯苯沿途泄漏，造成交通受阻、群众被疏散、环境污染等严重后果。依据国家关于危险化学品应急处置的通知要求，某市政府对重型罐式半挂车泄漏以及车内存余的苯进行了紧急处置。经鉴定，该次苯泄漏造成应急处置费用 146 万余元、财产损害费用

1.6 万元、生态环境损害费用 82 万余元，以及其他损失共计 250 万余元。办案机关以涉嫌污染环境罪移送审查起诉。

**【审查起诉阶段辩护要旨】**

紧急避险，紧急避险阻却违法事由。

**【审查起诉阶段辩护意见】**

嫌疑人晋某某并未发觉槽罐车被撞，后在行进中经过路车辆的提醒，方得知槽罐车已经泄漏，在下车检查时发现卸料管已经损坏，并有纯苯渗漏。由于发现泄漏地点在红绿灯的路口，为避免影响交通以及可能发生的其他危险，嫌疑人一边继续开车一边寻找较为宽阔的地段，同时在报告车队后拨打 119、110 报警。接报后，某市政府立即启动紧预案，对危险品泄漏进行现场处置。

（一）认定上述事实的具体理由

1. 发生交通事故时，晋某某有感觉不到的可能

（1）事故发生时晋某某驾驶的车辆存在一个急刹车的事实（晋某某供述，王某、赵某的证言）。众所周知，重车在急刹车时会产生一个强大的向前力，被追尾时也会造成一个向前力，当两种力同时发生时，有可能会产生错觉，把追尾的向前力当成重车刹车的向前力，从而没有感觉到发生了追尾。

（2）GPS 记录显示，发生事故前后，车速基本没有变化，说明驾驶人晋某某的意识没有发生变化，即没有认识到发生了追尾事故。

2. 停车检查前晋某某有未发现泄漏的可能

（1）沿途监控仅拍摄到晋某某下车检查一次。

（2）从 GPS 记录中停车的时间来看，晋某某在发现泄漏前不具有下车检查的时间。

（3）GPS 记录显示司机发现泄漏前后，车速才出现明显变化，说明晋某某发现泄漏后与发现泄漏前在心理状态上有明显不同。

3. 3 月 28 日《××晚报》网关于此次事故的报道

报道中称“经初步调查……在途经×境内时被一辆农用卡车追尾，但槽罐车司机未发觉……”案发当天《××晚报》网对案件基本情况做的报道，其信息应该由相关机关提供，具有真实可靠的特点。

4. 发现泄漏后的供述应该是真实可信的

①从位置上来看，发现泄漏的地点位于十字路口，确实有对过往车辆造成危

险的可能。

②从时间上来看，供述（边开车边打电话）与GPS记录、电话记录是相互吻合的。23点47分到23点52分发现泄漏，23点52分上车后叫醒押运员告知泄漏事故，协商处理办法；在23点54分向公司汇报，通话时间215秒，公司要求采取紧急处理措施；零点3分停车后，再次向公司拨打电话，最后选择报警。

综合以上4点，辩护人认为晋某某前后供述虽不一致，主要是在派出所与看守所的供述不一致，主要差别就是在发现纯苯泄漏的具体时间上，以及发现泄漏后晋某某的主观心理状态上。纵观全案证据，辩护人认为，晋某某在看守所的供述与卷宗记载的证言及GPS等客观性证据相互印证，更接近案件事实，其主观上不存在犯罪故意。

**（二）基于以上事实，晋某某不构成污染环境罪，同时也不构成危险物品肇事罪、非法运输危险物质罪**

1. 污染环境罪

构成本罪的关键在于有排放、倾倒或者处置有放射性的废物、含传染病病原体的废物、有毒物质或者其他有害物质的行为，并造成了严重后果，该罪为故意犯罪。结合本案，首先，嫌疑人晋某某没有意识到纯苯已经泄漏，主观上没有排放、倾倒、处置的故意，而本案造成的环境损害也是在政府及时采取合理救助措施的情况下，不可避免产生的污染，并非行为人故意或者过失造成；其次，晋某某的违法行为（即车辆介质不符与发现泄漏后没有立即停车报警）是在危险品的运输管理过程中发生的，而非排放、处理废物过程中发生的；最后，从侵犯的客体上看，晋某某违反的是危险品运输安全方面的管理制度，而不是国家环境保护和环境污染防治的管理制度。因此晋某某不符合污染环境罪的犯罪构成。

2. 危险物品肇事罪

在本案中，晋某某存在违反危险品运输管理条例的行为，也存在损害后果，但关键在于晋某某违反危险品运输管理条例的行为，与损害后果之间是否具有刑法上的因果关系。首先，发生事故是因后车驾驶员无证、酒驾追尾导致，后车应承担事故的全部责任，而非槽罐车车辆自身原因，因此发生事故造成槽罐车泄漏与介质不符不具有刑法上的因果关系；其次，嫌疑人发现泄漏后没有立即停车，虽然与纯苯沿途泄漏存在刑法上的因果关系，但嫌疑人是在为避免造成重大损失的情况下采取的紧急避险措施，不具有刑事惩罚性；最后，嫌疑人报警后，积极协助政府采取的应急措施，该措施是本质上是政府履行职能所采取的事故救助措施，虽然产生了巨大的费用，对环境造成了一定的损害，但后果并不是因为嫌疑人先前的违法行为所造成。因此，晋某某的行为不符合危险物品肇事罪的犯罪构成。

3. 非法制造、买卖、运输、储存危险物质罪

第一，本案的犯罪对象——“纯苯”在《危险化学品名录》中被列入第三类，是易燃液体，虽然有毒，但不属于剧毒化学品，也不属于禁止使用的化学品，不属于《刑法》条文中规定的“毒害性”物质；第二，“非法运输”是指未经国家批准或指定的单位，或不具有运输这类物质资格的单位和个人，从事运输这类物质的行为。本案涉及的单位与个人均具有运输危险品的资质，介质不符仅指的是车辆，而车辆并非非法制造、买卖、运输、储存危险物质罪的犯罪构成因素。因此晋某某的行为也不符合非法制造、买卖、运输、储存危险物质罪的犯罪构成要件。

**【审查起诉阶段辩护结果】**

检察院变更了罪名为非法运输危险物质罪，更重要的是排除了犯罪嫌疑人晋某某在公安机关的 4 次有罪供述，在《起诉书》中直接认定了晋某某在交通事故发生时未察觉车辆泄漏。实际上是排除了晋某某涉嫌犯罪的主观故意，为后续审判阶段的成功辩护奠定了坚实的基础。

**【审判阶段辩护要旨】**

“纯苯”不属于非法运输危险物质罪中的“危险物质”。

**【审判阶段辩护意见】**

辩护人对公诉机关指控的基本事实没有异议，但辩护人认为被告人不构成非法运输危险物质罪，具体理由如下：首先，纯苯不是非法运输危险物质罪的犯罪对象。依据《刑法》第 125 条第 2 款的规定，非法运输危险物质罪中的危险物质指的是毒害性、放射性、传染病病原体等物质。虽然法律对“毒害性”没有做出明确解释，但“两高”发布的《关于办理非法制造、买卖、运输、储存毒鼠强等禁用剧毒化学品刑事案件具体应用法律若干问题的解释》中对于国家明令禁止的剧毒化学品做出了“毒害性”的认定，近年来的司法实践中将列在《剧毒化学品目录》中的危险品，列在《危险货物品名表》中的毒害品也都在非法运输危险物质罪案件审理中做了“毒害性”物质的认定。需要注意的是，不管

“两高”还是司法实践中，都是以相应机关制定和发布的文件中对涉案危险化学物品做出特性剧毒的认定为前提，才能做出“毒害性”的认定。

结合本案，被告人运输的危险货物为纯苯，在《危险货物品名表》中属于三类“易燃液体”，既非《危险货物品名表》的第六类“毒害品和感染性物品”，也非第七类“放射性物品”，更不在《剧毒化学品目录》中，如将纯苯认定为非法运输危险物质罪中的“毒害性”物质，显然超出了正常的理解范畴，扩大了对“毒害性”物质的认定范畴，有违刑法的谦抑性原则。

其次，本案不存在非法运输的情形。“非法运输”是指未经国家批准或指定的单位，或不具有运输这类物质资格的单位和个人，从事运输这类物质的行为。本案涉及的单位与个人均具有运输危险品的资质，介质不符仅指的是车辆，而车辆并非非法制造、买卖、运输、储存危险物质罪的犯罪构成因素。因此晋某某的行为并不符合非法制造、买卖、运输、储存危险物质罪的犯罪构成要件。

**【案例结果】**

江苏省镇江市京口区人民法院基本上全部采纳了辩护意见，但认为被告人晋某某作为运输危险化学品的驾驶人员，在运输危险化学品的过程中，理应具有高度谨慎的注意义务，却未能察觉交通事故的发生，造成严重后果，以危险物品肇事罪定罪判处晋某某有期徒刑一年十个月。

**【司法文书】**

江苏省镇江市京口区人民法院（2018）苏1102刑初62号刑事判决书

**【案例评析】**

（一）事实认定是辩护成功的基础

从《起诉意见书》与《起诉书》的比对中可以看到，嫌疑人在第一时间是否发现事故发生是办案单位在事实认定方面的最大不同。而有无察觉发生事故，在刑事方面直接关系着嫌疑人涉嫌犯罪主观恶性的认定，在民事方面也关系着此后当事人是否可以进行保险理赔，以减少财产损失。因此，发生事故时当事人有无察觉车辆泄漏就成为辩护工作的重中之重。

然而改变事实认定并非容易之事。本案嫌疑人已经做出4次有罪供述，《交通事故认定书》也认定嫌疑人属于发生事故后逃逸，任何人也都会怀疑发生那么严重的交通事故（追尾车辆整个车头几乎全部塌陷），嫌疑人怎么可能察觉不到呢？但作为辩护人，辩护人要假设嫌疑人的辩解意见是真实的，那么该如何让办案机关相信？

霍姆斯在《普通法》的开篇中提到“法律的生命不在于逻辑，而在于经验”，笔者相信经验法则同样是打开这个案件的钥匙。辩护人先是找一些重车突然刹车，因向前作用力发生交通事故的视频，通过视频画面的播放使检察官对重车刹车后产生的巨大作用力有了直观的认识，嫌疑人确有把追尾的向前力当成重车刹车的向前力，从而没能感觉到发生追尾的可能；然后通过下车察看需要的最低时间档、GPS 记载车辆行进时各个时间段内速度的变化等客观证据去分析嫌疑人的心理变化，结合当地新闻媒体的现场报道，综合论证分析了嫌疑人 8 次供述中只有在看守所的 4 次供述对事实的描述符合真实情况，从而在审查起诉阶段即排除了故意犯罪的可能，为审判阶段的辩护打下了坚实的事实基础。

（二）法律分析是辩护成功的关键

非法运输危险物质罪规定在《刑法》第 125 条第 2 款，只有简单的一句话“非法制造、买卖、运输、储存毒害性、放射性、传染病病原体等物质，危害公共安全的，依照前款的规定处罚”，而何为“毒害性”物质，“等物质”又包含哪些？除了“两高”发布的《关于办理非法制造、买卖、运输、储存毒鼠强等禁用剧毒化学品刑事案件具体应用法律若干问题的解释》中对于国家明令禁止的剧毒化学品做出了“毒害性”的认定外，再无任何相关明确的司法解释了。那么“纯苯”是否属于毒害性物质？为了准确把握对“毒害性”物质的理解，辩护人查找了大量的司法判例，通过司法判例的研究发现，不管“两高”还是司法实践中，都是以相应机关制定和发布的文件中对涉案危险化学物品做出特性剧毒的认定为前提，才能做出“毒害性”的认定，据此辩护人对“毒害性”物质的认定有了精准的把控，本案中的“纯苯”在《危险货物品名表》中属于三类“易燃液体”，既非《危险货物品名表》的第六类“毒害品和感染性物品”，也非第七类“放射性物品”，更不在《剧毒化学品目录》中，因此纯苯不是非法运输危险物质罪中的“毒害性”物质。

为了增强辩护意见的说服力，降低法院在采纳辩护意见时可能产生的阻力，辩护人又撰写了司法判例研究报告一起提交给了法院。最终在判决书的“本院认为”部分详述不构成非法运输危险物质罪的理由时，大部分采纳了辩护意见。法律分析不仅是犯罪构成的理论分析，更是案件中每一项具体实物法律判断的分析。

**【结语及建议】**

本案的案件事实并不复杂，但是由于涉及环境污染这个敏感问题，当地政府在实施救助措施时又产生了很大的费用，因此从一开始的辩护就显得困难重重。先是侦查机关认为嫌疑人在事故发生后，为逃避处罚故意逃跑，才造成了如此大的损失，在办案过程中引供诱供，形成了前期4次的有罪供述；后来案件移送到了检察院，通过卷宗的证据分析虽然案件事实已经清晰，但因为产生的损失后果比较严重，嫌疑人不能取保，以至于案件在法院开庭时，被告人已经被羁押长达一年五个月；在案件审理过程中检察院又两次申请延期补充证据，到第二次开庭时被告人被羁押已经一年九个月了，此时单纯的无罪辩护显然已经不合时宜，"实报实销"将是当事人当时最现实的目标利益，要想实现目标利益，就得跨越无力赔偿这座大山。

辩护人通过认真分析并与当事人沟通，选择让其认罪，在能力范围内赔偿，以良好的态度争取法官的同情；以认彼罪（危险驾驶）非此罪（非法运输危险物质）为切入点，继续坚持做一个"委婉"的无罪辩护，再从证据方面削弱案件产生的损害后果认定，不将损害后果作为情节严重的考量，最终在嫌疑人羁押一年九个月后没有任何赔偿的情况下，拿到了1年10个月的判决结果，圆满完成了辩护任务。

通过办理该案，我们更加体会到刑事辩护是一个充满博弈的过程，作为辩护律师除了懂得法律外还要懂得博弈论，在非合作类博弈中，利用各种条件找到一种策略组合，使得每个参与人的策略是对其他参与人策略的最优反应，从而形成"纳什均衡"，实现当事人切身利益的目的。

## 三、专家点评

被告人实施犯罪时的主观心理态度是犯罪构成中的重要组成部分，在不同犯罪主观心理支配之下实施的犯罪行为，将会直接影响被告人此罪与彼罪的认定。本案中，辩护人基于现有证据与生活经验首先否决了被告人在实施涉罪行为时的主观故意，这一辩点把握得有理有利，具有极强的说服力。其次，在公诉机关指控本案被告人犯非法运输危险物质罪时，辩护人从纯苯并非"危险物质"、本案不存在非法运输行为两个方面出发，否认对该罪的指控。该辩护思路是值得肯定的，能够对非法运输危险物质罪的指控起到釜底抽薪的作用，最终判决书采纳了辩护人的辩护意见，并未将被告人的行为认定为非法运输危险物质罪。

**【作者简介】**

曾磊，河南思宏律师事务所律师。河南省律协刑事业务委员会委员、洛阳市律协刑事业务委员会执委。

## 2

# 赵某某、谢某盗窃、非法买卖危险物质案

## ——以盗窃为目的非法买卖危险物质属于牵连犯

贾 灿

### 一、案例基本信息

涉案罪名：盗窃罪、非法买卖危险物质罪

办案单位：甘肃省陇南市徽县人民检察院、徽县人民法院

结案时间：2018 年 10 月 15 日

结案方式：判决

### 二、案例正文

**【案情简介】**

2017 年春，犯罪嫌疑人赵某某经人介绍认识了谢某，二人在 2017 年 10 月至 11 月期间多次到甘肃省徽县鸿远公司“银洞子”矿点联系该矿点负责巡查工作的陈某某和李某某，给其 22000 元的“好处费”，并委托陈某某转交给鸿远公司采矿安全员山某某 4000 元，后又给在徽县鸿远公司寺垭检查站担任保安中队长的田某 2000 元“好处费”和三条黑兰州牌香烟，让该四人为其在“银洞子”的盗窃行为提供便利。达成协议后，赵某某联系吴某某、彭某某等人一同到徽县准备实施盗窃行为。

人员齐聚后，由谢某负责联系，由赵某某出资在周某某处购买氰化钠 15 袋（1500 斤）、片碱 30 袋（1500 斤）及活性炭 20 袋（1 吨）。2017 年 11 月 4 日，谢某租用徽县嘉陵镇桃园社村民蒋某的翻斗火车，将准备用于实施盗窃的氰化钠、片碱、活性炭、水泵等物资运到鸿远公司“银洞子”矿台附近的山洞内。

随即便开始了盗窃的准备及实施工作，直到 11 月 11 日凌晨嘉陵派出所接报上山追查时案发。

2017 年 12 月 7 日陇南市计量测试检定所和徽县价格认证中心对浸泡过的矿石进行计量和价格认证：干矿石为 13413. 43 吨，价格为 882711 元。随即徽县公安局以谢某、赵某某涉嫌盗窃罪及非法买卖危险物质罪向徽县检察院移送审查起诉。

**【辩护要旨】**

非法买卖危险物质的行为与盗窃行为的手段和目的、过程与结果具有牵连关系，根据刑法牵连犯的理论应择一重罪处理，犯罪数额应按照其实际盗窃所得予以认定。

**【辩护意见】**

（一）本案中赵某某虽然有非法买卖危险物质及盗窃两个犯罪行为，但不应当按两个罪名追究刑事责任

本案中不论赵某某是否存在购买氰化钠的行为，都不应该按照两个罪名认定。因为其购买氰化钠的目的是实施盗窃，购买氰化钠的行为是盗窃的一种方法。我国《刑法》总则部分对于实施数个犯罪行为有牵连犯和吸收犯的理论。牵连犯是指出于一个犯罪目的，实施数个犯罪行为，数个行为之间存在手段与目的或者原因与结果的牵连关系，分别触犯数个罪名的犯罪状态。例如《刑法》第 399 条第 3 款规定：司法工作人员收受贿赂，有前三款行为的，同时又构成本法第 385 条规定之罪的，依照处罚较重的规定定罪处罚。即徇私枉法罪与受贿罪或枉法裁判罪与受贿罪构成牵连犯，要从一重处断。吸收犯，是指存在数个犯罪行为，其中一个犯罪行为吸收其他的犯罪行为，仅成立一个罪名的犯罪形态，一般选较重罪行量刑。根据上述理论，不论是牵连犯还是吸收犯，都是择一重罪处罚。因此本案中更符合吸收犯的原理，后面实施的盗窃行为吸收了前面的行为，应当按照一个罪名即盗窃罪定罪量刑。

（二）本案的盗窃数额应当按照 31300 元予以认定，不应当是 882711 元

关于本案中盗窃数额认定问题。在公安机关的起诉意见书中认定盗窃数额为 88 万余元，实际上他们实施盗窃行为盗窃的金额为 31300 元，应该按照实际盗窃 31300 元的数额定罪。公安机关认定的数额是给被盗单位造成的间接的经济损失，即 88 万余元，按照间接经济损失的数额对犯罪嫌疑人定罪量刑，该认定不

能成立。其理由如下。

（1）首先分析鉴定检材的选择，公安机关的认定逻辑是13000多吨的矿石都被浸泡，然后通过抽样计算得出数额，但是究竟涉案的1万多吨矿石是否都经过浸泡，公安机关计算受浸泡的矿石的具体数额是根据矿上的过磅单计算出来的，而不是按照实际全部经过浸泡的矿石计算的；

（2）被浸泡的矿石的大小和药液的浓度以及浸泡的时间都会影响到含量，本案中矿石的颗粒大小不同，一堆矿石受到浸泡和浇水的程度也不一样，不能一概而论按照抽样的标准计算损失的数额；

（3）不论经过药水浸泡过的矿石流失的金子有多少，毕竟都要经过炭块过滤，没有过滤的金子仍然在矿山内或者渗透到矿山上，只是加大了提炼的难度而已，他们真正盗窃的价值应该按照实际提炼的金子数额认定。公安机关按照给单位造成的损失，即88万余元认定，无法达到证据的唯一性和排他性，即不能按照间接损失确定盗窃数额。

（三）犯罪嫌疑人赵某某具有如下从轻处罚的情节

（1）赵某某的行为符合自首的法律规定，赵某某在检察院门口与公安机关朋友商谈自首事宜时被抓获，自首按照法律规定应当减轻处罚；

（2）赵某某系从犯，根据法律规定，从犯应当从轻处罚；

（3）赵某某有良好的认罪态度和深刻的悔罪表现；

（4）赵某某的亲属已经把涉案赃款交给办案机关。

**【案例结果】**

2018年8月6日，甘肃省徽县检察院采纳了笔者法律意见书中的意见，以盗窃罪一罪和31300元为认定的盗窃数额向甘肃省徽县人民法院提起公诉。在徽县法院的审判阶段，法院对笔者在2018年1月25日提供的“关于被告人赵某某自首线索的反映”也予以认可，并对赵某某从轻处罚。最终判处赵某某有期徒刑11个月。判决作出后不足一个月，被告人赵某某刑满释放。

**【司法文书】**

甘肃省徽县公安局徽公（预）刑诉字（2018）24号起诉意见书

甘肃省徽县人民检察院徽检公诉刑诉（2018）55号起诉书

甘肃省徽县人民法院（2018）甘1227刑初55号刑事判决书

## 【案例评析】

（一）对非法购买危险物质后用于盗窃行为的定性

本案是一起较为罕见的将氰化钠、片碱等危险物品用于盗窃行为的案件。本案的特殊之处在于盗窃的准备行为即购买氰化钠等危险物品也触犯了刑法关于非法买卖危险物品的罪名。徽县公安机关侦查完毕后，以非法买卖危险物质罪和盗窃罪移送至徽县检察院审查起诉。笔者在得知这一消息后，随即与徽县检察院承办检察官联系，并提出赵某某先前购买危险物品与后续的盗窃行为系原因与结果、手段和目的的关系。赵某某在主观上只有盗窃的目的，基于盗窃的犯罪目的实施了两个犯罪行为。在这个犯罪目的的指引下，形成了与牵连犯罪的目的行为、方法行为、结果行为相对应的两个犯罪故意，犯意的一致性和相对复数性是牵连犯的构成特征之一。因此，赵某某的先前行为即购买氰化钠等危险物品的行为不应当作为单独罪名进行起诉。笔者的这一观点被检察机关认可并予以采纳，并在向法院提起公诉的时候仅以盗窃罪一个罪名进行起诉。

（二）关于盗窃数额的认定，间接损失是否应当归于犯罪嫌疑人

本案中赵某某等用氰化钠、片碱等危险物品浸泡过的金矿石经鉴定共计干量13413.43吨，价值882711元。而赵某某等人加工提炼仅得到黄金约130克，变卖后获得赃款31300元。如果以鉴定结果作为犯罪数额进行刑事追诉，将面临事实认定和法律适用两个层面的困境。

1. 矿石并不因被浸泡而失去价值

根据分析鉴定检材的选择，公安机关的认定逻辑是13413.43吨的矿石都被浸泡，然后通过抽样计算得出数额，但是究竟涉案的13413.43吨矿石是否都经过浸泡？被浸泡过的矿石是否都因为浸泡而失去价值？答案当然是否定的。根据司法实践和社会一般人的常识可知，金矿石的价值在于矿石中提炼出黄金的价值。本案中谢某某等仅从13413.43吨矿石中提炼出价值31300元的黄金，剩余的80余万元的黄金仍然客观地存在于13413.43吨矿石中。只要对剩余的矿石进行加工提炼，剩余80余万元的黄金仍然可以提炼出来，其价值依然归被盗窃单位所有，故其损失应以31300元计。

2. 不能按照882711元对赵某某等进行刑事追诉

根据现行《刑事诉讼法》的规定，被盗单位有权对赵某某等提起附带民事诉讼，赵某某等应当将盗窃所得赃款予以返还，并赔偿损失，那么剩下的

13413.43 吨矿石的归属将难以确定。如果赵某某等如数归还赃款、补偿被盗单位的损失，仍将其归于被盗单位。被盗单位对其进行提炼，收益归单位所有，这对于赵某某等来说是极其不公平的。一旦这样的结果得到支持，这将对其他单位和个人起到莫大的鼓励作用。越来越多的单位和个人将减少安保措施，甚至期待自己成为那个被盗窃的单位和个人。如果将剩下的 13413.43 吨矿石归赵某某等人所有，结果将是让人难以接受的。

因此，按照鉴定结论的 882711 元进行起诉，既无法达到证据的唯一性和排他性，也无法准确进行事实认定和法律适用。

综上，徽县人民检察院最终没有按照两个罪名和鉴定数额 882711 元进行追诉，而是采取了笔者的观点按照盗窃一罪、盗窃数额为 31300 元向法院提起公诉。

**【结语及建议】**

本案侦查期间，笔者在接受委托后第一时间会见了赵某某，得知其是去自首的路上在检察院门口被抓获，符合最高人民法院《关于处理自首和立功具体应用法律若干问题的解释》中关于自首的规定。但侦查机关忽略了这一点，笔者随即将这一线索向办案机关反映，最终被法院依法予以认定，对赵某某从轻处罚。

建议辩护律师在办理刑事案件的过程中，一旦发现对犯罪嫌疑人、被告人有利的因素，要及时向办案机关反映。

律师在办案过程中，不仅要注意积累实务经验，还要对刑法理论界的观点进行学习和实时更新。理论指导实践，在对理论烂熟于胸的基础上，熟练运用法律，秉承“专业、负责、认真”的态度寻找公诉方的证据瑕疵和有利于被告人的辩论观点，这不仅有利于维护当事人的合法权益，也对侦查机关和审查起诉机关的办案起至关重要的促进作用。

## 三、专家点评

牵连犯，是指行为人实施某一犯罪，而其手段行为或者结果行为又触犯其他罪名的情况。虽然也有学者认为，对牵连犯应当并罚，但理论通说基本上坚持从一重罪处罚原则，因此刑事辩护中必须高度重视牵连犯理论。只要正确处理行为人所实施的数个犯罪行为之间方法与目的或原因与结果的密切联系，往往就能避免数罪并罚的严重后果。就本案而言，辩护人正是着眼于被告人的盗窃行为与为了实施盗窃而非法购买危险物质行为之间的目的与手段的牵连关系，准确界定了被告人的行为性质。另外，就盗窃罪的犯罪数额而言，由于通说认为盗窃罪是侵犯占有而不是侵犯所有的犯罪，因此对于没有实际转移占有的涉案物品，一般不宜认定。本案中，虽然赵某某等用氰化钠、片碱等危险物品浸泡过的金矿石经鉴定共计干量为13413.43吨，价值882711元，但赵某某等人加工提炼仅得到黄金约130克，变卖后获得赃款31300元，因此犯罪数额实际应认定为31300才既符合刑法理论，又符合客观事实。辩护人熟练运用刑法基础理论和辩护技巧，取得了良好的辩护效果。

**【作者简介】**

贾灿，河南达兴律师事务所主任，郑州大学法学本科毕业。曾担任洛阳市律师协会刑事专业委员会委员，洛阳市法学会行政研究会法学常务理事，河南省法学会律师学研究会理事。参与《洛阳市中小学生人身伤害事故处理与预防条例》的起草工作。

# 3

# 姜某某交通肇事案

## ——违停行为与涉案事故无因果关系不构成犯罪

张耀武

## 一、案例基本信息

涉案罪名：交通肇事罪

办案单位：河南省伊川县人民法院

结案时间：2017 年 11 月 15 日

结案方式：裁定

## 二、案例正文

### 【案情简介】

2015 年 5 月 25 日 23 时许，被告人姜某某将其驾驶的无牌号农用三轮车停放在伊卢路右侧路边后，到旁边的饭店吃饭。其三轮车右侧与此饭店外窗之间停放有数辆自行车、电动车与摩托车。姜某某在饭店吃饭时，“受害人”乔某某、王某某酒后共同驾驶一辆无牌号二轮摩托车，沿伊卢路由南向北四挡行驶至姜某某吃饭的饭店附近时（因避让横穿公路的猫）摔倒，其摩托车滑停在三轮车右前方 10 多米的电线杆旁（侦查、公诉机关认为摩托车与三轮车尾部相撞），“受害人”乔某某、王某某摔倒在地，王某某当场死亡，乔某某受伤（送医院不久后死亡）。被告人姜某某从饭店吃饭出来，看到一辆摩托车倒在其三轮车右前方 10 多米的电线杆旁，附近还躺着一个人，知道发生了交通事故，但觉得与自己无关，他拨打了 120 急救电话号码，开上他的三轮车去停车了。当姜某某听到熟人议论说到场的交警队认为事故牵涉他的三轮车时，他便开上三轮车到交警队事故科接受调查。交警队相关人员对姜某某询问后，伊川县公安局当天对姜某某按无证驾驶予以行政拘留 15 日。2015 年 6 月 10 日侦查机关按涉嫌交通肇事罪将姜某某刑事拘留。2015 年 6 月 24 日，伊川县公安局将对姜某某的强制措施变更为取保候审。

本辩护人接受委托、调查了解了相关情况后发现：（1）2015 年 5 月 26 日（涉案交通事故发生的第二天），在没有任何客观证据能证明事故摩托车与姜某某的三轮车发生碰撞的事实下，侦查机关主观臆断，以“事故摩托车与前方姜某某停在公路右侧的三轮车尾部相撞，造成一死一伤的交通事故”的事实认定，制作了《行政处罚决定书》，对姜某某行政处罚 15 日；（2）对姜某某取保候审 22 个多月之后，又将姜某某刑事拘留，启动了继续追究姜某某刑事责任的程序；（3）涉案的“事故责任认定书”及“痕迹鉴定意见书”，明显违背相关证据与客观事实。在此基础上本辩护人确立了无罪辩护的观点，分别向侦查、公诉机关提交《取保候审申请书》，还以姜某某很可能被判决无罪为主要理由，向公诉机关的监所科提交了《羁押必要性审查申请书》。案件移送法院后，本辩护人进一步完善了无罪辩护的意见，并吸取以往的经验与承办法官沟通，建议法院组织观审团观察开庭审理的全过程。

开庭审理后，11 位观审团成员全部赞同辩护人无罪辩护的观点，合议庭也赞同此辩护观点。公诉机关得知相关情况后向法院提出撤诉，人民法院裁定：准许公诉机关撤回起诉，并驳回刑事附带民事诉讼原告人的起诉。

**【辩护要旨】**

当事人的违停行为与受害人的交通事故之间没有因果关系，当事人的行为不构成交通肇事罪。

**【辩护意见】**

**（一）侦查机关错误启动刑事追究程序且刻意追究当事人刑事责任的办案倾向应予高度注意**

1. 2015 年 5 月 26 日对姜某某认定事实错误的《行政处罚决定书》是错误启动刑事追究程序的开始

2015 年 5 月 26 日，即涉案交通事故发生的第二天，在没有姜某某供认、没有证人证明且没有任何客观证据的事实下，侦查机关主观臆断，以“事故摩托车与前方姜某某停在公路右侧的三轮车尾部相撞，造成一死一伤的交通事故”制作了《行政处罚决定书》。对姜某某行政拘留 15 日这本不是大事，但侦查机关由此启动了追究姜某某刑事责任的程序。

2. 侦查机关刻意取得有罪证据的倾向应予注意

不论是出于对违法犯罪的痛恨，还是对交通事故受害方的同情，侦查机关在错误认定两车相撞的情况下，违反我国2012年《刑事诉讼法》第52条的规定，刻意调取有罪证据对姜某某进行刑事追究。其主要表现如下。

（1）在《道路交通事故现场勘查笔录》签字的姜某现、王某某等多位目击者都明确表示涉案两车没有碰撞，但侦查机关却不对其制作《询问笔录》。

（2）为获取“两车相撞”的有罪证据，在其委托痕迹鉴定时提供的材料中肯定事故摩托车“与前方姜某某停在公路右侧的三轮车尾部相撞，造成一死一伤的交通事故”。

（3）在事故摩托车一方，车无行驶证、人无驾驶证、酒后驾驶、四档高速行驶、没戴安全头盔等违章行为明显多于姜某某，而且他二人的违章行为对事故发生的影响明显大于车辆处于静止状态的姜某某的事实下，办案单位制作的“事故责任认定书”却让姜某某负主要责任。

3. 对姜某某取保候审22个多月后再次启动刑事追究程序缺乏法律依据

根据我国2012年《刑事诉讼法》第79条的规定我们可知：

（1）取保候审的最长期限为12个月；

（2）在取保候审期间不得中断对案件的侦查、起诉和审理（侦查机关要追究被取保候审人的刑事责任，就必须在取保候审12个月届满前将“起诉意见书”提交至人民检察院）；

（3）如果侦查机关没能在此12个月内提出起诉意见，就不应当再追究其刑事责任，而应当及时解除取保候审，并及时通知被取保候审人。

但本案中的侦查机关不是这样，不仅在对姜某某取保候审满12个月时没有解除取保候审，反而在取保候审近23个月时，将其刑事拘留，刻意启动追究姜某某刑事责任的程序。

程序公正是实体公正的前提和保障，正是侦查机关的这一严重的、决定性的程序错误，导致原来错误启动程序及错误认定事实得以继续。

### （二）相关证据已有力证明的重要事实

1. 侦查机关对姜某某多次询问的笔录及姜某某的当庭陈述，能够证明姜某某开车离开现场到交警队配合调查的行为不构成事故逃逸。

2. 辩护人调查5位证人的《调查笔录》及两个证人的当庭证言，已分别证明了三个方面的事实。

（1）高速行驶的涉案摩托车因躲避横穿公路的猫而摔倒，滑行至三轮车右前方的电线杆旁；

（2）涉案三轮车右侧横向停放有多辆摩托车、电动车及自行车，事故发生后这些车辆均完好无损；

（3）涉案两车没有相撞（姜某孟、谢某某的当庭证言及姜某辉、姚某某、姜某民等人的证言都能证明这一事实）。

3. 公诉方所举的如下证据能有力印证上述事实

（1）公安卷第7页的《道路交通事故现场图》标示的死猫印证了摩托车碰撞猫后摔倒之说；图中的碰撞点在三轮车右后较远的地方，是摩托车摔倒的地点，从虚线所示的摩托车滑行痕迹看，它没有碰撞三轮车。

（2）公安卷第71页询问姜某笔录中，他说："在事故地点从路西有一只猫往马路东跑，二轮摩托车为了避让这只猫摔倒了，向马路北滑了过去"（没碰到三轮车）。

（3）公安卷第73页开始记录的询问王某某笔录中，他说"一辆二轮摩托车由南向北速度很快，有一只猫由路西向路东过，二轮摩托车前轮把猫碾死了，然后，二轮摩托车倒了"；问"你咋知道摩托车没有和三轮农用车发生碰撞"？他答"我看三轮农用车没有痕迹"。

（4）公安局《补充侦查报告书》证实：勘查民警到达现场后，现场确实停放了一辆二轮摩托车（王某某的踏板车），经勘查，该车没有任何车辆碰撞痕迹（如果肇事摩托车与三轮车尾部相撞后又倒在右前10多米处，必将把王某某等人的车碰得伤痕累累）。

（5）2017年7月14日，在公安机关补充侦查时询问饭店老板姜某绪的笔录中，他说"我看见一辆二轮摩托车从我饭店的南侧滑行着向北，一直滑行到我饭店路口北侧一捆钢筋的旁边（没碰撞其他东西）。

### （三）涉案"事故责任认定书"及"痕迹鉴定意见书"均不能成立

1. 涉案之"事故责任认定书"不能成立

（1）就天理人情而论，不应让姜某某负事故的主要责任。虽然姜某某车无证、人无证且其三轮车停得有点违章，但它毕竟是靠路边停放的，是静止的，而事故摩托车一方是车无行驶证、人无驾驶、不戴头盔、酒后驾驶、四挡高速行驶而引发事故。

（2）就违章行为的数量及其对事故发生的影响而论，更不应让姜某某负事故的主要责任。姜某某虽存在车无证、人无证且违章停车三种违章行为，但其车辆是静止的；而事故摩托车一方，存在上述五种违章行为，而且其违章行为对事故发生的影响明显大于姜某某的违章行为。

至于侦查机关的第二份“事故认定书”所说的“姜某某的行为构成逃逸”，不能成立：其一，在客观方面，此处的逃逸必须以姜某某确实是交通事故当事人（涉案两车确实相撞）为前提条件；其二，在主观方面，必须是以姜某某明知自己的车发生了交通事故的“故意”为主观要件。然而，对姜某某来说这两个必要条件一个也不具备！更何况，从逃避责任追究的目的而言，逃逸者都会逃到一个不易被公安机关找到的地方，而姜某某开车离开现场后在第一时间又开车到办案单位配合调查、接受处理，这能叫逃逸吗？

2. 涉案“痕迹鉴定意见书”更不能成立

（1）鉴定人员的鉴定资格尚不确定。此鉴定意见书没有附鉴定人的资格证书。

（2）委托机关提供的材料不仅不够客观全面，而且有明显错误。事故现场图上，从道路中间偏左一点向左前方有一条虚线，这是什么含义，委托机关没向鉴定机构作必要说明；在委托机关向鉴定机构提出委托鉴定时，已经得知涉案三轮车的右侧停有多辆摩托车、电动车，但这一重要情况并没有向鉴定机构提供；另外，其委托书不该写“涉案摩托车与前方停放在公路右侧的涉案三轮车发生交通事故”！如果委托鉴定的目的是确定此三轮车与事故是否有关，但委托鉴定时却已做出了此三轮车与事故有关的结论，这当然是错误的。

（3）鉴定手段不科学、不严密，不能得出唯一的鉴定结论。

它不是靠两车对应部位包括油漆在内相关存留物的化学成分相同确定两车碰撞，也不是靠两车对应部位的凸凹痕迹完全吻合而确定两车碰撞，而是根据车辆相关损坏部位的大概高度确定两车碰撞。这充分表明，其鉴定手段不科学、不严密，不能确定两车确实相撞过，根本不能排除三轮车上相关痕迹是其他原因所致的可能性。

至于鉴定人员在出庭时展示的两张照片分别显示的“痕迹”与“毛发”，由于下列原因而不产生任何效力：其一，此照片不是在事故发生后的第一时间所拍，而是事发多天后在停车场所拍，而且没有当事人及见证人在场，无法保证它的客观真实性；其二，此“痕迹”不在棱角部位而在一个平面上，它与鉴定人所说的受害人胸部的伤不能对应，而且此“毛发”也不一定是受害人的头发；其三，此照片仅由鉴定人出示，并没经过双方的质证。

（4）其推定的鉴定结论与多方面的事实相矛盾

按此鉴定意见书的鉴定结论，涉案摩托车是没有摔倒直接碰撞涉案三轮车尾部右侧的，这一结论与多方面的事实相矛盾：①与多位目击者证明的高速行驶的二轮摩托为躲避横穿公路的猫而失控、摔倒的事实相矛盾。在这种情况下，鉴定机构测量的此摩托车相关部位的高度，对痕迹鉴定已无任何意义；②与事故现场图中摩托车摔倒后滑停在三轮车右前方的电线杆旁相矛盾。如果二轮摩托车碰撞三轮车的尾部右侧，二轮摩托不可能倒停在那个位置；③与三轮车尾部右侧没有与粉碎性损坏的摩托车高速碰撞程度相当的损坏痕迹的事实相矛盾；④与三轮车右侧停放的多辆摩托车、电动车及自行车在事故发生后仍完好无损的事实相矛盾；⑤与事故现场图中，摩托车摔倒后在地面形成的连续的方向没有改变的擦痕相矛盾，如果两车相撞，就不可能形成这样的痕迹；⑥与多名目击证人证明的两车没有相撞的事实相矛盾。

在上述“事故认定书”及“痕迹鉴定意见书”均存在上述多方面的问题，而且与多方面的事实明显相矛盾的情况下，人民法院依法不应采信。

（四）公诉方对姜某某交通肇事的犯罪指控依法不能成立

（1）因涉案两车没有发生碰撞，故犯罪指控不能成立。现有证据足以证实，涉案摩托车根本没与姜某某的三轮车发生碰撞，姜某某的违停行为与涉案交通事故之间没有因果关系，姜某某就不是此交通事故的当事人，他当然不能成为交通肇事罪的犯罪人。

（2）假如按起诉书错误认定涉案两车相撞的“事实”，此指控也不能成立。如前所述，在事故摩托车方的违章行为明显多于姜某某，而且其违章行为对事故发生的影响明显大于、远远大于姜某某的事实下，姜某某只应负事故的次要责任。

（3）因达不到法律要求的证明标准，故犯罪指控不能成立。从举证与质证的情况已清楚地看出，公诉方的举证根本达不到我国2012年《刑事诉讼法》要求的“证据确实充分、能排除一切合理怀疑”的证明标准，所以，其对姜某某的犯罪指控依法不能成立。这实际是个“严格执行法定证明标准与坚持疑罪从无刑法原则”问题。这个问题，中政委（2013）27号文件——《中央政法关于切实防止冤假错案的规定》给予特别强调，应引起我们的高度重视。

**【案例结果】**

河南省伊川县人民法院“准许伊川县人民检察院撤回对被告人姜某某的起诉”，并“驳回附带民事诉讼原告人的刑事附带民事起诉”。

**【司法文书】**

河南省伊川县人民法院（2017）豫0329刑初359号刑事裁定书与刑事附带民事裁定书

**【案例评析】**

（一）本案中侦查机关的取证方向值得关注

我国2012年《刑事诉讼法》第52条明文规定：审判人员、检察人员、侦查人员必须依照法定程序，收集能够证明犯罪嫌疑人、被告人有罪或者无罪、犯罪情节轻重的各种证据。

根据上述法律规定，不论是出于对违法犯罪的痛恨，还是刑事案件受害人及其家属的特别同情，侦查人员都应当根据上述法律的规定，收集能够证明当事人有罪或者无罪、犯罪情节轻重的各种证据。但本案的情况不是这样，相关侦查人员不注意收集无罪证据，而是刻意收集有罪证据。这种倾向应引起刑辩律师的高度重视，注意收集被侦查人员疏漏的无罪或罪轻的各种证据。

（二）没有新的证据，在取保候审22个月后又按同一罪名追究当事人的刑事责任缺乏法律依据

根据我国2012年《刑事诉讼法》第79条的规定我们可知：（1）取保候审的最长期限为12个月；（2）在取保候审期间不得中断对案件的侦查、起诉和审理（侦查机关要追究被取保候审人的刑事责任，就必须在取保候审12个月届满前将“起诉意见书”提交至人民检察院）；（3）如果侦查机关没能在此12个月内向公诉机关提出《起诉意见书》及移交卷宗，侦查机关就不应当再行追究其刑事责任，而应当及时解除取保候审、依法撤销案件，并及时通知被取保候审人。

但本案中的侦查机关不是这样，不仅在对姜某某取保候审满12个月后没及

时解除取保候审，反而在取保候审近23个月时，又将其刑事拘留，再次启动追究姜某某刑事责任的侦查程序。

因此，在我国2012年《刑事诉讼法》“取保候审最长不得超过十二个月”，“在取保候审……期间，不得中断对案件的侦查”的明文规定下，侦查机关在对姜某某取保候审近23个月之后，刻意追究程序、再次追究姜某某的刑事责任缺乏法律依据。

**【结语及建议】**

本案是一起法院开庭审理后、公诉机关认为法院将作出无罪判决时主动撤回起诉的典型案例，辩护人最终收到了委托人被无罪处理的辩护效果。辩护人之所以能收到上述辩护效果，除了辩护人收集、调取了较多的无罪证据，并对“被告人的违停与涉案交通事故无因果关系、被告人的行为不构成犯罪”等主要观点进行了有力论证外，还有一个因素也起了一定作用，那就是建议受案法院组织观审团进行观审，观审团成员对庭审过程进行观审后，每位观审团成员都提出了支持辩护人辩护观点的观审意见。

因此，本人建议：如辩护业务中遇到对定性有争议或罪与非罪有争议的案件时，通过承办人或其他便于沟通的人，建议受案法院成立以人大代表、政协委员为成员的观审团到现场观察庭审，并收集每位观审团成员观审后的书面意见。这对于抵销检察机关的公诉倾向，缓解承办法官的审判压力具有重要作用，以便促使受案法院作出更能体现公平正义的合法判决。

## 三、专家点评

交通肇事罪构成要件内容是违反交通运输管理法规，因而发生重大交通事故，致人重伤、死亡或者使公私财产遭受重大损失的行为。本案中，虽然存在王某某当场死亡，乔某某受伤的结果，但是，行为人姜某某并不存在违反交通运输管理法规的行为，即使执法部门认定其存在违反交通运输管理法规的行为，但是与王某某当场死亡，乔某某受伤并没有直接因果关系。本案的辩护人已经对这个问题进行了科学合理和详细充分的论证。另外，本案辩护人建议受案法院组织观审团进行观审，观审团成员对庭审过程进行观审后的意见也对本案的处理起到作用。这种做法值得肯定。

## 【作者简介】

张耀武，河南经源律师所执行主任，国家一级律师。曾被省委省政府授予“优秀政法工作者”称号，被省司法厅评为优秀律师，被汝阳县委县政府授予“一振兴汝阳贡献奖”，洛阳市律协连两届常务理事及连两届刑委会主任。连两届市人大常委会立法顾问，市法学会刑委会常务理事，省刑诉法研究会理事。省律协刑委会执行委员，省律协优秀刑辩律师，三次被评为市十佳律师。出版《金融法律与业务实用词典》(93 万字）专著一部，发表法学论文近20 篇。

4

# 王某生产、销售假药案

## ——如何在立法变动中准确把握假药的认定标准

李克军　牛月娟

## 一、案例基本信息

涉嫌罪名：生产、销售假药罪

办案单位：洛阳市老城区人民检察院

结案时间：2019 年 12 月 28 日

结案方式：撤销案件

## 二、案例正文

### 【案情简介】

2018 年 6 月，洛阳市食品药品监督管理局接群众举报称，河南省洛阳市西工区××大药房销售假药。洛阳市食品药品监督管理局立即对河南省洛阳市西工区××大药房内销售的“万爱可”药品进行检查，经检查，该药系假药。该药店一共进了 5 盒，出售了 4 盒，剩余 1 盒，销售收入 860 元。王某某系该药店的负责人。2018 年 9 月 19 日，洛阳市公安局将此案指定洛阳市公安局邙山分局侦办。2018 年 12 月 14 日，王某某因生产、销售假药罪被洛阳市公安局邙山分局刑事拘留；2018 年 12 月 16 日，因可能判处有期徒刑以上刑罚，采取取保候审不至于发生社会危险性，王某某被执行取保候审。2019 年 9 月 3 日，该案侦查终结并移送洛阳市老城区人民检察院审查起诉。

2019 年 9 月 3 日，该案进入审查起诉阶段。2019 年 10 月 29 日，笔者接受委托，为嫌疑人王某某提供刑事辩护服务。在详细阅卷和多次会见嫌疑人的基础上，笔者又数次与承办检察官等当面就事实认定、证据适用及准确适用法律等问题进行了沟通。

2019 年 11 月 5 日，笔者向洛阳市老城区人民检察院提交了专业审慎的《法律意见书》。辩护要点为：本案中认定“假药”的法律规范依据已经发生了变更，根据新的《药品管理法》，王某某的行为不构成生产、销售假药的行为。洛阳市公安局邙山分局邙山公（治）诉字（2019）10108 号起诉意见书的指控缺乏事实依据及法律依据，应当撤销案件。

**【辩护要旨】**

涉嫌物品按照新的标准不是假药，应当按照从旧兼从轻原则处理。

**【辩护意见】**

本案中，认定“假药”的法律规范依据已经发生了变更。根据洛阳市食品药品监督管理局于 2018 年 8 月 6 日出具的编号：［2018］13 号《假药认定书》的认定标准，认定假药的依据是：（1）《卫生部公告（2009 年第 69 号）》规定“未标明产品批准文号产品，均为非药品冒充药品”；（2）《药品管理法》（2013 年修订）第 48 条第 3 款第 2 项“依照本法必须批准而未经批准生产、进口，或者依照本法必须检验而未经检验即销售的”规定之情形，按假药论处。《药品管理法》已于 2019 年 8 月 26 日进行了修订，根据新修订的《药品管理法》第 98 条的规定，以上行为均不再认定为假药。另根据《刑法》从旧兼从轻的原则，王某某的法律适用应当本着适用新的《药品管理法》的认定标准进行认定，即王某某销售“万爱可”的行为不应当认犯罪行为。

综上，洛阳市公安局邙山分局邙山公（治）诉字［2019］10108 号起诉意见书的指控缺乏事实依据及法律依据，请求对嫌疑人王某某不作犯罪处理，同时请求撤销刑事立案。

**【案例结果】**

洛阳市老城区人民检察院以事实不清、证据不足退回洛阳市公安局邙山分局补充侦查。洛阳市公安局邙山分局作出邙山公（治）撤案字［2019］10018 号《撤销案件决定书》，以没有犯罪事实，依据 2018 年《刑事诉讼法》第 163 条的规定，决定撤销此案。

**【司法文书】**

洛阳市公安局邙山分局邙山公（治）撤案字［2019］10018 号撤销案件

决定书

**【案例评析】**

根据《刑法》第141条的规定，生产、销售假药罪，是指生产者、销售者违反国家药品管理法规，生产、销售假药，足以危害人体健康的行为。根据《刑法修正案（八）》的规定，只要具有主观故意生产、销售假药的行为，即构成生产、销售假药罪。该罪必须符合以下四个构成要件：（1）客体方面，侵犯的客体是复杂客体，既侵犯了国家对药品的管理制度，又侵犯了不特定多数人的身体健康权利。药品，是指用于预防、治疗、诊断人的疾病，有目的地调节人的生理机能并规定有适应、用法和用量的物质。国家制定了一系列关于对药品管理的法律和法规，建立了一套保证药品质量、增进药品疗效、保障用药安全的完整管理制度。生产、销售假药的行为构成对国家关于药品管理制度的侵犯，并同时危害到公众的身体健康。（2）客观方面，客观方面表现为生产者、销售者违反国家的药品管理法律、法规，生产、销售假药，足以严重危害人体健康的行为。违反药品管理的法律、法规主要是指违反《药品管理法》以及为贯彻该法而制定的《药品管理法实施办法》《药品生产质量管理规范》等法律法规。上述法律和法规中就药品成分、药品标准、药品生产工艺规程、药品经营条件、药品监督等药品生产、经营和管理的内容作出了明确规定。《刑法》第141条第2款规定："本条所称假药，是指依照《中华人民共和国药品管理法》的规定属于假药和按假药处理的药品、非药品。"生产假药的行为表现为一切制造、加工、采集、收集假药的活动，销售假药的行为是指一切有偿提供假药的行为。生产、销售假药是两种行为，可以分别实施，也可以既生产假药又销售假药，同时存在两种行为。按照法律关于本罪的客观行为规定，只要具备其中一种行为的即符合该罪的客观要求。如果行为人同时具有上述两种行为，仍视为一个生产、销售假药罪，不实行数罪并罚。生产、销售假药足以严重危害人体健康，即符合本罪成立的法定结果，这说明本罪在犯罪形态上属危险犯。而生产、销售假药对人体健康造成严重危害的则属结果加重犯，对其处以较重的刑罚。（3）主体方面，犯罪主体为个人和单位，表现为假药的生产者和销售者两类人。生产者即药品的制造、加工、采集、收集者，销售者即药品的有偿提供者。（4）主观方面，主观方面表现为故意，一般是出于营利的目的。当然，生产者、销售者是否出于营利目的并不影响本罪的成立。行为人的主观故意主要表现为有意制造假药，即认识到假药足以危害人体健康而对此持希望或放任的态度；在销售领域内必须具有明知是假药而售卖的心理状态，不知道是假药而销售的不构成销售假药罪。

2019 年 8 月 26 日国家新修订了《药品管理法》，第 98 条规定：“禁止生产（包括配制，下同）、销售、使用假药、劣药。有下列情形之一的，为假药：

（一）药品所含成分与国家药品标准规定的成分不符；

（二）以非药品冒充药品或者以他种药品冒充此种药品；

（三）变质的药品；

（四）药品所标明的适应证或者功能主治超出规定范围。

……

禁止未取得药品批准证明文件生产、进口药品；禁止使用未按照规定审评、审批的原料药、包装材料和容器生产药品。”

这条规定对原来的《药品管理法》第 48 条做了重大修订，根据原来《药品管理法》和相关部委的文件，“未标明产品批准文号产品，均为非药品冒充假药”。既然假药的认定标准发生的重大变化，根据刑法从旧兼从轻原则，王某某的法律适用应当本着适用新的《药品管理法》的认定标准进行认定，即王某某销售的“万爱可”不应当认定为假药。

综上，洛阳市公安局邙山分局作出撤销案件的决定是正确的。

**【结语及建议】**

本案是一起因行政管理认定假药标准发生了变动并经辩护律师提出辩护意见（法律意见书）而撤销案件的典型案例。在本案侦查立案时，王某某销售的药品没有标明产品批准文号产品的行为的确违反了《药品管理法》以及为贯彻该法而制定的《药品管理法实施办法》《药品生产质量管理规范》的相关规定，但是根据新制定的假药认定标准，王某某的行为则不构成生产销售假药罪。笔者充分利用认定标准发生变化这个辩点，提出本案应当撤销的辩护意见，从而使王某某得到公正的处理结果，有力地维护了法律的正确实施。

刑事辩护律师在履行辩护工作中，应当熟练掌握行政法规的变动以及相关标准的变更，秉承“严谨、专业、细心、客观、全面”的理念寻找案件的辩点与突破口，充分维护被告人的合法权益。

## 三、专家点评

鉴于立法不尽完善，针对生产销售假药罪司法判断中时常出现极具争议的认定，电影《我不是药神》之所以能够引起极大的社会反响，是因为其折射的不仅仅是社会问题，更是生产销售假药罪的司法判断问题，其中十分重要的就是假药的判断标准问题。依照2013年修订的《药品管理法》第48条第3款第（2）项的规定，必须批准而未经批准而生产、进口，或者依照本法必须检验而未经检验即销售的均按假药论处，正是这一规定，使得我国司法实践中一些案件的处理备受争议。令人欣慰的是国家及时对不科学的立法进行修改完善，这既为类似案件的公正处理提供了立法基础，也为刑事辩护提供了直接依据，更为刑事律师提供了工作指南，即应当熟练掌握行政法规的变动以及相关标准的变更，唯其如此，才能取得好的辩护效果。

**【作者简介】**

李克军，男，汉族，1996年毕业于中南财经政法大学。

牛月娟，女，汉族，毕业于青岛大学，法律硕士（法学）。

# 5

# 史某虚报注册资本、抽逃出资、串通投标案

## ——不存在真正意义上的招投标事实，串通投标犯罪不应成立

张水山

## 一、案例基本信息

涉案罪名：虚报注册资本罪、抽逃出资罪、串通投标罪

办案单位：河南省洛阳市中级人民法院

结案时间：2013 年 6 月 20 日

结案方式：判决

## 二、案例正文

### 【案情简介】

2010 年 3 月，被告人史某找代办公司借款 1000 万元，由代办公司到工商局为史某办理了个人独资公司——“洛阳某置业有限公司”的工商登记，注册资金为 1000 万元。公司成立后，史某就把 1000 万元注册资金还给了借款人。2011 年 8 月，被告人洛阳某置业有限公司为了能够在洛阳市经济适用房“某某花苑”建设项目中中标，史某邀请了洛阳另外两家房地产公司陪标，洛阳某置业有限公司中标。

洛阳市西工区人民检察院指控，被告人在洛阳某置业有限公司成立后抽逃出资，数额巨大；与其他投标人串通投标，损害招标人利益，情节严重，其行为已触犯《刑法》第三十条、第三十一条、第六十九条、第一百五十九条、第二百二十三条、第二百三十一条之规定，应当以抽逃出资罪、串通投标罪追究其刑事责任。被告人史某在申请公司登记时采取欺诈手段虚报注册资本，欺骗公司登记

主管部门，取得公司登记，数额巨大，在公司成立后抽逃出资，数额巨大；与其他投标人串通投标，损害招标人利益，情节严重，其行为已触犯《刑法》第六十九条、第一百五十八条、第一百五十九条、第二百二十三条之规定，应当以虚报注册资本罪、抽逃出资罪、串通投标罪追究其刑事责任。建议对被告人单位洛阳某置业有限公司判处相适应的罚金，对被告人史某以虚报注册资本、抽逃出资、串通投标罪追究其刑事责任。建议对被告人史某判处5年以下有期徒刑并处罚金。

洛阳市西工区人民法院判决认定：被告人史某在申请公司登记的过程中，采取欺诈手段虚报注册资本，欺骗公司登记主管部门，取得公司登记，虚报注册资本数额巨大，符合虚报注册资本罪的构成要件，其行为已构成虚报注册资本罪。被告人单位洛阳某置业有限公司、被告人史某与其他投标人串通投标，其行为违反招、投标法，且损害其他投标人的利益，情节严重，其行为已构成串通投标罪。被告人及其辩护人关于本案不构成抽逃资金罪的意见，理由充分，本院予以采信。经本院审判委员会研究决定，判决如下：（一）被告人史某犯虚报注册资本罪，判处有期徒刑2年，并处罚金30万元；被告人史某犯串通投标罪，判处有期徒刑2年，并处罚金50万元；数罪并罚，决定执行有期徒刑3年，并处罚金80万元。（二）被告人单位洛阳某置业有限公司犯串通投标罪，判处罚金200万元。被告人史某不服一审判决，提起上诉，被告人史某家属委托笔者作为上诉人史某的二审辩护人。

**【辩护要旨】**

无罪辩护：虽然有形式上的串通投标行为，但是没有损害国家、集体、公民的合法权益，没有情节严重的行为的，不能认定为本罪。

**【辩护意见】**

（一）史某的行为不构成虚报注册资本罪

史某的行为不符合虚报注册资本罪的客观要件，不存在虚报注册资本的事实。本案注册资金1000万元已经到账，在行为方式上没有使用虚假证明文件或者采取其他欺诈手段虚报注册资本，在客观方面不存在虚报注册资本的事实。史某的行为不符合虚报注册资本罪的主观要件，史某没有通过欺骗公司登记主管部门，取得公司登记。史某借款成立公司时没有欺诈登记机关虚假注册公司的主观故意，而是实实在在要成立注册资金为1000万元的个人公司。史某及时补足了注册资金1000万元，该行为没有造成严重后果，史某也不具有其他严重情节。辩方提交的8份新证据证明史某及时补足了注册资金1000万元。一审不调取能证明被告人无罪的证据材料，属程序违法。辩方提交的《调取证据申请书》要求调取被西工区公安局查扣的洛阳某置业有限公司的账册及其原始记账凭证，可以证明史某及其洛阳某置业有限公司及时补足了1000万元的注册资金。对此证据西工区公安机关、西工区人民检察院不予提交、一审法院没有依法调取，属程序违法。辩方提交的15份新证据可以证明，史某没有欺诈注册公司的故意，其注册公司时资金还没有到位，其就借资1000万元注册了公司；公司成立后，归还了借款1000万元，史某及时用自己的资产补足了因还款减少的注册资金，其行为没有给任何人造成损失，既不属于虚假注册公司，更不属于情节严重，依法不构成虚报注册资本罪。

（二）史某的行为不构成串通投标罪

史某的行为不符合串通投标罪的客观特征，本案在招投标之前，村、区、市有关部门已经认可由洛阳某置业有限公司建造经济适用房，招投标仅是政府走补办手续的形式。经济适用房建设可以采取项目法人招标的方式，也可以由市、县人民政府确定的经济适用住房管理实施机构直接组织建设。史某的行为不符合串通投标罪的“情节严重”要件，史某公司没有给其他投标人造成任何损失。史某的行为不符合串通投标罪的主观要件。串通投标罪在主观方面必须出于故意，即明知自己串通投标的行为会损害招标人或其他投标人的利益，但仍决意为之，并希望或放任这种危害后果的发生。本案是按照政府要求“走形式”，不存在真正意义上的招投标，所以也就不存在损害招标人或其他投标人的利益的问题。

（三）史某及史某一人公司的双重处罚，且均顶格处罚，既没有法律依据，也有违公平正义

串通投标罪对公司和个人双重处罚的法律规定是1997年《刑法》规定的，此时公司和个人是两个不同的主体，受处罚损失的人是不同的人，最起码不是完全相同的人。一人公司是2005年新《公司法》才规定的，对于一人公司对公司和个人的处罚就变成了对个人的双重处罚，这显然是不符合立法原意的，对于这种新的情况，法律没有明确规定要双重处罚，按照“法无明文规定不为罪，法无明文规定不处罚”及“一切疑点利益归于被告人”的原则，应该取消对史某及史某一人公司的双重处罚。

综上所述，一审判决认定事实不清、证据不足、程序违法、判决错误，指控的两个犯罪均不能成立，双重处罚的罚金不仅没有法律依据，而且也是有违公平正义的，均应撤销罚金，请二审依法改判史某无罪。

**【案例结果】**

河南省洛阳市中级人民法院认为，关于原审判决认定的洛阳某置业有限公司和史某犯串通投标罪的问题，现有证据不能证明洛阳某置业有限公司和史某串通投标的行为，损害了招标人或其他投标人的利益且属于情节严重，故原审判决认定洛阳某置业有限公司和史某构成串通投标罪不当，应予纠正。关于洛阳某置业有限公司和史某上诉称及史某的辩护人辩护称洛阳某置业有限公司和史某均不构成串通投标罪的上诉理由及辩护意见，与本院查明的事实相符，该上诉理由和辩护意见成立，本院予以采纳。上诉人史某申请公司登记时，伙同他人采用代垫资的欺诈手段虚报注册资本，欺骗公司登记主管部门，取得公司登记，且虚报注册资本数额巨大，其行为已构成虚报注册资本罪。史某在归案后，认罪态度较好，可酌情予以从轻处罚。鉴于公司成立后能正常经营、依法纳税，可对其酌情从轻处罚。依照2012年《中华人民共和国刑事诉讼法》第二百二十五条第二项、《中华人民共和国刑法》第一百五十八条之规定，判决如下：一、维持西工区人民法院（2013）西刑初字第62号刑事判决的第一项中对被告人史某犯虚报注册资本罪的定罪部分；二、撤销西工区人民法院（2013）西刑初字第62号刑事判决的第一项中对被告人史某犯虚报注册资本罪的量刑部分和对被告人史某犯串通招投标罪的定罪量刑部分；三、撤销西工区人民法院（2013）西刑初字第62号刑事判决的第二项，即“被告人单位洛阳某置业有限公司犯串通招投标罪，判处罚金200万元”；四、上诉人史某犯虚报注册资本罪，判处罚金人民币三十万元。

**【司法文书】**

河南省洛阳市中级人民法院（2013）洛刑二终字第52号刑事判决书

**【案例评析】**

（一）虚报注册资本罪的法律分析

1. 公司的实有资本数额

我国《刑法》第158条第1款规定：“申请公司登记使用虚假证明文件或者采取其他欺诈手段虚报注册资本，欺骗公司登记主管部门，取得公司登记，虚报注册资本数额巨大、后果严重或者有其他严重情节的，处三年以下有期徒刑或者拘役，并处或者单处虚报注册资本金额百分之一以上百分之五以下罚金。”虚报注册资本，是指公司实际上没有资本而谎称具有或者虽有资本，但实有资本却少于所申报的资本。本案洛阳某置业有限公司的工商登记资料证明，洛阳某置业有限公司的注册资金1000万元已经到账，转账单据、银行证明和验资证明都是真实的。也就是说本案在行为方式上没有使用虚假证明文件或者采取其他欺诈手段虚报注册资本，即本案在客观方面不存在虚报注册资本的事实。

2. 要严格把握虚报注册资本罪与非罪的界限

从行为对象上区分，构成本罪，必须针对公司设立时的注册资本，即必须是虚报注册资本，否则不构成犯罪。从手段上区分，行为人虚报注册资本的行为，是通过使用虚假的证明文件或其他欺诈手段来实现的，而这些欺骗手段均指向注册资本。因此，如果行为人并未使用虚假证明文件或者采取欺骗手段而为的，就不构成犯罪。从定罪情节上区分，公司登记使用虚假证明文件或者采取其他欺诈手段虚报注册资本，欺骗公司登记主管部门取得公司登记，虚报数额巨大、后果严重或者有其他严重情节的行为才以犯罪论处。虚报注册资本是结果犯罪，且必须“数额巨大”“严重后果”和“或者有其他严重情节”同时具备才构成犯罪。

3. 及时补足出资的不应以犯罪论处

最高人民法院《关于适用〈中华人民共和国公司法〉若干问题的规定(三)》第15条规定：是否能够补足出资，是决定社会危害性大小的关键因素，本案及时补足出资，社会危害性小，依法不应以犯罪论处。

### （二）串通投标罪的法律分析

《刑法》第223条规定：“投标人相互串通投标报价，损害招标人或者其他投标人利益，情节严重的，处三年以下有期徒刑或者拘役，并处或者单处罚金。投标人与招标人串通投标，损害国家、集体、公民的合法利益的，依照前款的规定处罚。”串通投标罪属情节犯、只有情节严重的串通投标报价，损害招标人或者其他投标人利益的行为才能构成串通投标罪，情节不属严重，即使实施了串通投标，损害招标人或者其他投标人利益的行为，也不能以串通投标罪论处。所谓情节严重，主要是指采用卑劣手段串通投标的；多次实施串通投标行为的；给招标人或者其他投标人造成严重经济损失的；造成恶劣的影响甚至国际影响的；等等。辩方提交的招标公告和两个陪标单位的证人证言可以证明，招投标公告之后，除了洛阳某置业有限公司和两家被邀请陪标的公司外，没有其他投标人，洛阳某置业有限公司没有给其他公司造成任何损失，其按政府有关部门要求“走形式”的找人陪标行为情节轻微、危害不大，不构成串通投标罪。

【结语及建议】

本案曾经在网络中炒得很热，关于本案的网络文章有6篇。原省律协刑委会主任谢平建律师是史某一审的辩护人，一审西工区检察院指控被告人虚报注册资本、抽逃出资、串通投标罪三个罪，谢主任作的也是无罪辩护，一审采纳了谢主任的部分辩护意见，判决公诉机关指控被告人洛阳某置业有限公司、被告人史某犯抽逃出资罪，罪名不能成立，以虚报注册资本和串通投标罪数罪并罚，判处有期徒刑3年，并处罚金80万元。

笔者替被告人史某写了上诉状，二审笔者补充了15份新证据，调整了无罪辩护的思路和突破点，二审法院采纳了笔者的绝大部分辩护意见，撤销了以串通投标罪对被告人单位洛阳某置业有限公司判处罚金200万元、对被告人史某判处2年有期徒刑并处罚金50万元的判决；撤销了史某犯虚假注册资金罪判处2年有期徒刑的量刑部分，判决史某犯虚假注册资金罪，单处罚金30万元。

这个案件是笔者和谢主任接力完成的无罪辩护，谢主任的一审辩护，否定了检察院指控的抽逃出资罪，笔者的二审辩护，又否定了一审法院判处的串通投标罪，还否定了一审法院以虚假注册资金罪对史某的量刑。

律师辩护要敢于并善于进行无罪辩护，二审辩护要有新的思路、新的突破口，要尽可能多地搜集一些新证据来支持自己新的辩点，若二审辩护没有新证据来否定一审判决的事实，辩护观点还是一审的老观点，则二审开庭的概率就会很小，维持的概率就会很大。所以，要想在二审辩护中有所作为，就要敢于辩更要善于辩，要敢于并善于调查取证，要用事实、证据、法律说话，尽力办好每一个案件。

## 三、专家点评

本案被告人的行为构成何罪，应当承担什么刑事责任，一审公诉机关的指控罪名、一审判决书认定的罪名与二审判决书认定的罪名有很大的差异。一审公诉机关指控本案被告人犯虚报注册资本罪、抽逃出资罪、串通投标罪，一审判决只认定被告人构成虚报注册资本罪、串通投标罪，而二审判决只认定被告人的行为构成虚报注册资本罪。从辩护人辩护的效果看，实现了被指控罪名中部分罪名无罪辩护的效果，其结果是值得肯定的。辩护人着眼于串通投标罪的犯罪构成，从该罪的客观特征出发，结合被告人具体的犯罪事实，指出本案“不存在真正意义上的招投标”，否定了被告人实施串通投标罪客观方面的行为，进而否定被告人的行为构成串通投标罪。此为该案的辩护亮点所在。

**【作者简介】**

张水山，河南王城律师事务所主任、一级律师，洛阳市律协刑事业务委员会副主任，出版独著《法庭论剑——刑事辩护代理办案指南》，入编《大国律师》，入驻“中国影响力人物数据库”。

# · 6 ·

# 王某某合同诈骗案

## ——合同诈骗罪中虚构事实和主观目的的认定

李克军

## 一、案例基本信息

涉嫌罪名：合同诈骗罪

办案单位：洛阳市西工区人民检察院、洛阳市西工区人民法院、洛阳市中级人民法院

结案时间：2019 年 6 月 11 日

结案方式：判决

## 二、案例正文

### 【案情简介】

2012 年 2 月至 2014 年 4 月，王某某与薛某某合作开发位于渑池县的铝矿开采、村庄搬迁及土地平整项目。其间，王某某同薛某某以新安县某商贸有限公司的名义与洛阳某建筑劳务有限公司签订《联合施工协议》，以“土地平整项目工程”获得该建筑劳务公司征地款共 1067 万元；王某某以村庄搬迁、露天开采、土地平整等与陈某某签订三份《合作协议》，获得陈某某投资款 1350 万元；王某某与盛某某签订《合作协议》和《矿山施工协议》获得投资款 338 万元；王某某与王某签订《合作开发协议》获得合作款项 384 万元。2014 年 9 月 14 日，王某某因涉嫌合同诈骗罪被洛阳市公安局刑事拘留，同年 10 月 20 日被依法逮捕；2015 年 6 月 15 日因不起诉被洛阳市西工区人民检察院释放；因合同诈骗犯罪，2017 年 10 月 17 日再次被依法逮捕。同年 12 月 1 日被起诉到洛阳市西工区人民

法院，经过两次补侦，西工区人民法院于2018年9月18日作出无罪判决；2018年10月1日，西工区人民检察院以事实不清、适用法律错误提起抗诉，洛阳市人民检察院出庭抗诉。2019年6月11日，洛阳市中级人民法院裁定驳回上诉，维持原判。2020年1月12日河南省高级人民法院胡道才院长在河南省第十三届人民代表大会第三次会议上作法院工作报告时，将该案作为“加大民营企业合法权益保护力度”的典型案例予以引用。

洛阳市公安局2014年12月12日洛公（经）诉字〔2014〕0131号起诉意见书指控：嫌疑人王某某伙同薛某某（已逮捕）冒用新安某商贸有限公司的名义与洛阳某建筑劳务有限公司签订《联合施工协议》，以“土地平整项目工程”为诱饵，陆续骗取洛阳某建筑劳务有限公司征地款共1067万元；王某某先后于2013年11月25日、2014年2月17日、2014年4月3日与陈某某签订三份《合作协议》，以村庄搬迁、露天开采、土地施工等施工项目名义，收取陈某某投资款1350万元。

2017年10月17日本案第二次进入审查起诉阶段。同日，笔者接受委托，为嫌疑人王某某提供刑事辩护服务。在详细阅卷和十多次会见嫌疑人的基础上，笔者又数次与承办检察官等当面就事实认定、证据适用及准确适用法律等问题进行了沟通并提交了《法律意见书》。

2018年12月1日，洛阳市西工区人民检察院将该案起诉到洛阳市西工区人民法院。笔者多次就本案出具辩护意见，西工区人民法院两次退回补充侦查。2019年5月16日、8月30日西工区人民法院两次开庭审理该案。笔者两次出庭为王某某进行刑事辩护，辩护要点为：（1）王某某不具有非法占有的主观故意，也不存在采取虚构事实的欺骗手段，骗取他人财物的情况；（2）王某某不是中铝或者六冶的员工，也没有以中铝或者六冶员工的身份与他人签订合同，合同标的未涉及以上两个公司的有关项目；（3）王某某的行为不符合合同诈骗罪的构成要件。根据疑罪从无的原则，建议宣告王某某无罪。2018年9月18日，西工区人民法院充分考虑笔者的辩护意见，宣告被告人王某某无罪。

2018年10月15日，洛阳市西工区人民检察院以“一审法院认定事实及法律错误为由”提起抗诉。2018年12月12日，洛阳市中级人民法院公开开庭审理本案，洛阳市人民检察院派员出庭支持公诉，洛阳市中级人民法院采纳辩护人的辩护意见，依法驳回洛阳市检察院的抗诉，维持原判。

【辩护要旨】

被告人没有使用过虚假材料，签订、履行合同中没有虚构事实或者隐瞒真相，不构成合同诈骗罪。

【辩护意见】

本案一审中笔者提出如下辩护意见：检察机关指控的犯罪事实不清、证据不足，检察机关指控的犯罪事实不能成立。

（一）从现有证据上看，不能证明被告人王某某具有以非法占有为目的的主观故意

1. 王某某在签订、履行合同过程中，没有采取虚构事实或者隐瞒真相等欺骗手段

（1）“土地平整项目”“采矿权”“东段村、煤窑沟村搬迁”项目是客观存在的；

（2）王某某的确交纳了税金、电费，实施了以上项目内容；

（3）王某某并没有假冒他人名义与第三人签订合同；

（4）作为合同相对方知道也应当知道以上项目的有关情况。因此，检察机关指控的犯罪事实不能成立。

2. 从合同的具体履行上看，也不存在虚构事实的情况

（1）王某某与薛某某没有合谋虚构事实，骗取他人财物的犯罪故意，不构成共犯；也没有共同实施骗取他人财物的行为，不构成犯罪；

（2）王某某与薛某某的款项往来系他们之间的经济往来及纠纷；

（3）款项往来没有查明。

因此，检察机关指控的犯罪事实不清、证据不足。

（二）程序瑕疵

西工区人民检察院于2015年的6月依照法律规定对王某某作出不起诉决定，于2016年3月重新起诉。根据2018年《人民检察院刑事诉讼规则（试行）》第405条的规定，人民检察院决定不起诉的，在发现新的证据，符合起诉条件时，可以提起公诉。但在本案中，从相关卷宗材料上看，在2015年的6月至2016年3月期间，检察机关没有补充任何证据材料。虽然，检察机关在庭审中陈述补充了新的证据，但是，该证据材料与公安机关《起诉意见书》所指控被告人的犯罪事实没有任何关系；同时，其所谓的新证据，仅仅是新的举报人的陈述及汇款

凭据，没有被告人的供述及其他证据材料予以证实。因此，这部分证据材料不是案件本身的新证据，检察机关对本案作出起诉决定，不符合2018年《刑事诉讼法》规定的起诉条件。

综上所述，笔者认为本案事实不清、证据不足，检察机关指控的犯罪事实不能成立。根据“疑罪从无”的原则，应宣告被告人无罪。

在本案二审中，笔者针对检察机关的抗诉书提出如下辩护意见。

### （一）检察机关在《刑事抗诉书》中称“王某某在与被害人合作开发时所使用的相关资料具有虚假性”不能成立

（1）王某某本人称其没有使用过虚假的相关资料；

（2）从侦查机关的卷宗材料上看，也没有发现王某某使用过任何虚假的相关材料；

（3）从形成证据链条的角度上看，没有任何受害人签收过王某某使用的相关材料的相关手续及证明。

因此，检察机关在《刑事抗诉书》中称“王某某在与被害人合作开发时所使用的相关资料具有虚假性”不能成立。

### （二）检察机关在《刑事抗诉书》中称“王某某具有非法占有的主观故意”也不能成立

#### 1. 从现有证据上看，不能证明王某某有以非法占有为目的的主观故意

王某某在签订、履行合同过程中，没有采取虚构事实或者隐瞒真相等欺骗手段。“土地平整项目”“采矿权”“东段村、煤窑沟村搬迁”项目是客观存在的，主要有以下证据可以证明：①“土地平整项目”“采矿权”“东段村、煤窑沟村搬迁”项目的客观存在性；②被告人也的确交纳了税金、电费等，实施了以上合同项目内容；③被告人并没有假冒他人名义与第三人签订合同。

#### 2. 从合同具体履行上看，王某某也在积极地履行合同

王某某将相关款项用于征用土地、赔偿非法井、赔偿农民林木、迁坟、施工等。

### （三）检察机关提交的证据材料不能证明涉案资金的流向及合同履行情况

检察机关提交的证据材料没有查明资金的用途，没有经过审计以确定资金的使用情况；同时相关证据也没有查明合同的履行情况，例如，征地的面积及范围、施工工程量的多少、施工面积等；既没有征地面积、施工面积的测绘结果，

也没有确定施工工程量。

综上所述，一审法院的认定及判决符合案件的客观情况，能够反映案件的客观事实。检察机关提起抗诉的事由不能成立，笔者提请二审法院依法驳回检察机关的抗诉，维持原判。

**【案例结果】**

一审洛阳市西工区人民法院在（2017）豫0303刑初422号刑事判决书中采信作者的辩护意见，宣判被告人王某某无罪。二审洛阳市中级人民法院在（2018）豫03刑终670号刑事裁定书中也采信了作者的辩护意见，裁定驳回抗诉，维持原判。

**【司法文书】**

河南省洛阳市西工区人民法院（2017）豫0303刑初422号刑事判决书

河南省洛阳市中级人民法院（2018）豫03刑终670号刑事裁定书

**【案例评析】**

《刑法》第224条规定，有下列情形之一，以非法占有为目的，在签订、履行合同过程中，骗取对方当事人财物，数额较大的行为构成合同诈骗罪。该罪必须符合以下要件。

1. 行为人在主观上有犯罪的故意

构成本罪，行为人应有非法占有他人财物的主观目的，这是区别合同诈骗罪与合同违约的主要界限。如果行为人有履行合同的诚意，只是由于某种原因而未能完全履行合同，或者虽然未能完全履行，但本人表示承担违约责任，并未逃避的，就表明行为人并无非法占有他人财物的目的，不构成本罪。

2. 行为人客观上实施了以合同诈骗的行为

构成本罪，行为人在签订、履行合同过程中，有以欺骗手段与他人签订合同，或者在合同签订并接受对方当事人货物、货款、预付款或者担保财产以后，根本不履行合同的行为。具体包括以下五种行为：（1）以虚构的单位或者冒用他人名义签订合同的行为。所谓“以虚构的单位”，是指以自己编造的本不存在的单位名称与他人签订合同；所谓“冒用他人名义”，是指擅自冒用其他单位或个人名义与他人签订合同。这两种行为都是采取欺骗手段，以虚假的合同主体身份与他人签订合同。（2）以伪造、变造、作废的票据或者其他虚假的产权证明作担保的行为。这里所称“担保”，是指在借贷、买卖、货物运输、加工承揽等经济活动中，合同当事人为促使债务履行而作出的特别保证。担保法律关系的设立，即在合同当事人之间产生了一定的权利义务关系，借助于这种权利义务的约束，起到督促债务人认真履行债务和保障债权人经济利益的作用。所谓“票据”，主要是指汇票、本票、支票等金融票据。“虚假的产权证明”，是指虚假的能够证明行为人对房屋等不动产或者对汽车、银行存款、债券、可及时兑付的票据等动产具有所有权的一切文件。（3）没有实际履行能力，以先履行小额合同或者部分履行合同的方法，诱骗对方当事人继续签订和履行合同的行为。这是最具欺骗性的诈骗行为，行为人本身并无实际履约能力，也无履行合同的诚意，但往往摆出一副积极履行合同的架势。先履行小额合同或者部分履行合同以骗取对方信任后，欺骗对方当事人继续签订合同和履行合同，以便进行更大的诈骗。（4）收受对方当事人给付的货物、货款、预付款或者担保财产后逃匿的行为，即我们平常所说的卷款逃跑。这种行为本身足以表明行为人根本没有履行合同的诚意，却有强烈的利用合同骗取他人财物之心。（5）以其他方法骗取对方当事人财物的行为。经济活动中的合同诈骗手段除了以上四种比较典型的以外，还有一些其他手段，如大肆吹嘘自己的经济实力以骗取对方与之签订合同的；挥霍对方当事人交付的货物、货款、预付款或者定金、保证金等担保合同履行的财产，致使上述款物无法返还的；等等。

3. 行为人利用合同诈骗对方当事人财物，数额较大的，才构成犯罪。这也是区分罪与非罪的重要界限

在本案中，王某某没有假冒他人名义与第三人签订合同，并且积极地履行合同。王某某将相关款项用于征用土地、赔偿农民林木、迁坟、施工等。因此，从王某某履行合同的情况看，不存在主观非法占有的故意。另外，检察机关提交的证据材料没有查明资金的用途，没有经过审计以确定资金的使用情况；同时相关证据也没有查明合同履行情况，例如，征地的面积及范围、施工工程量的多少、施工面积等；既没有征地面积、施工面积的测绘结果，也没有确定施工工程量。

综上，洛阳市西工区人民法院与洛阳市中级人民法院判决王某某无罪是正确的。

**【结语及建议】**

本案是一起典型的无罪推定案件，笔者最终达到了委托人被法院宣告无罪释放的辩护效果。侦查机关在侦办案件期间，没有查明资金的用途，没有经过审计

以确定资金的使用情况，同时相关证据也没有查明王某某合同履行情况（征地的面积及范围、施工工程量的多少、施工面积等；既没有征地面积、施工面积的测绘结果，也没有确定施工工程量）。检察机关在第一次审查起诉时，也充分认识到证据的不充分性，从而作出不起诉决定。但是，在第二次提起公诉时，虽然补充了部分证据材料，但是仍然证据不足。在一审审判阶段，一审法院两次发函检察机关要求其补充证据，但是检察机关提交的证据材料仍然存在瑕疵。故一审法院以检察机关指控王某某犯合同诈骗罪事实不清，证据不足而宣判王某某无罪。检察机关不服法院的判决又提起抗诉，二审法院以证据不足，适用法律正确，审判程序合法驳回抗诉，维持了原判。笔者通过认真阅卷，充分理解和把握合同诈骗罪的构成要件，通过提交《法律意见书》、开庭辩护和辩护意见，针对本案控方证据的不足之处，提出本案应当适用“无罪推定”的原则为王某某做无罪辩护，最终使王某某无罪释放。

建议律师在刑事辩护过程中，一是对犯罪构成要件要熟练把握，并娴熟运用刑法原则；二是认真阅卷，做好阅卷笔录，不放过任何案件细节。秉承“严谨、专业、细心、客观”的理念寻找案件的辩点与突破口，充分维护被告人的合法权益。

## 三、专家点评

合同诈骗罪与诈骗罪是特别法和一般法的关系。行为人利用合同实施诈骗且符合诈骗罪的构成要件的就成立合同诈骗罪。合同诈骗罪也应当符合诈骗罪的基本构成，即行为人实施了诈骗行为——对方产生了错误认识——对方基于错误认识处分了财产——行为人或者第三者取得财产——对方遭受财产损失。刑法将合同诈骗罪的欺诈手段列举为 5 种，这也是本罪虚构事实和隐瞒真相的具体表现方式。本案所有的指控事实和证据均难以认定为虚构事实和隐瞒真相，故不构成合同诈骗罪。由于合同诈骗罪是在“签订、履行合同过程中”实施的，因此该罪与普通合同纠纷容易发生混淆。二者区分的关键是看行为人在履行合同过程中是否存在或者产生非法占有目的进而实施诈骗行为，骗取对方当事人财物，如果是则应认定为合同诈骗罪。

**【作者简介】**

李克军，男，汉族，1996 年毕业于中南财经政法大学。

# 7

# 张某合同诈骗，掩饰、隐瞒犯罪所得案

## ——收到货款后暂时关闭通信工具不能推定具有“非法占有目的”

李改军

## 一、案例基本信息

涉案罪名：合同诈骗罪，掩饰、隐瞒犯罪所得罪

办案单位：洛阳市涧西区人民法院

结案时间：2018 年 9 月 25 日

结案方式：裁定

## 二、案例正文

### 【案情简介】

2009 年“伊川县 × × 铸造有限公司”（以下称铸造公司，实际控制人为张某某）与“河南 × × 工贸有限公司”（以下称工贸公司，法定代表人为许某某）建立业务关系。2013 年 4 月 16 日，许某某以房产作抵押，约定贷款用途为采购原材料，向工商银行涧西支行贷款 330 万元，款项贷出后，转入铸造公司账户。被告人张某某在收到货款后将部分资金转给其他三位个人账户用以资金周转。在铸造公司收到货款后的 4 月 19 日，张某某带家人外出联系业务及办理孩子转学事宜。其间许某某多次联系不到张某某，遂在 4 月 22 日报案。2013 年 6 月 3 日张某某因涉嫌诈骗犯罪被洛阳市公安局天津路分局刑事拘留，2014 年 5 月 1 日因涉嫌诈骗犯罪被洛阳市公安局天津路分局执行逮捕。后涧西区人民检察院以合同诈骗罪将张某某起诉至涧西区人民法院。该案件初次开庭后，涧西区人民检察院于

2015 年 11 月 23 日申请撤诉。2015 年 12 月 22 日涧西区人民检察院以“张某某明知洛阳××投资担保有限公司（以下称担保公司）的资金是犯罪所得及其产生的收益而以其他方法掩饰、隐瞒，其行为构成掩饰、隐瞒犯罪所得罪”为由重新起诉。

洛阳市涧西区人民检察院 2015 年 12 月 22 日洛涧检刑诉（2015）367 号起诉书指控：被告人张某某以非法占有为目的，在签订、履行合同过程中，收受工贸公司给付的 330 万元预付款后逃匿，张某某明知担保公司的资金是犯罪所得及其产生的收益而掩饰、隐瞒的行为，应当分别以合同诈骗罪和掩饰、隐瞒犯罪所得罪追究其刑事责任。

2014 年 12 月，笔者接受委托，为被告人张某某提供刑事辩护服务。在涧西区人民检察院重新起诉后，2016 年 3 月 1 日，笔者向洛阳市涧西区检察院提交了专业审慎的法律意见书，辩护要点为：工贸公司转账给铸造公司的 330 万元系工贸公司拖欠铸造公司的应付货款，不能认定张某某对该 330 万元具有非法占有目的从而认定其行为构成合同诈骗罪；张某某通过中间人李某某向天源公司借款 150 万元，并不明知该钱的来源以及是否合法，事后也没有掩饰、隐瞒的行为，且在担保公司案发前经李某某归还了借款，不能认定张某某的行为构成掩饰、隐瞒犯罪所得罪。洛阳市涧西区检察机关起诉书指控的两项罪名缺乏事实依据，不能成立。

2016 年 11 月 21 日，洛阳市涧西区人民法院（2015）涧刑公初字第 350 号刑事判决书充分考虑和采纳了笔者的辩护意见，认为公诉机关指控被告人张某某构成合同诈骗罪不成立，但仍以其构成掩饰、隐瞒犯罪所得罪，判决被告人张某某 3 年有期徒刑、并处罚金 10 万元。

被告人张某某及笔者不服该判决，上诉至洛阳市中级人民法院。洛阳市中级人民法院（2017）豫 03 刑终 27 号裁定撤销原判、发回重审。在原审法院重新对案件进行事实认定和法律适用后，2018 年 4 月 21 日，洛阳市涧西区人民法院（2017）豫 0305 刑初 99 号刑事判决书，对被告人张某某作出无罪的判决。

2018 年 4 月 27 日，洛阳市涧西区人民检察院不服该判决，向洛阳市中级人民法院提出抗诉。涧西区检察院坚持主张被告人张某某构成掩饰、隐瞒犯罪所得罪。

2018 年 9 月 25 日，针对涧西区检察院的抗诉，洛阳市中级人民法院经审理作出（2018）豫03刑终335号刑事裁定，驳回抗诉、维持原判。至此，该案尘埃落定。

**【辩护要旨】**

收到货款后，因其他情况短暂时间内关闭通信工具，不能认定有逃逸行为和具有以非法占有为目的，张某某不能构成合同诈骗罪。

张某某不知晓150万元款项为犯罪所得，且该款在担保公司案发前已全部归还，没有以窝藏、转移或以其他方式掩饰、隐瞒的目的和行为，不能构成掩饰、隐瞒犯罪所得罪。

**【辩护意见】**

本案中，被告人张某某主观上没有非法占有工贸公司330万元货款的目的，客观行为上没有利用签订、履行合同骗取他人财物，也没有收到货款后逃匿，不能评价为《刑法》第224条的合同诈骗罪。首先，铸造公司与工贸公司自2009年开展业务至2013年4月间，业务往来频繁，至案发时许某某所属的工贸公司拖欠被告人所属的铸造公司共计172万元未付货款（不含已付款330万元），许某某所付的330万元是工贸公司应付给张某某所属的铸造公司的拖欠货款，工贸公司对该330万元财产是在具有处分意识的情况下转账给铸造公司的，不是张某某通过欺骗手段得来的，故张某某在收到330万元款项后又转账给其他三人账户的行为，属于铸造公司正常的经营活动和资金周转，在主观上没有非法占有330万元的目的；其次，张某某在收到货款后因联系业务和孩子转学事宜全家外出，其间正常使用其身份证登记住宿、买手机卡，没有刻意隐瞒其踪迹，以此可以证明没有许某某所述的逃匿行为；最后，张某某在2013年6月因涉嫌合同诈骗罪被取保候审后，积极奔走找工贸公司进行对账，而后者以各种理由不配合对账，足以证明张某某积极求得还原案件事实的迫切心理。通过张某某的以上种种行为，不能推定其对工贸公司330万元货款具有非法占有的主观故意，不能认定构成合同诈骗罪。

张某某于2014年通过李某某向担保公司借款时，并不明知所借款项150万元的性质，也没有在借用后将该150万元借款进行窝藏、转移，或以其他方式掩饰、隐瞒而妨碍司法机关的正常刑事诉讼活动，不能评价为《刑法》第312条的掩饰、隐瞒犯罪所得罪。首先，张某某作为企业经营者，为企业资金周转向李某某借款，李某某向担保公司借了包括150万元在内的款项后，将其中的150万元转借给张某某，没有向张某某说明款项来源。张某某在借款时没有义务必须知晓所借款项的来源以及是否合法，不能认定张某某明知该款项是犯罪所得及产生的收益；其次，该款项在被张某某借来后，用于铸造公司的正常经营活动和资金周转，且在担保公司案发前已及时归还，没有被张某某用以窝藏、转移或以其他方式掩饰、隐瞒，不能推定张某某构成掩饰、隐瞒犯罪所得罪。所以，对张某某应作无罪处理。

综上，根据我国《刑法》《刑事诉讼法》《律师法》及相关法律的规定，期待检察机关和审判机关明察秋毫，在提起公诉后，准确评价被告人张某某及其所在企业民事性质的货款结算行为和借款行为，对张某某不作犯罪处理，让张某某真实感受到法律的公平和正义。

**【案例结果】**

河南省洛阳市涧西区人民法院（2017）豫0305刑初99号刑事判决书判决被告人无罪。洛阳市涧西区人民检察院洛涧检诉刑抗（2018）1号刑事抗诉书提出抗诉。河南省洛阳市中级人民法院作出（2018）豫03刑终335号刑事裁定，驳回抗诉，维持原判。

**【司法文书】**

洛阳市涧西区人民法院（2015）涧刑公初字第350号刑事判决书；河南省洛阳市中级人民法院（2017）豫03刑终27号刑事裁定书；河南省洛阳市涧西区人民法院（2017）豫0305刑初99号刑事判决书；洛阳市涧西区人民检察院洛涧检诉刑抗（2018）1号刑事抗诉书；河南省洛阳市中级人民法院（2018）豫03刑终335号刑事裁定书。

**【案例评析】**

（一）合同诈骗的法律分析

《刑法》第224条规定：有下列情形之一的，以非法占有为目的，在签订、履行合同过程中，骗取对方当事人财物，数额较大的，是合同诈骗罪：（1）以虚构的单位或者冒用他人名义签订合同的；（2）以伪造、变造、作废的票据或者其他虚假的产权证明作担保的；（3）没有实际履行能力，以先履行小额合同或者部分履行合同的方法，诱骗对方当事人继续签订和履行合同的；（4）收受对方当事人给付的货物、货款、预付款或者担保财产后逃匿的；（5）以其他方法骗取对方当事人财物的。

该罪必须符合以下四个要件：（1）犯罪的主体：个人或单位均可构成，个人为一般主体，单位是任何单位；（2）犯罪的主观方面：直接故意，并且具有非法占有对方当事人财物的目的；（3）犯罪的客体：国家对经济合同的管理秩序和公私财产的所有权；（4）犯罪的客观方面：在签订、履行合同过程中，以虚构事实、隐瞒真相的方法，骗取对方当事人财物，数额较大的行为。

本案中，被告人张某某没有非法目的占有工贸公司330万元的故意，没有充实该罪的主观方面；该款项由工贸公司转给铸造公司也不是张某某通过虚构事实、隐瞒真相的方法骗取而来，也没有充实该罪的客观方面。

（二）掩饰、隐瞒犯罪所得的法律分析

《刑法》第312条规定：明知是犯罪所得及其产生的收益而予以窝藏、转移、收购、代为销售或者以其他方法掩饰、隐瞒的，是掩饰、隐瞒犯罪所得罪。该罪必须符合以下四个要件：（1）犯罪的主体：是一般主体，即年满16周岁、具有刑事责任能力的自然人，单位也可构成本罪；（2）犯罪的主观方面：必须出于故意，即明知是犯罪所得及其产生的收益，而予以窝藏、转移、收购、代为销售或者以其他方式掩饰、隐瞒；（3）犯罪的客体：司法机关正常的刑事诉讼活动；（4）犯罪的客观方面：对犯罪所得及其产生的收益予以窝藏、转移、收购、代为销售或者以其他方式掩饰、隐瞒的行为。

本案中，张某某借担保公司150万元时不清楚该款项是否为犯罪所得，没有充实该罪的主观方面；将借来的150万元用于正常公司经营活动，没有刻意掩饰、隐瞒的行为，没有妨碍司法机关正常的刑事诉讼活动，故没有充实该罪的客体和客观方面。

综上，洛阳市涧西区人民法院对被告人张某某无罪的判决和洛阳市中级人民法院维持原判的裁定是正确的。

**【结语及建议】**

本案是一起历经了检察院起诉后又撤诉、发现新的事实及证据后重新起诉、法院判决被告人有罪、被告人上诉、中级人民法院撤销原判决发回重审、原审法院重审后判决无罪、检察院抗诉、中级人民法院裁定维持原判等完整的刑事诉讼所有程序的典型案件，辩护人最终取得了委托人被无罪处理的辩护效果。本案在侦查期间，案件焦点从被告人张某某涉嫌合同诈骗罪转移到张某某涉嫌掩饰、隐瞒犯罪所得罪，在涧西区检察院初次以合同诈骗罪向涧西区人民法院起诉张某某不能成立撤诉后，又以掩饰、隐瞒犯罪所得罪重新起诉。对于公诉机关指控的合同诈骗罪，笔者通过查阅卷宗及原告公司与被告人公司双方业务往来的账单，认定本案所诉第一个焦点330万元为原告公司拖欠被告人公司的应付货款，被告人收到应付货款后进行资金周转而转账，是被告人及其公司对自己财产的自由处分，并非起诉书指控的被告人以非法占有目的而转移。在第二个罪名中，张某某通过李某某借得的150万元借款，是正常的民间借贷行为，没有义务知道所借款项的来源及其是否合法，故不存在明知该150万元为犯罪所得的问题。笔者充分利用了这个辩点，最终补强了辩护意见，有力地促成了张某某得到公正处理的结果。

建议刑事辩护人在履行辩护职责过程中，在对罪名构成的要件烂熟于胸的基础上，娴熟运用刑事法律规定，秉承“严谨、专业、细心”的理念寻找到决胜的辩点，充分维护好每一个当事人的合法权益，使法律真正体现出应有的公平和公正。

## 三、专家点评

认定犯罪是一个严格的逻辑推理过程，不论是典型的三段论推理，还是三段论的倒置，都必须将刑法规定作为大前提；换言之，犯罪构成是认定犯罪的唯一标准和依据，符合具体犯罪构成的行为就是犯罪，不符合的就不是犯罪，这是罪刑法定原则的基本要求。但在当前的司法实践中，却出现了一些以局部事实认定取代刑法规定的现象，即部分司法人员盲目着眼于部分案件事实，忽略了犯罪构成本身，甚至脱离犯罪构成谈事实定性，造成认定偏差，严重侵犯相关人员的合法权益。本案就是当前这种认定偏差的典型，但辩护人紧紧围绕犯罪构成，严格坚持从客观到主观的辩护思路是值得称道的。

**【作者简介】**

李改军，男，汉族，河南首正律师事务所执业律师，曾任洛阳市律协民商委员会委员。

# · 8 ·

# 梅某故意杀人案

## ——具有多个从轻情节不应判处死刑立即执行

张耀显

## 一、案例基本信息

涉案罪名：故意杀人罪

办案单位：河南省高级人民法院、洛阳市中级人民法院

结案时间：2011 年 3 月 15 日

结案方式：判决

## 二、案例正文

### 【案情简介】

2008 年 6 月 26 日，河南省洛阳市人民检察院以洛检刑诉（2008）33 号指控被告人梅某犯故意杀人罪。

指控的犯罪事实为：梅某与洛宁县中等职业学校学生张某通过网络相识后双方建立恋爱关系。因被告人怀疑女方有“第三者”问题，两人多次发生矛盾。2007 年 11 月 13 日上午，梅某在洛宁县小界乡某村的家中与张某再次发生纠纷并厮打。在厮打过程中，被告人用手掐住张某脖子致其无力后，把她拉到自家院井边，将其推入井中。经法医鉴定，张某系高坠致创伤性休克而死亡。2007 年 11 月 23 日上午，梅某在家中被公安机关抓获。

针对上述指控，洛阳市人民检察院向洛阳市中级人民法院移送了被告人的供述、证人夏某等证人证言、现场勘查笔录及照片、辨认笔录、鉴定结论及其他物证、书证等证据材料。

公诉机关认为，被告人梅某故意非法剥夺他人生命，其行为已构成故意杀人罪，犯罪事实清楚，证据确实充分，提请洛阳市中级人民法院依法判处。洛阳市中级人民法院于2008年10月9日作出（2008）洛少刑初字第25号刑事附带民事判决，判决被告人梅某死刑，剥夺政治权利终身。

**【辩护要旨】**

证据存疑，属于间接故意杀人，不应该判处死刑立即执行。

**【辩护意见】**

首先笔者仅以辩护人的身份向本案被害人的家属表示同情和慰问，本案中父亲失去了唯一的女儿，母亲失去了贴心的小棉袄，他们失去了每天依依相随的亲人。对被害人家属失去亲人的痛苦辩护人表示理解和同情，希望被害人家属节哀，保重身体，看重未来。

（一）民事部分被告人家属愿意赔偿

一审时，由于种种原因，被害人家属没有得到赔偿，在二审程序启动后，辩护人积极做民事赔偿调解工作，被告人梅某的家属积极响应，尽管被告人出生于农民家庭，父亲早年去世，妈妈改嫁，叔叔去世，爷爷70多岁，梅某跟着爷爷生活，家庭极其贫困，但在多方努力下，尽最大力量赔偿了被害人家属。梅某无犯罪前科。认罪态度好，能如实交代自己所犯的罪行。希望合议庭给梅某一个重新做人的机会，建议判处死刑缓期两年执行的处罚，给被告人以悔过自新的机会。

（二）证据不能排除合理怀疑，指控被告人把被害人推下井的口供相互矛盾

检察院指控被告人把被害人推下井里没有直接证据证明，缺乏其他证据相互印证，唯一的证据是具有可变性、来回反复的被告人口供，被告人在一审二审中都不予认可，被告人的口供是孤证，在没有其他证据印证的情况下采纳依据不充足，且不能排除合理怀疑，双方是否有“相约自杀”的可能。推下井和自己掉下井都有可能造成死亡的结果。当时事发现场，只有被害人和被告人，现在被害人死亡，客观上，公安机关也没有证据证明被告人梅某把被害人推下井的客观证据，除了刑讯逼供。

尸检报告只能证明被害人从高空坠井致创伤性休克死亡，不能具体证明是推下去的或是掉下去的。尽管被害人生前遭受暴力，但被害人生前和被告人相互厮

打属实，这是客观事实也已被起诉书所认定。

（三）本案是间接故意杀人

被告人梅某和被害人谈恋爱一年多，双方有亲密关系，到案发前在县城旅馆共同居住两天后，又到被告人家里住了两天，据被告人讲，因为不信任，双方发生争执到相互厮打，厮打后，作为谈恋爱一方的被告人把被害人搀扶到井边，尽管之前，他们有相约自杀的事实，可毕竟被告人现在还活着。当时，被告人应当预见到被害人坐在井边，随时有掉下去的危险，但被告人却放任不管，听之任之，造成被害人从坠井死亡的事实，对此以间接故意杀人定罪较符合当时的客观事实。被告人书写的遗嘱表明了被告人自杀的决心，让被害人生前相信自己也会自杀，这不能作为杀人的直接证据和旁证。

（四）本案是婚姻家庭矛盾引起的，有相约自杀的情节、不适用死刑立即执行

（1）本案是由婚姻家庭矛盾引起。被告人和被害人谈恋爱一年多，因为小事发生厮打，因被告人放任不管，导致被害人死亡。这不同于社会上一般意义的故意杀人，两者有本质的区别。案卷中有被害人生前和被告人相约自杀的事实。

（2）被害人有过错。一审卷宗第 34 页，对被告人的讯问笔录中多次提到，被害人首先用菜刀砍被告人，并且已经砍着了；菜刀被夺后，被害人又用瓷盆击打被告人头部。这说明被害有过错。

依据最高人民法院《全国法院维护农村稳定刑事审判工作座谈会纪要》（1999 年 10 月 27 日法〔1999〕217 号）第 2 条第 2 项指出："……对于因婚姻家庭、邻里纠纷等民间矛盾激化引发的故意杀人犯罪，适用死刑一定要十分慎重……对于被害人一方有明显过错或对矛盾激化负有直接责任，或者被告人有法定从轻处罚情节的，一般不应判处死刑立即执行。"同时，依据最高人民法院印发《关于为构建社会主义和谐社会提供司法保障的若干意见》（2007 年 1 月 15 日法发〔2007〕2 号）第 18 条："当宽则宽，最大限度地减少社会对立面。……严格执行'保留死刑、严格控制死刑'的政策，对于具有法定从轻、减轻情节的，依法从轻或者减轻处罚，一般不判处死刑立即执行；对于因婚姻家庭、邻里纠纷等民间矛盾激化引发的案件，因被害方的过错行为引发的案件，案发后真诚悔罪并积极赔偿被害人损失的案件，应慎用死刑立即执行。"

（3）被害人和被告人有相约自杀的情节。一审卷宗第 28 ~ 29 页，对被告人

的讯问笔录和其他笔录多次提到相约自杀的事实，如被害人让其去买农药；案发当天，被害人往自己嘴里喷农药灭害灵；相约一起跳井的事实等，都表明两人因生活不满意，相约自杀的事实，提请合议庭慎重考虑此情节。

【案例结果】

2011 年 3 月 15 日，河南省洛阳市中级人民法院作出（2011）洛少刑初字第 6 号刑事判决书，采纳了笔者的辩护意见，认定被告人梅某的亲属对被害人家属的经济损失进行了积极赔偿，依法可酌定对其从轻处罚。依照《刑法》的相关规定，判决被告人梅某犯故意杀人罪，判处死刑，缓期 2 年执行，剥夺政治权利终身。

【司法文书】

河南省洛阳市中级人民法院（2008）洛少刑初字第 25 号刑事附带民事判决书

河南省高级人民法院（2009）豫法刑二终字第 0042 号刑事附带民事裁定书

河南省洛阳市中级人民法院（2011）洛少刑初字第 6 号刑事判决书

【案例评析】

（一）刑事案件的证明标准要排除孤证、达到排除合理怀疑的证明标准，从案卷细节中寻找突破口

《刑法》是规定犯罪与刑罚的法律，在所有法律中最具有严厉性，轻则剥夺人的自由，重则剥夺人的生命，所以刑事案件的证明标准要严格于民事案件高度盖然性的证明标准，达到排除合理怀疑的证明标准。一个刑事案件中往往需要大量的证据对于一个案件事实进行证明，彼此之间相互印证，形成完整的证据链条，从而达到排除合理怀疑的目的。然而，并不是所有的案件都能做到每一个案件事实都有不止一个证据证明，大量的案件中会存在孤证的情况。在本案中，起诉书中指控梅某将张某推入井中，但是在向法院提交的证据中仅有被告人的口供，且事发当时只有被告人梅某和被害人张某在场，被害人也已经死亡，没有其他证据能够对“被告人梅某将被害人张某推入井中”这一案件事实进行印证，且被害人生前和被告人有相约自杀的事实。疑罪从无是刑法的重要原则，也是防止冤假错案所必须遵守的原则，根据我国《刑事诉讼法》（2012 年修订）第 53 条之规定：“对一切案件的判处都要重证据，重调查研究，不轻信口供。只

有被告人陈述，没有其他证据的，不能认定被告人有罪和处以刑罚。证据确实、充分，应当符合以下条件：（一）定罪量刑的事实都有证据证明；（二）据以定案的证据均经法定程序查证属实；（三）综合全案证据，对所认定事实已排除合理怀疑。”我国1996年版《刑事诉讼法》第49条规定：公诉案件中被告人有罪的举证责任由人民检察院承担。所以，要从案卷之中寻找突破口，重视刑事证据的作用，达到排除合理怀疑的证明标准，案卷中的一个细节可能就会决定被告人的生与死。

**（二）以事实为依据，以法律为准绳。丰富法律知识储备，灵活适用相关法律法规**

在审判实务中，法院除了依据法律法规作出判决之外，也会参考一些刑事政策内容，例如本案中涉及的最高人民法院《全国法院维护农村稳定刑事审判工作座谈会纪要》：“……对于婚姻家庭、邻里纠纷等民间矛盾激化引发的故意杀人犯罪，适用死刑一定要十分慎重，……对于被害人一方有明显过错或对矛盾激化负有直接责任，或者被告人有法定从轻处罚情节的，一般不应判处死刑立即执行。”最高人民法院印发《最高人民法院关于为构建社会主义和谐社会提供司法保障的若干意见》“当宽则宽，最大限度地减少社会对立面。……严格执行“保留死刑、严格控制死刑”的政策，对于具有法定从轻、减轻情节的，依法从轻或者减轻处罚，一般不判处死刑立即执行。对于因婚姻家庭邻里纠纷等民间矛盾激化引发的案件，因被害方的过错行为引发的案件，案发后真诚悔罪并积极赔偿被害人损失的案件，应慎用死刑立即执行。”

在本案中，被告人梅某与被害人张某系恋人关系，本案属于因婚姻家庭矛盾引起的案件。通过查阅案卷可以发现，张某对于激化矛盾也存在一定的过错，梅某在警察盘问时如实交代了案情，完全符合《全国法院维护农村稳定刑事审判工作座谈会纪要》所提及的“一般不判处死刑立即执行”的情形；且被告人家属在家庭并不富裕的情况下，积极赔偿受害人家属，弥补对受害者家人的伤害，此情形也完全符合“对于因婚姻家庭、邻里纠纷等民间矛盾激化引发的案件，因被害方的过错行为引发的案件，案发后真诚悔罪并积极赔偿被害人损失的案件，应慎用死刑立即执行”的精神。所以，向法院提出刑事政策之类的辩护意见，也有利于维护当事人的权利。

【结语及建议】

本案是一起由死刑改判死刑缓期执行的案件。对于刑辩律师来讲，该案具有一定的学习意义，本案经过中院审理判处死刑，高院裁定发回重审，中院最终改判死缓的结果。

辩护人在二审时接受委托，在仔细查阅卷宗和多次会见被告人，数次与省高院承办人及负责公诉的检察官等当面就事实认定、证据适用以及准确适用法律等问题进行了沟通的基础上，通过对案卷细节“将其推下井”的分析，对“推”和“掉”进行区分，主张证据存疑，积极做好民事赔偿工作，最终维护了被告人的合法权利，达到了委托人所期待的辩护效果。

刑辩律师除了要精通法律法规外，还要善于理清辩护思路，在案卷中寻找事实材料和证据，寻找案件的突破口，用案卷材料说话，不要任意发挥。对于涉及被害人死亡的案件，要表达对被害人及被害人家属的慰问与同情，最大限度争取其对被告人的谅解。除此之外，律师是一个需要不断学习的行业，在日常的工作中，既要注重对各类法律条文的储备学习，更要注重对刑事审判相关的政策文件的学习。在进行刑事辩护中，要敢于和善于表达自己的观点，刑辩律师的责任任重而道远。

## 三、专家点评

我国《刑法》第232条对故意杀人犯罪配置刑起点的规定是比较重的，而且从适用刑罚的排序上看，对犯故意杀人罪的行为人首先考虑适用的就是死刑，其次才是无期徒刑等其他较轻刑罚。在被告人故意杀人犯罪事实较为清晰的情况下，如何寻找到对被告人从轻、减轻的情节成为辩护律师的第一要务。因为只有在案件事实中存在从轻、减轻的情节，才有可能实现罪轻辩护的结果。本案中，辩护人从被告人家属积极赔偿、指控被告人把被害人推下井的犯罪事实存疑、被告人实施犯罪属间接故意、婚姻家庭矛盾引发犯罪、相约自杀、被害人有过错等多个角度进行罪轻辩护，精准把握多个法定与酌定从轻处罚情节，最终实现了罪轻辩护的良好效果。

【作者简介】

张耀显，中国政法大学法律系毕业，高级律师，经济师，仲裁员和特约记者，河南省优秀刑事辩护律师，洛阳市优秀律师，洛阳市人民政府立法顾问，洛阳市格式条款评审委员会专家委员，洛阳市中级人民法院咨询专家，洛阳市律师协会刑事业务委员会副主任和惩戒委员会副主任。辩护的洛阳市某中专女学生刘某拐卖女同学案（轻判缓刑）、震惊河南省的开封国道王某团伙系列扒窃案和代理的全国小浪底英雄王凤兴名誉侵权案分别于2007年5月、2013年10月、2001年10月24日在中央电视台《今日说法》节目播出。

# · 9 ·

# 于某故意杀人、故意毁坏财物案

## ——民间矛盾引发故意杀人，并具有自首情节，不应判处死刑立即执行

郭轶婷

## 一、案例基本信息

涉案罪名：故意杀人罪、故意毁坏财物罪

办案单位：河南省高级人民法院、洛阳市中级人民法院

结案时间：2019 年 11 月 11 日

结案方式：判决

## 二、案例正文

### 【案情简介】

于某在其姐夫处打工，因不满姐夫拒付工资报酬，欲报复。2018 年 4 月初，于某来到其姐夫家，遇见被害人孙某，与被害人发生接触，导致被害人当场死亡。后驾驶他人车辆离开，将车烧毁，自杀未果。2018 年 7 月 24 日，河南省洛阳市人民检察院以洛检诉刑诉（2018）21 号指控被告人于某涉嫌故意杀人罪、故意毁坏财物罪。一审中，辩护律师接受洛阳市法律援助中心的指派，介入该案。接案后，经过多次会见嫌疑人和详细阅读卷宗，辩护人提出该案应当定性为故意杀害罪，于某具有自首情节、受害人具有过错等辩护观点。一审法院认为，于某所涉罪名成立，判处死刑立即执行。二审中，辩护人经过梳理案情，提出该案发生在直系亲属之间，系因民间矛盾激化引发，于某具有强烈的悔罪表现，愿意对被害人家属做出能力范围内的赔偿等辩护观点。经审理，二审法院采纳了于

某及其辩护人的上诉理由、辩护意见，维持一审法院对于某的定罪部分，撤销一审法院对于某的刑罚部分，判处死刑，缓期两年执行。

**【辩护要旨】**

民间矛盾引发故意杀人，被害人存在过错，被告人具有自首情节，不应判处死刑立即执行。

**【辩护意见】**

（一）该案发生在亲属之间，因劳资纠纷引发，不属于恶劣犯罪

一件事情的发生总是有因才有果。同理，一件案子的发生，也是有动机才有危害后果。于某在其姐夫孙某家打工十几年，他们之间是亲属关系，更是老板和员工的上下级关系。对于向孙某索要劳动报酬一事，于某先与其姐于某沟通，过程并不顺利，双方还发生了激烈的口角。随后，孙某和于某之子（其中一人系死者）又到于某家中威胁警告，死者还说了一句让于某难忘且崩溃的话“**你要钱也没有用，要也要不出来钱**”。**于某向其姐、姐夫持续且分时段要钱，两人同为于某的老板，简单冷漠或粗暴地回绝了于某，于某作为打工者，因为亲戚关系未定期结算工资，自认没有任何证据**通过正常合法的途径索要劳动报酬，孩子老婆又同时生病，心理失衡，终酿成惨祸。

辩护人认为于某、孙某存在伦理过错，而于某造成死者死亡系基于内心义愤，事出有因，不属于恶劣的犯罪。

（二）于某主观恶性不深，不具有极大的人身危险性

于某系初犯，据住同一条街的邻居描述，本人很老实，较少与人发生争吵。从辩护人提交的《于某索要工资的时间轴线》《关于于某工资结算情况相关各方陈述对照表》中也可知，于某案发前一直通过合法合理的途径索要工资，但由于各方对于工资一事分歧较大，如果不是家中有困难，走投无路，于某也不会走上犯罪的道路。辩护人认为于某并非十恶不赦、恶贯满盈之人，主观恶性相对不深。

于某伤害孙某逃走后，想要自杀，后经其妻子劝阻，主动发送位置共享，等待民警前来拘捕，中间没有任何反抗，从其种种表现来看，于某并不具较大的人身危险性。

（三）本案发生在亲属之间，社会危害性较小，请求合议庭考虑对被告人于某酌情从轻处罚

于某《讯问笔录》（第一次、第二次）和孙某《询问笔录》（第一次），以

及于某《询问笔录》（第一次）均显示，于某和受害人的母亲系至亲，如果不是因为于某长期未拿到足额工资，于某、孙某作为于某的雇主多年违法用工，在于某多次讨要工资报酬时消极对待，该案有可能就不会发生。辩护人请求法庭依据最高人民法院《关于贯彻宽严相济刑事政策的若干意见》第 22 项，酌情从宽处罚。

（四）于某具有强烈的悔罪表现，愿意对受害人家属做出能力范围内的赔偿，希望能取得对方的谅解

于某和于某的家属均表示，一是向受害人家属进行真诚的道歉，二是愿意以全家之力赔偿死者家属的所有损失，希望能取得死者家属的谅解。

一审、二审期间，于某的家属多次积极地联系受害人家属及两村村委，并一再表示愿意拿出所有的积蓄或借钱赔偿死者家属的所有损失。

（五）依据最高人民法院《关于贯彻宽严相济刑事政策的若干意见》第 29 项规定，辩护人请求法庭在死刑以下量刑，如被判处死刑缓期执行，被告人于某自愿申请法庭同时判处限制减刑

上述第 29 项规定“要依法严格控制死刑的适用，统一死刑案件的裁判标准，确保死刑只适用于极少数罪行极其严重的犯罪分子”“对于罪行极其严重，但只要是依法可不立即执行的，就不应当立即执行”。结合本案和前述内容，于某并不是不可挽救的对象，不是罪行极其严重的犯罪分子，依法可不予判处死刑立即执行。总之，一审判决过重。

（六）死者存在过错，对被告人应依法从轻、减轻处罚

本案中，受害人父母无故长期拖欠于某的部分劳动报酬，致其无法养活有病的妻子和年幼的孩子，家中一时断绝经济来源，让于某陷入焦虑和巨大压力之中。后受害人又因此事去于某的家中并发生了争吵，于某作为受害人的长辈，受害人的言行使其更是无法忍受。在该案中受害人对本案的引发有一般过错，在起因上，受害人负有部分责任，其行为加速了双方矛盾激化的进程。1999 年最高人民法院《全国法院维护农村稳定刑事审判工作座谈会纪要》中提出，在故意杀人案件中，“对于受害人一方有明显过错或对矛盾激化有直接责任，或者被告人有法定从轻处罚情节的，一般不应判处死刑立即执行”。因此，辩护人恳请合议庭充分考虑受害人的过错，对被告人从轻、减轻处罚。

（七）于某具有自首情节，依法可以减轻处罚

案卷材料显示，于某作案后，民警找到于某的妻子，并和于某的妻子沟通，

劝说于某投案自首。于某经过妻子的劝解，向妻子发送“位置共享”并等待民警将其抓获。通观整个自首过程，没有恶意自首规避法律制裁的行为。

辩护人认为，于某的行为符合最高人民法院《关于处理自首和立功具体应用法律若干问题的解释》中关于“应当视为自动投案”的规定。同时，于某在侦办机关也如实地陈述了自己的犯罪事实，于某具有自首情节。

依据《刑法》第67条、最高人民法院《关于处理自首和立功具体应用法律若干问题的解释》第3条、最高人民法院印发《关于贯彻宽严相济刑事政策的若干意见》的通知第17项之规定，被告人于某系通过其妻子劝阻，基于对孩子的不舍，投案自首，具有法定的从轻或减轻处罚的情节。一审法院没有依据罪责刑相适应的原则裁判，故请求二审法院根据本案的案情予以考虑，依法改判。

**【案例结果】**

2019年11月11日，河南省高级人民法院作出二审判决，上诉人于某犯故意杀人罪，判处死刑，缓期两年执行，剥夺政治权利终身；犯故意毁坏财物罪，判处有期徒刑两年，决定执行死刑，缓期两年执行，剥夺政治权利终身。对上诉人于某限制减刑。

**【司法文书】**

河南省洛阳市中级人民法院（2018）豫03刑初33号刑事判决书

河南省高级人民法院（2018）豫刑终635号刑事判决书

**【案例评析】**

（一）由民间矛盾特别是亲属之间引发的涉嫌故意杀人罪刑事案件，应当慎用死刑

1999年最高人民法院在《全国法院维护农村稳定刑事审判工作座谈会纪要》中提出，在故意杀人案件中，“对于受害人一方有明显过错或对矛盾激化有直接责任，或者被告人有法定从轻处罚情节的，一般不应判处死刑立即执行”。本案中，正是基于此文件，辩护人在整理案件事实、法规依据的基础上，通过论证说理，让法官认识到该案的特殊性，为改判打下了良好基础。

（二）依据最高人民法院《关于贯彻宽严相济刑事政策的若干意见》第29项的规定，重点论证说理于某与极少数罪行极其严重的犯罪分子的区别

辩护人为了解于某的真实性格和平时表现，走访了其所在的基层组织和村

民，通过整理，得出了共性的结论，并向法官进行了详细的阐述，争取让法官了解于某的情况，以正确适用法律。

**【结语和建议】**

该案发生的原因令人深思，被告人若采用合法的方法主张自己的诉求，完全可以避免惨案发生。辩护人接受委托后，首先仔细地查阅卷宗，以便了解案件全貌，然后在详细了解案情的基础上，查阅了大量的法律规定，以及最高人民法院的相关案例，并根据法律规定和案例指引，再次回头查阅卷宗，不放过任何可以合法合理的维护被告人的辩点，并通过画图制表的方式，让承办人员了解其中的冲突，并不完全是被告人一人造成的，以取得承办人员的理解和支持，为被告人的改判争取了空间。

## 三、专家点评

是被判处死刑立即执行，还是被判处死刑缓期两年执行，这对被告人而言无疑具有巨大的差异，从生死的意义上说，更具有天壤之别。一个被告人被判处死刑立即执行的案件，经过辩护变更为被告人判处死刑缓期两年执行，仅从结果来看，该辩护无疑是非常有效、较为成功的。本案辩护人从罪轻辩护角度出发，全面寻找案件事实中存在的有利于被告人从轻、减轻处罚的情节。一方面其找到的从轻、减轻情节量多，另一方面其找到的从轻、减轻情节比较精准。根据这些从轻、减轻情节全面论证了被告人不应被判处死刑立即执行的理由，论证充分，非常具有说服力，取得了承办人员的理解和支持，从而顺利地实现了罪轻辩护的目标。

**【作者简介】**

郭轶婷，女，河南万基律师事务所执业律师。

# · 10 ·

# 王某某故意杀人案（一）

## ——故意杀人与故意伤害的区别

贾　灿

## 一、案例基本信息

涉案罪名：故意杀人罪

办案单位：河南省义马市人民法院

结案时间：2016 年 6 月 6 日

结案方式：判决

## 二、案例正文

### 【案情简介】

2016 年 1 月 6 日 22 时 30 分许，被害人段某某酒后到被告人王某某经营的“灵宝肉夹馍”店里购买肉夹馍。因为当时天色已晚，王某某准备收摊回家，便告诉段某某肉夹馍卖完了。段某某为此感到十分生气，便口吐脏话，甚至对王某某动手动脚。王某某出于对醉酒之人的害怕便下意识地握紧了手里正在切肉的刀。二人在说话的同时进行推搡，王某某在言语刺激下一时激动举刀（此刀为剁肉切菜的刀，有近 30 厘米长、20 厘米宽）将段某某砍伤（一刀在头顶、一刀在右颞。后经鉴定，段某某的伤情为轻伤一级）。

案发后，王某某主动向公安机关投案自首，并如实供述案件经过。在羁押期间，王某某也主动让家人与被害人亲属联系，商量赔偿事宜，最终得到了受害人段某某及其家属的谅解。笔者辩护的主要观点是应按照故意伤害罪，而不是故意杀人罪，追究被告人王某某的刑事责任。加之自首和积极赔偿受害人的情节，建议对段某某判处缓刑。最终，笔者的辩护意见全部得到法院的采纳，判决被告人犯故意伤害罪，判处有期徒刑一年，缓刑两年。判决作出后，其本人服判未上诉，检察院未抗诉。

被告人王某某因为其过错行为付出了代价，而这份代价是罚当其罪，不偏不倚。

**【辩护要旨】**

不应该以被告人手持锋利的刀具向被害人要害部位砍去就认定其有杀人的故意，而是应该综合考虑案件的起因、行为发生过程、犯罪工具、行凶手段、打击部位、打击强度、行凶情节、作案时间、地点、环境、被告人与被害人之间的关系、被害人过错等因素。

**【辩护意见】**

**（一）起诉书指控被告人构成故意杀人罪没有事实和法律依据，辩护人根据犯罪的构成要件对此逐一分析**

（1）根据犯罪的构成要件，构成一个罪名要根据主体、主观因素、客体、客观因素进行综合考量。本案中被告人王某某没有非法剥夺他人生命的故意，客观上也没有非法剥夺他人生命的行为，在危害结果上也只是轻伤。本案中公诉人认为被告人持刀砍到了受害人的致命部位而认定构成故意杀人罪，而法庭调查基本还原了事实真相。公诉人向法庭出示了当时砍伤受害人的菜刀，连同刀把近30厘米长、20厘米宽，并且是专门用来剁肉的，锋利无比。如果被告人主观上有非法剥夺被害人生命的故意，被告人将努力追求并且放任这种结果的发生。而实际上是被告人在受到被害人的言语侮辱和身体推搡并且低着头指着自己脑袋说往这里砍时，被告人在受到言语及推搡的刺激后下意识地将手中的刀没有用力落下去。通过受害人的伤情可以很直观地看出被告人主观上既没有杀人的故意，也没有追求死亡结果发生的故意。

（2）本案的被告人与被害人之间并无冤仇，甚至在此之前都没有一面之缘，仅仅是因为受到被害人酒后的言语侮辱和欺负后气愤伤人，仅此而已。人民法院在对被告人进行定罪量刑时，应当纵观全案，对案件发生原因、行为发生过程、犯罪工具、行凶手段、打击部位、打击强度、行凶情节、作案时间、地点、环境、被告人与被害人之间的关系、被害人过错等因素进行综合考量。本案中被告人与被害人素不相识，仅因琐事发生争执。结合受害人过错，被告人持刀伤人仅动用腕部力量，并未用力，因此被害人损伤较轻，其主观上并没有非法剥夺他人生命的故意。结合案发的时间、地点、环境，按照客观造成的实际损害应认定为故意伤害罪，而不应仅看到被告人用锋利的刀具砍伤了被害人的要害部位就认定为故意杀人。

综上所述，公诉机关指控被告人故意杀人罪的理由不能成立，应当按照故意伤害罪进行定罪量刑。

（二）被告人具有以下从轻、减轻处罚的情节和理由

（1）被告人在案发后主动报警，并留在原地等待公安机关到来的行为，符合法律关于自首的规定，可以从轻或者减轻处罚；

（2）被告人在到案后如实供述自己的行为，有着良好的认罪态度深刻的悔罪表现。从开庭时被告人的表现可以看出，被告人已经接受了法制教育，并且深入内心，加之被告人本就是一名本分的个体户，主观恶性极小；

（3）本案中被害人存在过错，是案发的主要因素。根据法律规定，被害人有过错的，可以减轻被告人的刑事责任和民事赔偿责任；

（4）被告人家属在被告人的授意下积极赔偿被害人的合理损失，并且得到了被害人的谅解；

（5）此次案发具有偶发性，被告人此前行为表现一贯良好，无前科，系初犯、偶犯；

（6）被告人家中上有80多岁的老母亲需要照料，下有两个年幼的孩子嗷嗷待哺，被告人是家庭的支柱。

基于上述事实和理由，被告人系故意伤害他人后主动自首，并且还具备诸多从轻、减轻处罚的理由和情节。希望法院能够对其判处缓刑，让其承担起为人子、为人父、为人夫的责任。

**【案例结果】**

2016年6月6日，河南省义马市人民法院作出（2016）豫1281刑初75号刑事判决书，采纳了笔者的全部辩护意见，判处被告人王某某犯故意伤害罪，有期徒刑一年，缓刑两年。该判决作出后，被告人未上诉、检察院亦未抗诉。

**【司法文书】**

河南省义马市人民法院（2016）豫1281刑初75号刑事判决书

## 【案例评析】

### （一）故意杀人罪与故意伤害罪的关系分析

故意杀人罪是指故意非法剥夺他人生命的行为；故意伤害罪一般认为是故意非法损害他人身体健康的行为。关于二者的关系存在两种理论：对立理论认为，杀人与伤害是两个相互排斥的概念，杀人故意排除伤害故意，因此杀人不包含伤害；单一理论则认为，杀人故意则必然包含伤害故意，杀人行为必然包含伤害行为。笔者则更倾向于单一理论这一观点。其一，在不能查明是杀人行为还是伤害行为时，根据对立理论则只能宣告无罪；而根据单一理论在存疑时有利于被告人的原则下可以认定为伤害行为。其二，在共同犯罪中分别以杀人故意和伤害故意对被告人施以暴力，即使采取行为共同说，根据对立理论也不构成故意犯罪；根据单一理论则可以构成共同犯罪。其三，在一个施害人先后以故意伤害、故意杀人不同的犯罪故意对他人施以暴力，但不能证明是前行为还是后行为致被害人死亡时，根据对立理论，不能使施暴人对死亡行为负责；根据单一理论，可以将该行为认定为故意伤害致人死亡。综上显然单一理论更具有合理性。

事实上，杀人既遂都经历了伤害的过程，任何杀人未遂也必然造成了伤害结果或者具有造成危险的可能性。故意杀人罪与故意伤害罪应当是法条竞合（包容评价）关系。故意杀人可以包容评价为故意伤害。

### （二）故意杀人与故意伤害在司法事件中该如何认定

故意杀人罪与故意伤害罪的构成要件与责任要件的区别在理论上相当明显，但在司法实践中往往难以认定。笔者认为，在认定故意杀人还是故意伤害时应该采取从客观到主观的路径，坚持罪刑法定与责任主义的原理，综合考虑案件的全部事实，正确认定故意杀人罪与故意伤害罪。在实践中，对以下几个问题的查明便能确定绝大多数故意杀人和故意伤害中故意的内容和性质：①行为人使用的是何种犯罪工具？杀伤力如何？是预先准备的还是情急之下顺手取得的？②打击的部位是否为要害部位？是可以选择该部位，还是顺手打击到该部位？③结合犯罪工具考虑打击强度如何，是最大力量还是刻意控制打击力度？④犯罪行为有无节制？⑤犯罪行为发生时的时间、地点与环境如何？⑥行为人是否对被害人施以救助，对死亡结果表现出何种态度？⑦行为人是否有预谋？⑧行为人与被害人之间的关系，是素有怨仇还是素不相识？此外，对目无法纪、胆大妄为、动辄行凶、不计后果一类对他人身体健康，甚至生命侵害的行为，应根据案情区别对待。

本案无论从行为人的行为故意、主观故意，还是危害行为结果来说都不构成故意杀人，笔者的这一辩护意见得到法院的认可并予以采纳。结合自首、积极赔偿、认罪态度、主观恶性及再犯可能性等从轻减轻处罚的因素，判处被告人缓刑，其本人服判，家人满意。

**【结语及建议】**

本案的故意伤害不同于一般的故意伤害，是在受害人存在过错的前提下，被告人一时气愤，出于激情将被害人砍伤，并且即便是在受到言语侮辱和肢体接触的情况下仍然控制伤人的力量和结果。笔者也正是抓住了这一关键因素进行法律分析，最终成功将故意杀人辩为故意伤害，并判处缓刑让被告人重获自由。

刑辩律师在会见之前一定要对相关罪名及法律规定烂熟于心，在会见犯罪嫌疑人时，有意识地进行相关问题的询问。侦查结束后，再通过详细的阅读卷宗记录，以便对案件有一个全面且细致的了解，在庭审时才能做到游刃有余。

## 三、专家点评

本案辩护人基于被告人行为的具体客观证据材料，论证了被告人无杀人故意，案件辩护法律效果显著。值得注意的是，本案也可以基于故意伤害罪和故意杀人罪二者的关系进行论证分析。一般说来，二者关系在理论上存在两种观点，即相互排除说和单一说。前者认为，故意杀人罪排除伤害故意，杀人不含伤害；后者则认为，杀人必然包含伤害。我国理论和司法实务倾向选择单一理论说，即当不能查明是杀人行为还是伤害行为时，可以认定为故意伤害，这也是证据存疑有利于被告人的体现。

**【作者简介】**

贾灿，河南达兴律师事务所主任，曾担任洛阳市律师协会刑事专业委员会委员，洛阳市法学会行政研究会法学常务理事，河南省法学会律师学研究会理事。参与《洛阳市中小学生人身伤害事故处理与预防条例》的起草工作。

# · 11 ·

# 王某某故意杀人案（二）

## ——致人死亡情形中故意和过失的判断

魏俊卿

## 一、案例基本信息

涉案罪名：故意杀人罪

办案单位：河南省宜阳县人民法院

结案时间：2011 年 1 月 8 日

结案方式：判决

## 二、案例正文

### 【案情简介】

2010 年 7 月 1 日 22 时许，被告人王某某驾驶小货车行驶在河南省宜阳县赵堡乡某村的水泥路上，看见路边站着一男一女，旁边有一辆摩托车，女的像其弟媳张 A。王某某想到以前听其父亲说过张 A 和别人关系暧昧，就用手机和其侄女联系，得知张 A 不在家时，就掉头驾车往回追，在某村附近超过骑摩托车的一男一女，并看清摩托车后座上的是其弟媳张 A，王某某便将车快开超过摩托车，下车喊让摩托车停下，让张 A 下来。张 A 见状让驾驶摩托车的张 B 停车，张 B 没有停车，继续向前行驶。王某某驾车追赶，在南闫公路追出一里多时，追上张 B 驾驶的摩托车后，王某某驾车与张 B 的摩托车同向并排行驶，王某某一边鸣喇叭一边喊叫停车。因摩托车仍没有停下的意思，王某某便驾车靠右挤向张 B 所骑的摩托车。当行至赵堡村南附近时，张 B 驾驶的摩托车撞在道路边沿的树上，张 B 被摔出摩托车倒地处前 10 余米处，张 A 亦摔倒。王某某见状后，急刹车后停车，并立即拨打110报警，并告知110通知救护车抢救。当日22时31分王某某再次拨打120报警，22时39分又拨打赵堡乡卫生院的急救电话要求医务人员出诊。后赵堡派出所民警赶到现场将王某某带走。当日23时24分宜阳县中医院救护车赶到现场，发现张B已死亡。张A被送往宜阳县人民医院抢救，经固定包扎后又送往解放军第150医院救治，被确诊为：右肱骨中段骨折、右桡骨上段粉碎性骨折、又上肢臂丛神经损伤、额部皮肤撕脱伤、右上肢皮肤擦伤。

**【辩护要旨】**

故意与过失作为两种主观状态，不能简单通过行为人的陈述与辩解进行认定。事实上，主观状态往往会通过客观行为表现出来，要深入综合全面分析各种客观情况进行判断。

**【辩护意见】**

公诉机关认为，本案被告人王某某明知驾车追逐被害人张B驾驶的摩托车可能造成被害人张B死亡的结果，不计后果地放任危害结果的发生，系间接故意杀人，已构成故意杀人罪。辩护人认为，从主观上讲，王某某既没有杀人故意，也没有伤害故意，其主观上属于过于自信的过失。从客观上讲，王某某没有实施杀人和伤害行为，尽管造成被害人张B死亡的结果，但其死亡纯粹是因过失造成。应当认定被告人王某某不构成故意杀人罪，构成过失致人死亡罪。

辩护人还认为，被告人王某某在案发后主动投案，并如实供述了全部犯罪事实，系自首，其亲属积极赔偿被害人经济损失，并取得谅解，建议在有期徒刑3年以下量刑，并宣告缓刑。

**【案例结果】**

辩护人在定罪和量刑两个方面的辩护意见，均被法院采纳。河南省宜阳县人民法院于2010年12月28日作出一审判决，判决被告人王某某犯过失致人死亡罪，判处有期徒刑3年，宣告缓刑5年。

一审判决后，被告人没有提起上诉，公诉机关也没有提起抗诉，一审判决已发生法律效力。

**【司法文书】**

河南省宜阳县人民法院（2011）宜刑初字第16号刑事判决书

## 【案例评析】

（一）从主观上讲，本案被告人王某某既没有杀人故意，也没有伤害故意，其主观上属于过于自信的过失

1. 王某某辩解自己既无杀人故意，也无伤害故意

故意分为直接故意和间接故意，直接故意，是指行为人明知自己的行为必然或可能发生某种危害社会的结果而希望这种结果的发生，或者明知自己的行为必然发生某种危害社会的结果而放任这种结果的发生。也就是说，直接故意分为以下两种情况：（1）明知必然发生，且希望或放任发生；（2）明知可能发生，且希望发生。间接故意，是指行为人明知自己的行为可能发生危害社会的结果，并且放任这种结果的发生。即明知可能发生，且放任发生。所谓放任，是指行为人对于某种危害结果的发生虽然不是希望发生和积极追求，但也没有阻止和反对，而是听之任之，放任自流。

本案中，王某某自始至终都辩称自己没有杀人故意，也没有伤害故意。从王某某的6次供述中，均不能证明王某某明知自己的行为必然或可能造成被害人张B的死亡而希望这种结果的发生，也不能证明王某某明知自己的行为必然造成张B的死亡而放任这种结果的发生，也不能证明王某某明知自己的行为可能造成张B的死亡并且放任这种结果的发生。

2. 从王某某的行为来看，也应认定其主观上不具有杀人和伤害故意

（1）王某某发现并开始追逐被害人张B，前后经过数公里，在此过程中，王某某采取了下车让停、喊话、鸣喇叭等措施，其目的是想让坐在张B摩托车上的弟媳张A下来，而不是想去伤害被害人张B。而且，王某某驾驶车辆的最高时速远远超过被害人张B所骑摩托车的最高时速。在这种情况下，假如王某某具有杀人或伤害故意，那么，王某某完全可以在追逐过程的任何阶段直接将被害人张B所驾驶的摩托车撞倒。而事实是王某某驾驶的车辆和被害人张B的摩托车一前一后行使了数公里，这就表明王某某主观上没有杀人或伤害故意。

（2）被告人王某某驾驶的车辆在某村曾经追上并超过了张B驾驶的摩托车。当时，王某某在张B前边10多米处熄火停车，并到车下喊张A下车，但是，张B不仅没有停车，反而加速从王某某身边驶过。而且，在南闫公路上，王某某的车辆又曾经再次追上了被害人驾驶的摩托车，王某某还将玻璃降下来再次喊张A

下来。王某某的这些行为足以表明他主观上只是想让张 A 下来，并不想伤害被害人张 B。

（3）本案有一个至关重要的情节，那就是被害人张 B 的摩托车撞上了路牙东侧 45 厘米处的一棵小松树，才致使其驾驶的摩托车方向失控。就在这棵小松树西侧的路牙上，有王某某所驾车辆的刹车痕迹。这就表明，在被害人张 B 由于自身原因造成所骑摩托车方向失控前，王某某为了避免事故的发生还采取了急刹车措施，之后便向左猛打方向盘。王某某采取急刹车和向左猛打方向盘的行为，足以表明其不仅不希望被害人张 B 受到伤害，而且也不是不计后果地放任危害结果的发生，而是积极避免损害结果的发生。试想，假如王某某主观上是放任结果的发生，他应该是任凭自己的车辆和被害人的摩托车相撞，而不会那么快地急着向左猛打方向盘。

3. 现有证据不足以证明王某某具有杀人或伤害故意

尽管被告人王某某怀疑被害人张 B 与其弟媳张 A 有不正当关系，但由于张 A 仅是其弟媳，况且王某某也只是怀疑，并没有确凿证据证明二人确实存在不正当关系，因此，王某某不至于产生杀人或伤害的动机。

在刑事诉讼中，证据必须确实、充分，而不能凭空猜测和推断。本案中，公诉机关没有任何证据能证明王某某具有杀人或伤害故意。

4. 王某某主观上属于过于自信的过失

根据王某某的供述，其之所以去追赶被害人，只是希望张 A 下来，将事情说清楚，要是能和他弟弟过就继续过，要是不愿意继续过就离婚，不要让全家人跟着丢人。在他两次追上被害人，让他停车而被害人拒不停车后，他就想着往右边靠，当时，他自认为被害人张 B 会感觉到过不去而将车停下来，并自认为留足了安全距离，但是，被害人却没有停。

公诉机关认为本案被告人王某某主观上属于间接故意。辩护人认为，王某某不属于间接故意，而是属于过于自信的过失。

过于自信的过失致人死亡与间接故意杀人的相似之处在于：两者都发生了被害人死亡的结果，行为人都认识到自己的行为可能发生他人死亡的结果，且都不希望这种结果发生。两者的显著区别在于：第一，在认识因素上，对他人死亡结果发生的主观估计不同。二者虽然都是预见到自己的行为可能使他人死亡，但在间接故意杀人中行为人对可能性转化为现实性并未发生错误的认识和估计，因而在可能性转化为现实性即他人死亡结果发生的情况下，行为人的主观认识与客观结果之间并未发生错误，主观与客观是一致的；而在过于自信的过失致人死亡中，行为人主观上认为，出于对其自身能力、技术、经验及外部条件的自信，实施行为时，轻信他人死亡的结果可以避免，即对可能性转化为现实性的客观事实发生了错误认识，在他人死亡结果发生的情况下，其主观与客观是不一致的。第二，在意志因素上有重要区别。过于自信的过失致人死亡与间接故意杀人中的行为人虽然都不希望他人死亡结果的发生，但二者对他人死亡结果的态度是有明显区别的。间接故意杀人的行为人虽然不希望他人死亡结果的发生，但是对于他人死亡结果的发生并不持反对态度，而是听之任之。过于自信的过失致人死亡中，行为人不仅不希望他人死亡结果的发生，同时也不放任这种结果发生，而是希望这种结果不要发生，希望避免这种结果发生，即排斥、反对他人死亡结果的发生。在预见到自己的行为可能发生他人死亡结果的情况下，行为人仍然相信能够避免危害结果的发生，并因而实施了该种行为。

本案中，被告人王某某为了追上被害人张B而驾车紧紧追赶，其应当意识到自己的行为可能使张B慌不择路，可能造成事故，但他却自认为张B在走投无路的情况下会停下来，轻信张B不会顽固地执意前行。事实上由于张B慌不择路先是撞上了路边的小松树，致使方向失控，继而又撞在了距该松树4.5米远的大柳树上，最终造成了张B的死亡和张A的受伤。前述的王某某在该小松树西侧路牙上急刹车并随即左转的行为不仅表明其主观上没有希望结果的发生，没有放任结果的发生，而且也表明其具有避免结果发生的强烈愿望，只是由于判断上的过于自信，才导致了危害结果的发生。因而，王某某在主观上显然是过于自信的过失，而不是间接故意。

（二）从客观上讲，本案王某某没有实施杀人和伤害行为，尽管造成被害人张B死亡的结果，但其死亡纯粹是因过失造成

1. 起诉书指控王某某所驾车辆与被害人张B和张B所骑摩托车相接触，这不符合事实和情理。

2. 退一步讲，即使认定王某某所驾车辆与张B和张B所骑摩托车相接触，那么该接触也不是造成张B所骑摩托车倒地和张B死亡的原因。张B的摩托车之所以倒地，是由于其不专心驾驶，先是撞上了路边的小松树，致使方向失控，继而又撞到了大柳树才倒地的，其摩托车是在撞到柳树之后才倒地的，起诉书称是被告

人的车辆撞倒了被害人的摩托车，这不符合事实和情理。具体理由如下。

（1）张B由于不专心驾驶，致使所驾摩托车撞上了路牙东侧45厘米处的一棵小松树，致使其驾驶的摩托车方向失控。理由是在张B的摩托车前轮右侧减震上夹有大量的松树叶，这就表明他的摩托车曾经撞上了该松树，现场的那棵松树也被从根部撞断，该松树根部直径有5厘米，高有1.5米，高速行驶的摩托车撞到该松树上必然会造成方向失控。张A在笔录中称，由于张B在路边高速行驶并且往后看，她曾经提醒张B“慢点，太靠路边了”。她称那时她看到了王某某的车还在后边，在她提醒张B之后，自己就啥也不知道了。这足以表明张B的摩托车是由于自己不专心驾驶而撞在了松树上致使方向失控的。

（2）被害人张B的摩托车方向失控后撞到了该小松树北边的大柳树，之后才倒地的。张B的摩托车最终是撞到距小松树北4.5米的大柳树上，大柳树的树皮都被撞掉了，这是一个不争的事实。从被撞掉的柳树树皮的位置相对较高，以及摩托车的右前减震上端还夹杂有大量的柳树树皮来看，不应当是摩托车倒地后才撞上去的，而应当是摩托车还没有倒地前撞上去的，这就足以表明在张B所骑摩托车撞到柳树之前没有倒地。

（3）王某某的车辆上划擦痕迹极其轻微，该划擦不可能造成张B的摩托车倒地。从王某某车辆上的划擦痕迹来看，该痕迹极其轻微，仅像用针尖划了一样，该细微的擦划根本不可能会造成摩托车的倒地。

（4）从现场的情况看，张B和张A都被抛出了10多米远，张B所骑摩托车也抛在了10多米远的地里，如果是王某某所驾车辆撞倒了张B的摩托车，那么，张B和张A在摩托车被撞倒当时就应倒在地上，他们和摩托车都不会跑到10多米之外。而且，如果当时被撞倒，他们的伤情也不可能有那么严重，损害部位也不会有那么多。

3. 再退一步讲，即使是王某某的车辆撞倒了张B的摩托车，这仍然也是过失，而不能据此认定王某某具有故意

不能仅因为王某某是追赶张B，就认定其是故意杀人或故意伤害，其追赶的行为尽管是故意的，但该故意并不意味着其也有杀人或伤害的故意。仅仅因为当事人之间相互认识而且相互追逐就否认是过失，这是客观归罪的表现。过失犯罪并不排除当事人之间相互认识甚至相互追逐而发生事故的情形。判断行为人在主观上是故意还是过失，不能针对行为人的某一个行为，而应当是针对所造成的某

种结果而言的。

综上所述，不论客观上被告人王某某的车辆是否接触了被害人张B的摩托车和身体，也不论该接触是否导致被害人张B的摩托车倒地，尽管王某某追赶被害人是故意的，但是，针对张B的死亡，他却是出于过于自信的过失。

**【结语和建议】**

本案发生于2010年7月1日，笔者在7月12日便接受委托担任辩护人。接受委托后，笔者当即到现场进行了调查走访，对案发现场进行了拍照、固定，调取了大量证据。在侦查和审查起诉阶段，笔者均提交了被告人不构成故意杀人罪而是构成过失致人死亡罪的辩护意见，但侦查机关和审查起诉机关均未予采纳。本案移送起诉到法院后，本人结合侦查机关调取的和本人调取的大量证据，从主观和客观两个方面再次提出了被告人不构成故意杀人罪，而是构成过失致人死亡罪的辩护意见，最终被法院采纳。

在理论上，故意和过失很容易区分。但在司法实践中，是故意还是过失有时候很难区分，在这方面司法机关基本上也不会仅采信被告人的供述。由于主观故意总是通过客观行为体现出来，因此，办理这类案件，作为辩护人就必须通过当事人之间的关系、行为方式、有无节制、事后态度等客观方面的细节进行充分说理，从而说服裁判人员避免客观归罪，充分维护当事人的合法权益。

## 三、专家点评

间接故意杀人与过失致人死亡在司法实践中是区分的难点。从理论上讲，间接故意杀人的行为人对死亡结果持放任态度，发生死亡结果并不违背其意志；而无论是过失致人死亡还是疏忽大意致人死亡的，行为人并不放任结果的发生，死亡结果的出现是违背其意志的。但是，在实践中，当出现死亡结果后，由于来自被害人家属的情绪以及社会舆论的压力，司法机关更倾向于选择间接故意杀人的定性，这给律师辩护工作带来极大的挑战。本案辩护人充分开展实地调查，分析各种客观证据资料，从而排除了被告人主观上杀人的故意，法院采纳了辩护意见，取得了非常好的辩护法律效果。

**【作者简介】**

魏俊卿，男，中国共产党员，河南金晖律师事务所执业律师，1999 年执业，现任洛阳市律师协会常务理事、洛阳市律师协会县域发展工作委员会主任、河南省律师协会县域律师工作委员会副主任、河南省律师协会刑事业务委员会执行委员。2017 年 2 月获“河南省优秀刑辩律师”，2019 年 9 月获“全省律师行业优秀党员律师”，2019 年 12 月获“2015—2019 年度河南省优秀律师”。

· 12 ·

# 闵某故意杀人案

## ——故意杀人行为和意外事件的区分

王军丽

## 一、案例基本信息

涉案罪名：故意杀人罪

办案单位：河南省孟津县人民法院、洛阳市中级人民法院

结案时间：2018 年 10 月 25 日

结案方式：检察机关撤回起诉

## 二、案例正文

### 【案情简介】

2016 年 9 月 30 日傍晚将近 7 点的时候，在河南省孟津县白某镇某村黄河边的六号堤坝上，闵某用手机给男朋友谢某发短信：“老公这是我最后一次叫你了，永别了。”闵某在黄河岸边坐了大约 10 分钟，谢某寻找到了闵某跟前，闵某对谢某说，“你滚，我不想见到你，咱俩都订过婚了，你不和我结婚我就跳河……”说着就准备往黄河里跳，谢某伸手拉闵某没有拉住，脚下的石头一滑，闵某就掉进黄河里了，不知道谢某是否也掉进水里了。闵某不会游泳，喝了几口水就没有意识了，也不知道被水冲了多远，在水里感觉手摸到石头就站了起来，发现所在的位置水不深，是水中的一个小沙丘上。当时的河边风大浪急比较冷，闵某不敢乱动，在上面等了十几分钟，其间喊了几声救命，堤坝上经过的汽车也听不到。后来看到有人打着手电在照，就喊救命，相互应声后知道是谢某的父亲。谢某的父亲无法接近闵某，就让闵某不要乱动，又回村里叫来两个男的跳进水里将闵某救

到岸上。在河堤上闵某问谢某的父亲谢某在哪里，谢某的父亲说先回去吧，谢某应该没啥事。回到家没有见到谢某，闵某对谢某家人说刚才谢某也去了黄河边了，会不会也跳黄河里了，赶快回去找一下。谢某的家人和邻居又到黄河边找，找了闵某跳河的地方和周围，没有找到，就赶紧报了警，接下来就有了闵某在公安机关的第一次笔录。

2016 年 10 月 3 日下午，在孟津县会某镇某村北滩地黄河内发现了谢某的尸体，也就是三天后在河的下游发现了谢某的尸体。得知谢某已经死亡，2016 年 10 月 4 日下午，公安机关又对闵某进行了第二次讯问，从第二次到第五次笔录，闵某改变了口供。

闵某第二次到第五次笔录改变的内容主要有：在黄河边的石头上，闵某对谢某说你不跟我结婚我就跳下去，说着就顺着石头往河下面走，谢某过来拉闵某，闵某闪了一下身子谢某没有拉住，脚下一滑就掉进水里了。下面的水很深，谢某掉进去后就看不见了，闵某也没敢下去救谢某，就顺着河边往下游走，想看看能下去捞住谢某不能，走到一个小滩的地方不敢走了，站在那里……谢某的父亲等人把闵某救上岸，闵某当时因害怕，没敢跟他们说谢某掉进河里的事情，也没跟派出所的人说，害怕谢某家人说是闵某把谢某给害了。

据闵某讲：开庭时闵某当庭多次强调说第一次笔录才是当时的真实情况，第二次笔录是公安机关为了促成赔偿诱供所得。闵某说一直想着谢某没有死，当突然听到谢某死亡的消息后，很害怕，脑子一片空白，公安机关说谢某已经死亡，只要认了谢某的死自己有责任赔点钱就没事了，在这种情况下稀里糊涂地在第二次笔录上签了字，接下来就有了和第二次笔录内容一致的第三、第四、第五次笔录。

2017 年 11 月 22 日河南省孟津县人民法院（2017）豫 0322 刑初 159 号判决书判决闵某犯故意杀人罪，判处 6 年有期徒刑。闵某不服决定上诉，委托笔者提起了上诉，2018 年 2 月 16 日河南省洛阳市中级人民法院以事实不清、证据不足为由撤销孟津县法院的一审判决，发回重审。经过重新审理后，2018 年 10 月 24 日，在宣判前，孟津县检察院作出孟检诉撤诉〔2018〕2 号撤回起诉决定书，向孟津县法院撤回起诉，孟津县法院裁定准许撤回起诉。2018 年 10 月 25 日孟津县人民检察院作出孟检诉刑不诉〔2018〕12 号不起诉决定书，决定对闵某不起诉，相当于闵某无罪。

**【辩护要旨】**

运用刑法理论“不具有期待可能性”，结合案件实际情况将故意杀人罪与意外事件有效地区分开来，刑法理论的观点思维很好地指引了承办法官及公诉检察官对案件的定性思维。

【辩护意见】

辩护思路：无罪辩护。

一审法院以故意杀人罪判处闵某6年有期徒刑，闵某不服，决定上诉。在上诉期的倒数第4天闵某的亲属委托了笔者作为二审的辩护律师，接受委托后笔者向一审律师了解案情并阅卷，并在第一时间到看守所会见闵某。在向闵某了解案情后，笔者再次仔细查阅案卷材料，将闵某的5次口供笔录进行比对，又与其他证人证言的笔录相互比对，找出不可信的矛盾点，理出能够相互印证、有可能还原案件事实的一致点。结合案件客观实际情况及法律相关规定，笔者认为本案纯属意外事件，根本不构成故意杀人罪。根据比对分析得出的这个结论，笔者从认定事实错误、事实不清、证据不足等几个方面起草了《刑事上诉状》。在二审的书面审理过程中，笔者结合案件事实，依据证据材料和承办法官进行了认真的沟通，形成了以下二审的辩护意见。

（一）本案的事实及发生的前因后果完全符合“意外事件”的法定情形，根本不构成故意杀人罪

我国《刑法》第16条明确规定，“行为在客观上虽然造成了损害后果，但是不是出于故意或者过失，而是由于不能抗拒或者不能预见的原因所引起的，不是犯罪”，这就是我国法律上对意外事件的规定。结合本案实际情况，关于谢某落水（跳水）这个事情，被告人闵某是不能预见的，在当时水深浪急的情况下她更是不能抗拒的，根本都不具备救助的可能和条件。更何况本案事实到现在还没有查清楚，闵某在一审庭审中坚持说自己先落水，被救后不知道谢某是否落水，这些说法与她的第一次笔录是相吻合的，闵某在第一次笔录中说“两个男子下水将我救到岸上，我问谢某的父亲谢某在哪里，谢某的父亲对我说谢某应该没啥事，我们就一块回家了，到家后没有见谢某，我就对谢某家人说刚才谢某也去了黄河边，会不会也跳黄河了，谢某的家人和邻居又到黄河边找都没有找到谢某，家人就报警了”，警察当晚看到水深浪急、天又黑，没法找也没法施救，就走了。这些都说明当晚谢某落水后被冲走的当时根本都不具备救助的可能及条件，谢某的意外死亡与闵某没有直接的因果关系，纯属意外事件。

**（二）闵某的第一次笔录和谢某父亲的唯一一次笔录相互印证的地方，证明其他三个证人证言是不真实的，在没有其他证据相印证的情况下是不可信的**

公安机关根据案发时不在现场的三个证人证言的感觉及推测来认定本案事实，没有做到证据确实充分，更没有做到排除合理怀疑（被告人先落水谢某后落水这种说法有可能就是当时的实际情况），更何况三个证人证言与被告人闵某及死者父亲的证人证言在关键地方相矛盾：死者父亲说“走到河堤上时，闵某说你们去找找谢某吧”，这种说法和被告人闵某的说法相吻合，证明被救当时被告人主观上没想到谢某可能会死，还让去找谢某。而证人证言一致的“她当时啥都没说，就没有提谢某”这种说法很明显是不可信的，在没有其他证据相印证的情况下不能抛开对被告人有利的证据而简单采信对被告人不利的言词证据。

**（三）本案事实不清、证据不足，不能仅依据被告人前后矛盾的口供来认定案件事实**

本案被告人第一次供述和后面的四次相矛盾，被告人在一审庭审过程中一再说第一次笔录才是当时落水时的真实情况，从一审到现在被告人的律师在每一次会见时，当问到具体案情为什么会出现前后不一的说法，要求闵某一定要实事求是地说时，闵某都坚定地说，第二次到第五次笔录之所以改变了第一次笔录的说法，是公安机关在第二次讯问之前告诉她谢某已经死亡，说死亡是因她而起，她当时很害怕。为了尽快促成赔偿，办案机关说谢某已经死亡，这是意外事件，只要认了此事是因被告人而起、与被告人有关，只要被告人赔偿人家了，就什么事都没有了。在这种情况下，紧张又急于回家的闵某稀里糊涂地就在第二次笔录上签了字。公安机关让被告人回家筹钱，被告人将自己所有的存款2.1万元在两天后转给了谢某家人。没想到过了三天被告人就被以过失致人死亡罪被刑事拘留了，接着以故意杀人罪被逮捕。被告人的弟弟东挪西借在半个月内凑了4.3万元给了谢某家人，达成了谅解协议。在以上的情况下，依据前后矛盾的口供认定闵某故意杀人是错误的。

**（四）被告人准备跳河的行为与谢某意外死亡的结果之间没有法律上的因果关系**

本案不论是谢某因伸手去拉被告人而滑落水中溺水死亡的，还是看到被告人跳入水中后谢某也跳进水中救被告人而溺水身亡的，闵某都不构成犯罪。试想，如果两人落水后死亡的是闵某，而不是谢某，谢某就可以被认定成故意杀人罪吗？显然不可以，因为双方都没有对对方实施任何犯罪行为。闵某没有预见到、更没有想到谢某会意外死亡。

（五）二审法官也应考虑到闵某家庭的不幸遭遇等实际情况

经过和法官对书面辩护意见的沟通，二审承办法官采信了笔者的辩护意见，认为事实不清、证据不足，将案件发回重审。

在重新审理的一审中，笔者当庭发表了以下辩护意见。

（一）公诉机关认定“被告人在谢某落水后未采取任何救助措施，持放任态度”的观点是不符合案件事实的

（1）现有证据只能证明谢某是溺水身亡，不能证明谢某是如何落水的。公诉机关仅注意到被告人供述笔录中，以及证人证言中对被告人不利的相关内容，而忽视了有利于查清案件事实的一些矛盾点。现有证据不能排除被告人先落水，谢某为救被告人后落水的事实。本案被告人第一次供述和后面四次供述相矛盾，一审被告人当庭一再强调后面的四次笔录是在得知谢某死亡后，办案人员为了促成赔偿诱供所为。被告人当庭一再强调第一次笔录才是当晚客观真实的供述。第二次笔录改变口供，是在事件发生后的第四天，被告人突然听公安机关说谢某已经死亡，得知这个消息后，在极度害怕、脑子一片空白的情况下，办案机关反复讯问，被告人答非所问的情况下形成了第二次笔录。因此不能抛开对被告人有利的笔录内容，而简单采信对被告人不利的笔录来认定本案事实，没有其他证据相印证，仅依据前后矛盾的 5 次口供来认定案件事实，属于典型的事实不清、证据不足。

（2）假设办案机关认定“谢某是拉被告人的过程中滑入水中，溺水身亡”这个事实成立，即使这样的认定成立，被告人也不构成故意杀人罪，顶多构成过失致人死亡罪。因为被告人“闪了一下身子”的行为，是本能的事实行为，不是违法行为。谢某落水后，不能简单地说被告人未采取任何救助措施，因为当时的实际情况对被告人不具有期待可能性，在当时水深浪急的情况下，被告人自身处于极度危险的境地，根本就不具备救助的可能和条件。

（3）对被告人的救助行为不具有期待可能性，这一点从办案机关提供的证据中可以充分得到证明。在当时水深浪急、自身难保的情况下我们不可能期待被告人采取任何救助行为：①在死者谢某父亲的笔录的第 3 页第 2 行写道，“谢某某（死者哥哥）让闵某站那别动，然后商量着怎么去河中间救闵某，说完就让

谢某某回村里取救生衣，谢某某走后，谢甲和谢乙（死者邻居）看河里的水越涨越高就决定直接下水救人”，死者父亲的这些证言说明当时的情况水深浪急，被告人自身都难保，不可能施救，更不存在放任的情况；②在死者哥哥谢某某的笔录第 2 页下面写道，“看到谢某的媳妇闵某在河水中间的一个小沙丘上站着，她当时的位置已经被水淹没，水到她的膝盖下面，我喊着不让她乱动，我就下到水里面走了几步水已经到我腰部，我感觉水深不敢往前走，这时我们村谢甲已经来到水边，谢甲让我打电话找船和救生衣，我就在水里联系，后来我从水里出来，一边打电话联系船，一边走着回家取救生衣，这时谢甲他们在水边准备营救谢某的媳妇”，死者的哥哥和父亲以上的这些相互印证的证言，充分证明在当时水深浪急，几个成年男性都不敢贸然下水相救的情况下，法律更不能强人所难地要求被告人一个弱女子，在当时自己都极度危险的情况下对死者进行施救，更不存在被告人对死者持放任态度。合议庭要综合全案证据，既要看对被告人不利的证据，也要看对被告人有利的证据，做到事实清楚、证据确实充分，排除合理怀疑，只有做到这些才能准确定性。

（二）公诉机关认定被告人“事后隐瞒事实”的说法与案件事实是不相符的

（1）本案事实不清，不能排除被告人第一次笔录所说的被告人先跳水，不知道谢某何时落水溺亡的这种情况存在。如果被告人先落水，他不知道谢某的情况，就不存在事后隐瞒这一说法。在被告人的第一次笔录第 5 页上面被告人说“我掉进水里的时候我以为我把我的红拖鞋放岸边了，后来谢某某他们在水里找到了我的红拖鞋”，这一说法与谢某某的笔录相互印证，在谢某某的笔录第 3 页上面写道，“找了快一个小时没有找到谢某，也没有找到谢某媳妇的手机，在下游河里发现了一只红色女士拖鞋，应该是她的，我们回到家就报警了”，以上这些证据证明被告人落水的事实是可能存在的，不能排除被告人先跳水，谢某为了救被告人后落水这种情况的存在。

（2）假设真如办案机关认定的谢某是在拉被告人时滑入水中溺亡的事实存在，因为害怕，被告人没有及时说出谢某落水的事实，那么被告人主观上也不构成隐瞒事实，因为故意杀人罪的隐瞒事实是主观上希望被害人死亡而隐瞒或放任的，而本案中被告人是因为害怕没有及时说，主观上不希望也没想到谢某会死亡。在被告人第一次笔录的第 3 页下面写道，“到家后没有见到谢某，我对谢某的家人说刚才谢某也去黄河边了，会不会也跳黄河了，赶快出去找一下”，被告人的这一供述和死者父亲的证言相互印证，死者父亲的笔录第3页中间写道，“走到河堤上时，闵某说你们去找找谢某吧”，“我们到家时，闵某洗完澡在那搭衣服，死者哥哥就过去问闵某见谢某了没有，我站得远没往跟上去不知道他俩说了啥，后来死者哥哥就报警了”，被告人的笔录和死者父亲的笔录相互印证，证明被告人在找不到谢某，谢某又没有在家的情况下确实担心，说出谢某也去河边了，让赶紧找并报警。这些相互印证的证据足以说明被告人主观上没想到谢某会死，也不存在希望或放任谢某死的心态。

（3）谢某死亡的直接原因是当时意外落水、又水深浪急引起的，与被告人因害怕没有及时告知没有直接的因果关系。即使被告人在被救的第一时间说出来，当时的情况也是无法施救的，因为谢某已经被冲走了，几个成年男性即使借船下水当时也是找不到的。他的死亡是个意外事件，与被告人没有及时说出没有直接的因果关系。

**（三）退一步讲，如果一定认定被告人有罪，那也是过失犯罪，过失致人死亡比故意杀人更符合客观事实，对被告人相对更公正些**

我国《刑法》第15条规定，应当预见到自己的行为可能发生危害社会的结果，因为疏忽大意而没有预见，或者已经预见而轻信能够避免，以致发生这种结果，是过失犯罪。结合本案实际情况，被告人一直没想到谢某会死亡，属于疏忽大意的过失。当家人在河边找不到，谢某又没有回家的情况下，被告人赶紧说“谢某刚才也去黄河边了，会不会也跳黄河了，你们赶快找”，被告人此时的心态符合已经预见到谢某可能有危险，但不相信他会死，属于过于自信的过失。

结合本案实际，考虑到被告人已被关押一年多，尽管本案纯属意外事件，严格依据法律的规定来说，被告人连过失致人死亡都够不上，但是相对于故意杀人这个罪名来说，过失致人死亡这个罪名对被告人相对更加公正一些、相对也更接近本案的客观事实。过失致人死亡这个罪名也更符合我国刑法惩罚与教育相结合的理念，有利于被告人改过自新、早日融入社会。试想，如果被告人背着故意杀人这个罪名，将来走向社会打工就没人敢用，到哪里哪里不敢要，等于故意杀人这个罪名把被告人的后半生给毁了。被告人是一个母亲，孩子才17岁，自己的母亲是一个故意杀人犯，孩子面对周围社会的压力可想而知，可能很难融入社会，从而引起新的社会问题，这些实际问题恳请合议庭考虑，一定要考虑到案件的社会效果。

本案因恋爱而起，与其他恶劣的刑事案件不同。被告人没有主观恶性及人身危险性，事发后尽其所能地进行赔偿，也取得了死者一家的谅解。请合议庭考虑宽严相济的量刑指导思想，对被告人减轻处罚。

请法庭综合考虑到被告人家庭的不幸遭遇等实际情况，尽早作出判决。

**【案例结果】**

最终，检察机关撤回起诉，并作出了《不起诉决定书》。

**【司法文书】**

河南省孟津县人民检察院孟检诉刑不诉［2018］12 号不起诉决定书

**【案例评析】**

本案从故意杀人罪到最终的撤回起诉（相当于无罪），可谓是一个成功的典型案例。本案在适用法律方面明显存在故意杀人的事实不清、证据不足的问题，本案所有的证据只能证明谢某是溺水身亡，无法证明谢某是如何落水的。公安机关一直不采信闵某所说的自己先掉进河里，不知道谢某是否也跳河了的说法，办案机关认定是谢某在拉闵某的过程中，闵某闪了一下身子导致谢某落入河中，闵某没有掉入水中。办案机关据此认定闵某没有对谢某施救、隐瞒谢某落水，符合间接故意杀人罪的构成条件，这些认定均没有充分的证据支持，只有闵某前后矛盾的 5 次笔录。在这种情况下辩护律师最大的成功就是将刑法理论“不具有期待可能性”与案件具体情况结合起来进行辩论，很自然地推翻了公诉人的指控。不具有期待可能性，通俗地说，就是在当时的情况和条件下别无选择，不能苛求，不应处罚。从法律层面上理解，不具有期待可能性作为责任阻却事由，是指从行为当时的具体情况来看，不能期待行为人还能做出其他的行为，那么即使行为人做出了违法犯罪的行为，也应认定无罪。辩护人很好地将不具有期待可能性理论与案件具体事实结合起来，在当时水深浪急天黑的情况下，被告人自身都处于极度危险之中，根本就不具备救助的可能性。由于在辩护过程中恰到好处地运用了刑法理论，很好地指引了承办法官的思维，最终达到了超乎想象的辩护效果。

**【结语及建议】**

刑事案件，辩护律师在辩护过程中，适当地运用刑法理论来支持自己的辩护观点，更容易得到办案机关的认同。

## 三、专家点评

本案中谢某生命的逝去着实令人惋惜，能否追究闵某故意杀人罪的刑事责任则需要撇开道德情感，从犯罪构成要件着手，分析闵某的行为是否符合故意杀人罪的构成要件。本案事实非常清楚，闵某作为女性，失足落水，谢某在搭救过程中也落入水中。从当时案发时间、地点等因素，结合当时跌落水中两人慌乱的情绪分析，即使闵某知道谢某也落入水中，但是作为女性的她也没有能力实施救助，尚且本案作为义务来源认定非常困难。因此，闵某的行为不符合不作为犯罪的构成条件，不能认定为犯罪。

**【作者简介】**

王军丽，女，中国共产党员，河南森合律师事务所合伙人、律所副主任，婚姻家庭部主任。

# · 13 ·

# 李某故意杀人案

## ——共同犯罪中胁从犯及重大立功的认定

邹同军

## 一、案例基本信息

涉案罪名：故意杀人罪

办案单位：洛阳市人民检察院

结案时间：2012 年 1 月 16 日

结案方式：不起诉

## 二、案例正文

### 【案情简介】

2009 年秋季至 2011 年 9 月之间，李某通过欺骗手段分别将“小四川”、段某、姜某、张某、蔡某、马某等人骗至×市×路×号院其之前挖的 6 米多深的地窖中囚禁，使用暴力手段强行与这些女子发生性关系，并组织她们进行网络淫秽表演，带领她们外出卖淫进行营利。在囚禁过程中，李某以杀死“小四川”就给段某自由为诱饵，伙同段某经预谋后，将不能创造任何经济价值且经常顶撞的“小四川”杀害并埋藏在洞中；后李某为了除掉同样不能为自己创造任何经济价值的蔡某，利用段某、马某等人与蔡某的矛盾，指使、参与、纵容、默许上述等人对蔡某进行禁食禁水、殴打、虐待，致蔡某死亡，后埋尸于洞中。马某在李某组织其外出卖淫过程中趁机逃跑并报警。后公安机关以涉嫌故意伤害罪将马某拘留、逮捕。同案李某等 5 名犯罪嫌疑人先后亦被拘留、逮捕。2012 年 12 月 23 日，公安机关将本案向公诉机关移送审查起诉。

【辩护要旨】

胁从犯的认定应当充分考虑其在共同犯罪中受胁迫情形，以此才能准确定罪和量刑。案件事实高度依赖犯罪嫌疑人的供述，当多数犯罪嫌疑人与另一犯罪嫌疑人有利害关系时，对后者不利的供述应当慎重认定。

【辩护意见】

（一）马某在本案属于胁从犯，应当依法减轻或免除处罚

本案中马某属于双重身份，既是犯罪嫌疑人，又是受害人。对于前者，其涉嫌犯罪的事实是与段某、姜某、张某共同伤害（可能）蔡某并致其死亡。马某是最后一个被骗进地下室的受害人，与蔡某并无矛盾，主要是段某、姜某、张某和蔡某之间存在矛盾。在轻微殴打蔡某的几次行为中，前几次，马某并不赞成且未参与。马某仅有的参与是因为，她与其他几名犯罪嫌疑人欲合谋杀死李某，蔡某反悔向李某告密，因此才愤怒打了蔡某。其余的基本是在李某等人的胁迫下进行的伤害，且在情节上轻于其他人。至于马某参与绑过蔡某的手这一情节，这完全是在特殊环境下出于自保的考虑，因为马某已经知道“小四川”被李某残忍杀害的事实。从案发特殊的封闭作案环境可知，如马某不殴打蔡某，李某就会殴打马某。辩护人有理由相信“小四川”死亡的恐惧无时无刻不笼罩在马某心头。此时，马某的命运已完全不掌握在她自己手中，而是掌握在李某的手中。

对于后者，她是非法拘禁、强奸等犯罪的受害人，这一点应无异议。认定马某属于受害人身份，可以有助于认定马某属于胁从犯。我国《刑法》第28条规定，对于被胁迫参加犯罪的，应当按照他的犯罪情节减轻处罚、或者免除处罚。辩护人建议，应当对马某减轻或者免除处罚。

（二）在本案中马某有自首情节，依法可从宽处理

犯罪以后自动投案的，如实供述自己的罪行的，是自首。对于自首的犯罪分子可以从轻或者减轻处罚。其中，犯罪较轻的，可以免除处罚。本案，马某趁李某不备，逃脱其监视后报警，随后在亲友陪同下到公安机关举报、控告、陈述案情。根据相关司法解释，该行为应视为自动投案。本案的主犯是对受害人蔡某实施犯罪的李某、段某等人，马某仅是胁从犯。马某作为共同犯罪案件中的犯罪嫌疑人，除了如实供述自己的罪行，还如实供述了她所能知道的同案其他共同犯罪嫌疑人的犯罪事实。在马某投案之前，本案的犯罪事实尚未被司法机关发觉。因

此，辩护人认为马某在本案中构成自首，且情节较轻。

**（三）本案属于重大犯罪和重大案件，马某有重大立功情节**

我国《刑法》第68条规定，犯罪分子揭发他人犯罪行为，查证属实的，或者提供重要线索，从而得以侦破其他案件等立功表现的，可以从轻或者减轻处罚；有重大立功表现的，可以减轻或者免除处罚。本案案发前马某亲友曾向公安机关反映马某失踪，但双方一直都未发现犯罪线索。直到马某借机出逃，举报、控告，提供重要犯罪线索并带领民警解救出其他几名受害人，重大犯罪才被揭发，李某才被抓获。马某的上述行为阻止了这起重大犯罪的继续发生。假设没有马某的出逃并控告，这起重大犯罪将会处于继续的状态。因此马某的上述行为，应认定为立功。

最高人民法院《关于处理自首和立功具体应用法律若干问题的解释》第7条规定，“重大犯罪”“重大案件”的标准一般是指犯罪嫌疑人、被告人可能判处无期徒刑以上刑罚或者案件在本省、自治区、直辖市或者在全国范围内有较大影响等情形。在本案中，李某涉嫌多项罪名，仅涉嫌故意杀人罪就涉及两条人命，应当足以判处无期徒刑以上刑罚。本案案发后，CCTV曾以专访形式进行报道，网络等媒体也进行了大量报道和转载，该市公安局领导专门就此案向社会作了通报，并且在本省乃至全国都产生了较大的影响。

**（四）案件事实高度依赖供述，多数犯罪嫌疑人与另一犯罪嫌疑人有利害关系，对后者不利的供述，应慎重认定**

本案受害人已经死亡，犯罪事实主要依赖各犯罪嫌疑人的供述还原。鉴于供述人之间的利害关系会对供述事实的真实性产生影响，故应对马某与其他供述人的利害关系，做必要分析。例如，李某对马某不放心，仅让马某出去一次并且还随同监视。结果马某逃脱并报案、控告李某，使其归案。李某对马某心存怀恨在所难免，故李某和马某之间存在利害关系。又因为马某带领侦查人员找到张某、段某，使她们归案，故马某与张某、段某之间也存在利害关系。李某曾放心让其他犯罪嫌疑人外出卖淫，她们并未报案，从中可推定李某对她们比较信任，逃出李某掌控的意愿并不十分强烈。在共同犯罪案件中，一般犯罪嫌疑人基于趋利避害的心理，通常会避重就轻或相互推诿。本案无目击证人，认定事实除依据鉴定材料外，主要依赖各嫌疑人的供述。在多人和一人存在利害关系的情况下，辩护人建议对马某和其他犯罪嫌疑人供述不一致且对马某不利的言词，慎重采纳。

（五）蔡某的死因属于“多因一果”

本案的鉴定结论并非十分明确。本案除李某外，参与伤害蔡某的主要事实有：姜某给蔡某脖子套过绳子；在蔡某死亡前几个小时，姜某打断了蔡某的两颗门牙；段某曾用切菜板击打蔡某的头；马某负气打了蔡某。从鉴定检验情况看，蔡某无一处骨折，无一处皮肤创伤、皮下淤血，上述行为对受害人的死亡不起主要作用。根据“毒物”鉴定结论，排除了蔡某中毒死亡的可能；根据“尸检”鉴定意见，排除暴力性机械性死亡的可能；根据嫌疑人的供述，可排除呼吸性窒息死亡的可能。由于长期得不到足够的食物和水，人体营养能量枯竭和犯罪嫌疑人的轻微殴打行为是蔡某死亡的共同原因。根据以上分析，辩护人认为蔡某的死因，属于刑法学意义上的“多因一果”。断水和断食是蔡某死亡的主要原因，嫌疑人的直接物理性伤害是蔡某死亡的次要原因。马某的行为与蔡某的死亡虽有因果关系，但原因力小于本案他人。

综上，建议认定马某在本案既有犯罪后自首又有重大立功表现，马某既是受害人又是胁从犯，涉嫌犯罪情节显著轻微。辩护人请求对马某从宽处理。

**【案例结果】**

对当事人马某不起诉。

**【司法文书】**

河南省洛阳市人民检察院洛检不诉［2012］001 号不起诉决定书

**【案例评析】**

笔者紧紧围绕胁从犯、自首和重大立功等量刑情节进行辩护。案情主要通过多次询问和阅卷鉴定材料获得，笔者结合上述量刑情节的构成、司法解释的规定等进行论证。每一论证都采用演绎推理三段论方法。努力做到论据扎实、论证既透彻、丰富、饱满，同时又要注意行文精炼，最后得出论点水到渠成。

**【结语及建议】**

本案是笔者多年办理刑事案件中最具有意义的案件，这种意义在于案件的重大、敏感和复杂，在于其影响的全国性。通过此案，可以使人们充分认识到辩护律师在大案要案中的重要作用。

笔者认为，要办理好刑事案件，平时应储备扎较实的专业知识，积累较丰富的辩护经验，练就较高的法律素养。无论什么样的案子，最终都要落实到具体的法律规定上。辩护律师要有自信，要迎难而上，要有勇气去争取最好的结果。

## 三、专家点评

本案件当时在全国影响重大，在此类深受民意舆论关注的案件中如何做好辩护给律师提出了挑战。本案辩护人基于共同犯罪原理，深入分析被告人马某在故意杀人罪中的作用是胁从犯，而且从当时案件发生的背景看，马某也不具有一定的期待可能性因素，属于依法应当免除或者减轻处罚的情节。本案辩护人基于马某实施犯罪后自首和重大立功条件，成功说服司法机关采纳了自己的辩护意见，案件辩护效果良好。

**【作者简介】**

邹同军，男，汉族，郑州大学法律本科毕业，南阳西峡人，河南敏树律师事务所律师，2010 年从事律师工作。

# · 14 ·

# 李某故意伤害案

## ——如何认定防卫过当

李松奎　孙友飞

## 一、案例基本信息

涉案罪名：故意伤害罪

办案单位：洛阳市中级人民法院

结案时间：2020 年 5 月 18 日

结案方式：判决

## 二、案例正文

### 【案情简介】

2016 年 6 月 30 日约 16 时许，郑某伟因向被告人李某索要赔偿一事，纠集张某清、张某龙（被害人）、郑某波、苏某等人到李某家所在的洛阳市洛龙区某镇某岗村，并让该村居民杨某虎给李某打电话面谈赔付事宜。李某驾车到杨某虎家门口，遇到杨某虎、郑某伟、张某清等人。郑某伟让张某清坐入该车后座，李某要求张某清下车未果，遂从车内拿出一把尖刀，逼张某清下车。郑某伟与李某发生争吵后，郑某伟、郑某波等人分别从杨某家拿出长把刀、钢管等，郑某伟持刀透过驾驶室车窗捅李某。李某驾车离开，郑某波、张某龙等人追上李某并用钢管等工具将李某的车辆砸停并将李某的头部打伤。李某逃跑，郑某等人停止追赶。

两分钟后李某持刀返回家途中，朝站在路上挑衅自己的张某龙腹部连捅两刀后向家里方向逃去，当李某逃至自家门口时被郑某伟驾车撞倒在地后，并被郑某波、苏某用钢管打伤。被害人张某龙经抢救无效死亡。经法医鉴定：被害人张某龙系被他人用单刃锐器刺伤胸腹部及左手背部等部位造成心脏、肝脏、横结肠等脏器破裂致失血性休克死亡；被告人李某的损伤程度属于轻伤一级。

案发后，被告人李某因头部、腿部受伤被家人送医救治。2016 年 7 月 4 日李某被警方带走入住监管医院，后送看守所羁押。笔者在随后的会见过程中发现李某精神有问题，及时向看守所提出法律意见，但并未得到重视，直至 2017 年 2 月 20 日李某的精神病发作，将同监室的嫌疑人耳朵咬掉半个，才引起重视，并被送往精神卫生中心进行治疗。李某头部受伤被鉴定为轻伤一级、腿部受伤被鉴定为轻伤二级。

**【辩护要旨】**

存在正当防卫因素的故意伤害案件中，应当对被告人依法从轻或者减轻处罚。

**【案例结果】**

洛阳市中级人民法院于 2020 年 5 月 18 日以李某防卫过当，犯故意伤害罪判处被告人李某有期徒刑 6 年。

**【司法文书】**

河南省洛阳市中级人民法院（2016）豫 03 刑初 69 －1 号刑事判决书

**【案例评析】**

（一）“于欢案”启动了正当防卫辩护的春天

2017 年 3 月 23 日，《南方周末》以“刺死辱母者”为题对山东“于欢案”进行了报道，经过新闻媒体和网络媒体转载，引发了社会广泛关注和热烈讨论，该案最终以山东省高级人民法院二审公开审理并对于欢判处 5 年有期徒刑尘埃落定。该案的终审处理结果不仅得到社会的广泛认可，而且也为我国最高司法机关积极肯定，随后被收录于最高人民法院第 18 批指导性案例。作为经典案例，于欢案不仅以其判决的科学性直接指导正当防卫的司法实践，明确回答了非法限制他人人身自由过程中伴有侮辱、殴打行为是否具备防卫紧迫性以及是否能够直接适用特殊防卫相关规定等相关问题，而且对于总体上激活正当防卫条款，唤醒正当防卫司法适用也都具有十分重要的意义，可以说以典型个案开启了我国正当防卫辩护的春天。

随后，最高人民法院常务副院长一级大法官沈德咏在《我们应当如何适用正当防卫制度》一文中明确提出：一是应当准确把握正当防卫制度的立法精神；二是应当有效激活正当防卫制度的适用；三是应当根据常理常情考量正当防卫制度的司法适用；四是应当统筹兼顾正当防卫司法裁判的法律效果与社会效果；五是应当统一正当防卫制度的法律适用标准；六是应当营造正当防卫制度正确适用的良好外部环境。

在最高人民法院常务副院长发声以后，法学家们也相继发文，高铭暄教授发表了《于欢案审理对正当防卫条款适用的指导意义》、赵秉志教授发表了《于欢案防卫过当法理问题简析》、刘宪权教授发表了《于欢行为属于防卫过当 应当予以减轻处罚》、卢建平教授发表了《于欢案量刑的几点思考》等文。除此之外，《法治日报》《人民法院报》等国家媒体也纷纷表明立场，一时间为正当防卫辩护的观点吹来了徐徐春风，可以说，国家倡导、全民接受的正当防卫观点落到实处已指日可待。

问题是，在这堂全民共享的法治“公开课”面前，李某能否沐浴到正当防卫辩护春天的阳光呢？这正是辩护人苦苦思索的问题。

（二）寻找正当防卫辩护突破口是问题的关键

选择正确的辩护突破口是检验刑辩律师能力的重要标准，因为一旦辩护方向出现偏差，将在根本上影响辩护全局，所谓有效辩护也必将成为镜中月水中花。为了进行充分辩护并取得最好的辩护效果，在通过充分阅卷，以及现场勘察、搜集物证、获取证人证言等之后，辩护人最终确立了以正当防卫为手段，以防卫过当为目的的所谓“求其上，得其中”的辩护方向及策略。通过重复现场勘察，研判物证、分析言辞证据，从证明有罪证据中寻找漏洞，针对李某案，辩护人最终提出了如下辩护意见。

第一，要对全案情节进行整体考察，避免人为地对案件进程进行割裂评价，否则最终认定结果必然对李某不利。基于此，辩护人提出了全局式辩护，将李某遭受的不法侵害定位于“持续性”不法侵害，因为郑某伟为找李某讨要赔偿，纠集十余人，提供茶水、香烟，事先埋伏在其姐夫家和邻居家中；讨要不成即拿关公刀上阵，继而十余人追击、殴打，并最终造成车辆被砸、李某头部受伤。通过监控视频，辩护人注意到，从郑某伟拿刀捅刺李某到车辆被砸再到张某龙被刺，前后时间不过 3 分钟，且空间距离也未发生很大变化，该种情形下，无论基于时空考察，还是基于行为考察，郑某伟等人实施的不法侵害显然都一直处于持续的不间断的过程中，此时，为了保护自己免受持续的伤害，而采取反击措施，对李某而言显然既具备防卫前提，又具备防卫目的，满足正当防卫的前提要件和主观要件。

第二，要对李某的防卫行为采取“情境式”判断，设身处地为防卫人着想。申言之，任何人包括法官应当以这样的心态来看待李某的反击行为，即“假如我是李某，面对十余人的埋伏、追打、恐吓，我会怎么办”？李某受伤后如惊弓之鸟，类似丛林状况下的应急反应，要求李某在孤立无援、高度紧张的情形下实施刚好制止不法侵害的行为，不仅明显违背常理、常情，而且违背基本法理。十余人的追赶、殴打并没有因李某的车辆被砸和头部受伤而终止，在李某回家的必经之路上，这十余人依然虎视眈眈，这一点通过视频可以清晰地看到。此时，郑某伟等人虽然没有再直接对李某实施殴打，但不能由此便认为不法侵害已不复存在，因为不法侵害行为既包括实害行为，也包括危险行为，认定不法侵害是否结束，应看侵害人是否已经实质性脱离现场，以及是否还有继续攻击或再次发动攻击的可能，不能单纯地看不法侵害人的某个侵害举动是否暂时停止。李某回家途中，郑某伟等人虽然确实没有直接实施不法侵害，但张某龙却一直在对李某进行言语威胁，扬言要“砍死他”，该种情形下，随着张某龙的一声号召，李某即刻再次遭受众人殴打的危险是客观存在的，因此不应轻易否认本案不法侵害的现实性，只要立足客观的“情境”判断，就应认可本案中存在防卫前提，做出有利于李某的司法认定。

第三，应当立足防卫人视角，适当做有利于李某的考量。正当防卫之所以被认定为阻却违法，乃是因为正当防卫的基本精神在于“正无需向不正低头”；换言之，在正当防卫的场合，由于不法侵害人违反法律禁止性规定，积极实施侵害他人合法权益的行为，因此其自身权益的受保护性便降低，而防卫人权益的受保护性便升高，申言之，认定正当防卫，必须充分考虑防卫人利益的优越地位。本案中，郑某伟等十多人殴打李某一人，人员比例严重不平衡，力量悬殊显而易见，该种场合下，在张某龙声称要“砍死你”时采取防卫手段，虽然造成张某龙受伤死亡的结果，但仍不应直接排除成立正当防卫，因为此时必须立足“情境”判断，且充分立足防卫人视角，适当做有利于李某的考量。

### （三）关于防卫限度的判断

防卫限度的具体判断历来是正当防卫司法认定的痛点，当前由于各种原因，事实上已经形成了正当防卫认定过严，防卫过当认定过宽的司法困境，行为人的防卫行为动辄被认定成为防卫过当，尤其是在防卫行为造成不法侵害人重伤或死亡的场合，防卫人基本上难以被认定成立正当防卫。本案中，李某的行为直接导致被害人张某龙死亡，因此，想要取得正当防卫的成功辩护，面临的困难可想而知。“明知山有虎，偏向虎山行”，好的刑辩律师就是要在各种不可能中寻找可能，正是在这种思想支配下，辩护人向法庭明确提出，认定防卫限度，不能只对侵害行为已经造成的侵害结果与防卫行为已经造成的损害结果做简单对比，而是要将不法侵害人已经造成的侵害、可能造成的侵害与防卫人造成的损害进行权衡。本案中，虽然单纯看张某龙的言语挑衅不会给直接李某的人身安全造成现实的紧迫性危险，但综合考虑到郑某伟等人砸车、打人的事实，两种情节前后时间上的紧密联系，立足行为当时的情境，显然不能根本上否认郑某伟等人不会再次对李某实施暴力的人身伤害行为。只要考虑到这一点，同时对郑某伟等人实施的不法侵害行为，以及李某实施的防卫行为做整体的判断，那么就不能轻易认定李某的防卫行为属于明显超过必要限度，造成重大损害，而是完全符合防卫限度要求。

基于以上几点辩护理由，虽然审理法院最终没有完全采纳辩护人关于正当防卫的辩护意见，但以正当防卫为进攻策略，以防卫过当为目的，让被告人得到最轻处理的目标却终得实现。

**【结语及建议】**

本案被告人李某因患精神病不具有受审能力而长期羁押，2018 年《刑事诉讼法》第 296 条规定：“因被告人患有严重疾病无法出庭，中止审理超过六个月，被告人仍无法出庭，被告人及其法定代理人、近亲属申请或者同意恢复审理的，人民法院可以在被告人不出庭的情况下缺席审理，依法作出判决。”本案于 2019 年 2 月 26 日在被告人李某缺席的情况下进行了审理，笔者代理被告人进行答辩，同时作为辩护人发表辩护意见，均创造了刑事审判工作的新记录。

洛阳市中级人民法院的判决，采纳了辩护人关于本案存在防卫前提的观点，从时间、环境、力量对比、自身感受等全方位做出判断，认定不法侵害仍然存在，李某捅伤张某龙的行为具备防卫前提。但同时认为，本案不适用特殊防卫的规定，属于防卫过当，应当负刑事责任。加之李某家属已经对被害人亲属做出赔偿取得了谅解，洛阳市中级人民法院于 2020 年 5 月 18 日以故意伤害罪判处李某有期徒刑6年。

本案从2016年7月2日接受委托到2020年5月18日一审判决，将近4年。期间有漫长的等待，但经过辩护人的精心准备，精细辩护，被告人李某最终还是没有错过正当防卫辩护的春天！

## 三、专家点评

就立法而言，我国刑法有关正当防卫的规定根本上有利于保护防卫人的合法正当权益，但正当防卫的司法认定问题却十分突出，主要原因不仅在于实务部门习惯立足事后判断，惯常采取“马后炮”的方式认定防卫人的反击行为是否符合正当防卫构成要件，而且“唯结果论”现象也十分突出，即在防卫行为实际造成严重后果的场合，尤其是造成不法侵害人重伤或死亡时，基本上难以被认定成立正当防卫，这也是当前我国正当防卫司法困境的重要原因。本案辩护人通过对案件事实的详细梳理，精准找到正当防卫司法判断的关键性节点，其提出的对正当防卫的“情境判断”模式，不仅对于个案的成功辩护具有显著成效，而且对于解决我国正当防卫司法判断难题同样具有十分重要的现实意义。

**【作者简介】**

李松奎律师，从警13年，2007年开始执业于上海市君志律师事务所，2014年创办“河南致义律师事务所”，专注于刑事犯罪的研究与辩护，担任省律师协会经济犯罪法律专业委员会执委、洛阳市委政法委的法律专家库成员、河南省公安厅、市公安局的警风警纪监督员，北大法学在线的注册作者，发表学术论文二十余篇。

# · 15 ·

# 李某海故意伤害案

## ——如何区分故意伤害致死和过失致人死亡

付联委　王惠敏

## 一、案例基本信息

涉案罪名：故意伤害罪、过失致人死亡罪

办案单位：洛阳市涧西区人民法院

结案时间：2013 年 9 月 10 日

结案方式：判决

## 二、案例正文

### 【案情简介】

洛阳市公安局长春路分局洛公长春（治）诉字（2013）0011 号起诉意见书载明：2012 年 12 月 9 日 19 时许，在河南省洛阳市涧西区某寨某路某超市西侧一摩托车修理铺门前，李某海与其妻黄某杏因孩子的抚养费问题发生纠纷，后追逐黄某杏至某超市门前，又与前来劝阻的李某峰发生纠纷，并相互进行推搡，后该二人在推搡过程中，致使李某峰向后摔倒在地，造成头部受伤。2012 年 12 月 17 日，经洛阳市公安局刑事科学技术研究所法医学人体损伤程度鉴定：受害人李某峰的头部损伤程度为重伤，2012 年 12 月 25 日在河南科技大学第一附属医院受害人李某峰因伤势过重不治身亡。公安机关以李某海触犯《刑法》第 234 条，涉嫌故意伤害罪向涧西区检察院移送审查起诉。2013 年 6 月 5 日，涧西区人民检察院洛涧检刑诉（2013）134 号起诉书以李某海涉嫌过失致人死亡罪向涧西区法院提起公诉。

2013年9月10日，涧西区人民法院以（2013）涧刑公初字第160号刑事判决书作出判决：李某海犯过失致人死亡罪，判处有期徒刑3年。

**【辩护要旨】**

无伤害故意，推搡过程中导致他人死亡的，应当定性为过失死亡行为，不能一旦出现死亡结果就以故意伤害罪追责。

**【辩护意见】**

（一）关于对本案定性的辩护意见

辩护人在审查起诉阶段向检察官提出了改变定性的辩护意见，引起了高度重视，将故意伤害罪名改变定性为过失致人死亡罪。虽然被告人对犯罪事实、定性均无异议，但彰显辩护人的独立性、维护当事人的合法权益、维护罪刑法定和罚当其罪的刑法权威是必须的。在此基础上，在法院审判阶段，重点对量刑作出分析。

（二）关于对被告人李某海量刑的辩护意见

1. 被告人犯罪情节较轻

（1）被告人系过失犯罪。

（2）被害人自身存在明显过错。

2. 被告人李某海亲属与被害人亲属达成赔偿协议，取得被害人亲属的充分谅解

3. 被告人李某海在到案过程中，没有拒绝、阻碍、抗拒、逃跑行为，主动交代犯罪事实，符合刑法关于自首的规定

4. 被告人李某海认罪态度好，具有明显的悔罪表现

5. 被告人李某海系初犯、偶犯，无前科劣迹

辩护人请求合议庭根据其诸多从轻、减轻处罚情节，对其从轻处罚，判处3年以下有期徒刑并适用缓刑。

**【案例结果】**

涧西区人民法院判决李某海犯过失致人死亡罪，判处有期徒刑3年。

**【司法文书】**

河南省洛阳市涧西区人民法院（2013）涧刑公初字第160号刑事判决书

【案例评析】

《刑法》第233条规定："过失致人死亡的，处三年以上七年以下有期徒刑；情节较轻的，处三年以下有期徒刑。本法另有规定的，依照规定。"

《刑法》第234条规定："故意伤害他人身体的，处三年以下有期徒刑、拘役或管制。犯前款罪，致人重伤的，处三年以上十年以下有期徒刑。致人死亡或者以特别残忍手段致人重伤造成严重残疾的，处十年以上有期徒刑、无期徒刑或死刑。本法另有规定的，依照规定。"

两个罪名，核心区别点在于主观方面。是"伤其身"还是"要其命"，这反映着犯罪主体的主观恶性的大小和社会危害性的强弱。相对应的刑罚更是有很大的区别。

本案中，被告人李某海和被害人李某峰因琐事发生纠纷，并互相进行推搡，致使李某峰向后摔倒重伤经治疗无效死亡，李某海主观上并没有杀死李某峰的动机，也没有采取能致伤致死的手段，仅仅是互相推搡导致李某峰摔倒头部受伤，对于摔倒后头部重创的后果持疏忽大意的过失心态。除此之外，该事件发生在冬天的晚上八九点钟，周围环境光线比较黑暗，对该严重后果的发生也会产生不可避免的影响。所以应排除被告人对受害人受伤甚至死亡严重后果的故意，充其量仅仅是因疏忽大意而没有预料到严重后果的发生，对被害人的受伤乃至死亡存在过失心态。加之，死亡与推搡之间存在一定的因果关系，被告人被判处过失致人死亡罪，符合罪责刑相适应的原则。

【结语及建议】

本案是一起成功改变案件定性的案件。本案被告人李某海从开封农村考上大学，毕业后在洛阳一家企业担任工程师，其离婚后与前妻因孩子抚养问题发生纠纷，继而又与前妻男朋友发生争执，从而引发本案。洛阳市涧西区人民检察院以故意伤害罪对李某海批准逮捕，又报请洛阳市人民检察院以故意伤害罪移送审查起诉。在报请洛阳市人民检察院移送审查起诉后，李某海的家人委托笔者作为辩护人。经阅卷、会见李某海后，笔者认为本案定性有问题。李某海没有故意伤害的主观故意，应该认定为过失致人死亡罪。若认定李某海构成故意伤害罪，则李某海可能要被判处有期徒刑10年以上，甚至无期徒刑。出于对律师职业的责任感，笔者立即约见洛阳市人民检察院承办此案的检察官，向其提出根据本案证据材料李某海不构成故意伤害罪而应构成过失致人死亡罪的法律意见。承办检察官听取了笔者的意见后，非常重视，经研究后，采纳了笔者的意见，将案件以过失致人死亡罪移送审查起诉。洛阳市涧西区人民法院经审理，以过失致人死亡罪判处李某海有期徒刑 3 年。最终能使被告人得以公平处理，这也是刑事律师的辩护价值所在。

## 三、专家点评

从法理上看，故意伤害致人死亡与过失致人死亡并不难区分。但实践中，实务部门却时常出现争议，在实际发生死亡结果的情形下，核心问题便是如何界定行为人主观罪过的问题。由于主观罪过总是深藏在行为人的内心深处，因此必须借助客观行为才能准确界定主观罪过问题，这既是司法部门判决案件的思路也是辩护律师的辩护思路。因此，对于类似案件必须认真细致地收集反映行为人主观罪过的客观证据。就本案而言，被告人与被害人之间的日常关系如何、有无新仇旧恨等，案发的起因、案发当时的客观场景、行为人实施的行为形式、案发后行为人的具体表现等都是认定故意或过失的重要指标，界定好这些客观事实，往往就能对主观罪过做出清晰判断，因为魔鬼总是藏在细节当中。应当说本案之所以能够取得良好的辩护效果，与辩护人正确的辩护思路及方法密不可分。

**【作者简介】**

付联委，1971 年 5 月出生，四川大学法学本科学历，现任河南省律师协会刑事诉讼专业委员会委员、国家三级律师、河南鼎大律师事务所律师、副主任，洛阳市法学会理事、洛阳仲裁委员会仲裁员。

王惠敏，男，郑州大学法律本科，转业军人，河南鼎大律师事务所党支部书记，洛阳市优秀党员律师。

# · 16 ·

# 洪某故意伤害案

## ——无充分证据证明实施伤害行为的，应做无罪处理

刘国琳

## 一、案例基本信息

涉案罪名：故意伤害罪

办案单位：洛阳市西工区人民法院

结案时间：2019 年 10 月 18 日

结案方式：判决

## 二、案例正文

### 【案情简介】

2018 年 9 月 29 日，洛阳市老城区人民检察院以洛老检诉（2018）166 号起诉书指控被告人洪某犯故意伤害罪。

2017 年 7 月 31 日晚，李某约被告人洪某、被害人杨某及王某、高某在洛阳市老城区某路起重机家属院李某的仓库内吃饭喝酒，大约从晚上 8 点开始喝酒。当晚约 23 时许，在吃饭喝酒的仓库内，王某与洪某酒后发生口角引发冲突。李某、高某将洪某推到仓库外的小院内进行劝解，王某持啤酒瓶追至院内，用酒瓶击打洪某，洪某扑向王某，二人开始厮打，高某、李某拉架。此时，杨某从仓库内出来参与拉架，几人乱作一团。之后，高某半抱着将王某推向仓库方向，杨某背朝仓库门向后倒地，紧跟着洪某面朝仓库门俯身倒在杨某的右手侧，并立即起身半蹲挥右手向杨某大致肩胸部位置作出疑似击打动作；之后，洪某抱头坐在杨某的右手侧，然后又躺在地上。李某、高某发现杨某的耳朵、鼻孔流血后，拨打

120将杨某送至医院。经洛阳市公安局物证鉴定所鉴定，杨某外伤致“右侧颅骨骨折、左侧硬膜下血肿、蛛网膜下腔出血、左侧脑挫裂伤、右侧第一肋骨骨折、听力障碍”，其耳部、胸部损伤程度属于轻微伤，头部损伤程度属于轻伤一级。附带民事诉讼原告人杨某以被告人洪某的犯罪行为给其造成物质损失为由，要求洪某赔偿其各项损失共计317170.81元，其中医疗费56233.21元、住院伙食补助费2200元、营养费660元、护理费5761.8元、交通费880元、鉴定费860元、误工费50575.8元、精神损害抚慰金200000元，并提交了医疗费票据、住院病历、鉴定费票据、陪护费票据等证据支持其诉讼请求。

辩护人在一审程序中接受了洪某委托，对案件材料进行了仔细阅读，多次观看了案发现场的监控录像，并多次会见被告人，对案件有了深刻了解。辩护人通过对该案的深入研究，进一步发现该案公诉机关向法院提交的所有证据不能证明受害人杨某的伤害是由洪某造成的。

在案件审理过程中，公诉机关两次以补充侦查为由建议延期审理。公诉机关认为被告人洪某故意伤害他人身体，致人轻伤，其行为触犯了《刑法》第234条第1款的规定，应以故意伤害罪追究被告人洪某的刑事责任，并提交了下列证据支持其指控：

被告人洪某的供述与辩解，被害人杨某的陈述，证人李某、高某、王某但未拍到摔倒前情况的证据及案发现场的监控录像及洪某、王某、李某、高某对监控录像中人员的辨认、案发现场的勘验笔录、现场照片及现场平面示意图。被告人洪某对起诉书起诉的犯罪事实及罪名均有异议。

**【辩护要旨】**

任何一件刑事犯罪的指控，都应当坚持严格的证据裁判原则，即都应当事实清楚、证据确实充分。任何一个疑点的存在，都可能导致指控的证据链条出现断裂，进而显露辩护机会。

**【辩护意见】**

辩护人认为现有公诉人提供的证据未能证明被告人洪某对受害人杨某实施了侵害行为，理由如下：

询问笔录及讯问笔录证据未能够证明洪某的犯罪事实，监控录像中也未发现洪某有侵害行为，反而显示王某拿酒瓶击打洪某，致使洪某受伤。

首先，杨某头部受伤，其受伤程度需要非常大的冲击力才能形成，洪某手无寸铁，与杨某既无矛盾，也没有发生冲突，洪某实施侵害行为不可信，也更不可能。其次，杨某的头部受伤的伤口形状是怎样的？是怎么形成的？公诉机关没有提交相关的检验鉴定意见等相关的证据进行印证。再次，杨某记不清案发当晚的事情，证人李某、王某、高某均称案发当晚没有看到杨某是怎么摔倒在地的，监控录像仅拍摄到洪某与杨某同时摔倒，但未拍到摔倒前的情况。导致公诉机关提交的证据不显示被害人的伤情是如何形成的，无法认定被害人是被击打受伤还是倒地受伤。

综上所述，在案证据无法证实被告人对被害人实施了侵害行为。依据罪刑法定、疑罪从无的刑法原则及2012年《刑事诉讼法》第172条的规定的“犯罪事实已经查清，证据确实充分”的公诉机关起诉条件。辩护人认为本案公诉机关认定的洪某的犯罪事实不清、证据不足，人民法院应当对被告人洪某作出无罪判决。

**【案例结果】**

洛阳市老城区人民法院认为，公诉机关指控被告人洪某犯故意伤害罪证据不足，指控罪名不能成立。公诉机关提供的证据中，被害人杨某记不清案发当晚的事情，证人李某、王某、高某均称案发当晚没有看到杨某是怎么摔倒在地的，监控录像仅拍摄到洪某与杨某几乎同时摔倒，但未拍到摔倒前的情况；且无证据能够证明杨某的伤情形成原因。因此，依据现有证据无法认定杨某的伤情是洪某造成的。被告人及辩护人提出的洪某无罪的辩护意见，法院予以采纳。

2019年10月18日洛阳市老城区人民法院作出了（2018）豫0302刑初155号刑事附带民事判决书，经该院审判委员会讨论决定，依照2018年《刑事诉讼法》第200条第3项之规定，判决被告人洪某无罪；驳回附带民事诉讼原告人杨某的起诉。

**【司法文书】**

河南省洛阳市老城区人民法院（2018）豫0302刑初155号刑事附带民事判决书

**【案例评析】**

依据罪刑法定、疑罪从无的原则，本案公诉机关提交的证据不能证明受害人杨某受到的侵害是由被告人洪某实施的。包括洪某的供述与辩解，杨某的陈述，证人李某、高某、王某的证言及案发现场的监控录像及洪某、王某、李某、高某对监控录像中人员的辨认、案发现场勘验笔录、现场照片及现场平面示意图，该案公诉机关提交的所有证据均不能证明洪某对杨某实施了侵害行为。公诉机关提起的公诉不符合 2012 年《刑事诉讼法》第 172 条规定的“犯罪事实已经查清，证据确实充分”的起诉条件。公诉机关对其所指控的被告人洪某的犯罪事实没有提交相关的有罪证据进行充分的证明。法院最终采纳了本辩护人的辩护意见，判决被告人洪某无罪，并驳回附带民事诉讼原告人杨某的起诉。

**【结语及建议】**

本案是一起无罪判决的案件。洛阳市老城区人民检察院提起公诉，洛阳市老城区人民法院审理后对被告人洪某作出了无罪判决。辩护人在仔细查阅案件卷宗材料和多次会见被告人的基础上，通过分析研判，坚信被告人是清白的。在辩护人的不懈努力下，被告人无罪的辩护观点得到法院采纳。辩护人最终达到了委托人无罪的辩护效果。从无罪辩护的司法实务效果来看，笔者总结的规律是：首先，以事实、证据、法律为基础的无罪辩护是前提和根基。如果脱离事实、证据和法律进行“小题大做”式辩护或者“煽情表演”式辩护，这样的辩护，表面上看似精彩，实则或没抓住要点，或无理取闹，只会将当事人推向“雪上加霜”的绝境。其次，无罪辩护的最佳效果便是当事人无罪，如果律师不做无罪辩护或者没有进行有效的无罪辩护，不据法力争、据理力争，自然不可能有无罪的效果。“偏听则暗，兼听则明”，如果没有律师的有效介入，法官是不会主动宣告无罪的。本案在笔者详尽专业的辩护意见作用下，最终取得了无罪判决的效果。

值得欣慰的是，该案对被告人的无罪判决，将司法公正进行了完美的诠释。

在严格把握案件基本事实的基础上，辩护人要敢于和善于表达自己的观点，代表被告人发表有效的无罪辩护意见，充分维护当事人的合法权益。律师为当事人维权的道路从来都不是一帆风顺的，刑事辩护中的无罪辩护更是如此。

## 三、专家点评

本案涉及两个非常关键的问题。第一个问题是如何确认殴打和伤害故意。殴打是指给他人造成暂时性的肉体疼痛，或者使他人神经受到一定刺激，但不是破坏他人人体组织的完整性和人体器官的正常机能。伤害则是针对他人身体的生理机能的侵害。区分二者需要结合冲突的起因、冲突人员间的关系、器械性质及使用情况、打击力度等因素综合分析。第二个问题是在司法过程中应当贯彻存疑有利于被告人的原则。刑事司法需要在法益保护和人权保障之间寻求平衡，但是，当二者不可得兼时，应当依法保护犯罪嫌疑人、被告人的合法权利。

**【作者简介】**

刘国琳，女，中共党员，河南王城律师事务所执业律师、副主任，2007 年执业，任河南省律协刑事委员会委员，洛阳市法学会行政研究会法学常务理事，洛阳市律协刑事委员会委员，洛阳市律协民事委员会委员，洛阳市律协女律师工作委员会委员。2019 年被洛阳市律协评为优秀党务工作者。参与《洛阳市中小学生人身伤害事故处理与预防条例》的起草工作。

# · 17 ·

# 岳某故意伤害案

## ——导致被害人轻伤结果的原因无法查明，应当依法认定被告人无罪

姜爱军

## 一、案例基本信息

涉案罪名：故意伤害罪

办案单位：河南省洛龙区人民法院

结案时间：2014 年 7 月 10 日

结案方式：判决

## 二、案例正文

### 【案情简介】

2011 年 4 月 17 日上午 11 时 40 分许，某银行洛阳分行工作人员岳某和同事陪同客户在洛阳桥南端路西的国花园游玩后，驾驶黑色奥迪轿车（车上副驾驶位置载有摄影师孔某）从国花园门口出发，带领载有客户的客车在西侧慢车道上由北向南行驶，拟由龙门大道和洛宜路交叉口左转掉头，沿龙门大道主干道自南向北返回市区。当车行至该交叉口时，路口南边的交通信号灯为绿灯，东边的交通信号灯为红灯，岳某便将车停在了北边路西的慢车道上，待南边交通信号灯变红、东边交通信号灯变绿后，再左转掉头。

此时，正在南边交通信号灯下方执勤的协警王某看见岳某的车辆后，上前走到岳某的车窗旁，向岳某示意，此处不允许左转掉头，并要求岳某出示相关证件，岳某见王某不是正式交警，便没有向其出示证件，二人发生口角。后南边交

通信号灯变红、东边交通信号灯变绿后，岳某欲驾车左转掉头，但王某绕至车前挡住不让左转，双方处于对峙状态。

此后，岳某驾车向南慢行至交叉口的中间区域，后又行至交叉口南边的龙门大道主干道（快车道）上，这期间，岳某连续两次下车与王某争论，但王某一直挡在车前阻止行驶和左转。后孔某下车与王某理论时，岳某第三次下车与王某争论，双方发生激烈争吵，并相互推搡。正在交叉口东侧执勤的交警王某某看到此景后，赶到岳某车前，对双方进行了疏导，并将王某拽至一旁，后岳某驾车左转掉头后，沿龙门大道主干道（快车道）自南向北驶回了市区，王某经行离开了事发现场。

2011 年 4 月 19 日至 9 月 6 日期间，王某先后接受了洛钢医院、洛阳市第一人民医院洛龙医院、解放军 150 医院、河南洛阳正骨医院和河南科技大学第一附属医院的检查和治疗，其左膝关节被诊断为半月板损伤，损伤程度被鉴定为“轻伤”，伤残等级被鉴定为“十级”。

2011 年 9 月 15 日，洛阳市公安局安乐分局以岳某涉嫌故意伤害罪为由立案侦查。

2012 年 5 月 29 日洛阳市公安局安乐分局向洛阳市洛龙区人民检察院移送审查起诉，其间退回补充侦查两次。

2012 年 11 月 21 日，洛阳市洛龙区人民检察院向洛阳市洛龙区人民法院提起公诉。起诉书指控，2011 年 4 月 17 日 11 时许，岳某驾车在龙门大道和洛宜路交叉口由北往南左转时与王某发生争执，王某不让岳某左转掉头，并站在岳某车前制止，后被岳某开车致伤左腿膝盖处。经鉴定，王某损伤程度为轻伤。公诉机关认为，岳某的行为已经导致被害人轻伤，应追究其故意伤害罪的刑事责任。

2013 年 3 月 31 日，为了查明岳某的行为与王某的受伤是否存在因果关系，律师向法院提出了鉴定申请，要求对王某半月板后角的伤情是新鲜伤还是陈旧伤进行司法鉴定。后鉴定机构作出了“王某左膝盖关节内侧半月板信号变化，未见具有新鲜损伤特征”的意见。

2013 年 8 月 23 日，王某不满上述鉴定意见，向法院提出了重新鉴定申请，鉴定机构作出了“王某左膝盖关节内侧半月板新鲜损伤依据不足”的意见。

2014 年 7 月 10 日，洛阳市洛龙区人民法院对岳某作出了无罪判决。

**【辩护要旨】**

运用司法鉴定打破犯罪行为人与危害后果之间的因果联系，同时，结合危害后果存在的其他合理怀疑无法排除，进而决定了罪与非罪的走向。

**【辩护意见】**

鉴于被告人自始至终否认自己开车撞伤了被害人，以及本案指控证据不足，又没有真正查清被害人的受伤原因，加之被害人受伤又存在其他合理怀疑，笔者采取了证据不确实、不充分的从疑无罪辩护思路。

**（一）被害人左膝关节半月板损伤系被告人开车所撞，现有证据明显不足**

1. 鉴定意见确认被害人的伤情并非新伤（撞伤）

案发后，为了确认王某左膝关节的半月板损伤是否是岳某开车撞击造成，查明二者之间的因果关系，法院应岳某和王某双方的申请，分两次委托司法鉴定机构对王某左膝关节的半月板损伤是否是新鲜伤进行了司法鉴定。鉴定机构的专家对王某住院的全部病史材料和影像资料进行了详细的研究和分析，也对王某进行了全面的体格检查。之后，上海华医司法鉴定所作出了王某左膝关节半月板未见新鲜损伤特征的鉴定意见，司法鉴定科学技术研究所司法鉴定中心也最终作出了王某左膝关节半月板新鲜损伤依据不足的鉴定意见。这两次鉴定行为系双方共同委托，鉴定程序合法、科学，鉴定意见可信度较高。这也更进一步直接说明王某左膝关节半月板的损伤并非岳某开车撞击导致，应作为认定本案关键事实的根据。

2. 现有医疗资料均不能证明被害人的伤情系撞伤

案发后，王某前往四家医院进行了检查和住院治疗，医院的全部病史材料以及影像资料显示，医生对王某的左膝盖均进行的体格检查和影像检查，均没有确切地诊断出王某的左膝关节半月板损伤是受到外力所致，更没有诊断出其受伤是新伤。其中，河南省洛阳正骨医院认为王某左膝关节的半月板损伤系陈旧性损伤。这说明指控王某的左膝关节半月板损伤系车辆撞击所致也没有医疗依据。

3. 现场监控录像无法也不能拍清被害人膝盖的受力状态

本案现有的监控探头位于交叉口东侧以北的慢车道上，距离案发现场较远（50 米左右），该视频录像只能看到王某的阻挡和双方争吵的画面，根本无法确认岳某的车辆是否撞击了王某的左腿膝盖处，仅从现有的监控录像根本不能准确地判断王某的左膝盖是否受到车辆前保险杠的挤压以及当时左膝盖的受力情况。

4. 本案控方证人均系被害人亲属或同事，证言多数来源于被害人转述，不能作为认定案件事实的根据

本案证人王某某、赵某、张某、张某某均系被害人王某的同事和近亲属，证言效力较低，可信度不高。上述证人关于王某左膝关节半月板如何受伤的陈述，均系事后听王某所说而转述，属传来证据，不能作为认定案件事实的根据。其中，证人王某某虽为案发现场附近的执勤交警，但其距离案发现场较远，无法准确看见王某是否被车撞伤，且其到达案发现场时，岳某所驾车辆已经停住。所以，以上证人证言根本无法确切地证明王某左膝关节半月板的受伤是岳某开车撞击造成。

（二）王某左膝关节半月板的损伤具有其他可能性，不能排除其存在自身疾病或遭受意外伤等可能，目前无法排除这些合理性怀疑

1. 王某的左膝关节半月板存在陈旧性损伤的可能

（1）从在河南省洛阳正骨医院的住院病历看，王某左膝关节半月板损伤被诊断为陈旧性损伤，这直接说明其受伤存在其他可能。

（2）从临床实践情况看，半月板损伤除撞击外，还存在多种原因，如骨质增生、长期劳累、站立时间太长、用力过大、感染等，均能引起半月板损伤，只是显现时间不同。王某从事协警工作多年，该工作需要长期站立在交通要道执勤，加之案发当时，存在王某数次以身阻挡车辆的情形。如王某左膝关节半月板存在陈旧性损伤，加上其挡车时，左腿用力，则旧伤很可能突发，导致伤情出现，这种可能性无法排除。

2. 王某的左膝关节半月板存在意外伤的可能

本案监控录像显示，从11时52分30秒到11时53分，经案发现场附近赶来的交警王某某劝解，岳某驾车驶回了市区，王某也离开了案发现场，但从王某从案发现场向北行走的步态看，其与事前正常执勤时一样，没有出现所谓“一瘸一拐”的情况，也没有出现其他任何异常。所以，从2011年4月17日案发后到2011年4月19日王某前去医院接受检查治疗期间，王某存在由于其他原因（如摔伤、碰伤等）受伤的可能性。

**【案例结果】**

2014年7月10日，河南省洛阳市洛龙区人民法院就本案作出一审判决，判决书采纳了作者的全部辩护意见，判决被告人岳某无罪。

**【司法文书】**

河南省洛阳市洛龙区人民法院（2012）洛龙法刑二初字第375号刑事判决书

**【案例评析】**

**（一）本案的核心和焦点是被害人的受伤是否是被告人的行为所致，如果不能查清，证据不确实、不充分，没有达到法定要求，就应该依据因果关系鉴定来确定**

1. 公诉机关向法庭举出的证据无法充分证明被害人的膝关节受伤系被告人驾车撞伤

一是现场证据不足以证明被害人的轻伤为被告人所为。现场证据有被告人的供述与辩解、被害人陈述、证人（副驾驶）证言以及交通信号灯上的监控影像，但都只能证明被告人驾驶的车辆准备左转时受到了被害人的阻挡，并不能直接证明被告人驾车将被害人撞伤，也不能证明被害人肢体与车头的接触程度。

二是案发后，被告人前往四家医院的住院病历、检查报告及各种影像诊断报告和刑事科学研究所法医的专家证言，虽然结论都是被害人的半月板受到了损伤，但最后一家医院将该伤诊断为陈旧性损伤，且上述证据均没有给出损伤的形成原因，也无法确认被告人的行为与该损伤的因果关系。

三是其他证据与证人证言、书证仅能印证损害后果，证人证言均为传来证据，不具有可靠性。

2. 审判阶段经鉴定程序得出的两份《鉴定意见》成为认定案件罪与非罪的关键

笔者提出鉴定申请前，不仅组织具有从医经验的专业律师进行了研究论证，而且还咨询了国内权威的骨科专家，最终得出了被害人的损伤不是新伤，而是陈旧伤的评估意见，故笔者作出了本案系“鉴定为王”的判断，并下定决心申请鉴定，以便彻底打破本就微弱的公诉证据链条。

**（二）提出被害人的损伤存在其他合理怀疑，无法排除，以保障证据不足的落地**

（1）既然自身膝盖半月板存在陈旧伤，加上被害人长期从事协警工作，笔者认为被害人损伤的形成原因就会存在多种因素，比如骨质增生、长期劳累、长时间站立执勤、感染等，多种因素叠加，也容易引起本就脆弱的半月板受伤，尤其本案中阻挡车辆时的用力过大，导致损伤符合情理。

（2）监控影像显示，被害人离开案发现场的步态与执勤时一样，没有出现异样，加上其案发两天后才出现症状，前去就诊，使笔者更加有理由怀疑其半月板损伤是摔伤、碰伤等其他原因的可能性。

最终人民法院对笔者的辩护意见全部采纳，这说明要想证据不足之辩获得认可，使存疑无罪之辩得到落地，必须要降低审判人员对指控证据的可信度和可采度，提出指控证据存在的根本问题，否则很难推翻公诉机关的指控。

**【结语及建议】**

本案的核心是导致轻伤的根源，指控证据无法有效证明，笔者正是紧紧抓住了这一点，提起的鉴定程序围绕查清致伤原因展开，是对专家咨询意见的转化和确认，显然达到了预期的目标。

刑事专业律师要想把案件做出彩，必须要踏踏实实练好基本功，尤其是对刑事证据的分析能力，既要深入案件，吃透证据的性质、效力和证明体系，也要宏观上把控程序性事项对案件走向的影响和作用，充分利用指控证据出现的重大瑕疵，采取启动专家咨询、鉴定等程序性权利的策略，抓住决定案件罪与非罪的核心和关键，有的放矢，积极推动证据不足无罪处理的落地，实现个案正义。

## 三、专家点评

根据我国2012年刑事诉讼法的规定，人民法院对被告人应作出无罪判决的情形有多种，辩护人若打算对被告人作无罪辩护，那么涉案事实至少要符合其中一种应当作出无罪判决的情形；否则就无法实现被告人被认定无罪的判决结果，无罪辩护的效果将会大打折扣。本案辩护人的无罪辩护无疑是成功的，其无罪辩护意见业已为判决书所采纳。本案辩护人之所以能够实现无罪辩护的目标，至少有如下几点可资借鉴：一是敢于质疑轻伤的形成时间，及时申请伤情新旧司法鉴定。该新旧伤司法鉴定结果奠定了无罪辩护的坚实证据基础，此点尤其难能可贵；二是基于新旧伤司法鉴定否决被告人的行为与被害人轻伤之间具有因果关系；三是从证据不足角度指出，被害人的轻伤结果不能排除其他行为造成的可能性，不能排除合理怀疑。

**【作者简介】**

姜爱军，男，中共党员，河南张振龙律师事务所合伙人、副主任，2011年执业，任河南省律协刑事风险防范委员会执委、洛阳市律协刑事业务委员会副秘书长，河南省律师行业优秀党员律师，洛阳市优秀律师，著有《民营企业全方位法律风险防范手册》《民营企业运作锦囊》等书。

# · 18 ·

# 王某故意伤害案

## ——新旧伤情重合时如何认定因果关系

颜福民

## 一、案例基本信息

涉案罪名：故意伤害罪

办案单位：山西省运城市中级人民法院

结案时间：2017 年 7 月 13 日

结案方式：判决

## 二、案例正文

### 【案情简介】

本案件中的当事人，原审被告人王某（系芮城县某局干部）与受害人蔡某（系芮城县某局干部）原本是朋友关系。早年蔡某从事“安利”的经营活动，王某是蔡某营销活动中发展的下线。

自 2006 年年底，身为国家工作人员的王某主动退出安利的代理销售活动，由此，直接影响到受害人的“收益”，恼羞成怒的蔡某不断用手机给王某发骚扰“短信”，都是些对王某以及家人的人格侮辱、谩骂以及淫秽不堪的内容。蔡某的这些行径，使得王某的身心受到严重伤害，影响到王某及家人的正常生活。

2007 年 1 月 27 日 10 时许，蔡某又发来“骚扰”信息，对于蔡某的诽谤侮辱行径，王某实在忍无可忍，便与丈夫徐某到某街 130 号蔡某经营的“安利专卖店”与其理论。谁知，蔡某居然当众对王某夫妇破口辱骂，致使双方发生肢体接触。

原本属于简单的治安事件，蔡某便借机到各级政府部门上访告状，其间不良医生出具耳膜穿孔的“伪证”，在案件的审理过程中，司法机关工作人员严重失职等一系列因素的诱发下，使本案件审理时间前后长达10年。山西省芮城县法院5次判决有罪，公诉机关以当事人拒不认罪，量刑偏轻为由提出“抗诉”两次。当事人坚韧不拔依法上诉5次。

2016年，本案在山西省运城市中级人民法院第五次审理宣判，被告人王某无罪。

**【辩护要旨】**

伤害类案件辩护过程中，对伤情鉴定意见所依据的材料进行鉴定是确定鉴定意见的可采性的关键。

**【辩护意见】**

在法院审理的10年间，本律师根据案件的情况，做了大量的深入调查、走访、取证的工作，提出以下辩护意见。

1. 被害人蔡某属于无端寻衅滋事，其手段是通过手机短信发泄私愤，王某到其“安利专卖店”与其论理时蔡某更加肆无忌惮地实施人身侮辱，是导致案件发生的主要因素。

2. 从法理的角度，蔡某有诬告陷害王某的“主观动机”，并实施了“卑劣的手段”：其报案材料中公然谎称：王某伙同其丈夫徐某共同对其实施殴打，并且抢劫专卖店价值2070元商品（后经过法庭审理认定是收买证人做假证）。案件发生的第二天，蔡某到芮城县人民医院住院，该院医生隐瞒其“此前多次因耳膜穿孔”住院的事实，编造此次因外伤导致耳膜穿孔的“伪证”病历。

3. 本案存在严重的“程序违法”，剥夺了当事人法律赋予的重新鉴定的权利。芮城县公安局法医根据芮城县人民医院出具的伪证“病历”，出具了芮城县法医检验所（2007）芮公法检字第8号技术鉴定书，确认损伤程度为轻伤。当事人申请重新鉴定，可是芮城县公安局居然委托其上级山西省公安厅出具损伤鉴定书（山西省公安厅法医学人体损伤程度鉴定书，公（晋）临检字［2007］27号）。根据2012年《刑事诉讼法》第120条第2款“对人身伤害的医学鉴定有争议需要重新鉴定或者对精神病的医学鉴定，由省级人民政府指定的医院进行”之规定，本案进行重新鉴定的机构必须是省级人民政府指定的医院。芮城县人民法院原判决书违背2012年《刑事诉讼法》关于重新鉴定规定和最高人民法院、最高人民检察院、公安部、国家安全部和司法部联合发布的《关于办理刑事案件排除非法证据若干问题的规定》的规定。

4. 当法院错误判决被告人王某有罪获刑10个月，芮城县检察院没有依法履行“监督权力”，反而荒谬地以被告人拒不认罪提出“抗诉”，认为判决书“适用法律错误，量刑畸轻”。更加让人愤慨的是，法庭上当辩护人在质证过程中申请涉案鉴定人员出庭接受调查时，负责本案鉴定工作的运城市检察机关隐瞒了山西省医科大学第二附属医院出具的“蔡某耳鼓膜穿孔系左耳乳突炎症所引起”的鉴定意见，其行为触犯了《刑法》，涉嫌徇私枉法。

5. 芮城县法院以“存在瑕疵”的“鉴定书”对王某进行定罪量刑，违背2012年《刑事诉讼法》对证据要求的规定。

在依法治国、构建和谐社会的今天，人民法院应是维护“公平、公正、正义”的审判机关，若审判工作按照个别领导旨意，那将是一场巨大的灾难；检察院以一个“存在瑕疵”的证据或“认罪态度不好”为由予以抗诉，这样的行为必然会严重侵害公民应有的基本权利，扰乱正常的司法秩序，践踏了国家的法律尊严，这是与党中央构建和谐社会的基本原则背道而驰的。

**【案例结果】**

本案件经过5次上诉（其中公诉机关抗诉两次），第一次2009年10月26日芮城县人民法院（2009）芮刑初字第46号刑事附带民事判决书判决，王某有期徒刑10个月，附带赔偿23737.1元；第三次2013年12月23日芮城县人民法院（2013）芮刑初字第73号刑事判决书改判，判决王某免于刑事处罚；第五次2017年7月13日运城市中级人民法院（2016）晋08刑终242号判决书，宣告王某无罪。

**【司法文书】**

关于上诉人王某的伤害行为是否造成被害人蔡某轻伤的问题，由于被害人蔡某在1997年、2005年有过两次左耳鼓膜穿孔，本案中被害人蔡某左耳外伤性鼓膜穿孔系以前旧伤未愈，还是此次王某伤害所致，现有证据无法证明。

上诉人王某与被害人蔡某因为生意问题发生争执后，王某到蔡某店里理论过程中双方发生肢体接触，王某在蔡某面部打了一下，蔡某于当天在芮城县人民医院诊断为左耳外伤性鼓膜穿孔。本案件中王某动手打蔡某的事实与蔡某左耳外伤性鼓膜穿孔事实均有证据予以证实，但是由于蔡某之前曾有过两次耳膜穿孔，在此事件发生时是否愈合及王某的行为是否造成蔡某耳膜穿孔均缺乏相应的证据，现有证据无法证明王某的行为与蔡某身体所受损伤之间的关联性，排除不了合理怀疑。根据刑事案件的证据规定，本案未达到证据确实、充分的证明标准，达不到定罪的要求，故原判认定证据不足，芮城县人民检察院指控的犯罪不能成立，不能认定王某有罪，故上诉人及辩护人所提意见予以采纳。依照《刑事诉讼法》第225条之规定，判决上诉人（原审被告人）王某无罪。

**【案例评析】**

**（一）应当坚持程序的底线，从而确保实体的公正**

根据2012年《刑事诉讼法》第120条第2款“对人身伤害的医学鉴定有争议需要重新鉴定或者对精神病的医学鉴定，由省级人民政府指定的医院进行”之规定，本案进行重新鉴定的机构必须是省级人民政府指定的医院。但是，在本案件中，芮城县公安局公然违背程序规定，委托其上级山西省公安厅，违法出具所谓的“山西省公安厅法医学人体损伤程度鉴定书，公（晋）临检字［2007］27号”鉴定意见。

辩护人必须旗帜鲜明地指出办案单位在程序上的错误，才能发现案件中存在的瑕疵。

**（二）从案件细微环节发现破绽，不畏艰辛勇于担当**

人身伤害案件，伤害结果是决定罪与非罪的条件。身体器官受到外来机械损伤，包括自身体征、损伤成因、临床诊疗、治疗结果等一系列过程。这些过程中的每一个环节都包含着大量的科学问题，要善于请教相关专业人员帮助解决专业问题。才能够知道案件的症结。

本案件对受害人鼓膜彩超进行分析，分析存在沉积伤，从而发现其多次受伤的事实。辩护人及时将发现的情况书面向公诉机关、审判机关汇报，根据《刑事诉讼法》《律师法》的相关规定，为当事人据理力争，最终获得的圆满的结果！

**【结语及建议】**

以事实为依据，以法律为准绳，不仅是对司法行政机关的要求，也是对律师的要求。本案通过非法证据排除规则排除了山西省公安厅的鉴定意见，从而导致事实不清，证据不足，不能排除合理怀疑，最终否定被告人的行为与伤情的因果关系，得到被告人无罪的结果。同时，辩护律师通过走访、调查、咨询等方式了解到被害人曾经多次因而膜穿孔住院的事实，更是佐证了本案的因果关系不能达到定罪标准。对此，刑事辩护律师的专业、细致和缜密是成功辩护的保障。在当今社会高速发展、法律法规不断更新的现状下，律师群体更应该加强自身学习，增强自身专业性，虚心向各个专业领域的专家求教，才能为每一个案件做好充分的准备，发挥好律师角色的作用。

## 三、专家点评

一起因生活纠纷引发的故意伤害案 5 次上诉，历时 10 年二终得无罪判决，既有案件事实本相的原因，也与辩护人坚持、用心密不可分。好的刑事辩护应当是实体辩护、程序标准和证据标准的综合体。只有对事实坚持刨根问底，对程序坚持程序公正就是实体公正，对证据坚持确实、充分，排除合理怀疑，才可能取得良好的辩护效果。本案中，不论事实认定，还是办案程序，抑或证据标准上都存在种种瑕疵，辩护人坚持体系辩护，挖掘细微事实、查找程序违法、严格坚持证据标准，最终为当事人赢得了公正的判决。

**【作者简介】**

颜福民，男，1964 年 1 月出生，河南润合律师事务所律师，1998 年 10 月 14 日开始执业，曾经办理多起在在社会具有影响力的案件，如济源市郑某仙破坏选举无罪、郑州市郑某光挪用资金无罪等。

# ·19·

# 李某某、刘某某故意伤害案

## ——依据相同结论相反的两个鉴定意见必有一个存在错误

李亚飞

## 一、案例基本信息

涉案罪名：故意伤害罪

办案单位：洛龙区公安局、洛龙区人民检察院

结案时间：2019 年 3 月

结案方式：撤销案件

## 二、案例正文

### 【案情简介】

嫌疑人李某某因车辆停在小区门口多次被划，2017 年 5 月 31 日与嫌疑人刘某某在河南省洛阳市洛龙某小区西门停放的汽车附近蹲守划车的嫌疑人。至凌晨 1 时许，李某某，刘某某发现小区保安杨某某接近李某某的汽车，形迹可疑，李某某上前与杨某某发生争执和厮打，在厮打过程中李某某用刀具将杨某某手臂、背部划伤。随后，李某某拨打 110 报案，洛龙公安分局民警到达现场进行勘验、拍照、取证后将李某某、刘某某、杨某某带回派出所进行询问。询问完毕后，李某某的家属陪同杨某某到某医院进行治疗并垫付了医疗费。2017 年 9 月 18 日，经洛阳市公安局物证鉴定所出具的鉴定意见为：杨某某的损伤程度为轻微伤。2017 年 12 月 5 日，洛阳市公安局洛龙分局对李某某做出行政拘留处罚。后杨某某对鉴定结果不服，提出重新鉴定。2018 年 2 月 10 日经河南某某司法鉴定中心鉴定：杨某某的损伤程度构成二级轻伤。

2018 年 10 月 13 日该案侦查终结，洛龙公（治）诉字（2018）10182 号《起诉意见书》指控嫌疑人李某某、刘某某涉嫌故意伤害罪，移送洛龙区检察院审查起诉。

2018 年 10 月 20 日，笔者接受委托，为嫌疑人李某某提供刑事辩护服务。在详细阅卷和多次会见嫌疑人的基础上，笔者又数次与承办人及负责公诉的检察官当面就事实认定、证据适用以及准确适用法律等问题进行了沟通。

2018 年 10 月 25 日，笔者向洛龙区检察院提交了《法律意见书》，2018 年 12 月 10 日，笔者就补充侦查材料又向洛龙区检察院提交《补充侦查法律意见书》，两份法律意见书的辩护要点如下：

（1）洛阳市公安局洛龙分局未依法提供办案的全部证据；

（2）洛阳市公安局洛龙分局提交的证据材料包括两份鉴定报告，却未说明使用哪一份鉴定意见，也未在案卷材料中提交不作为证据使用的鉴定意见的理由说明；

（3）河南某某司法鉴定中心不具有进行重新鉴定的资质，重新鉴定程序、鉴定人员不符合相关规定，以及鉴定结论认定杨某某左上肢损伤程度构成二级轻伤错误；

（4）嫌疑人李某某有权对河南某某司法鉴定中心做出的鉴定意见要求重新鉴定。笔者在 2018 年 10 月 25 日向检察机关递交了《重新鉴定申请书》。

2018 年 12 月底洛龙区检察院再次将本案退回洛阳市公安局洛龙分局补充侦查，后洛阳市公安局洛龙分局对该案进行撤案处理。

**【辩护要旨】**

对于同一事项，在两份鉴定意见出现截然相反的判断的情况下，要充分利用该鉴定意见的冲突，提出事实存疑，应当对当事人有利的辩护意见。

**【辩护意见】**

**（一）洛阳市公安局洛龙分局提交的证据材料包括两份鉴定报告，但却未说明使用哪一份鉴定意见**

《河南省公安机关办理伤害案件工作细则》第 43 条规定，对两次鉴定意见不一致的处理办法有：两次鉴定意见不一致的，办案部门应当对鉴定意见进行审查，决定作为证据使用的鉴定意见，但应当将不作为证据使用的鉴定意见附卷并出具理由说明。当事人对省辖市公安局的重新鉴定意见有异议且符合重新鉴定或者补充鉴定情形的，由办案部门委托省辖市公安局刑事技术部门组织和邀请司法机关的法医鉴定技术人员及相关医学专家共同对已经出具的鉴定意见及相关技术问题提出分析会诊意见，会诊时原鉴定人应当回避。会诊意见应当附卷。结合本案来看，洛龙区公安局只是将两份鉴定报告作为证据予以移交，既未明确使用哪一份鉴定意见作为本案证据，也没有说明不作为证据使用的理由。公安机关在告知嫌疑人李某某重新鉴定的鉴定意见时，李某某提出了异议和重新鉴定的要求，洛龙公安机关既未按照规定组织技术人员和医学专家进行会诊，也没有将会诊意见附卷。

（二）河南某某司法鉴定中心不具有进行重新鉴定的鉴定资质，其鉴定程序、鉴定人员不符合相关法律法规的规定，所以其出具的鉴定意见无效，不应作为定案证据

首先，《公安机关鉴定规则》第 3 条规定："本规则所称的鉴定机构，是指根据《公安机关鉴定机构登记管理办法》，经公安机关登记管理部门核准登记，取得鉴定机构资格证书并开展鉴定工作的机构。"第 4 条规定："本规则所称的鉴定人，是指根据《公安机关鉴定人登记管理办法》，经公安机关登记管理部门核准登记，取得鉴定人资格证书并从事鉴定工作的专业技术人员。"河南某某司法鉴定中心以及鉴定人都是由河南省司法厅核准登记的，所以其根本不具有鉴定资质。

其次，《河南省公安机关办理伤害案件工作细则》第 42 条规定："具有下列情形之一，应当重新鉴定：（一）鉴定程序违法或者违反相关专业技术要求的……重新鉴定由办案部门委托所在省辖市公安局刑事技术部门进行。"河南省高级人民法院、河南省人民检察院、河南省公安厅豫公通［2014］17 号文件《关于进一步规范伤害案件伤情鉴定工作程序的通知》第 5 条规定，重新鉴定由办案单位委托所在省辖市公安机关刑事技术部门进行。对省直管县公安机关刑事技术部门的重新鉴定，暂由原所在省辖市公安机关刑事技术部门进行。

最后，《河南省刑事诉讼医学鉴定办法》第 21 条、《河南省公安机关办理伤害案件工作细则》第 36 条、《公安机关办理伤害案件规定》第 20 条都规定了伤情鉴定应当由 3 人以上鉴定人员进行，而且《公安机关鉴定规则》第 44 条第 2 款也规定了重新鉴定的鉴定人员应当由与原鉴定人专业技术资格或者职称同等以上的鉴定人实施。本案中洛阳市公安局物证鉴定所出具的鉴定报告中有 3 名鉴定

人员签字，而河南某某司法鉴定中心出具的鉴定报告中只有两名鉴定人员签字，显然不符合《公安机关办理伤害案件规定》和《公安机关鉴定规则》所规定的鉴定人数。

综上所述，本案中杨某某对洛阳市公安局物证鉴定所的鉴定意见申请重新鉴定应由洛阳市公安局物证鉴定所的其他鉴定人员进行鉴定，或报省级公安机关鉴定机构进行鉴定。所以，洛阳市洛龙区公安分局治安管理大队将重新鉴定委托给河南某某司法鉴定中心的做法违反了相关规定，河南某某司法鉴定中心不具有重新鉴定的资质，且鉴定人员不符合相关规定，所以其出具的鉴定意见无效，不应作为定案证据。

**（三）被害人杨某某受损神经为饶神经浅支，依照《人体损伤程度鉴定标准》的规定不属于四肢重要神经，河南某某司法鉴定中心出具的司法鉴定书认定杨某某左上肢损伤程度构成二级轻伤错误**

（1）河南某某司法鉴定中心出具的司法鉴定书依据《人体损伤程度鉴定标准》第5.94.b“四肢重要神经受损”之规定认定杨某某左上肢损伤程度构成二级轻伤。《人体损伤程度鉴定标准》6.10规定：本标准四肢重要神经是指臂丛及其分支神经（包括正中神经、尺神经、桡神经和肌皮神经等）和腰骶丛及其分支神经（包括坐骨神经、腓总神经、腓浅神经和胫神经等）。而杨某某在150医院的出院诊断记载内容为：第一，左腕部裂伤并神经、肌膛断裂；①桡神经浅支断裂；②拇长展肌肌臆断裂；③拇短伸肌部分断裂。第二，全身多处软组织挫伤并表皮擦伤。第三，右肩部及背部皮肤多处锐器伤。第四，鼻中隔偏曲。对比《人体损伤程度鉴定标准》的相关规定和杨某某的病例可以看出，杨某某受伤的神经为桡神经浅支断裂并非饶神经，而挠神经浅支也不属于四肢重要神经，所以河南某某司法鉴定中心出具的司法鉴定书依据《人体损伤程度鉴定标准》第5.94.b“四肢重要神经受损”之规定认定杨某某左上肢损伤程度构成二级轻伤错误。

（2）饶神经位于手臂的上臂，而饶神经浅支位于下臂手臂。桡神经损伤时，各伸肌属广泛瘫痪，肱三头肌，肱桡肌，桡侧腕长短伸肌，旋后肌，伸指总肌，尺侧腕伸肌及食指，小指固有伸肌均瘫痪，主要症状表现为手腕下垂，拇指及各手指下垂，不能伸掌指关节，前臂有旋前畸形，不能旋后，拇指内收畸形。但本案中河南某某司法鉴定中心出具的司法鉴定书明确地写明杨某某“左手腕部及左手各指被动活动可”“腕关节活动尚可”。也就是说杨某某并不具备饶神经受损的表现症状。而且河南某某司法鉴定中心出具的司法鉴定书中记载的杨某某自诉的症状表现是“左手拇指及食指感觉麻木”，而此种症状正是桡神经浅支受损的症状表现。所以河南某某司法鉴定中心在与第一次鉴定材料基本一样的情况下做出杨某某的损伤程度构成二级轻伤的鉴定意见显然是错误的。

（四）犯罪嫌疑人李某某有权对河南某某司法鉴定中心的鉴定意见申请重新鉴定

公安机关在证据材料中未明确说明使用哪一份鉴定报告作为定案证据，而且公安机关并未以笔录形式将鉴定结果告知李某某。2018 年《刑事诉讼法》第 148 条规定：“侦查机关应当将用作证据的鉴定意见告知犯罪嫌疑人、被害人。如果犯罪嫌疑人、被害人提出申请，可以补充鉴定或者重新鉴定。”《河南省司法鉴定管理条例》第 29 条规定：“重新鉴定可以进行两次。第一次重新鉴定后，司法机关对鉴定结论有异议的，应当委托司法鉴定专家委员会鉴定；当事人有异议的，经司法机关决定，可以委托司法鉴定专家委员会鉴定。”所以如果本案以河南某某司法鉴定中心的鉴定意见作为证据，那么根据《刑事诉讼法》和《河南省司法鉴定管理条例》的规定犯罪嫌疑人可以依法申请重新鉴定。

**【案例结果】**

洛阳市公安局洛龙分局撤销案件。

**【司法文书】**

洛龙公（治）诉字（2018）10182 号起诉意见书

**【案例评析】**

（一）故意伤害的法律分析

我国《刑法》和《治安管理处罚法》中均有对伤害他人身体的相关规定，其中《刑法》第 234 条规定：“故意伤害他人身体的，处三年以下有期徒刑、拘役或者管制。犯前款罪，致人重伤的，处三年以上十年以下有期徒刑；致人死亡或者以特别残忍手段致人重伤造成严重残疾的，处十年以上有期徒刑、无期徒刑或者死刑。本法另有规定的，依照规定。”《治安管理处罚法》第 43 条第 1 款规定：“殴打他人的，或者故意伤害他人身体的，处五日以上十日以下拘留，并处二百元以上五百元以下罚款；情节较轻的，处五日以下拘留或者五百元以下罚款。”

从以上法律规定中可以看出，对于造成他人身体伤害的案件是定性为刑事案件还是治安案件，主要就是看被打者造成的伤害情况，如果构成轻伤以上伤情的，那就要依照《刑法》第234条故意伤害罪进行处理，如果未达到轻伤的伤情，则是定性为治安案件。

（二）鉴定意见的重要作用

刑事案件的鉴定意见是刑事案件中的常见证据，一般是指侦查机关为查明案情，指派或聘请具有专门知识的人，就案件中某些专门性问题进行鉴别和判断并作出结论的一种侦查行为。在故意伤害类案件中，鉴定意见是重要的证据类型，对案件事实认定以及对被告人定罪量刑起着至关重要的作用。

（三）本案的突破口

本案作为一个常见的故意伤害案件，在两个鉴定机构的鉴定材料均为：（1）解放军第150中心医院449452号住院病例复印件一份；（2）2017年8月21日洛阳市第六人民医院肌电图/诱发点位检查报告单一份；（3）2017年8月25日和2017年9月7日河南科技大学第一附属医院新区医院肌电图/诱发电位检查报告单复印件，且在两份鉴意见书记载的资料摘要内容也基本一致的情况下，却鉴定出两个不同的伤情结果是不符合常理也是相互矛盾的，所以笔者就大胆假设两份鉴定意见中有一份鉴定结论是错误的。

在笔者假设两份鉴定意见中有一份鉴定结论是错误的以后，笔者认真查阅了刑事案件有关鉴定和重新鉴定的相关法律规定和《人体损伤程度鉴定标准》中的有关规定，并向专业的外科医生对桡神经受损与桡神经浅支受损的病理情况进行咨询，最终得知桡神经与桡神经浅支为两种不同的神经，两者的位置、受损后的症状存在巨大差异，而河南某某司法鉴定中心的鉴定意见所载明的症状与桡神经受损的症状完全不一致，受害人没有桡神经受损后的典型症状，而且该份鉴定报告的鉴定人员的人数也低于法律规定和第一次鉴定意见的人数。所以笔者的辩护意见主要针对河南某某司法鉴定中心不具有鉴定资质，其出具的鉴定意见认定轻伤二级的鉴定结论错误，鉴定人员不符合规定提出了法律意见，并申请对受害人的伤情进行再次鉴定。

最终，洛龙区公安分局将嫌疑人李某某释放，并将该案做撤案处理。

**【结语及建议】**

对于本案来说，嫌疑人李某某与被害人杨某某发生争执，并且在厮打过程中造成了杨某某手臂受伤乃是事实，所以杨某某的伤情鉴定意见将决定本案是一起治安案件还是刑事案件，对嫌疑人的罪与非罪起着决定性的作用。笔者在大胆假设两份鉴定意见中有一份是错误的同时大量地查阅了有关伤情鉴定和重新鉴定的法律法规，从程序方面和实体方面、医学方面对两份鉴定意见的真实性、合法性、准确性进行求证，最终找到了足以推翻河南某某司法鉴定中心鉴定意见的法律依据和事实依据。

案件无大小之分，作为刑事辩护律师，我们在办理刑事案件时一定要认真查阅案卷资料，严格按照法律法规，善于发现案件关键证据的“致命”问题，从而达到依法维护当事人合法权益的目标。

## 三、专家点评

对于造成他人身体伤害的案件是定性为刑事案件还是治安案件，主要区分标准就在于被打者的伤害情况，此时有关伤情的鉴定意见便成为认定案件性质的重要证据。有关身体损伤程度鉴定，我国法律不仅有明确的实体标准，更有严格的程序规定，比如鉴定结构和鉴定人员的资质、鉴定机构的选择等，任何一项不符合法律规定，鉴定意见都会存在证据上的瑕疵，因此严格审查鉴定意见往往成为刑事辩护的重要突破点。本案中，辩护律师基于案件事实，从多个方面对司法鉴定意见集中突破，大胆假设、小心求证，取得了良好的辩护效果。

**【作者简介】**

李亚飞，女，中共党员，河南义同律师事务所合伙人，2009 年执业，任洛阳市律协刑委会委员，被洛阳市司法局和西工区司法局评为 2017 度洛阳市优秀律师，2019 度年西工区优秀律师。

## · 20 ·

# 汤某故意伤害、非法拘禁案

## ——对不能排除合理怀疑的孤证应坚持疑罪从无

王　森　韩校玲

### 一、案例基本信息

涉案罪名：故意伤害罪、非法拘禁罪

办案单位：江西省赣州市中级人民法院

结案时间：2016 年 2 月 25 日

结案方式：判决

### 二、案例正文

#### 【案情简介】

2014 年下半年以来，被告人黎某、汤某以及董某、钱某（二人均在逃）等人在江西省赣州市南康区虚构产品从事非法传销活动。2014 年 11 月汤某、钱某通过谈生意、交朋友等理由诱骗被害人张某、黄某至其窝点，并对其进行 24 小时专人看管。2014 年 11 月 23 日上午，因黄某始终不愿意购买产品，为了教训黄某，黎某、董某安排同伙赵某等人对其进行殴打，直至黄某受伤倒地无反应，赵某等人立刻对其进行人工呼吸。其间，赵某电话请示汤某，汤某要求赵某对黄某进行“掐人中”急救，同时汤某拨打了 120 急救电话，赵某等人将黄某送往南康区中医院门诊科后逃离。

2014 年 11 月 26 日赣州市南康区公安局立案侦查。2014 年 12 月 13 日，黎某至南康区公安局投案自首。汤某、赵某、裴某等 11 人先后被抓获归案。

2014 年 4 月，笔者接受被告人汤某的委托，为其进行刑事辩护。在认真阅读案卷资料、会见汤某了解案情之后，就其被指控的罪名多次与案件承办人开会研讨，为其在本案中的犯罪事实、证据认定、涉及罪名、法律适用以及刑罚部分寻找了大量的法律基础。

2015 年 8 月 31 日，笔者向赣州市中级人民法院提出了专业审慎的辩护意见。笔者认为：纵观全案证据，汤某并不能成立故意伤害罪。汤某在主观上没有伤害被害人的故意，客观上没有伤害被害人的行为。汤某在整个故意伤害案中都不在案发现场，**事先对殴打被害人一事并不知情，全程未参与。其与主犯黎某、董某两人合意“拍拍”被害人并无“犯意联络”，且没有证据证明其间接指使他人伤害被害人。仅凭另一被告人赵某的口供，在没有其他证据佐证的情况下不能排除其他合理怀疑。**

2015 年 10 月 23 日，赣州市中级人民法院采纳了笔者的意见，认定公诉机关指控的汤某犯故意伤害罪证据不足，仅就汤某的非法拘禁罪予以定罪处罚。

**【辩护要旨】**

刑事案件应坚持证据至上，疑罪从无，严格根据证据认定案件事实。对于犯罪事实不清楚，证据不确实不充分的，依法不应追究刑事责任。

**【辩护意见】**

辩护人的法定职责是根据事实、证据和法律，提出被告人无罪或者罪轻的辩护意见，保障被告人的合法权益。

本案中，经过详细了解案件事实，笔者对起诉书中指控的汤某涉嫌犯非法拘禁罪无异议，但对起诉书指控的故意伤害罪持有异议，认为事实不清、证据不足且相互矛盾。纵观本案全部卷宗及所有证据，认定汤某犯故意伤害罪的唯一证据就是另一被告人赵某的供述。在参与群殴被害人的多名被告人中，仅有赵某一人供述其收到汤某的电话指示，但赵某案发当时的通话记录显示无任何被叫电话，所以没有证据证其该陈述的真实性，对于孤证不能排除合理怀疑。根据 2012 年《刑事诉讼法》（2012 年修订）第 53 条的规定，对一切案件的判处都要重证据，重调查研究，不轻信口供。**本案汤某拨打 120 急救中心电话的行为，不能认定为其实施了故意伤害行为之后的事后补救行为。现有证据既无法证明汤某曾在案发当天到过案发现场，另一被告人赵某的供述也没有其他证据佐证，且赵某的供述与汤某案发当时与其他人的通话记录存在矛盾之处**。我国刑事法律打击和惩罚犯罪分子，也保护无辜的人不受刑事追究。2012 年《刑事诉讼法》（2012 年修订）

第 195 条规定，法院应当“根据已经查明的事实、证据和有关的法律规定，分别作出以下判决：……（二）依据法律认定被告人无罪的，应当作出无罪判决；（三）证据不足，不能认定被告人有罪的，应当作出证据不足、指控的犯罪不能成立的无罪判决”。建议公诉机关严格依法办事，排除合理怀疑，坚持疑罪从无的原则。

综上，笔者认为公诉机关指控的汤某犯故意伤害罪事实不清，证据不足。唯一证明被告人说过一些逞口舌之快言语的，是被告人赵某的供述这一孤证，而该供述与现有其他证据存在矛盾，因此笔者认为汤某不构成故意伤害罪。

**【案例结果】**

江西省赣州市中级人民法院（2015）赣中刑一初字第 45 号刑事判决书认定汤某指使他人故意伤害黄某，构成故意伤害罪的证据只有被告人赵某的供述，且该证据与其他证据存在矛盾，公诉机关指控被告人汤某构成故意伤害罪的证据不足，证据间没有形成证据链，根据公诉机关提供的证据不能排除合理怀疑。根据疑罪从无原则，被告人汤某不构成故意伤害罪。但汤某指使他人非法拘禁黄某，非法剥夺他人人身自由，证据确实充分，构成非法拘禁罪。

**【司法文书】**

江西省赣州市中级人民法院（2015）赣中刑一初字第 45 号刑事判决书

**【案例评析】**

（一）故意伤害罪的法律分析

2012 年《刑法》第 234 条规定：“故意伤害他人身体的，处三年以下有期徒刑、拘役或者管制。犯前款罪，致人重伤的，处三年以上十年以下有期徒刑；致人死亡或者以特别残忍手段致人重伤造成严重残疾的，处十年以上有期徒刑、无期徒刑或者死刑。本法另有规定的，依照规定。”故意伤害，是指故意伤害他人身体健康的行为。故意伤害罪侵犯的法益是他人的身体健康权，构成本罪需要符合以下四个要求：（1）行为主体。故意伤害的行为主体是指已满 16 周岁的自然人，故意伤害致人重伤或者死亡的行为主体是已满 14 周岁的自然人。（2）行为对象是他人身体。自残自伤不成立本罪，但战时自伤构成战时自伤罪（《刑法》第 434 条）。（3）伤害行为。主观上具有侵害他人生理机能达到轻伤程度，客观行为具有侵害他人生理机能达到轻伤程度的一般可能。（4）伤害结果。我国的伤害结果分为轻微伤、轻伤、重伤、伤害致死。其中重伤的标准为造成肢体残疾，丧失器官功能。本案中，被告人汤某客观上并没造成故意伤害的结果，主观上也只是想吓唬被害人让其听话加入传销组织，并无故意伤害的犯意，汤某在得知被害人无意识后积极通知对被害人采取人工呼吸、掐人中、送医院等救治措施。刑法惩罚的是犯罪行为，在无证据证明汤某参与或者教唆他人伤害被害人时，不能单凭口供认定其构成故意伤害罪。

（二）对故意伤害行为及动机找到证据支持或排除

故意伤害中的“故意”内容很重要。主观上，故意伤害必须要求行为人内心对可能侵害到被害人有意识，且追求或者放任这种伤害结果的发生。客观上，故意伤害要求具有侵害被害人身体健康权的行为，仅仅是想法并不能构成犯罪。刑法惩罚的是犯罪行为，我们不能因为行为人犯非法拘禁罪，就草率认定其对被害人具有伤害的故意，毕竟刑法在惩罚犯罪的同时也需要保障人权。根据其他被告人的供述，被告人汤某作为其中一个非法传销窝点的“家长”，不管是被害人黄某被诱骗还是被伤害，汤某都是事后才知悉。在一审中汤某与赵某的手机通话记录相互矛盾，不能证明汤某存在伤害故意，且本案中没有证据证明汤某直接、间接地参与了故意伤害黄某的谋划或行动，也没有证据证明汤某唆使他人伤害黄某。另外，汤某在得知黄某可能因为“哮喘发作”而无意识的情况下要求赵某等人第一时间采取“掐人中”的方式进行急救，并及时拨打120急救电话，很遗憾未能挽回被害人黄某的生命。但即便不认为其行为是施救行为也不能因此就认为其构成故意伤害。再者，汤某作为传销窝点的“家长”也是非法传销的受害者，因为无知上当受骗，尚未反应过来又被传销组织洗脑从此走上了不归路。从细节中可以看出汤某并非十恶不赦之人，经笔者了解，汤某作为“家长”的传销窝点仅有几位女性，其平时待人温和，甚至案发后另一被害人张某称汤某不走她也不走。

综上，赣州市中级人民法院采纳了笔者的意见，认为公诉机关指控汤某的故意伤害罪不成立。二审法院审理后维持原判。

**【结语及建议】**

本案属于数罪变单罪的案件，笔者经过认真研究推敲，帮助被告人去掉了故意伤害罪的罪名，终不负汤某的委托。本案从侦查到终审判决，纵观全案证据，始终没有任何明显证据能够证明汤某对于被害人黄某遭受故意伤害有过任何“出力”的行为，刑法的任务不单单是惩罚犯罪，其还肩负着保护人权的重任。

刑罚的特殊性会导致被告人失去自由或者生命，这就要求我们法律工作者要慎之又慎，尽全力不让任何一个有罪的人逃脱法律的惩罚，不让任何一个无罪的人蒙受不白之冤，这亦是法律工作者该有的职业操守。古大德云：“成大人成小人全看发心，成大事成小事都在愿力。”我们法律人要不断提高法律技能，使自己具备过硬的专业知识，同时还要坚持对法律的信仰，始终保持一颗赤子之心，只有这样才能在法律这条道路上走得更远。

## 三、专家点评

众所周知，对被告人的量刑要以其犯罪事实为根据，以刑事法律为准绳，而对犯罪事实的认定则要根据案件中的证据综合判定。任何证据必须经过查证属实，才能作为定案的根据。如何从案件的证据中寻找到存在的非法证据、寻找到相互矛盾的证据是刑事辩护律师办案中关注的重点所在。努力的方向是明确的，是否能够及时、全面地发现存在的证据问题则取决于刑事辩护律师的法律实务水平。本案中，辩护人及时发现被告人赵某的供述与其他证据存在的矛盾，并指出其无法查证属实，指控被告人汤某犯故意伤害罪的证据不能达到确实、充分的程度，无法排除合理怀疑。辩护人对本案存在相互矛盾证据的把握是准确的，最终判决书对起诉书指控汤某犯故意伤害罪不予认定，实现了对汤某故意伤害罪指控无罪辩护的效果。

**【作者简介】**

王森，男，1975年12月出生，汉族，研究生学历，河南洛太律师事务所专职律师，系合伙人、副主任、党支部书记。系河南省律协新型犯罪专业委员会执委，中国人民大学汉青经济与金融高级研究院研究员，河南省法治建设研究会法律专业委员会执行主任。

韩校玲，中国民主同盟盟员，河南洛太律师事务所劳动和家庭业务部主任。

# · 21 ·

# 李某乙过失致人重伤案

## ——如何区分正当防卫与过失致人重伤罪

高军宪

## 一、案例基本信息

涉案罪名：过失致人重伤罪

办案单位：洛阳市西工区人民检察院

结案时间：2019 年 7 月 16 日

结案方式：不起诉

## 二、案例正文

### 【案情简介】

2018 年 10 月 6 日 22 时 30 分前后，被害人李甲酒后滋事，在洛阳市某单位家属院门口谩骂路边水果摊摊主刘某及其妻子史某，后升级为殴打二人。史某为躲避被打跑进家属院。李甲随后追至家属院门口时，被家属院门岗值班保安即本案被告人李某乙阻止进入。随后，李甲用手抓住李某乙前胸的衣服，并掌扇李某乙一个耳光。李某乙用手将李甲推倒，李甲倒地后受伤。2018 年 10 月 26 日，李某乙因涉嫌故意伤害罪被洛阳市公安局西工分局刑事拘留。2018 年 10 月 30 日，笔者受李某乙亲属委托为其提供侦查阶段的法律帮助。接受委托后，笔者立即到看守所会见了李某乙，详细了解了案发的全过程。笔者认为本案中李某乙的行为应当属见义勇为，不应当构成故意伤害罪。随即，笔者来到洛阳市公安局西工分局与办案民警沟通案情。办案单位认为：李某乙承认手推李甲，并导致李甲头部倒地，受伤一直昏迷。所以，应当涉嫌故意伤害罪。在笔者向洛阳市西工区检察院反映情况后，2018 年 11 月 9 日，洛阳市西工区人民检察院将李某乙批准逮捕，批捕时检察院将罪名由“故意伤害罪”变更为“过失致人重伤罪”。2019 年 1 月 16 日，经洛阳市公安局物证鉴定所鉴定，李甲头部的损伤程度为重伤一级。随后，案件移送洛阳市西工区人民检察院进入审查起诉阶段。

**【辩护要旨】**

被告人的行为属于正当防卫，被告人在保护人民群众合法利益时挺身而出，在自己被打时又赤手空拳的危急情况下，为了防止自己受伤推开行凶者，我们不能苛求被告人必须选择更为合理的方法和推开的力度。

**【辩护意见】**

第一，李某乙的行为具有正当性。案发时李某乙在家属院门口值班时，看到了李甲在马路边追打卖水果的刘某、史某夫妇的情况，当史某为躲避挨打跑到家属院门口时，其有意放史某进入家属院并躲进值班室，其为了保护史某不进一步受到伤害阻止被害人进入家属院继续行凶是明显的见义勇为行为。

第二，李某乙作为家属院的保安，有维护家属院秩序的职责，不让处于醉酒状态的外人进入家属院行凶是履行保安职责。

第三，由于李某乙的阻止行为，导致李甲因无法进入家属院而恼羞成怒，抓住李某乙的衣服并打其耳光，李某乙为了挣脱李甲抓其衣服继续行凶，挣脱时推开李甲是正当防卫行为，其目的没有伤害被害人的故意和过失。

第四，由于李甲当时是醉酒状态且步履蹒跚，在殴打李某乙时，李某乙为自卫挣脱而推开被害人，其受伤的后果不是李某乙打伤所致，不能仅看伤情是重伤就认定李某乙构成犯罪。

第五，李某乙在被打时，没有选择还手，仅希望挣脱不再挨打就行。在当时被打的情况下，无论是挣脱还是推开被害人均是正常反应，没有超过必要限度。不应当承担刑事责任。

**【案例结果】**

2019 年 7 月 16 日，洛阳市西工区人民检察院认定被告人李某乙的行为属正当防卫，不负刑事责任，决定不起诉。

**【司法文书】**

河南省洛阳市西工区人民检察院洛西检诉刑不诉［2019］22 号不起诉

决定书

【案例评析】

在伤害案件中，普遍存在办案单位只看受伤结果，不考虑案件起因、被告人动机和目的、受害人受伤原因等情况。本案中，被告人李某乙文化程度不高，语言表达不准确。在整个案件过程中，被告人与受害人仅发生了一次肢体接触。受害人抓住被告人前胸衣服扇了被告人一个耳光，被告人为了避免再次被打，用力一蹭，挣脱了被害人。在侦查阶段讯问时，被告人在供述如何挣脱受害人时，用了一个词“推开”，加上被害人当时一直处于昏迷状态，伤情严重，当日被告人即被公安机关刑事拘留。应该说被告人自始至终没有故意伤害被害人的故意，被告人只有一个目的，那就是阻止被害人进入家属院继续行凶。即使是“推开”被害人也是为了防止自己继续被无端殴打。并且，在当时自己被打的情况下被告人没有还手，推开被害人也是正常的反应，没有过失致人受伤的疏忽大意和过于自信。通过公安机关侦查，被害人平时不善饮酒，一般只喝 3 两酒，案发当日和朋友饮酒六七两，已经超出正常水平。所以，在被告人被打挣脱时，被害人也处于发力中，在后退中站立不稳摔倒受伤，并不是被告人殴打所致。在整个案件材料中，均能反映出被告人是在行使保安职责，只有被打，没有还手的情况。并且被告人见义勇为的目的十分明确。所以，被告人的行为不构成犯罪。

【结语及建议】

“见义勇为”是中华民族的传统美德，在国家、集体利益及人民群众受到不法侵害的时候挺身而出，一直是社会鼓励和弘扬的榜样。学雷锋做好事是时代不变的旋律。随着国家改革开放与世界接轨的程度越来越高，有些人受到了国外的“个人利益至上”的影响，不愿多管闲事，导致世风日下道德倒退，弘扬正气的呼声和要求现在越来越高。本案中被告人作为一名保安、一名退伍军人，对得起自己的职责，没有丢军人的脸。为了保护无辜群众挺身而出，虽然被关押了 9 个月，依然无怨无悔。最终，我们没有让英雄流泪，法律还回他的清白。我们应当为被告人的见义勇为行为喝彩！

## 三、专家点评

正当防卫行为属于我国刑法规定的正当行为的一种。正当防卫制度的设定有利于鼓舞人民群众积极地与违法犯罪行为做斗争，可以在权利受到不法侵害的危急情况下，通过私力救济避免自身权利受到不法行为的侵害。由于我国刑法有关正当防卫制度在部分适用条件方面，并非非常明晰，从而造成在适用时理解不一。尤其是有关何为“明显超过必要限度造成重大损害的”，分歧更加严重。近两年来，最高司法机关发布了一系列有关正当防卫的指导案例，才使得正当防卫制度的适用逐渐统一。本案中，辩护人从被告人行为实施的防卫目的、防卫限度等角度出发，论证其行为实施的正当性，符合正当防卫成立条件，应当认定为正当防卫行为。于本案而言，这些辩点是最核心的辩护内容，也是最关键的辩护内容。辩护人准确把握住了辩点，最终实现了很好的辩护效果。

**【作者简介】**

高军宪，男，1975 年 1 月生，汉族，洛阳市人，本科毕业，无党派人士，中南政法财经学院（函授）毕业，1998 年通过司法考试，1999 年在河南亚昌律师事务所执业至今，合伙人。

· 22 ·

# 徐某某强奸幼女案

## ——以强奸幼女为对象的强奸罪主观明知的认定

孙瑞红　何志永

## 一、案例基本信息

涉案罪名：强奸罪

办案单位：河南省孟津县人民检察院

结案时间：2018 年 11 月 30 日

结案方式：不起诉

## 二、案例正文

### 【案情简介】

2017 年秋，孟津县的徐某某和朱某某二人经过朋友介绍认识并确定了恋爱关系。徐某某在郑州一所中专读书，朱某某则在孟津县读初中一年级，由于二人无法经常见面，日常主要是通过手机 QQ 聊天。

随着时间的推移，感情的升温，终于在 2018 年年初的一个晚上，二人偷吃了禁果。有了第一次，就有第二次。2018 年 3 月 6 日晚，徐某某和朱某某在一起吃过饭后，第三次到宾馆开了房间。这期间，徐某某没有对朱某某实施暴力、胁迫等行为，朱某某没有饮酒，也没有反抗过。3 月 7 日早，朱某某被其母亲在网吧强行带回家。

朱某某回到家后，母亲质问其昨晚到哪去了，朱某某遂向其母亲讲述了和徐某某在外过夜的事。其母亲听后十分震惊和生气，随后与其父亲、舅舅一起沟通了这件事，一致认为是徐某某带坏了自己女儿并做出了天理难容、败坏家门的事情来。

一家人难以咽下这口恶气，接着在3月10日下午，让朱某某以联系徐某某到家里取其手机为由等候其到来。徐某某到了之后先是被打了几个耳光，问开房的事是不是真的，徐某某如实承认了和朱某某开房的事情。随后，朱某某家人将徐某某扭送至孟津县公安局并报了案。朱某某家人称其女儿未满14周岁，徐某某涉嫌强奸犯罪。

公安机关经过了解，徐某某对其与朱某某开房的事直言不讳，完全承认。3月11日，孟津县公安机关以徐某某涉嫌强奸罪为由刑事拘留，并通知了徐某某的家人。

后该案件经检察院同意批捕进入侦查阶段、两次退回补充侦查及审查起诉延期，最终被孟津县检察机关以“事实不清、证据不足”为由不予起诉，并对徐某某予以释放。

**【辩护要旨】**

办理年龄接近14周岁幼女被性侵案件，应当结合受害人的身高体态、言谈举止、生活作息习惯等，综合判断行为人是否在尽了合理注意义务的情况下，仍然无法认识到该幼女的真实年龄。该辩护点涉及行为人是否存在犯罪故意的问题，应特别注意。

**【辩护意见】**

辩护思路：无罪辩护

（一）侦查阶段的辩护

两位辩护律师在2018年4月15日接受委托，介入案件，此时徐某某已经被批准逮捕。经与办案机关工作人员沟通并会见了羁押在孟津县看守所的徐某某，比较详细地了解了本案的事发经过。两位辩护人根据已经了解的案情，确认了以下两个事实：

（1）徐某某与朱某某发生关系，并未使用暴力、胁迫或者其他手段，也并未违背朱某某的主观意愿。

（2）现查明朱某某尚差2个月未年满14周岁，即其年龄为13周岁10个月。

根据以上事实，两辩护人达成一个共识：对徐某某追究强奸罪刑事责任是根据相关司法解释进行的推定。亦即，侦查机关认为徐某某“明知”朱某某是未满14周岁的幼女而与其发生性关系，应当以强奸罪论处。那么，徐某某到底是否“明知”朱某某是未满14周岁的幼女，便成了本案罪与非罪的关键所在。从司法实践看，要想否认“明知”这一主观认知是十分困难的，条件十分严格。当然了，再难也要揪出真相，毕竟徐某某也是刚满18周岁的孩子，一旦认定犯罪成立，对他的家人会产生非常沉痛的影响，也会改写徐某某的人生轨迹。

辩护人根据会见笔录，梳理出了以下关键信息：

（1）二人主要是通过 QQ 聊天交流；

（2）朱某某 QQ 资料显示其是属蛇的；

（3）朱某某不只是对一个人说过自己已经 16 岁了；

（4）朱某某身高大约 160 厘米；

（5）朱某某看上去也不像未满 14 周岁的女孩子；

（6）朱某某说其在小学留过两级。

这些关键信息背后很可能意味着徐某某是“不明知”朱某莫尚未年满 14 周岁的。辩护人开始了调查取证、不停写申请的辩护之路。

第一，辩护人搜索并查看了朱某某的 QQ 资料，其 QQ 登记资料显示其“年龄为 16 岁，双子座，5 月 27 日生（公历），属蛇，社会大学学生，Q 龄 7 年”。亦即，徐某某所说内容可以得到印证。辩护人旋即把朱某某的 QQ 资料进行截屏保存，并提交给公安侦查人员。

第二，辩护人向侦查人员提出了调查取证申请，即申请侦查人员调取二人的 QQ 聊天记录，看二人的聊天记录到底聊些什么，在聊天记录中是否存在关于年龄的一些内容。

第三，辩护人向徐某某的朋友调查取证，核实对朱某某的一些事情他们是否知情。经过调查，获得了惊喜。朱某某和他们一起玩耍的时候不止一次提到过，自己已经 16 岁了。这也是非常重要的证据线索。

第四，经过核实，朱某某的确在小学留过两级，根据常理计算，6 周岁读一年级，小学 6 年，加上留级的两年，徐某某也应该已经达到 14 周岁。

在推进以上调查取证工作的同时，辩护人一边向侦查机关提交徐某某不应当构成强奸罪的法律意见书，变更强制措施申请书等法律文书；一边以徐某某应当不构成犯罪为由，向孟津县检察院的监所部门提出《羁押必要性审查》，向变更强制措施方向努力。

侦查机关对辩护人递交的法律意见书中就案件存在的疑点问题非常重视，积极予以核实。虽然侦查机关始终对变更强制措施申请没有予以核准，但好在随着侦查机关对朱某某手机 QQ 聊天记录的技术恢复，居然还原了二人之间的客观真实关系，这对于徐某某来说是非常有利的。

辩护人向孟津县检察院监所部门提出的《羁押必要性审查》申请，经历了很大的波折。先是该部门的人员接收了辩护人的申请材料，过了一段时间又让辩护人把申请材料拿走，该部门既不给出书面意见，也不接收材料。口头的意见是辩护人提出的是无罪的意见，如果监所部门现在审查该内容并作出变更强制措施的意见，则意味着进行了实体的判断，会影响到公诉部门的工作，所以无法办理。也就是说，羁押必要性审查在这一块的工作确定很难推进。

（二）审查起诉阶段的辩护

到了审查起诉阶段，辩护人复制了卷宗材料，对案件进行了全面审视，对徐某某无罪的判断得到了进一步的强化。在这个阶段，辩护人写了审查起诉阶段法律意见书、针对补充侦查法律意见书、不宜移送起诉法律意见书、针对补充侦查补充法律意见书等，从以下几个方面详细论证徐某某应当不构成强奸罪。

（1）根据QQ资料、相关证人证言等材料，徐某某尽到了合理的注意义务，但依然没有认识到朱某某是未满14周岁的未成年人。

（2）根据朱某某对相关证人所称自己的年龄、QQ资料的填写等事实，表明朱某某对自己的年龄说了谎话。

（3）根据二人的QQ聊天记录可知，朱某某的日常作息、言谈举止等相当开放，的确不像一个未满14周岁的未成年人。

（4）根据朱某某家人对朱某某年龄以及QQ资料的辩解，也显示出其家人在对侦查人员陈述朱某某年龄时也说了谎话。

（5）根据朱某某的身高体态，以及宾馆的工作人员的证词，的确从外形看不出来朱某某是一个未满14周岁的未成年人。

当然辩护人不能只是就事实说事实，还找到了比较有利的司法解释规定及刑事审判参考案例。通过查询，辩护人找到以下规定及案例：

最高人民法院、最高人民检察院、公安部、司法部《关于依法惩治性侵害未成年人犯罪的意见》（2013年10月23日，法发〔2013〕12号）第19条第3款规定："对于已满十二周岁不满十四周岁的被害人，从其身体发育状况、言谈举止、衣着特征、生活作息规律等观察可能是幼女，而实施奸淫等性侵害行为的，应当认定行为人'明知'对方是幼女。"对该规定做反向的解释，如果行为人通过被害人的"身体发育状况、言谈举止、衣着特征、生活作息规律等观察"，认为被害人不可能是幼女的，则应当认定为行为人不明知。

在2014年第3集总第98集的《刑事审判参考》中，最高人民法院特别在何某强奸案（《刑事审判参考》指导案例第978号）中强调，与已满12周岁不满14周岁的幼女发生性关系不被认定为强奸犯罪的例外情况，即“与发育较早、貌似成人、虚报年龄的已满12周岁不满14周岁的幼女在谈恋爱和正常交往过程中，双方自愿发生了性行为，确有证据证实行为人不可能知道对方是幼女的，才可以采纳其不明知的辩解”。

综上几个关键部分，最终论述的目标是徐某某对朱某某尚未年满14周岁是“不明知”的，因此应当是无罪的。事实上，无论是案件的证据材料还是相关的司法解释、刑事审判参考案例等都表明，对已满12周岁不满14周岁的幼女，在谈恋爱和正常交往过程中的自愿性行为，是存在不构成强奸犯罪的例外情形的。本案中徐某某和朱某某之间的行为，与前述司法解释、刑事审判参考案例所体现的核心精神是非常契合的。

最终，孟津县人民检察院在经过两次退回补充侦查及延期后，认为本案犯罪事实不清、证据不足，不符合起诉条件，依据2018年《刑事诉讼法》（2012年修订）第171条第4款的规定，决定对徐某某不起诉。

**【案例结果】**

检察机关以“事实不清、证据不足”为由做出了不起诉决定书。

**【司法文书】**

孟津县人民检察院孟检诉刑不诉［2018］2号不起诉决定书

**【案例评析】**

哪个少男不钟情，哪个少女不怀春。随着社会的发展和开放，本案的情况将会变得比较常见。在少男少女情窦初开时节，这样的情况也会变得难以避免。故，笔者认为，刑法在保护未成年幼女的性自主权的同时，也应平等地保护一些确实不具有奸淫故意的男孩子的权益。毕竟挽救一个人是一念之间的事，毁坏一个人也是一念之间的事。

本案中，虽然徐某某被羁押超过6个月的时间，但是侦查人员全面的调查取证、检察人员的严格慎重，都是本案能够有一个圆满结果的非常关键的因素。故，笔者认为，只有司法工作人员能够严格依法办案，以慈悲胸怀办案，法治才会落到实处，法治这个词才具有现实意义。

【结语及建议】

在刑事辩护过程中，辩护律师不能够把视线只放在侦查机关收集的证据上，有条件且有必要的话，要敢于调查取证，敢于提出各种合理合法的申请。通过调查取证，通过各种申请，促使最终的卷宗材料中记载对当事人有利的各种证据。即，辩护律师要敢于在侦查机关收集的证据之外寻找证据或者证据线，以形成对侦查机关的证据链条的挑战，虽然这种挑战大部分情况下是难以成功的，但是一旦成功，则意味着案件会朝着对当事人有利的方向发展。这在刑事辩护中，是具有重大意义的。每一个有志于做刑事辩护业务的律师，都应当培养自己在调查取证这一方面的能力和勇气。

## 三、专家点评

奸淫幼女是一种严重犯罪，也是司法实践中认定非常复杂和疑难的一种犯罪。我国刑法规定不满 14 周岁的妇女为幼女，这是法定的统一标准。与不满 14 周岁的幼女发生性关系，由于幼女生理发育不成熟，缺乏对行为性质及其后果的辨别能力，因此，刑法规定，不论行为人是否采取暴力、胁迫，也不问幼女是否同意，均构成强奸罪。以幼女为强奸对象的，需要行为人主观上认识到对方为幼女，这是主客观相统一原则的要求。这是一个非常复杂的判断过程。本案辩护人深入查证诸多客观细节，充分证明了行为人徐某某在与朱某某发生性关系时没有认识到其不满 14 周岁，依法不应当构成强奸罪。

【作者简介】

孙瑞红，河南淅川人。河南森合律师事务所主任律师、合伙人，洛阳师范学院法学与社会学院兼职讲师，河南省律师协会刑事法律专业委员会执委，洛阳市律师协会刑事业务委员会副秘书长，洛阳市法学会刑法学研究会理事。

何志永，男，洛阳市汝阳县蔡店乡人，大学本科学历。河南森合律师事务所专职律师，刑事部主任。连续多年荣获区级及市级“司法行政工作先进个人”“优秀调解员”称号。荣获 2019 年西工区司法局颁发的“优秀律师”称号。

# ·23·

# 冯某某强奸、强制猥亵案

## ——强奸未遂与强制猥亵如何区分

董进果　石　荃

## 一、案例基本信息

涉案罪名：强奸罪、强制猥亵罪

办案单位：瀍河回族区人民检察院、瀍河回族区人民法院

结案时间：2019 年 10 月 21 日

结案方式：判决

## 二、案例正文

### 【案情简介】

2019 年 6 月 21 日 23 时许，犯罪嫌疑人冯某某通过打电话以谈棋牌室打牌的事为由，将被害人孙某约至瀍河某小区楼下沙发处，交谈中趁孙某不备将其摁倒在沙发上，强行将孙某的连衣裙掀至胸部以上，并将其胸罩扒下对其胸部进行强吻，同时将孙某内裤脱至膝盖处，欲实施强奸行为。在此期间，被害人孙某激烈反抗，冯某某右肩和右胳膊被孙某咬伤，脖子、左脸和嘴部被孙某抓伤。随后被害人将冯某某踹倒，趁机跑回单元楼下向其丈夫打电话求救。待其丈夫下楼后，二人一同来到沙发处，发现犯罪嫌疑人已逃离作案现场，遂报案。2019 年 6 月 22 日，洛阳市公安局东关分局将嫌疑人冯某某以涉嫌强奸罪刑事拘留。2019 年 7 月 23 日，该案侦查终结。

洛阳市公安局东关分局将冯某某涉嫌强奸罪一案向洛阳市瀍河回族区人民检察院移送审查起诉。洛阳市公安局东关分局 2019 年 7 月 23 日东关公（案）诉字

（2019）10070 号起诉意见书指控：嫌疑人冯某某违背妇女意志，以暴力手段实施强奸的行为，涉嫌强奸罪。

2019 年 7 月 31 日，笔者接受委托，担任犯罪嫌疑人冯某某审查起诉阶段的辩护人。笔者在详细阅卷和多次会见犯罪嫌疑人的基础上，多次与承办检察官就事实认定及法律适用等问题进行了沟通。2019 年 8 月 1 日，笔者向瀍河回族区人民检察院提交了辩护词。

2019 年 8 月 21 日，冯某某在笔者的见证下签署《认罪认罚具结书》，自愿认罪认罚。2019 年 8 月 22 日瀍河回族区人民检察院洛瀍检一部刑诉（2019）54 号起诉书采纳了笔者的辩护意见，以被告人冯某某涉嫌强制猥亵罪向瀍河回族区人民法院提起公诉，并建议判处冯某某有期徒刑 6 个月至 1 年。

2019 年 10 月 21 日，洛阳市瀍河回族区人民法院作出（2019）豫 0304 刑初 141 号刑事判决书，判决：被告人冯某某犯强制猥亵罪，判处有期徒刑 8 个月。

**【辩护要旨】**

被告人冯某某是否构成强奸罪，要看其主观上是否具有强奸故意，客观上是否实施了强奸行为。本案中，冯某某虽然将被害人孙某的连衣裙掀至胸部以上，并将其胸罩扒下对其胸部进行强吻，同时将孙某内裤脱至膝盖处，但并没有脱自己的裤子，并不具备强奸的主观故意。因此，被告人冯某某的行为性质认定为强制猥亵更为妥当。

**【辩护意见】**

### （一）本案认定冯某某强奸罪的证据不足，认定为强制猥亵罪更为妥当

#### 1. 冯某某不具备强奸的主观故意

（1）被害人孙某询问笔录（证据卷第 27 页）中，侦查人员问：“对方是否有脱裤子的行为？”答：“没有”。从孙某的陈述来看，冯某某本人没有实施强奸的主观故意，也没有强奸的目的。强奸罪在主观方面表现为故意，并且具有奸淫的目的。客观上，首先必须具有使用暴力、胁迫或者其他手段，使妇女处于不能反抗、不敢反抗、不知反抗的状态或利用妇女处于不知、无法反抗的状态而乘机实行奸淫的行为；其次须违背妇女意志。

（2）本案中，案发时冯某某处于醉酒状态，虽然有脱被害人衣服及强吻被害人胸部等行为且双方发生撕扯，但犯罪嫌疑人并没有强奸被害人的主观故意。

这一点从被害人在公安机关的陈述（“对方是否有脱裤子的行为？答：没有”）中可以看出。根据刑法主客观相一致的原则，冯某某不具有强奸的故意和目的，其行为性质不应被认定为强奸。

2. 司法鉴定意见不能证明犯罪嫌疑人对被害人实施了强奸行为

洛阳市公安局物证鉴定所出具的（洛）公（物）鉴（法物）字［2019］174 号鉴定书，对冯某某血样以及被害人孙某血样、内衣上的血痕、左胸和右胸及胸间擦拭棉签的提取物作出的鉴定结论，仅能证明冯某某与孙某双方存在厮打等暴力猥亵行为，但不能证明冯某某对孙某实施了强奸。

3. 从现有证据无法证明冯某某对孙某实施了强奸，本案定性为强制猥亵罪更为妥当

**（二）本案侦查机关办案程序严重违法，办案机关并没有将洛阳市公安局物证鉴定所出具的鉴定结论向犯罪嫌疑人书面告知**

辩护人认真查阅本案卷宗材料，发现侦查机关并没将本案关键证据《鉴定书》的内容向冯某某告知，剥夺了冯某某申请重新鉴定或补充鉴定的权利，程序违法。

综上所述，本案认定冯某某涉嫌强奸罪的证据不足，其行为认定为强制猥亵罪更为妥当。侦查机关办案程序严重违法，应当纠正。

**【案例结果】**

瀍河回族区人民检察院以冯某某涉嫌强制猥亵罪向瀍河回族区人民法院提起公诉。瀍河回族区人民法院以冯某某犯强制猥亵罪，判处有期徒刑 8 个月。

**【司法文书】**

瀍河回族区人民法院（2019）豫 0304 刑初 141 号刑事判决书

**【案例评析】**

（一）强制猥亵罪的法律分析

《刑法》第 237 条规定：“以暴力、胁迫或者其他方法强制猥亵他人或者侮辱妇女的，处五年以下有期徒刑或者拘役。聚众或者在公共场所当众犯前款罪的，或者有其他恶劣情节的，处五年以上有期徒刑。”

强制猥亵罪的构成要件：（1）客体要件。本罪侵害的客体是他人（男性或者妇女）的性自由权，具体包括忍受性权利的自愿选择，对性的厌恶感、羞耻感

以及正常的性感情。（2）客观要件。本罪在客观方面表现为行为人以暴力、胁迫或者其他方法强制侮辱、猥亵他人的行为。本罪的犯罪对象是他人，即年满14周岁的人。本罪在犯罪方法上表现为使用暴力、胁迫或者其他方法。（3）主体要件。本罪的犯罪主体为一般主体，凡达到刑事责任年龄且具备刑事责任能力的自然人均能构成本罪。（4）主观要件。本罪在主观方面表现为故意，行为人明知自己猥亵的行为会产生伤害妇女性感情的结果和危害他人性自由的结果，而希望或者放任这种结果发生。本罪中，行为人往往具有刺激性欲、发泄情感、报复他人的目的，但主观目的不影响本罪的成立。

（二）强制猥亵罪与强奸罪的界限

广义上的猥亵行为包括强奸行为，由于刑法对强奸行为规定了单独的罪名，因此强制猥亵罪中的实行行为必须是指性交以外的侵犯他人性自由的行为。具体而言，两罪的区别如下。

1. 犯罪客体不同

虽然两罪侵犯的都是性自由权，但强奸罪侵害的是妇女拒绝性交的自由决定权；强制猥亵罪侵害的是性交以外的性权利的自愿选择，对性的厌恶感、羞耻感以及正常的性感情。

2. 犯罪对象不同

强奸罪的犯罪对象仅限于女性，包括14周岁以上的妇女和不满14周岁的幼女。男性不能成为强奸罪的对象。对于奸淫男性的行为，只能定强制猥亵罪。强制猥亵罪的犯罪对象为14周岁以上的人，猥亵不满14周岁儿童的，定猥亵儿童罪。可见，强制猥亵罪不限性别，男性和女性均可以成为本罪的犯罪对象。

3. 客观方面不同

强奸罪在客观方面表现为违背妇女意志，强行与其发生性关系的行为。行为人使用暴力、胁迫等方式，使妇女陷于不敢、不能、不知反抗的状态，对妇女实施奸淫。强奸罪既遂标准是行为人完成性交行为，而强制猥亵罪是指性交以外的其他侵犯他人性自由的行为。此外，强制猥亵罪的强制程度较强奸罪要低，不要求被害人达到不敢、不能、不知反抗的状态，现实中趁人不备，突然袭击强摸女性胸部的行为也属于强制的方式。

4. 主观方面不同

强奸罪是具有和被害妇女发生性交的故意，强制猥亵罪是性交以外侵害性自由的故意。即强奸罪有奸淫妇女的目的，而强制猥亵罪不具有奸淫的目的。

本案中，被告人冯某某没有实施强奸罪的主观故意，客观上也没有实施强奸的行为（没有脱自己的裤子），其对被害人实施的行为应认定为强制猥亵。经过笔者的努力沟通，瀍河人民检察院以涉嫌强制猥亵罪向瀍河人民法院提起公诉，最终瀍河人民法院以强制猥亵罪判处被告人冯某某有期徒刑 8 个月。

**【结语及建议】**

本案是一起改变被告人罪名定性的案件。笔者从卷宗的证据材料中发现案件突破口，提出被告人应为强制猥亵罪的辩护意见，最终检察院起诉时改变了被告人的罪名，达到良好的辩护效果。法院阶段，根据被告人涉嫌的罪名及案件的证据和法律规定，笔者提供有效的辩护意见，法院以冯某某犯强制猥亵罪判处有期徒刑 8 个月，达到了预期效果。被告人及其家属对律师的辩护工作也比较认可。

建议刑事辩护律师在为犯罪嫌疑人或被告人辩护的过程中，首先，要对案件涉及的罪名及相关的近似罪名有深入的研究，熟悉各个罪名的构成要件及刑法和司法解释的规定。其次，要娴熟掌握刑事案件办理程序，积极主动与案件承办人员沟通，陈述自己的意见。再次，认真仔细阅卷，阅卷是做好刑事辩护的基础，只有吃透卷宗材料才能做到有效辩护。最后，及时与委托人沟通，通过与犯罪嫌疑人、被告人充分有效的沟通确定辩护思路。

辩护工作关系到犯罪嫌疑人或被告人的人身自由，辩护律师要及时与其沟通辩护思路、案件情况，这样才能保证其合法权益，令委托人满意。

## 三、专家点评

就强奸罪与强制猥亵罪的关系而言，广义上的猥亵行为包括强奸行为，但由于刑法对强奸行为规定了单独罪名，因此强制猥亵罪中的实行行为必须是指性交以外的侵犯他人性自由的行为。这种标准看似简单，但在强奸未遂的场合，由于行为人并未最终实施奸淫行为，因此与强制猥亵行为截然区分开来也并不容易。该种情形下，认定的关键便转向行为人主观上是否具有奸淫的故意，如果没有奸淫故意，虽然客观上有侵犯性自由权的行为，则可能构成强制猥亵罪。就本案而言，辩护人从“被告人实施行为时没有脱自己裤子”这一细微事实出发，着力论证被告人不具有奸淫被害人的故意，并取得了良好的辩护效果，应当说是精细化辩护的成功案例。

**【作者简介】**

董进果，男，1988 年 10 月生，河南诚然律师事务所高级合伙人，河南省律师协会刑事诉讼委员会委员。

石荃，男，1988 年 10 月生，河南诚然律师事务所专职律师，专业方向：刑事辩护等。

# · 24 ·

# 郭某猥亵儿童案

## ——猥亵儿童罪证据的证明标准如何把握

贾　灿

## 一、案例基本信息

涉案罪名：猥亵儿童罪

办案单位：河南省新安县人民法院、洛阳市中级人民法院

结案时间：2009 年 11 月 12 日

结案方式：裁定

## 二、案例正文

### 【案情简介】

2009 年 3 月 13 日，河南省新安县人民检察院以新检刑诉（2009）38 号指控被告人郭某犯猥亵儿童罪。

公诉机关共指控构成该罪名的三起事实：

1. 2007 年 5 月的一天，郭某以做实验为名，将本村学生董某（生于 2000 年 3 月 16 日）叫到自己屋内，关门后，将自己的衣服脱光，趴在董某身上亲吻；

2. 2007 年 6 月的一天，郭某以做实验为名，将本村女学生董某、郭某某（生于 1999 年 8 月 15 日）领到一块麦地，郭某将自己的衣服脱掉，铺在地上，让董某、郭某某二人躺在该衣服上，先后趴在二女身上亲吻；

3. 2007 年 9 月的一天中午，郭某以做实验为名，将本村女学生颜某（生于 2002 年 3 月 1 日）领到一玉米地后，郭某将自己上衣脱掉，铺在地上，让颜某躺在该上衣上，后趴在颜某身上，并尿到其裙上。

新安县检察院以郭某涉嫌猥亵儿童罪向新安县人民法院提起公诉。

【辩护要旨】

笔者在接受委托后，在多次会见嫌疑人和详细阅读卷宗的基础上，多次与案件承办民警及检察官就事实认定、证据适用等问题进行了沟通，提出郭某没有作案时间、不在场的证明以及现有证据之间相互矛盾，不能相互印证形成完整的证据链条达到排除合理怀疑证明标准的辩护观点。最终，本案历经河南省新安县人民法院、洛阳市中级人民法院两级法院、四次审理，以公诉机关指控郭某的三起猥亵儿童的犯罪事实，指控事实不清、证据不足，在证据上不能构成完整的证据链条，指控的罪名不能成立，判决被告人郭某无罪，该案经检察院抗诉以后，二审法院予以维持。

【辩护意见】

（一）起诉书指控的三起犯罪事实均没有确切的时间和地点，且各证据之间不能相互印证，形成完整的证据链，不足以排除是他人作案的合理怀疑

1. 公诉机关指控的三起犯罪事实分别为5月的一天、6月的一天和9月的一天

没有具体的作案时间，究竟是哪一天的哪一个时间段都不清楚，关于该三个案发时间，既没有受害人的供述，也没有其他证据予以证明。

2. 具体的地点也不清楚

（1）该三起犯罪事实中，只有第一起事实有关于案发地点的描述是在郭某的屋内，但遗憾的是关于该案发地点的证据只有受害人董某的陈述，庭审时受害人也没有出庭予以说明，在开庭前郭某的法定代理人曾向法院申请受害人出庭也未被准许，使得这一事实无法确认。除此之外，再无其他证据能够证明。因此该案发地点也处于事实不清的状态。

（2）第二起指控中的犯罪地点在起诉书中描述为“一块麦地后，”具体哪一块麦地不清楚（在庭审中公诉人出示麦地的辨认照片也无法确定具体方位，与起诉书指控的犯罪地点也不一致）。如果按照起诉书指控的，上边的地幅很窄，旁边还有宽阔的马路。根据社会一般人的常识，6月份便进入农忙时节，马路上人来人往，三个人躺在麦地里十分显眼，应该会有目击证人。另外，该起指控案发时间为6月份。6月初正值高考之际，根据被告人老师的证言，被告人在高考前的这一段时间，并不存在离开学校的情形。如果是在高考之后，那么根据当时的

气象资料和当地的耕种常识（案发地为丘陵地区的旱地），6 月 9 日之后，当地已经收割完毕，与被害人的陈述不符。故对该起犯罪事实的指控也不能成立。

（3）关于第三起指控的犯罪地点是一块玉米地，具体位置模糊不清，既没有受害人的辨认笔录，也没有其他的目击证人。本案中，9 月 7 日发生了受害人家属和被告人的打架事件。因此，该案件的发生时间应该为 9 月 7 日之前。对被害人 9 月 10 日做的笔录却对案发的具体时间和地点记不清楚。另外，根据当时的天气状况可知，从 2007 年 8 月 22 日至 9 月 3 日，当地一直处于阴雨连绵的天气，庄稼地里根本进不去人。一个 5 岁的小女孩，对时间和地点的判断也不符合常理。时间上趴到身上一两分钟，和在玉米地里来回走三四米等受害人供述对于 5 岁的小女孩来说不切实际（一个成年人在很深的玉米地里对于距离尚且难以判断，更何况一个 5 岁的小女孩）。

**（二）本案中郭某的犯罪目的不明确**

《刑法》规定，猥亵儿童罪是指为了满足卑鄙的性刺激而猥亵儿童的行为，其主观目的是行为人具有通过猥亵儿童达到满足自己色欲的卑鄙动机。而本案的犯罪嫌疑人郭某是一个案发时正在读高三的学生，且平时一贯表现良好。案发时正值高考前夕，这与一个品行良好的高三备考生的行为不相符合。

**（三）本案的证据存在诸多矛盾之处，相互不能印证**

本案三起犯罪事实中的关键情节只有被害人的供述，没有目击证人，况且是在被害人家长对犯罪嫌疑人郭某进行殴打之后的供述。故不能作为定案依据（在质证时已经讲过不再重述）。这种一对一的证据，请法庭核实其真实性。

**（四）本案中郭某向法庭提供的证据能够证明案件发生前的真实情况，与起诉书指控的事实与证据存在矛盾**

（1）当庭出庭的证人能够证明被害人家属对郭某的殴打是打错人了。如果没有打错人，当天晚上不可能带郭某去看病，并且承担郭某的诊断费用。

（2）签订的赔偿协议不是当事人的意思表示，也不是郭某家人的真实意思表示。该协议是在郭某的大学录取通知书被扣押后无奈之下才同意的。当庭出示的证据火车票和证人证言以及邮寄录取通知书的凭据均能证实（考上大学对于一个农村的孩子来说是多么的重要，郭某在当年以 600 多分的高考成绩被山东大学录取，在这种情况下为了孩子的前途才被迫签订的赔偿协议）。

（3）郭某平时表现一贯良好。作为一个正在上高三的学生，五六月份正在备战高考。9月初正沉浸在考上大学的喜悦中，该三起犯罪事实，郭某均没有作案动机和时间，作案手段也不符合常理。郭某一直在学校上学，没有任何的反侦查能力，辩护人也多次向其讲明利害关系，可是直到庭审郭某也没有承认犯罪，始终说欺负受害人的坏孩子不是他。

（五）关于本案的程序问题，也说明案件存在太多的疑问

（1）提请批准逮捕决定书认定的报案日期是2007年9月7日，但是卷宗中却没有报案材料。2007年9月7日被害人家属和郭某发生打架事件，打架后，几个家长带着郭某去医院看病，不可能是当天报案，在证人张某子的笔录中可以证实是第二天才去报的案。

（2）取保候审决定书上的日期是2007年9月19日。当时，郭某已经在山东上大学，该取保候审决定书没有给郭某送达。

（3）取保候审也是一种强制措施，公安机关立案后没有及时行使任何的侦查手段，都是在把郭某刑拘之后才进行的取证。

（4）收取取保候审保证金的通知书的落款时间是2007年9月19日，但是内容是已于2007年9月20日收取。关于通知书的这点不符之处，到底是笔误，还是后补，不得而知。

（5）2008年11月20日就已经制作好了拘留证，而拘留时间却是11月24日，2008年11月24日，公安机关的办案人员还在山东大学，新安县看守所收到时间也是2008年11月24日。

（6）退还保证金决定书的落款日期2009年2月5日，取保候审的时间是2007年9月19日，法律规定取保候审的最长期限是12个月，保证金应在2008年9月18日到期予以返还。本案却是在家属上访反映后才于2009年2月9日退还。

（六）本案发生，是被告人家长上访后造成的结果

无论家长之间有什么矛盾与过节、无论家长的行为是否得当，对一个农村的大学生来讲应当慎重认定是否构成犯罪。在做最后陈述时，郭某谈到他度过了人生中最黑暗最痛苦的一个冬天。在来法院的路上，他看到路边鲜艳的花朵和碧绿的麦田，在思考自己人生的春天在哪里。随着监期的不断延长，他更渴望自由，更向往美好的大学生活。每天都是做梦回家、上学，当梦醒的时候不知道何时眼角流下的泪已沾湿了枕头。谈到对自由的理解他发出了“清白诚可贵，前途价更

高，若为自由故，二者皆可抛”的感慨。同时郭某也坚信，在重证据的法治时代他一定不会被冤枉的。

【案例结果】

2009年9月11日，河南省新安县人民法院作出（2009）新刑初字第144号刑事判决书，采纳了笔者的辩护意见，认定起诉书中所指控的第一、第二、第三起犯罪，根据现有证据，不足以证明系郭某所实施。本案经过合议庭评议并报审判委员会讨论决定后认定被告人郭某无罪。

新安县人民检察院以原判决认定被告人郭某无罪确有错误，提起抗诉。本案经洛阳市中级人民法院不公开开庭审理后驳回抗诉，维持被告人郭某无罪的判决。

【司法文书】

河南省新安县人民法院（2009）新刑初字第90号刑事判决书

河南省洛阳市中级人民法院（2009）洛少刑终字第49号刑事裁定书

河南省新安县人民法院（2009）新刑初字第144号刑事判决书

河南省洛阳市中级人民法院（2009）洛少刑终字第82刑事裁定书

【案例评析】

（一）刑事案件的证明标准应达到排除合理怀疑的标准

刑法作为规定犯罪、刑事责任和刑罚的法律，其证明标准是十分严苛的。其所规定的哪些行为是犯罪并应当负何种刑事责任的法律一旦得到适用，给予犯罪人的将是剥夺财产、自由，甚至剥夺生命的后果。因此，刑事案件定罪量刑的标准要远远高于高度盖然性，要达到排除合理怀疑的证明标准。本案中，三起案发的时间、地点模糊不清，且第一起犯罪事实只有被害人陈述，根据我国2012年《刑事诉讼法》第53条之规定：对一切案件的判处都要重证据，重调查研究，不轻信口供。只有被害人陈述，没有其他证据的，不能认定被告人有罪和处以刑罚。

（二）疑点利益归于被告人

我国1996年《刑事诉讼法》第49条规定：公诉案件中被告人有罪的举证责任由人民检察院承担。《刑事诉讼法》（2012年修订）第53条第二款规定：“证据确实、充分，应当符合以下条件：（一）定罪量刑的事实都有证据证明；

（二）据以定案的证据均经法定程序查证属实；（三）综合全案证据，对所认定事实已排除合理怀疑。”本案中检控机关控诉郭某猥亵儿童的证据要么是只有被害人陈述的孤证，要么是各间接证据之间存在矛盾，无法形成完整的证据链条，达到排除合理怀疑的证明标准。如果检控机关所展示的证据达不到这一标准，则应推定郭某无罪。

本案的成功就在于对各证据的种类以及各个不同证据的适用规范进行了分析。

第一起指控的直接证据只有被害人供述，而间接证据也只有与被害人同行的郭某某看到被告人郭某和被害人进入屋子，而不能证明在屋子里郭某对董某进行了猥亵行为。

第二起指控经过补充侦查，证据较多，但各个证据之间存在矛盾之处。（1）根据检方的辨认笔录、现场照片及实地勘察，二被害人指认往案发现场去的小路上，有一片必经的松树林。经过法院的询问及实地带路，可以证实并没有经过这片松树林。因此，有合理的理由怀疑辨认笔录不是由被害人实地带路辨认后制作而成的。（2）二被害人指认的“作案现场”，经公安机关询问麦田主人，并未发现有大规模人为踩倒的情况。（3）检方指控案发时间为6月的一天，根据当地历年的收割时间，只有6月初还可能有未收割的麦子。经郭某班主任老师的证实，6月1~8日郭某都在学校备考。只有6月6日上午10点后，学生才统一离校，而这与被害人所述那天为周末的说法不符。该起犯罪事实中二被害人的陈述尚且不能相互印证，证据链上也多处存疑。因此，不能认定为郭某有罪。第三起指控仅有被害人颜某的陈述，并且指控的时间、地点不清，又无其他证据可以印证。因此，该起指控的事实也不能予以认定。

本案经过两级法院、四次审理，最终以不能排除合理怀疑而判决被告人无罪。通过这个案件可以反映出疑罪从无、无罪推定和排除合理怀疑原则在我国的司法实践中得到了越来越多的运用。这不仅使本案被告人的合法权益得到保障，更是我国司法实践在刑事审判中重证据、轻口供和保障人权的巨大进步。

**【结语及建议】**

本案是一起较为少见判决无罪的案件。对于刑辩律师来讲，该案具有教科书般的意义。本案历经新安县人民法院、洛阳市中级人民法院两级法院的四次审理。程序上历经了刑事案件的所有程序，一审后被告人上诉，中院发回重审，重审作出无罪判决，检察院提起抗诉，中院审理后作出维持裁定。辩护人在仔细查阅卷宗和多次会见被告人的基础上，通过缜密的逻辑分析，坚信被告人是清白之身。在辩护人的坚持和努力下，被告人无罪的辩护观点得以采纳，最终达到了无罪辩护的效果。

刑辩律师除了要精通法律法规外，还要对生活中的常识处处留心。辩护人亲自到现场三次，对每一块可能涉及的麦地查看，亲自走访割麦子时间和麦子有没有大面积倒的情况；根据当地的地形方位，确定受害人描述的位置；对于秋季多雨的季节，在洛阳日报社查询天气预报和当地收麦的进度，在辩护过程中提出天气情况；对于一个5岁孩子在玉米地里，对于多少米的表述和位置判断，亲自到现场进行实地勘查，以便形成自己直观的认识和判断。在基于案件基本事实的基础上，要敢于和善于表达自己的观点。律师的道路从来都不是一帆风顺的，刑事辩护更是如此。

## 三、专家点评

关于证明标准，我国1996年《刑事诉讼法》第55条明确规定，必须达到证据确实、充分，排除合理怀疑的程度。对一切案件的判处都要重证据，重调查研究，不轻信口供。只有被告人供述，没有其他证据的，不能认定被告人有罪和处以刑罚。对于刑事证据的证明力，最高人民法院《关于适用〈中华人民共和国刑事诉讼法〉的解释》第104条也明确规定，“应当根据具体情况，从证据与待证事实的关联程度、证据之间的联系等方面进行审查判断。证据之间具有内在联系，共同指向同一待证事实，不存在无法排除的矛盾和无法解释的疑问的，才能作为定案的根据”。以上规定为刑事辩护中的证据之辩指引了明确方向，把握得当便可能取得良好的辩护效果。本案中，辩护人通过对案件事实的缜密分析，基于对生活常识、常理的判断，集中在刑事证据证明标准认定上发力，取得了良好的辩护效果。

**【作者简介】**

贾灿，河南达兴律师事务所主任，郑州大学法学本科毕业。曾担任洛阳市律师协会刑事专业委员会委员，洛阳市法学会行政研究会法学常务理事，河南省法学会律师学研究会理事。参与《洛阳市中小学生人身伤害事故处理与预防条例》的起草工作。

# ·25·

# 沈某盗窃案

## ——证明行为人犯罪的证据不能达到确实、充分，应当作出不起诉决定

张耀显

## 一、案例基本信息

涉案罪名：盗窃罪

办案单位：洛阳市老城区人民检察院

结案时间：2019 年 8 月 12 日

结案方式：不起诉

## 二、案例正文

### 【案情简介】

犯罪嫌疑人沈某与受害人庞某二人于 2018 年 3 月 15 日在浙江省湖州市某地通过微信“附近的人”添加认识，经过数十天微信聊天后双方发展为情人关系。庞某于 2018 年 11 月 5 日至洛阳市老城区公安分局报案称，2018 年 10 月 26 日其与沈某同住在某宾馆期间，犯罪嫌疑人趁被害人上卫生间之机，采用秘密窃取的手段，通过庞某的手机支付宝上的网商银行贷款了 199499 元，后持被害人的银行卡将贷款的 199499 元盗走并挥霍一空。

2018 年 11 月 6 日洛阳市公安局老城区分局立案侦查；2018 年 11 月 14 日，浙江省湖州市警方将沈某抓获归案。2018 年 11 月 30 日对沈某依法逮捕并羁押于洛阳市看守所。

**【辩护要旨】**

2018 年 11 月 22 日，笔者接受犯罪嫌疑人沈某亲属委托担任其辩护人，为其进行刑事辩护。笔者经过仔细了解案情，认真阅读卷宗，多次会见犯罪嫌疑人，在对该案件有了更进一步的了解之后，笔者在尊重法律、尊重事实、尊重证据的基础上提出了慎重的辩护意见。笔者认为：应严格区分民事经济纠纷与刑事盗窃罪之间的不同犯罪形态、构成要件，不可模糊二者之间质的关系。在无法查明这笔贷款是被害人操作，还是由嫌疑人操作，被害人是否同意对该笔贷款的处置之前，根据疑点利益归于被告人的原则不能排除其他合理怀疑。综合全案现有资料及证据，本案犯罪嫌疑人并不符合盗窃罪的构成要件，至多称得上为因情感纠葛导致的经济纠纷，不属于刑事案件的范畴，可以通过民事诉讼程序解决。笔者于 2019 年 2 月 27 日向洛阳市老城区检察院递交了辩护意见，建议公诉机关在审查起诉中依法对犯罪嫌疑人作出不起诉决定。

2019 年 8 月 12 日，洛阳市老城区人民检察院充分考量并采纳了笔者的建议对犯罪嫌疑人做出了不予起诉的决定。

**【辩护意见】**

**（一）本案被害人与嫌疑人系情人关系，且经济往来频繁，涉及本案的大额资金系通过第三方贷款取得，其具体贷款流程及部分资金的流向等主要事实并未查清**

首先，依据侦查机关现已查明的事实并综合全案证据，只能证明沈某与庞某为情人关系。通过查阅双方笔录发现，二人之间的情感关系发展迅速，且在双方交往过程中有多次经济往来，可见双方感情并不单纯，自 2018 年 3 月相识至案发前双方频繁发生经济往来。案卷里有转账截图、交易记录、借条等为证。

其次，双方之间并非首次通过支付宝网商银行操作网商贷款。通过查询被害人手机支付宝的相关记录可以发现，被害人的支付宝曾于 2018 年 4 月 5 日、2018 年 5 月 8 日分别有 20000 元与 30000 元的网商银行贷款入账受害人名下尾号为 5704 的工商银行账户。由此可知，被害人对于操作网商银行贷款流程熟悉且对此可能产生的风险持默认或者放任的态度。即，受害人并不排斥通过此种方式满足犯罪嫌疑人的财物需求。虽然犯罪嫌疑人与被害人双方曾 2 次通过支付宝网商银行操作贷款，但对于高达 20 万元额度的贷款的具体操作流程是否与小额贷款流程相同，是否必须由贷款者本人操作，是否需要面部审核，是否需要贷款者本人接听审核电话，甚至是否需要本人视频面签，这些问题目前都属于尚未查清的事实，在没有确凿证据支持下不能排除其他合理怀疑。

最后，根据侦查机关现已查明的事实，目前涉案金额并非为其在起诉意见书中提到的199499元。侦查机关在卷宗第109页的《情况说明》中说明："我局民警通过查询受害人银行卡的交易明细，发现其中有50000元（分10次，每次5000元）是通过银联转账到一个第三方支付平台，这个平台名为上海某电子支付有限公司……据调取记录和询问上海某电子支付有限公司工作人员的情况显示，受害人被转走的这50000元是进入到名为广州某贸易有限公司的虚拟账号中，属于一个网络平台，难以继续调取……"即，目前涉案金额中至少有50000元无法查明具体的资金流向。在无证据证明的情况下，根据我国刑事诉讼法的相关规定不能认定该笔款项为涉案资金。

### （二）本案的证人颜某与受害人庞某二人系夫妻关系，庞某与沈某系情人关系，不排除庞某在出轨事实即将暴露的情形下违背真实意思，作出虚假供述的可能性

证人颜某（被害人丈夫）的询问笔录第2页（卷宗40页）写明，"2018年11月5日，我和妻子庞某在家中聊天，我总感觉我家中存不住钱，不知道钱花哪了，就想和庞某一起对一下近期的账，然后庞某给我说她之前在支付宝网商贷银行贷款过5万元，是借给一名叫沈某的男子，沈某打的还有欠条，这5万借款的事情之前我不知道，突然听说后我很生气……大概十分钟，这时候庞某是自己在翻手机，我挂了电话后，庞某给我说她的199499元丢失了，要去找沈某一趟，沈某前几天来洛阳给她的钱盗走了……我就问庞某这钱怎么弄走了，庞某给我说26号那天下午，她和沈某在宾馆里，她去厕所期间手机一直在外面放着，她从厕所出来后发现沈某拿着她的手机，庞某说肯定是沈某偷偷拿着她的手机进行贷款，并将其转走了"。通过阅读卷宗可以发现，庞某与沈某之间的关系在被害人报案之前其配偶一直处于未知的状态。而且，根据证人笔录发现受害人告知其配偶该笔资金为其从配偶方取得，与现已查明的事实存在矛盾。根据社会一般常理，被害人作为婚姻生活中的出轨方不仅在感情上欺骗了其配偶，而且在婚姻存续期内频繁地将夫妻共同财产供他人挥霍。受害人内心对于其与犯罪嫌疑人之间的关系以及自己的行为是极为害怕被其配偶知晓的，在此种心理下不排除受害人为了隐瞒与犯罪嫌疑人之间的关系，塑造其未出轨人设而做出虚假供述的可能。

（三）本案在案证据链不符合刑事诉讼的证明标准，不能排除合理怀疑，建议公诉机关依法调取相关证据，并作出不起诉决定

根据2018年《刑事诉讼法》第55条之规定：对一切案件的判处都要重证据，重调查研究，不轻信口供。所谓“重证据”要分开看一是什么可以称得上证据？“证据”即可以用于证明案件事实的材料，都是证据。什么样的证据才能作为定案根据？必须经过查证属实的证据，才能作为定案根据。二是可以作为定案根据的证据应当符合什么条件？能够作为定案根据的证据必须符合：“证据确实充分”，所谓的“证据确实充分”要求：①定罪量刑的事实都有证据证明；②据以定案的证据均经法定程序查证属实；③综合全案证据，对所认定事实已排除合理怀疑。

结合本案来看，被害人报案所称案发时仅有被害人与嫌疑人两人在宾馆房间内，嫌疑人、被害人及证人的笔录显示，对案情的描述南辕北辙，并且本案相关的交易记录及其他证据也仅能证明被害人尾号为5704的工商银行卡在2018年10月26日至2018年10月27日间的资金变动情况，难以认定嫌疑人涉嫌盗窃犯罪事实的存在。

根据辩护人依法会见沈某得知的情况，被害人在沈某离开洛阳当天，双方通过微信聊天，嫌疑人也对被害人在物质上的帮助予以感谢，同时在“网商贷”的操作过程中以及成功后也会有短信通知的记录，但被害人在2018年11月17日第二次接受询问时（第二次询问笔录第4页）有如下的记录；“问：你为何要给微信聊天记录全部删掉？答：手机太卡了，内存不够，我就习惯每天把聊天内容都删了。问：2018年11月5日报过警之后是否又和沈某联系过？答：联系过，打他留给我的电话都不对，我就在微信上给他留言，直到11月13日他给我回复了信息，我就跟他说你为什么偷偷在我支付宝上贷款19万多，他说我诬陷他，并将我的微信拉黑。”一方面称曾在案发后向嫌疑人询问为何将钱盗走，嫌疑人称其诬陷，并拉黑微信；另一方面称其手机内存不足，将二人之间的微信聊天记录全部删除，短信通知的记录有无也不得而知，该陈述与行为极其不符合常理。

该笔贷款到底是属于因情感纠葛导致的经济纠纷，还是因为触犯刑法构成的刑事犯罪，对于案件定性具有重要作用，是本案的焦点。该笔贷款到底是由谁操作？若为沈某操作，庞某是否知悉？若为庞某本人操作，其对于该笔贷款所持什么态度？受害人是否真的对该笔贷款的流向不甚清晰？若为被害人自己操作之后

交付于犯罪嫌疑人使用，那么就属于简单的民事纠纷；若因被害人害怕与犯罪嫌疑人之间的关系被其配偶发现，并且无法解释大额资金去向而采取编造事实，歪曲真相、虚假告发则可能构成《刑法》第243条规定的诬告陷害罪。

综上，根据《刑法》《刑事诉讼法》及其他法律的相关规定，本案侦查阶段所查事实不清、在案的证据不足，无法证明沈某有涉嫌盗窃的犯罪行为，无法排除合理怀疑。

**【案例结果】**

洛阳市老城区人民检察院洛老检诉刑不诉［2019］2号不起诉决定书对犯罪嫌疑人沈某作出不起诉决定。

**【司法文书】**

洛阳市老城区人民检察院洛老检诉刑不诉［2019］2号不起诉决定书

**【案例评析】**

（一）盗窃罪的法律评析

盗窃罪的行为结构为：将他人占有的财物→通过平和手段→转移为自己占有。盗窃罪的成立要件要求**主观上具有非法占有目的，客观上做出了转移财物的行为**。盗窃罪中的非法占有目的由两部分构成：①排除他人占有的意思；②利用的意思。结合本案来说，犯罪嫌疑人沈某主观并无非法占有被害人财物的想法，其仅仅想通过被害人的帮助暂缓资金压力。虽然犯罪嫌疑人在其是否得病要死这件事情上欺骗了被害人，但其最多算动机不纯，无法因此就认定为属于主观具有非法占有的目的。客观上来说，犯罪嫌疑人是否有过转移被害人财物的行为，综合现有的证据无法证明，属于事实不清，不符合盗窃罪的构成要件。

（二）刑事案件中的证据地位

证据的获取、验证、使用都必须严格符合相关法律的规定，严格按照《刑事诉讼法》中的相关规定操作。为此，我国《刑事诉讼法》在第五章明确了举证责任、证据运用，重证据、轻口供、非法排除证据规则等条款。

刑事证据在刑事诉讼中具有极其重要的作用，其既是刑事诉讼活动的根据，又是保证司法公正、保障人权、证明犯罪事实的依据。因此能够成为定案根据的证据都必须经过层层查证属实、相互之间没有矛盾、证据与证据之间能够相互印证形成完整的证据链，不违背整个案件的思维逻辑，达到了排除其他合理怀疑的标准。而本案中，与案件事实的证据多为被害人口供或者未经过实际查证的、不确定的、矛盾的、无法排除其他合理怀疑的证据。刑罚是一种极为严苛的惩罚，不仅仅是使当事人失去财产，还可能是自由，甚至是最宝贵的生命。刑事证据特殊的法律地位要求其必须足够严谨，因此要求从事刑事行业的相关人员要更加慎重、更加精细，需要丝丝入扣、严丝合缝，容不得丝毫侥幸心理。

（三）刑事案件中的排除合理怀疑

刑事案件的特殊性，要求公诉机关指控犯罪嫌疑人的每一个罪名、每一项证据都应该达到排除合理怀疑的标准。即，要求证据所证明的事实具有唯一性；也就是说该证据能且只能证明该项案件事实，毫无任何其他可能。

本案的成功，就在于综合全案所有证据，都无法排除合理怀疑。（1）被害人庞某称犯罪嫌疑人通过秘密手段窃取手机操作网商银行贷款，但是相关资金流向、转账记录又无法解释。（2）通过手机操作网商银行中途可能遇到的解锁、指纹，甚至是人脸识别这些也无法得到解释，不能排除是在被害人知悉的情况下双方共同操作或者被害人亲自操作的可能。（3）被害人与犯罪嫌疑人之间的关系特殊，二者之间有多次的资金往来，曾经于2018年4月、5月两次通过网商银行操作小额贷款，被害人对此次高达20万元额度贷款的态度前后暧昧不明，无法排除其他的可能。（4）受害人在贷款到账当天后曾联系犯罪嫌疑人，嫌疑人也曾在微信聊天过程中对受害人的物质帮助给予感谢，且款项到账也有银行短信提醒记录，而受害人坚称不知悉亦无法合理解释。（5）据侦查机关查证，涉案资金中有50000元资金流向不明，无法查证，而涉案银行账户为被害人庞某所有，不排除此部分涉案金额有其他去向的可能。（6）被害人庞某的询问记录前后矛盾，亦无法排除其他可能。

综合全案现有证据，都无法排除其他的合理怀疑。洛阳市老城区人民检察院依法对犯罪嫌疑人作出了不起诉的决定。

**【结语及建议】**

本案虽然是以刑事案件开始，但其本质可能是一场因为感情纠葛导致的经济纠纷，完全可以通过民事诉讼程序得到解决。笔者接受犯罪嫌疑人家属委托之后，经过阅卷、会见、详细了解案件事实，向公诉机关提交了慎重的辩护意见，最终辩护意见得到公诉机关的采纳，达到了不予起诉的结果。

刑事案件侦查作为刑事诉讼的第一道防线，相关罪名的构成、此罪与彼罪之间的区别、证据的查证、运用、强制措施的执行对案件都具有重要意义。建议刑辩法律工作者对各个罪名构成的要件烂熟于胸，明确各个罪名之间的区别，熟练运用刑事法律规定，秉承“专业、严谨、慎重”的理念寻找突破点，充分维护好每一个当事人的合法权益，为维护法律的公平正义出一份力。

## 三、专家点评

一个人的行为是否构成某种犯罪，自然要看是否有充分的证据证实该行为人实施了该种犯罪行为。我国刑事诉讼法规定，认定行为人构成犯罪和处以刑罚，证明行为人犯罪的证据应当达到确实、充分的程度，否则不能认定行为人的行为成立犯罪。所谓证据确实、充分，应当符合以下条件：（1）定罪量刑的事实都有证据证明；（2）据以定案的证据均经法定程序查证属实；（3）综合全案证据，对所认定事实已排除合理怀疑。在本案中，辩护人主要从证据是否确实、充分证明被告人实施了盗窃罪的行为着眼，根据现有证据提出合理怀疑，进而指出证明被告人实施盗窃罪的犯罪事实存疑，不能认定被告人实施了盗窃的犯罪行为。辩护人准确把握辩护的要点，最终实现公诉机关对被告人予以不起诉的良好辩护效果。

**【作者简介】**

张耀显，中国政法大学法律系毕业，高级律师，经济师，仲裁员和特约记者，河南省优秀刑事辩护律师，洛阳市优秀律师，洛阳市人民政府立法顾问，洛阳市格式条款评审委员会专家委员，洛阳市中级人民法院咨询专家，洛阳市律师协会刑事业务委员会副主任和惩戒委员会副主任。辩护的洛阳市某中专女学生刘某拐卖女同学案（轻判缓刑）、震惊河南省的开封国道王某团伙系列扒窃案和代理的全国小浪底英雄王凤兴名誉侵权案分别于2007年5月、2013年10月、2001年10月24日在中央电视台《今日说法》节目播出。

# 26

# 朱某盗窃案

## ——指控犯罪事实的证据不能排除合理怀疑，应当不予认定

张水山

## 一、案例基本信息

涉案罪名：盗窃罪

办案单位：河南省洛阳市涧西区人民法院

结案时间：2018 年 11 月 30 日

结案方式：判决

## 二、案例正文

### 【案情简介】

2013 年 12 月 20 日，被告人朱某因盗窃罪，被河南省郑州市金水区人民法院（2013）金刑初字第 1229 号刑事判决书，判处有期徒刑 4 年 6 个月（刑期自 2013 年 8 月 3 日起至 2018 年 2 月 2 日止），并处罚金人民币 5 万元。朱某因在狱中被减刑于 2017 年被提前释放。2018 年 1 月 22 日，朱某因涉嫌盗窃罪被刑事拘留。2018 年 8 月 30 日，洛阳市涧西区检察院起诉指控朱某 2011 年 10 月至 2017 年 12 月，在洛阳市入室盗窃 9 起，其中 8 起发生在 2013 年 8 月 3 日之前，属于漏罪。唯独起诉书指控的第 6 起，案发时间是 2017 年 12 月 9 日，属于新罪，该起犯罪对朱某量刑有一定的不利影响。起诉书指控的第 4 起，虽是漏罪，但该起盗窃赃物价值 192202 元，比其他 8 起盗窃赃物的总和还要多很多，对朱某量刑至关重要。起诉书起诉朱某 9 起盗窃犯罪，共盗窃现金 69400 元，盗窃物品除部

分价格无法认定外，其余物品经认定被盗时价格为210525元。涧西区人民检察院认为，朱某以非法占有为目的，秘密窃取他人财物，数额巨大，其行为触犯了《刑法》第264条，应以盗窃罪追究刑事责任。朱某认罪6起，否认3起，对起诉书指控的第4起、第6起、第7起盗窃予以否认，其余6起认罪。而第4起、第6起、第7起盗窃犯罪对朱某的量刑起着关键作用。

**【辩护要旨】**

起诉书指控的第4起、第6起、第7起盗窃犯罪，不是朱某所为，这三起指控证据不足，不具有排他性和唯一性，不能形成完整的证据链条，不能排除合理怀疑，依法不能认定。

**【辩护意见】**

**（一）起诉书指控的第4起盗窃，不是朱某所为。该起指控证据不足，不能证明是朱某作案，不能排除是他人作案的合理怀疑**

1. **朱某在现场留下斑迹、指纹的合理性**。朱某和姚某曾经的男朋友闫某是好朋友，闫某每次来洛阳都住在姚某家，闫某邀请朱某去姚某家五六次，朱某在现场（姚某家）用放大镜看玉石在放大镜下留下的斑迹是合理的，朱某、闫某都是烟瘾很大的吸烟人，朱某在现场中华香烟盒上和抽屉上留下指纹具有合理性。辩方证据10万元汇款凭证和证人证言，证明了2013年7月21日，朱某借母亲钱款给闫某汇款10万元合伙做生意的事实。朱某去偷拟合伙做生意的好朋友的女朋友的东西不合情理，朱某是烟瘾很大的盗窃老手，本案若是朱某作案，现场遗留两条中华烟不偷走是不合常理的。

2. **受害人姚某的询问笔录自相矛盾，不能作为定案依据**。对于姚某案发前后是否和闫某在一起居住这个问题，姚某的说法前后矛盾。朱某准确地辨认出了10号照片女子是闫某的女朋友，姚某却否认认识朱某不合情理。姚某丢失物存在疑点，丢失物的价值存在疑点。姚某报案时间是2018年1月24日，案发时间是2012年10月18日，姚某家失盗后朱某还见到姚某戴着铂金钻戒。2018年姚某报案丢失财物价值72000元，然而2018年铂金钻戒赃物估价10万元，赃物估价192202元，估价与姚某报案价值相差甚远。受害人报案时错报、多报的情况是经常发生的，姚某时隔5年多才报案，不能排除故意多报意图狠狠惩罚作案人的合理怀疑。

3. **本案存在不是朱某作案的合理怀疑**。现场留下了鞋印痕迹没有鉴定结论确认是朱某留下的，门被从里面反锁，作案者从窗户逃跑，需要作案者有专门的爬墙功夫，朱某不具备这种爬墙党的作案本事，该案是否是闫某或其他人所为存在可能性，本案有重要待调查证人闫某，朱某提出案发当天不在现场而是在郑州的可能性没有被排除。

（二）起诉书指控的第 6 起盗窃，朱某到过现场门外，手摸过门把手，但盗窃不是朱某所为，该案指控不能排除合理怀疑

（1）控方没有朱某进入盗窃现场的证据；

（2）朱某因案发现场的门锁特殊伸手摸一下留下了手印却没能进入，也是合情合理的；

（3）不排除他人用丢失的钥匙开门进去盗窃的可能性；

（4）不排除受害人车某家惯偷邻居作案的可能性。

（三）起诉书指控的第 7 起盗窃，不是朱某所为。该起指控，控方证据不具有排他性和唯一性，不能排除合理怀疑，不能达到确实充分，证据不足，不能认定

控方指控的唯一证据是《洛阳市公安局物证鉴定所鉴定书》，鉴定结论是现场外房间对面楼梯处发现的 10 枚烟头是朱某留下的，但现场的手印、足迹没有鉴定结论是朱某留下的。要想证明该案系朱某所为，还必须证明现场提取的手印、足迹是朱某的。朱某在现场附近的快捷酒店住宿，在现场对面的楼梯处抽烟留下 10 个烟头是合理的，在现场对面的楼梯处抽烟的人不一定就是进入房间盗窃的人，控方证据不具有排他性和唯一性，不能排除合理怀疑，本起证据显然不充分。

（四）起诉书指控的第 1 起、第 2 起、第 3 起、第 5 起、第 8 起、第 9 起盗窃，朱某认罪认罚认赔

第 1 起盗窃，朱某认罪，但属于盗窃未遂。该起盗窃行为不排除是他人盗窃后朱某才到了盗窃现场。

（五）起诉书指控的第 1 起、第 2 起、第 3 起、第 4 起、第 5 起、第 7 起、第 8 起、第 9 起盗窃犯罪属于漏罪

本案指控的 8 起盗窃都是发生在 2013 年 8 月 3 日朱某被采取强制措施之前，属于判决宣告后刑罚执行完毕后发现的同种类漏罪，量刑时应该考虑在总和量刑期以下量刑的立法精神，在本案量刑上给予 1 ~ 2 年刑期的扣减。

【案例结果】

2018年11月30日，河南省洛阳市涧西区人民法院（2018）豫0305刑初490号刑事判决书，采纳了笔者大部分辩护意见，认定起诉书中所指控的第6起、第7起犯罪，根据现有证据，不足以证明系朱某实施，对该部分指控法院不予支持。认定朱某盗窃犯罪7起，盗窃现金35700元，盗窃物品折价195962元，判处朱某有期徒刑7年并处罚金10万元。责令朱某退赔7起受害人231662元。

笔者为朱某代写了上诉书，二审发回涧西人民法院重审，2019年6月4日，河南省洛阳市涧西区人民法院（2019）豫0305刑初145号刑事判决书，对第4起盗窃犯罪的指控不予支持，认定朱某盗窃犯罪6起，盗窃现金35700元，盗窃物品折价3760元，判处朱某有期徒刑2年10个月，并处罚金5万元，责令朱某退赔6起受害人39460元。

【司法文书】

河南省洛阳市涧西区人民法院（2018）豫0305刑初490号刑事判决书

河南省洛阳市涧西区人民法院（2019）豫0305刑初145号刑事判决书

【案例评析】

（一）疑罪从无、无罪推定、排除合理怀疑

我国2012年《刑事诉讼法》第50条第2款规定：证据必须经过查证属实，才能作为定案的根据。第51条规定：公诉案件中被告人有罪的举证责任由人民检察院承担。第55条规定："对一切案件的判处都要重证据，重调查研究，不轻信口供。只有被告人供述，没有其他证据的，不能认定被告人有罪和处以刑罚；没有被告人供述，证据确实、充分的，可以认定被告人有罪和处以刑罚。证据确实、充分，应当符合以下条件：（一）定罪量刑的事实都有证据证明；（二）据以定案的证据均经法定程序查证属实；（三）综合全案证据，对所认定事实已排除合理怀疑。"

本案的成功就在于抓住了三起盗窃犯罪认定事实不能排除合理怀疑的关键辩点，一审判决否定两起盗窃犯罪是这个理由、发回重审否定关键盗窃犯罪并进行重大改判也是这个理由。笔者代写上诉书的核心上诉理由有：（1）一审判决的第6起盗窃（起诉书指控的第4起盗窃），不是朱某所为。该起不能排除合理怀疑，依法不能认定是朱某所为。（2）本案指控的犯罪属于刑罚执行完毕后发现的同种类漏罪，量刑时应该考虑在总和量刑期以下给予2年刑期的扣减。起诉书指控、一审判决认定的关键的第4起盗窃犯罪，笔者在代写的上诉书中抓住了该起犯罪指控的以下众多合理怀疑：（1）现场留下了鞋印痕没有鉴定结论，不能排除是第三人作案时留下鞋印痕的合理怀疑。（2）门被从里面反锁，作案者从窗户逃跑，却没在窗户上留下痕迹，这说明作案者有专门的爬墙功夫和反侦查能力，朱某不具备这种爬墙作案本事，不能排除是第三人爬墙作案的合理怀疑。（3）姚某证词和现场勘查笔录与姚某2018年报案及询问笔录说法前后矛盾，不能作为定案依据，不能排除姚某故意隐瞒认识朱某的合理怀疑，不能排除姚某在丢失物品数量和价值上存在说谎的合理怀疑。（4）本案缺乏姚某的男朋友闫某的证言。（5）朱某提出案发当天不在现场而是在郑州的合理怀疑没有被排除。（6）因为朱某多次到过姚某家，朱某在作案现场即姚某家留下痕迹的解释是合情合理的，在其他人作案的可能性不能排除前，不能主观臆断该起盗窃就是朱某所为。2019年3月14日，洛阳市中级人民法院采纳了上诉意见，裁定发回涧西区人民法院重审。本案两级法院都以不能排除合理怀疑而判决不予认定检察院的犯罪指控，说明我们国家法院的审判越来越重视证据的作用，判决的理念也越来越重视疑罪从无、无罪推定和排除合理怀疑原则的运用。

### （二）刑罚执行完毕后，发现的同种类漏罪如何处罚问题

我国《刑法》第70条对判决宣告以后，刑罚执行完毕以前有并罚的规定，决定执行的刑期是在总和刑期以下，已经执行的刑期，应当计算在新判决决定的刑期以内。刑罚执行完毕后发现的漏罪，我国刑法没有作出具体明确的量刑规定，笔者在该起辩护词和代写的上诉书中提出要综合考虑前罪的数额、量刑和后罪的数额、量刑，因为本案的漏罪和前面的犯罪都是同种类的犯罪，所以，在本案量刑时也应该考虑这个因素，在量刑上给予相应扣减1～2年的刑期。发回重审后刑期由7年有期徒刑改判为2年10个月，也正是考虑了这个情节。

## 【结语及建议】

一审判决否定了被告人朱某两起盗窃犯罪，包含朱某2017年出狱后一起新的犯罪指控，这样剩下的犯罪就都属于以前判决时已经发生但遗漏判处的漏罪，漏罪不同于新罪，刑满释放后犯新罪和追诉以前的漏罪，这在量刑上是有很大区

别的，所以，对于该起指控的否定，笔者也是志在必得，是辩护的重点之一。一审判决书对起诉书指控的第 4 起盗窃予以认定，笔者不服，该起盗窃数额认定 19 万多元，是对量刑起决定作用的 1 起。一审判决后，笔者到看守所会见了朱某，和朱某沟通了上诉改判或发回重审的可能性，又和朱某的单亲妈妈进行了沟通。朱某妈妈虽然对一审判决也不服，但 2013 年朱某的退赃款用的是朱某妈妈的积蓄，2013 年 7 月 21 日，朱某给闫某合伙做生意的 10 万元汇款，是朱某妈妈借给朱某的，一审的辩护费也是朱某妈妈出的。朱某妈妈担心如果二审维持原判，自己的养老款花完了将来如何养老的问题。

为了减轻朱某妈妈的经济压力，同时又不放弃二审可能有更好结果的机会，我们形成的一致意见是：朱某提起上诉，笔者仅收取二审代书费，不收取辩护费，笔者为朱某代写上诉书，由朱某妈妈作为朱某的二审辩护人。二审法院书面审理后，认为朱某的上诉理由有理，发回涧西区人民法院重审，涧西法院重审后，于 2019 年 6 月 4 日，作出河南省洛阳市涧西区人民法院（2019）豫 0305 刑初 145 号刑事判决书，对第 4 起盗窃犯罪的指控不予支持，有期徒刑由 7 年改判为 2 年 10 个月，并处罚金由 10 万元改判为 5 万元，责令朱某退赔 7 个受害人的数额由 231662 元改判为退赔 6 个受害人 39460 元。

本案经过一审，第 6 起、第 7 起盗窃犯罪法院判决不予认定，朱某对第 4 起被认定不服提起上诉，河南省洛阳市中级人民法院裁定发回重审，第 4 起盗窃犯罪不予认定，最终对起诉书指控的第 4 起、第 6 起、第 7 起盗窃犯罪均不予认定，朱某罚当其罪，其本人服判，家人满意。律师辩护除了要精通法律法规外，还要有一颗执着的心，律师的辩护道路从来就不会是一马平川的，我们要有打硬仗的决心和毅力，不能一遇挫折就退缩止步，要想到达胜利的彼案，就要勇往直前，就要敢于并善于去追求胜利。

## 三、专家点评

本案辩护人从案件证据是否确实、充分证明被指控的犯罪事实角度出发，经过仔细斟酌证据，认为起诉书指控的部分盗窃犯罪事实不能成立，因其不能排除合理怀疑。最终发回重审之后的判决书只认定被告人实施了 6 起盗窃犯罪事实，而起诉书则指控其实施了 9 起盗窃犯罪事实。这就意味着有 3 起被指控的盗窃犯罪事实经辩护之后被否决。这是本案证据之辩的辩护亮点所在。同时从同种类漏罪的角度，为被告人的量刑进行罪轻辩护，也达到了预期的辩护效果，这些都值得肯定。

【作者简介】

张水山，男，河南王城律师事务所主任、一级律师，洛阳市律协刑事业务委员会副主任，出版独著《法庭论剑－刑事辩护代理办案指南》，入编《大国律师》，入驻“中国影响力人物数据库”。

# · 27 ·

# 张某盗窃案

## ——“排除合理怀疑”证明标准在实务中的具体运用

郭金波

## 一、案例基本信息

涉案罪名：盗窃罪

办案单位：洛阳市洛龙区人民检察院

结案时间：2016 年 6 月

结案方式：不起诉决定书

## 二、案例正文

### 【案情简介】

2015 年 8 月 17 日晚，洛阳市洛龙区 × × 镇 × × 村村民马某家中被盗。2015 年 8 月 31 日，洛阳市公安局龙门分局以涉嫌盗窃为由将张某（女，1982 年生）刑事拘留。案件进入审查起诉阶段以后，笔者接受嫌疑人丈夫委托，作为辩护人介入本案。经阅卷，发现案卷中的大量证据指向他人，仅有一个证据——一枚指纹——指向嫌疑人。洛龙区人民检察院没有出具任何文书，洛阳市公安局龙门分局把案卷取走，于 2015 年 12 月 31 日对嫌疑人张某采取了取保候审措施。

2016 年 3 月，龙门分局又以一个新的案号，再次对嫌疑人张某刑事拘留并报捕。2016 年 5 月 3 日，笔者再次接受委托，作为张某审查起诉阶段的辩护人。笔者依据最高人民检察院发布的《人民检察院办理羁押必要性审查案件规定（试行）》提交了《羁押必要性审查申请书》。经过多次与承办检察官沟通，笔者提出了证据不足、不符合起诉条件的法律意见。2016 年 6 月 3 日洛龙区人民检察院采纳了笔者辩护意见，作出不起诉决定，当日将嫌疑人张某释放。

**【辩护要旨】**

根据证据得出的结论具有其他可能性，不能排除合理怀疑的，属于“证据不足”，不符合起诉条件。

**【辩护意见】**

（一）现有证据不足以证明该盗窃行为系张某所为

1. 指纹

疑似犯罪嫌疑人留在犯罪现场的 8 枚指纹和一枚掌纹中，除衣柜抽屉上的 8 号指纹和张某左手拇指指纹相似外，还有其他地方的 7 枚指纹和一枚掌纹均没有进行鉴定或者鉴定结果并不指向张某。因此这最多也只能证明张某曾经到过犯罪现场，并不能证明就是张某实施了此次盗窃行为。那么，其他 7 枚指纹和一枚掌纹是谁留下的？当晚除了张某以外还有谁到过犯罪现场？是否有人先于张某到马某家中并将马某家盗窃一空？这些问题都没解决，都没有一个合理的解释，仅凭一枚指纹就判定是张某实施了此次盗窃行为，难免过于武断，并不能排除证据的合理性怀疑。

2. 鞋印

公安机关在犯罪现场马某家厨房内案板南侧地面上发现有一枚疑似犯罪嫌疑人留下的鞋印。鞋印长 23 厘米，横条线性花纹。根据世界通用标准 DIN 66074－3－1978《鞋码、女鞋和男鞋的宽度等级》，鞋印长 23 厘米对应的鞋码是 36 码，而张某平常穿的鞋码是 39 码，与该鞋印长度根本不相符。这一证据恰恰证明，当晚还有别人到过犯罪现场并留下了鞋印。

3. 烟盒

现场勘验笔录显示，在马某家卧室衣柜和门之间的地面上有一个疑似犯罪嫌疑人留下的空的“红旗渠”烟盒，烟盒上还有可疑指纹一和指纹二。经过询问张某和其家人，张某从不吸烟。说明现场的烟盒与张某没有任何关系，当晚极有可能有其他男性嫌疑人到犯罪现场实施了盗窃行为。

4. 钥匙

公安机关分别在马某家卧室被翻乱的被子上面发现一小把铜质钥匙，在卧室抽屉上一层边沿处发现一串共 4 把暗银色钥匙。这些钥匙非马某家物品，疑似犯罪嫌疑人所留。公安机关专门带这些钥匙在相关人员的见证下到张某家试验开锁，经试验，所有钥匙均无法打开张某家中的任何一把锁。办案人员在要求张某丈夫马某回避的情况下，又向张某的小孩核实钥匙来源，答案也是否定的。证明这些钥匙并不是张某家的，很可能是其他犯罪嫌疑人所留。

5. 菜刀、纸团、被撬坏的抽屉、被破坏的大门锁

公安机关在马某家卧室被翻乱的被子上还发现了被害人家厨房的菜刀；菜刀刀把处有一张团状纸张；卧室电脑桌的抽屉门锁被撬坏。该抽屉门锁极有可能是用菜刀撬坏的，现场勘验大门锁被人用钝器暴力破坏。用菜刀撬坏抽屉门锁、用钝器暴力破坏大门锁符合暴力犯罪特征，暴力犯罪一般系男性所为，而张某系一身材瘦弱的娇小女性，将暴力犯罪和娇小女性联系起来不合常理。

（二）卷宗中现有证据达不到刑事诉讼证据“排除合理性怀疑”的证明标准，达不到“犯罪事实清楚，证据确实、充分”，属于“事实不清，证据不足”，应依法作出不起诉决定

卷宗中的证据除了指纹鉴定意见和张某有关系（但漏洞百出，表述极不严谨）之外，大量证据均指向他人，现有证据排除不了犯罪行为系他人所为的合理怀疑。依据《人民检察院刑事诉讼规则（试行）》第404条（注：现《人民检察院刑事诉讼规则》第368条），张某一案符合其中第（二）、（四）、（五）项之规定，属于“据以定罪的证据存在疑问，无法查证属实的”“根据证据得出的结论具有其他可能性，不能排除合理怀疑的”“根据证据认定案件事实不符合逻辑和经验法则，得出的结论明显不符合常理的”情形，属于“证据不足，不符合起诉条件”，为此，对张某涉嫌盗窃一案，人民检察院应当作出不起诉决定。

综上所述，马某家被盗案极有可能是其他男性嫌疑人所为，卷宗中的现有证据不能证明盗窃行为系张某所为，犯罪现场除被害人家卧室抽屉上8号指纹外的大量其他证据均指向他人，均不能证明与张某有任何关联性，现有证据达不到“排除合理怀疑”的刑事诉讼证据证明标准，属于“证据不足，不符合起诉条件”，对张某涉嫌盗窃一案，人民检察院应当作出不起诉决定。

**【案例结果】**

洛龙区人民检察院作出不起诉决定，当日嫌疑人张某获得释放，恢复自由。

**【司法文书】**

河南省洛龙区人民检察院洛龙检诉刑不诉【2016】1号不起诉决定书

【案例评析】

刑事诉讼证据的证明标准是“排除合理怀疑”标准，这只是法理，对应的法条或条文是什么？或者说刑事诉讼的排除合理怀疑标准的文字性表述在哪里？笔者问过多名同行，一直未得到满意答案。直到办理该起案件，仔细研讨《人民检察院刑事诉讼规则（试行）》第404条（现《人民检察院刑事诉讼规则》第368条），才发现该条是刑事诉讼中关于存疑不起诉的具体规定，其中第4项是刑事诉讼证据证明标准“排除合理怀疑”的具体体现。全文如下：“具有下列情形之一，不能确定犯罪嫌疑人构成犯罪和需要追究刑事责任的，属于证据不足，不符合起诉条件：（一）犯罪构成要件事实缺乏必要的证据予以证明的；（二）据以定罪的证据存在疑问，无法查证属实的；（三）据以定罪的证据之间、证据与案件事实之间的矛盾不能合理排除的；（四）根据证据得出的结论具有其他可能性，不能排除合理怀疑的；（五）根据证据认定案件事实不符合逻辑和经验法则，得出的结论明显不符合常理的。”笔者在办理该起案件过程中，紧紧抓住卷宗中证据的硬伤——多项证据均指向他人，难以排除合理怀疑的关键点，将卷宗中大量证据一一分析，得出根据现有证据不能排除犯罪系其他男性嫌疑人所为的结论，并多次据理力争，最终达到不起诉的目的，是“排除合理怀疑”的刑事诉讼证据证明标准在实务中的一次成功运用。

【结语和建议】

这起案件是笔者从业以来唯一办理成功的一起不起诉案件。回想起来该起案件的最终成功不起诉，笔者有以下几点建议：第一，针对公安机关和检察院在办理案件过程中程序上的瑕疵或不当之处，要敢于据理力争，敢于向承办检察官提出来，他们的回避就意味着天平向我们这边倾斜；第二，《羁押必要性审查申请书》无论能否成功，尽量写出来并提交，因为办理羁押性必要性审查的审查人员，会和承办检察官沟通，在这个过程中，承办人会对案情进行进一步梳理，有可能发现问题，对案情作出更加清晰的判断，逐步采纳辩护人的意见；第三，办案过程中要细心，不放过任何一个细节；第四，建议《人民检察院刑事诉讼规则》第368条成为审查起诉阶段辩护律师的常用法条和必用法条。

## 三、专家点评

刑事辩护已经走过了单纯的实体辩护阶段，当前，成功的刑事辩护一定是集实体辩护、程序辩护和证据辩护为一体的体系辩护，并且证据辩护的重要性愈发彰显，因为证明法律事实只有靠证据，且“魔鬼”往往藏在证据的细节中。而想要突破公诉机关的证据重围，取得良好的辩护效果，严格审查刑事证据证明标准是唯一突破点。本案辩护人，以刑事证据证明标准为原点，以梳理案件事实为抓手，集中在证明标准上取得了突破，取得了个案的良好辩护效果。

**【作者简介】**

郭金波，河南中冶律师事务所律师。办理了洛阳市第一例扰乱法庭秩序案、某原检察长非法吸收公众存款案等。

# 28

# 段某诈骗案

## ——采用排非策略，促成缓刑量刑

张风杰

## 一、案例基本信息

涉案罪名：诈骗罪

办案单位：河南省洛龙区人民法院

结案时间：2017 年 12 月 29 日

结案方式：判决

## 二、案例正文

### 【案情简介】

2016 年年初，被告人王某飞、段某、王某玉等人经预谋后为赚取提成费用，在明知涉及款项为诈骗所得的情况下，利用 POS 机刷卡套现。其中，王某飞涉及款项 1132460 元，段某涉及款项 300600 元；2016 年 4 月，段某将取出的 12 万元交给王某玉。王某飞又介绍刘某、高某（二人另案处理）从事刷卡套现活动，取得提成款项 2 万元，涉案款项约 10 万元。

本案由洛阳市公安局某分局于 2016 年 5 月 26 日立案侦查，2016 年 11 月 23 日由洛阳市洛龙区人民检察院提起公诉。2016 年 12 月 7 日，辩护人接受委托为被告人段某提供审判阶段的刑事辩护服务。辩护人代理的段某位列第二被告人，被指控诈骗数额 300600 元。

辩护人介入案件以后，在详细阅卷和多次会见被告人的基础上，提出排除非法证据申请，又数次与承办人及负责公诉的检察官等当面就事实认定、证据适用以及准确适用法律等问题进行了沟通。

**【辩护要旨】**

提出非法证据排除申请，即便不能达到排除非法证据的目的，但至少可以说服法院确信侦查人员很有可能实施了非法取证行为，在量刑时可以为当事人争取较为宽大的刑事量刑。

**【辩护意见】**

第一，通过庭审以及对证据的质证，辩护人根据段某的陈述及其提供的线索，向法院提出非法证据排除的申请：在本案第二被告人段某的供述形成过程中，涉嫌存在刑讯逼供行为，依法应予调查、核实，并予以排除（向法庭提交《关于对段某涉嫌诈骗案件非法证据进行调查、核实、排除的申请书》）。

（一）根据庭审中段某的陈述，2016 年 5 月 27 日凌晨 5 时许，在 × × 公安分局案件侦办大队审讯室，当时的审讯人员 × × × 、 × × × 通过对段某头部、胳膊、背部进行殴打，并造成青紫、红肿，并以向段某、杨某双方的父母、家人通报其同性恋行为，降低其社会评价为要挟手段，逼迫其就范，然后逼供，再让段某在承认犯罪的笔录上签字、画押。以后 6 次讯问笔录同样是用向段某、杨某双方的父母揭发其同性恋行为为手段，逼迫其就范，然后逼供，作出重复性有罪的供述。以上事实有段某被殴打后自己在上厕所时所拍照片、入看守所时的体检、验伤记录，监控，以及首次提供法律帮助的律师李某在 2016 年 5 月 31 日在看守所会见时仍可见其脸上有伤痕存在。请贵院根据上述证据线索进行调查、落实。

（二）如果经查证，有证据证实段某的陈述是通过非法手段取得，根据最高人民法院、最高人民检察院、公安部、国家安全部、司法部颁布的《关于办理刑事案件排除非法证据若干问题的规定》［法发（2010）20 号］第 1 条“采用刑讯逼供等非法手段取得的犯罪嫌疑人、被告人供述和采用暴力、威胁等非法手段取得的证人证言、被害人陈述，属于非法言词证据。”第 2 条：“经依法确认的非法言词证据，应当予以排除，不能作为定案的根据”之规定，依法应对公安阶段对段某审判前供述的非法取证行为进行调查、落实。如果经查证属实，根据最高人民法院的相关司法解释，通过非法手段取得的证据，即使被告人的陈述是真实的，仍属于非法证据，依法不能作为定案的根据。

调查核查线索如下：

1. ××年×月×日5：30分至7：05分

第一次同步讯问过程录像。

地点：××分局案件侦办大队。审讯人：×××　×××

录像中可看出段某脸部、胳膊等部位有被殴打后的红肿、青紫伤痕存在。

2. ××年×月×日13：18分至15：04分

第二次同步讯问过程录像。

地点：××分局案件侦办大队。审讯人：×××　×××

录像中可看出段某脸部、胳膊等部位有被殴打后的红肿、青紫伤痕存在。

3. ××年×月×日00：03分至00：34分

第三次同步讯问录像。

地点：××市看守所。审讯人：×××　×××

录像中可看出段某脸部、胳膊等部位有被殴打后的红肿、青紫伤痕存在。

4. ××年×月×日，首次为段某提供法律帮助的律师×××，在会见段某时还能看到段某脸上、头部等部位有红肿、清紫伤痕存在。

××律师工作单位：××律师事务所。电话：×××××××××××

5. 段某首次入看守所时，当时所作的体检及监控录像，以及当时值班医生的证明。

录像中可看出段某脸部、胳膊等部位有被殴打后的红肿、青紫伤痕存在。

6. 段某的手机。内存有××年×月×日首次被殴打后，如厕时自拍伤情图片。现存于××公安分局案件侦办大队。

7. 段某手机。信息显示，段某与其同性恋人杨某的短信交流记录，办案人员查看手机后，得知其与杨某同性恋关系后，以此威胁通报其双方父母、家人，曝光其同性关系，以逼其就范。

庭后经查证落实，非法取证行为基本属实，但不足以达到非法证据排除的目的，法院在量刑时给予被告人段某法定刑期以下的缓刑处罚。

第二，指控被告人段某犯有诈骗罪，缺乏事实根据与法律依据，属定性错误。作为法律常识，诈骗罪，是指以非法占有为目的，用虚构事实或者隐瞒真相的方法，骗取数额较大的公私财物的行为。本案中的被告人段某，在用POS机套现前，诈骗行为已完成，套现时既不存在采取虚构事实或隐瞒真相的方法，也没有骗取他人财产的行为。仅是通过帮人套现并收取了10%的好处费，也就是手续费。这种行为不符合诈骗罪的法律特征，依法不构成诈骗罪。

第三，段某归案后，能够如实交代自己的问题，退还赃款5.34万元，主动检举，揭发，辨认王某飞及公安机关尚未掌握的王某飞另外发展的套现下线犯罪嫌疑人刘某、高某（二人另案处理）的犯罪线索，具有立功表现；段某在整个套现过程中处于从属地位，系从犯。

综上，被告人段某用POS机套现行为依法不构成诈骗罪。

**【案例结果】**

河南省洛龙区人民法院刑事判决书（2016）豫0311刑初455号判决，第一被告人王某飞犯诈骗罪，判处有期徒刑12年；**判决辩护人代理的第二被告人段某犯诈骗罪，判处有期徒刑3年，缓刑4年**；第三被告人王某玉犯诈骗罪，判处有期徒刑3年。

**【司法文书】**

河南省洛龙区人民法院刑事判决书（2016）豫0311刑初455号判决书

**【案例评析】**

（一）诈骗罪的法律分析

诈骗罪，是指以非法占有为目的，用虚构事实或者隐瞒真相的方法，骗取数额较大的公私财物的行为。《刑法》第266条规定，诈骗公私财物，数额较大的，处3年以下有期徒刑、拘役或者管制，并处或单处罚金；数额巨大或者有其他严重情节的，处3年以上10年以下有期徒刑，并处罚金。

河南省对诈骗犯罪案件数额认定标准的规定如下：诈骗公私财物价值5000元、5万元、50万元的，应当分别认定为《刑法》第266条规定的“数额较大”“数额巨大”“数额特别巨大”的起点。

根据法律规定，本案被告人被指控诈骗数额30余万元，被告人段某将面临法定刑期6~7年的有期徒刑。

（二）浅析律师申请非法证据排除对案件结果的影响

非法证据排除规则，是指在刑事诉讼中，侦查机关及其工作人员使用非法手段取得的证据不得在刑事侦查、起诉、审判环节中被采纳的规则。然而就目前的情况来看，律师申请排除非法证据获得法院直接支持的案例相对较少，如何更好地运用非法证据排除这一规则，最大限度地维护当事人合法权益，是需要我们仔细分析和思考的。

辩护律师申请排除非法证据，法院能否启动该程序、能否排除非法证据、能否实现无罪、罪轻的案件结果是我们最为关注的。司法实践中，申请非法证据排除后，结果无外乎存在以下几种情形：

第一，在辩护律师向法院申请非法证据排除后，因线索和材料问题，经法院审查认为对该证据不存有疑问，非法证据排除程序未启动。

第二，律师向法院申请非法证据排除，并提供相关线索和材料后，法院启动了非法证据排除程序，公诉机关出具相关证明、材料证实该证据取证合法，不存在刑讯逼供的问题，法院认可了公诉机关的观点，非法证据未被排除。

第三，非法证据被排除，被告人获得无罪的结果。

第四，律师向法院申请非法证据排除，并提供了相关线索和材料，法院启动了非法证据排除程序，由于各种原因导致非法证据并未被排除，但公安机关违法取证的事实得到了法庭的关注，非法证据虽未被排除，但影响到法院对案件的量刑，最终法院作出较轻的判决。

第五，律师向法院申请非法证据排除，并提供了相关线索和材料，法院启动了非法证据排除程序，由于各种原因导致非法证据并未被排除，但法院注意到被告人的供述和辩解是不真实的，导致证据之间无法相互印证，无法排除其他怀疑，最终法院根据疑罪从无的原则，认定被告人无罪。

本案的排除非法证据策略属于典型的上述情形中的第四种情况，辩护人通过被告人提供的相关线索和材料向法院提出非法证据排除申请，法院虽然启动了非法证据排除程序，但非法证据并未被排除，但侦查机关的违法取证行为引起了法庭的关注，最终法院在法定刑期 6～7 年有期徒刑以下给予被告人判三缓四的较轻判决，当事人及其家属对判决结果都非常满意。

**【结语及建议】**

“徒法不足以自行”。刑事辩护律师应该树立正确的“排非观”。客观看待程序性辩护与案件结果的关系，程序性辩护的目标是说服法官确认侦查程序的违法性，并将控方证据排除于法庭之外。但是，由于多方面的原因，法院极少会支持辩护方的诉讼请求。通过挑战侦查程序的合法性，即便不能达到排除非法证据的目的，但至少可以说服法院确信侦查人员很有可能实施了非法取证行为，将来在量刑时做出较为宽大的刑事处罚，甚至即便无法排除相关非法证据，但动摇了法官对相关证据真实性的内心确信，从而促进法律的正确实施，进而可以争取当事人合法权益的最大化。因此，作为一名刑辩律师，一切有利于案件的结果、有利于当事人合法权益的保护、有利于促进法律正确实施的可能，我们都应该给予足够的重视，严谨分析、大胆尝试，力争实现程序辩护的最佳效果。

## 三、专家点评

刑事诉讼法中建立非法证据排除规则是推进以审判为中心的诉讼制度改革，完善刑事证据制度的需要，能够切实保障公民人身权利和辩护律师的诉讼权利，能够从源头上防止冤假错案的发生，促进文明司法、公正司法。由于各种原因的影响，虽然有“两高三部”《关于办理刑事案件严格排除非法证据若干问题的规定》的出台，但是司法实务中推进非法证据排除仍然面临各种挑战。本案虽然没能完全实现排除非法证据的目标，但是，排除非法证据的申请动摇了法官的内心确信，从而为被告人量刑争取了利益最大化。辩护策略值得肯定。

**【作者简介】**

张风杰，河南睿合瑞律师事务所副主任。

# · 29 ·

# 焦某生诈骗、保险诈骗案

## ——数额、情节对量刑的影响

陈占军　王惠敏

## 一、案例基本信息

涉案罪名：诈骗罪、保险诈骗罪

办案单位：洛阳市西工区人民法院

结案时间：2012 年 5 月 4 日

结案方式：判决

## 二、案例正文

### 【案情简介】

洛阳市公安局洛公刑诉字（2010）025 号起诉意见书载明：2009 年 4 月至 2010 年 4 月的一年间，焦某生伙同史某，以焦某生开设的洛阳一正汽车钣金烤漆服务部为幌子，利用一些老旧车辆为作案工具，制造虚假的车辆事故现场，伪造交警部门的交通事故认定书，焦某生将伪造的虚假交警事故认定书提交给保险公司骗取保险金。其中，向洛阳人民财产保险公司的报案索赔的 2010 年 3 月 27 日 A 车、2009 年 11 月 14 日 B 车等 7 台车 9 次事故所提交的交警部门事故认定书，均是焦某生以 200～300 元不等的价格从西关一制作假证的人处购得的。

另外，2010 年 1 月 24 日 H 车，2009 年 6 月 13 日、2009 年 10 月 17 日 E 车，2009 年 6 月 7 日、2009 年 8 月 9 日、2009 年 8 月 31 日、2010 年 10 月 16 日、2009 年 12 月 11 日 C 车，2010 年 11 月 16 日 J 车，向洛阳人民财产保险公司报赔的 9 次事故，都是焦某生在上述时间的夜里制造、摆设的虚假事故现场，由焦某生本人和史某向保险公司报案，在电话中描述焦某生伪造的事故情况。在其朋友和修车客户张某红、王某芬、杨某周等人不知情的情况下，焦某生利用上述人等的车辆作为作案工具车，利用这些人的驾驶证冒充事故当事司机，共制造虚假事故16起，诈骗保险金共计10.39万余元。

经查，焦某生用A车、J车、G车、E车、F车、B车（后过户到该厂修理工牛某文名下，车号变为H车）等车作为工具车辆诈骗保险金。其中J车、G车的被保险人是焦某生本人，该二车涉及诈骗保险金1.71万余元，A车、B车的被保险人是焦某生的妻子石某梅，C车的被保险人是史某，但A车、B车、C车的实际投保人为焦某生，上述车辆的保险赔偿款部分由焦某生本人领取或拿其他被保险人的身份证领取，部分由焦某生让史某或其妻子石某梅等人去保险公司领取，并且焦某生为史某办理了假的二代身份证（上面是史某的照片、张某红的身份信息），让其冒充张某红到保险公司领款。保险金领到后都交给焦某生，或从保险款转入的银行卡中取出交给焦某生。焦某生等人的行为严重扰乱了国家保险业的秩序，严重干扰了保险理赔的正常程序，给保险公司造成重大损失，公安机关以焦某生涉嫌保险诈骗罪和诈骗罪移送审查起诉。

案件移送审查起诉后，经过两次退回补充侦查，西工区人民检察院于2011年5月23日以洛西检刑诉（2011）75号起诉书提起公诉：2009年4月至2010年4月，被告人焦某生伙同被告人史某，利用一些老旧车辆为作案工具，制造虚假的车辆事故现场，伪造交警部门的事故认定书，骗取洛阳市人民财产保险公司保险金59992.01元，被告人史某参与骗取洛阳市人民财产保险公司保险金36188.98元。应以诈骗罪追究其刑事责任。

西工区法院于2011年7月6日开庭审理，并于2011年9月16日以（2011）西刑初字第114号刑事判决书判决：焦某生犯诈骗罪，判处有期徒刑3年零6个月，罚金6万元。庭后，辩护人搜集到了被告人焦某生立功的新证据，这对被告人的量刑有重大影响，可能适用缓刑，遂上诉至洛阳市中院。中院以“本案证据发生重大变化，可能影响被告人量刑”为由，以（2012）洛刑二终字第8号刑事裁定书撤销一审判决发回重审。

西工区法院重审开庭并采纳了辩护人“焦某生具有自首、立功情节，建议对其减轻处罚并适用缓刑”的辩护意见，2012年5月4日以（2012）西刑监初字第2号判决书判决焦某生有期徒刑2年零6个月，缓刑3年，罚金6万元。

**【辩护要旨】**

保险诈骗罪和诈骗罪属于想象竞合，从一重罪按诈骗罪处罚符合罪责相适应原则。

**【辩护意见】**

（一）审查起诉环节，笔者向检察机关提出：焦某生在立案当日接到公安侦查员电话后即到公安机关的行为，应评价为积极主动到案

《刑法》第198条保险诈骗罪与第266条诈骗罪存在法条竞合、想象竞合的情况，此外还有《刑法》第226条“本法另有规定的，依照规定”的制约问题。保险诈骗罪相对比诈骗罪较轻，又存在对刑法罪责相适应原则的贯彻问题，在权衡轻重后，笔者决定按照想象竞合适用从一重罪处罚原则，即保险诈骗罪不能成立、部分事实不构成犯罪、犯罪数额应界定为5.9万余元提出三个主要辩护意见。检察机关经过两次退补，虽然对保险诈骗罪是否构成存有争议，但最终还是采纳了笔者的全部辩护意见，以诈骗罪提起公诉，并认定了自首情节，还对犯罪事实进行了“瘦身”。西工区法院2011年9月16日（2011）西刑初字第114号刑事判决书判决：焦某生犯诈骗罪，判处有期徒刑3年零6个月，罚金6万元。

在二审过程中，笔者发现了焦某生揭发他人犯罪事实的线索，遂积极与西工检察院反贪局沟通，取得了相关证据，并提交到洛阳中院并申请核查。中院以“本案证据发生重大变化，可能影响被告人量刑”为由，2012年2月27日以（2012）洛刑二终字第8号刑事裁定书撤销一审判决发回重审。

（二）在西工法院重审中，辩护人对于西工区人民检察院洛西检刑诉（2011）75号起诉书中指控的犯罪事实和定性无异议，就焦某生所具备的法定的和酌定的从轻或者减轻的情节，认为应充分评价，充分贯彻最高人民法院相关量刑指导意见，并发表了如下辩护意见。

1. 焦某生具备法定的从轻或减轻情节和酌定的从轻情节

（1）焦某生具有自首情节。根据《刑法》第67条的规定，可以从轻或减轻处罚。

（2）焦某生立功情节应该予以认定。焦某生归案后，检举了高某的犯罪线索，西工区检察院反贪污贿赂局立案侦查完毕后移送审查起诉时，出具了有西工区反贪局盖章的立功证明，故应认定为立功，依《刑法》第68条的规定，可以从轻或减轻处罚。

（3）焦某生悔罪表现好，能积极足额退赃，挽回受害人损失。

（4）焦某生多次表示愿意筹资足额退缴赃款和罚金。

（5）焦某生主观恶性不深，社会危害性不大。焦某生只是出于“好心”给朋友们帮忙，实施了起诉书指控的行为，自己也不知道将触犯刑法，而且理赔额的80%左右是修车成本。

（6）焦某生没有前科，作为退役副团职军官，其思想基础较好。

2. 自首、立功、退赃等情节对量刑的影响应充分评价并体现，其宣告刑应确定在20个月左右

根据河南省高级人民法院《关于常见犯罪的量刑指导意见》实施细则，诈骗罪（数额巨大）量刑起点在3～4年有期徒刑内确定。本案被告人涉案数额59000元，多次作案，但数额相对较小，评价其犯罪的性质、情节、社会危害性及社会影响，量刑起点应确定在3年零4个月左右，考虑其犯罪数额，每增加2000元，可以增加1个月刑期，如此计算，本案基准刑应确定为50个月左右。根据上述细则，焦某生具备自首情节，可以减少基准刑的20%～40%；具备一般立功情节，可以减少基准刑的10%以下；全部退赃的，可以减少基准刑的30%以下。多次作案可以增加基准刑的10%以下。如此综合考虑，冲抵两个10%，综合其他法定情节可考虑减少基准刑的30%～70%。焦某生的宣告刑应确定在3年以下有期徒刑（35～15个月），比较适当的应为1年8个月左右。

3. 焦某生符合适用缓刑的条件，应当适用缓刑

酌情评价焦某生没有前科，作为退役副团职军官，思想基础较好，足以判断焦某生不具有现实社会危险性，对其适用缓刑不致再危害社会，而且还能给他出路，最大限度地减少社会对抗。焦某生符合适用缓刑的条件，根据《刑法》第5条罪责相适应原则、第72条缓刑适用条件，对焦某生应当适用缓刑。

**【案例结果】**

洛阳市西工区人民法院2012年5月4日（2012）西刑监初字第2号刑事判决书判决焦某生有期徒刑2年零6个月，缓刑3年，并处罚金6万元。

**【司法文书】**

洛阳市西工区人民法院（2012）西刑监初字第2号刑事判决书

## 【案例评析】

### （一）诈骗罪的法律评析

《刑法》第266条规定："诈骗公私财物，数额较大的，处三年以下有期徒刑、拘役或者管制，并处或者单处罚金；数额巨大或者有其他严重情节的，处三年以上十年以下有期徒刑，并处罚金；数额特别巨大或者有其他特别严重情节的，处十年以上有期徒刑或者无期徒刑，并处罚金或者没收财产。本法另有规定的，依照规定。"

河南省高级人民法院、河南省人民检察院《关于我省诈骗犯罪数额认定标准的规定》明确：诈骗公私财物价值5000元、5万元、50万元的，应当分别认定为《刑法》第266条规定的"数额较大""数额巨大""数额特别巨大"的起点。

诈骗罪犯罪的构成为：本罪主体是一般主体，凡达到法定刑事责任年龄、具有刑事责任能力的自然人均能构成本罪；主观方面表现为直接故意，并且具有非法占有公私财物的目的；本罪侵犯的客体是公私财物所有权；在客观上表现为使用欺诈方法（虚构事实或者隐瞒真相方法）骗取数额较大的公私财物。具体而言，行为人实施了欺诈行为，该欺诈行为使被害人产生错误认识，被害人陷入错误认识之后作出财产处分行为，行为人因此获得财产，从而使被害人的财产受到损害。

本案中，被告人虽然不懂刑法，不明白自己的行为是刑法所禁止的犯罪行为，但这不是逃避刑法制裁的理由。考虑到被告人焦某生被侦查机关指控涉及十几起诈骗行为，辩护人就这十几起行为列图表逐个进行排查分析，最后否定了保险诈骗罪的认定，将涉案金额降至5.9万余元，并发掘了自首情节和立功情节，辩护意见被公诉机关认可也被法院采纳。

### （二）自首、立功的法律评析

《刑法》第67条规定：犯罪以后自动投案，如实供述自己的罪行的，是自首。对于自首的犯罪分子，可以从轻或者减轻处罚。其中，犯罪较轻的，可以免除处罚。

最高人民法院《关于处理自首和立功具体应用法律若干问题的解释》第1条列举了几种"自动投案"的情形，犯罪嫌疑人接到办案人员电话主动到办案机关即属于一种特殊的主动到案情形。

犯罪分子有揭发他人犯罪行为，查证属实的，或者提供重要线索，从而得以侦破其他案件等立功表现的，可以从轻或者减轻处罚；有重大立功表现的，可以减轻或者免除处罚。

本案中，焦某生主动投案后，又主动揭发检举了同案犯高某涉嫌犯罪的事实，西工区检察院反贪局对高某立案侦查并移送审查起诉，焦某生符合一般立功的条件，可以从轻或减轻处罚。

**【结语及建议】**

这是一起比较完美的有效刑事辩护案件。在本案中笔者于审查起诉阶段即介入案件，通过阅卷和会见被告人焦某生，首先从想象竞合角度否定了保险诈骗罪的认定，又提出了主动到案的情节，被检察机关采纳；继而考虑到财产犯罪中涉案数额的重要性，仔细研究比较起诉意见书中被告人的十几起涉嫌诈骗行为，通过列图表反复分析比较，提出了将 10 多万元的涉案数额降低至 5.9 万余元的意见，西工区检察院认可并采纳了笔者的辩护意见。此外，笔者还在二审中提出“立功”的新证据，促使中院发回重审，并在重审中重点论证被告人不具有显著社会危险性，符合法定缓刑条件，得到了法检两院的认可。

辩护律师在刑事诉讼中扮演着维护被告人合法权益的重要角色，但并不意味着要罔顾案件事实和法律为被告人开脱。吃透案件事实，悟透法律规定、精神、原则，寻找案件突破口，挖掘、发现并放大法定的有利于被告人的情节，协助司法机关查明案情，准确适用法律，使被告人罚当其罪，才是律师的应尽职责。

## 三、专家点评

一般而言，刑事辩护无非是无罪辩护和有罪罪轻辩护，但如何根据案件事实科学合理地设计辩护策略或辩护方向则是一个非常重要且十分严肃的事情，因为辩护方向错误就意味着所有技术层面的设计必将落空。就本案而言，在诈骗罪与保险诈骗罪存在想象竞合从一重处罚的情况下，如何使被告人获得相对较轻的处罚便是正确的辩护方向。辩护人通过详尽的梳理案件事实，准确找到了自首、立功情节，并通过对犯罪数额的精细计算，最终使被告人得到了相对较轻但又不违背罪刑相适应原则的处罚，称得上是精细化辩护的成功案件。

**【作者简介】**

陈占军，男，中国政法大学法律硕士，河南鼎大律师事务所主任。2012 年晋国家一级律师，2019 年被省委省政府授予河南省劳动模范，曾为洛阳市人大代表、政协委员。

王惠敏，男，郑州大学法律本科，转业军人，河南鼎大律师事务所党支部书记，洛阳市优秀党员律师。

· 30 ·

# 宋某非法吸收公众存款、集资诈骗案

## ——集资诈骗罪的构成需“以非法占有为目的”

郑　艳

## 一、案例基本信息

涉案罪名：非法吸收公众存款罪、集资诈骗罪

办案单位：洛阳市涧西区人民法院、洛阳市中级人民法院

结案时间：2020 年 3 月 24 日

结案方式：判决

## 二、案例正文

**【案情简介】**

祥顺公司成立于 2009 年 5 月，在洛阳市区多处设有分部，以为客户理财提供担保的方式，月息 2% 左右，承诺到期还本付息，向社会不特定群众吸收理财资金。被告人宋某自 2011 年 1 月 17 日至 2015 年 5 月 31 日任职祥顺公司的副总经理，负责吸收存款业务。宋某在职期间，祥顺公司理财本金为 37238.7 万元，涉及人数 12384 余人次，已退还和债转股客户本金 357824.6 万元，祥顺公司未退还客户本金 36435.1 万元。后宋某担任祥顺公司的总经理，主要负责各分公司之间的业务协调，财务制度的落实，但是对公司的资金没有任何调用权。2011 年 6 ~ 8 月，宋某在无资产抵押的情况下，批准借给张某某 1000 万元。宋某称这笔钱 2011 年 6 月已经被借走，其签字只是为了入账，其不是公司的实际控制人，只是在公司管理过程中，按照领导安排执行。

2016 年 12 月 22 日，涧西区人民检察院向法院提起公诉，指控被告人宋某与

其他几位被告人触犯非法吸收公众存款罪和集资诈骗罪，并于2018年10月31日作出一审判决。三被告人不服提起上诉，洛阳市中级人民法院二审后于2018年12月26日作出刑事裁定，撤销一审判决，将案件发回原审法院洛阳市涧西区人民法院重新审判。洛阳市涧西区人民法院重新审判后的结果为被告人宋某犯非法吸收公众存款罪，判处有期徒刑7年，并处罚金人民币35万元，犯集资诈骗罪，判处有期徒刑10年零6个月，并处罚金人民币30万元，数罪并罚，决定执行有期徒刑14年零6个月，并处罚金人民币65万元。

后宋某再次提出上诉，洛阳市中级人民法院于2020年3月24日作出二审判决，撤销一审判决中宋某犯集资诈骗罪的定罪，对宋某以犯非法吸收公众存款罪，判处有期徒刑7年，并处罚金35万元。

**【辩护要旨】**

被告人没有非法占有的目的，不构成集资诈骗罪，应该改变定性，按照非法吸收公众存款罪定罪。

**【辩护意见】**

（一）一审法院认定宋某犯集资诈骗罪属认定事实不清且证据不足，宋某的行为不构成集资诈骗罪

根据“罪刑相适应”和“主客观相一致”的刑事法律原则和集资诈骗罪应当具有“以非法占有为目的”的主观构成要件，结合宋某不仅没有非法占有任何款项甚至倒贴数10万元，以及本案全部证据都能够证明的宋某在祥顺公司根本不具有收取和调配资金的职权（严格来说本案的证据已经证明宋某在祥顺公司连集资诈骗的资格都没有）等事实，可以认为不论从主观上还是客观上来讲，其自身的行为根本不符合集资诈骗罪的犯罪构成要件，即宋某的行为不构成集资诈骗罪。

（二）既然一审法院认定宋某批准向祥顺公司员工张某某（又名杨某某）出借1000万元一事不成立，那么宋某犯集资诈骗罪更是证据不足

1. 本案所有的证据都能证明宋某在祥顺公司没有签字放款的权利

本案所有的证据都能证明宋某在祥顺公司没有签字放款的权利。由此可知若没有祥顺公司实际控制人彭某生的授意，即便是宋某签字，祥顺公司的财务人员也不可能向员工张某某转款，即宋某签字放款的行为系事后根据同案犯彭某生的授意补签；也就是说该笔1000万元只是祥顺公司内部的走账行为，该笔款项根

本没有离开祥顺公司。

2. 宋某的行为不构成集资诈骗罪的成立条件

宋某在祥顺公司虽任公司的副总经理，但只负责分管的业务管理，对公司的整体经营情况、资金走向、资金投资、资金担保等与集资款走向相关的事情一概不知，在公司的会议和宣传中自始至终都是告知宋某并让其感觉到公司投资的经营状况很好，特别是投资的项目都增值很高，所有资金只有实际控制人和部分股东可以支配，其他人员都不知资金使用情况，公司总资产30多亿元，远大于十几亿元的理财资金，况且政府部门也一直在监管并未发现问题，一直到公司被立案后宋某才得知公司资金链断裂。在公司打工的几年中宋某本人和其他公司打工员工一样对公司的整体经营状况及理财资金投资等情况完全不知情，在主观和客观上宋某均没有诈骗故意和诈骗行为，更没有个人非法占有资金，宋某的行为不构成集资诈骗罪的成立条件。

（三）宋某主观上没有“非法占有”的目的

非法占有的目的是行为人的一种主观心理活动，外人看不见摸不着，无法深入其内心予以了解，所以其主观心理只能通过外化的客观行为来推定。正是由于“非法占有的目的”难以认定，因此先后有多部司法解释对此予以界定，颁布时间最近的为最高人民法院《关于审理非法集资刑事案件具体应用法律若干问题的解释》（法释〔2010〕18号，以下简称《集资解释》）。《集资解释》中关于何为非法占有的目的，已基本涵盖前期的有关司法解释。《集资解释》第4条第2款规定：“使用诈骗方法非法集资，具有下列情形之一的，可以认定为‘以非法占有为目的’：（一）集资后不用于生产经营活动或者用于生产经营活动与筹集资金规模明显不成比例，致使集资款不能返还的；（二）肆意挥霍集资款，致使集资款不能返还的；（三）携带集资款逃匿的；（四）将集资款用于违法犯罪活动的；（五）抽逃、转移资金、隐匿财产，逃避返还资金的；（六）隐匿、销毁账目，或者搞假破产、假倒闭，逃避返还资金的；（七）拒不交代资金去向，逃避返还资金的；（八）其他可以认定非法占有目的的情形。”宋某的行为不属于上述规定中的任何一种情形。

最高人民法院2001年1月21日发布的《全国法院审理金融犯罪案件工作座谈会纪要》（法〔2001〕8号，以下简称“金融座谈会纪要”）在第二项内容（一）中：“关于单位犯罪问题”指出：“根据刑法和《最高人民法院关于审理单位犯罪案件具体应用法律有关问题的解释》的规定，以单位名义实施犯罪，违法所得归单位所有的，是单位犯罪。”第二项内容（一）第2小项同时规定，“单位犯罪直接负责的主管人员和其他直接责任人员的认定：直接负责的主管人员，是在单位实施的犯罪中起决定、批准、授意、纵容、指挥等作用的人员，一般是单位的主管负责人，包括法定代表人。其他直接责任人员，是在单位犯罪中具体实施犯罪并起较大作用的人员，既可以是单位的经营管理人员，也可以是单位的职工，包括聘任、雇佣的人员。应当注意的是，在单位犯罪中，对于受单位领导指派或奉命而参与实施了一定犯罪行为的人员，一般不宜作为直接责任人员追究刑事责任……”结合宋某在祥顺公司仅是一个雇员的事实，其应属于祥顺公司犯非法吸收公众存款罪这一单位犯罪中的从犯，加之其对公司资金的流向及管理情况完全不知情、不掌握，宋某继续吸收公众存款的原因是其一直以为公司经营状况良好，且没有资不抵债等情况，而非其明知已经无法兑付群众的资金还继续吸收存款，并且吸收存款的目的是偿还以前群众的借款。宋某对这些行为的目的完全不知情，既然不知情，就不存在故意一说，宋某既没有集资诈骗的故意，又没有非法占有的目的，因此判决认定宋某成立集资诈骗罪错误。

宋某不具备《集资解释》第4条规定的其他几种情形。宋某在主观上无任何非法占有的想法，《金融座谈会纪要》中除《集资解释》的规定之外，还有一条即明知没有归还能力而大量骗取资金的也应当认定为“非法占有的目的”。关于何为非法占有的目的，学理一直有很多种解释，目前的通说为：非法占有的目的是指排除权利者对财物的占有，把他人的财物作为自己的所有物，并遵从财物的经济用途（用法），对其进行利用或处分的意图。《金融座谈会纪要》中所称的“大量骗取资金”，该行为人取得资金绝不是简单的控制，取得资金后绝不应是“拆东墙、补西墙”的使用资金，而应是自己所有，否则，刑法就没有必要规定非法吸收公众存款罪了。因为，所有以支付高息为手段的非法集资，其最后的结果都是资金链断裂而最终导致借款不能偿还。我国《刑法》分别规定了挪用公款罪、非法吸收公众存款罪、高利转贷罪这种“非法使用”的犯罪，与贪污罪、职务侵占罪、集资诈骗罪、贷款诈骗罪这种“非法占有”型的犯罪相并列、对应。因为有的挪用型犯罪最终也无法归还挪用的款项，这充分表明我国刑事立法对以非法占有为目的的犯罪与以一时使用为目的的犯罪是区别对待的，将“以一时使用为目的”理解为“以非法占有为目的”有违我国刑事立法精神及刑法的有关规定。也正是因此，《金融座谈会纪要》还特别指出，在处理具体案件时要注意以下两点：一是不能仅凭较大数额的非法集资款不能返还的结果，便推定行为人具有非法占有的目的；二是行为人将大部分资金用于投资或生产经营活动，而将少量资金用于个人消费或挥霍的，不应仅以此便认定具有非法占有的目的。结合本案，宋某虽然挂着公司副总经理的职位，但是所有的卷宗材料显示，公司的资金走向、使用情况、投资情况一概没有经宋某决定、批准、授意、纵容、指挥等事实，而宋某本人也仅是每月领取固定5000～6000元的工资，从宋某几年来仅领取4万元的提成中也不难看出，宋某根本不具有非法占有的目的。

（四）一审判决对宋某数罪并罚是错误的

司法实践中，一罪与数罪的区分标准建构在“犯罪构成”的法学理论上。司法界普遍认为，行为人具备一个犯罪构成的为一罪，具备两个以上犯罪构成的为数罪。

本案中一审法院所指控的集资诈骗罪与非法吸收公众存款罪实际上是同一个犯罪行为，宋某参与单位的集资行为，只能构成同一个犯罪构成要件，成立一个犯罪行为，根本不存在此罪与彼罪、新罪与旧罪的问题，对宋某数罪并罚的指控是完全不能成立的。因此，不存在数罪并罚的问题。

一审判决未明确区分非法吸收公众存款罪和集资诈骗罪的行为时间，未明确认定集资诈骗罪的诈骗数额，将宋某在公司期间同一性质的行为以两个罪名判处，属于“一个行为，两次处罚”。

一审判决书中认定，“宋某、袁某某作为祥顺公司的高级管理人员伙同彭某生等人在通过祥顺公司实施非法吸收公众存款的过程中，并未将集资款全部用于生产经营，除将少部分集资款用于生产经营外，为获取更多的集资款，将其中大部分集资款用于支付集资群众本息；为获取高额利息，宋某、袁某某伙同彭某生等人不计风险，不顾及资金安全，盲目将集资款放贷给他人，造成集资款无法返还……”“宋某、袁某某伙同彭某生使用诈骗方法非法吸收公众存款，集资后用于生产经营活动与筹集资金明显不成比例，致使集资款不能返还，数额特别巨大，且袁某某肆意挥霍集资款。宋某的行为均已构成集资诈骗罪。”这些认定是错误的，宋某没有集资诈骗的故意，更没有肆意挥霍集资款，公司的生产经营及对外放款等行为均不受宋某控制，且宋某对公司的资金流向完全不知情，更没有实际控制权，不能仅凭宋某挂了名义上的副总经理的职务就认定祥顺公司的一切行为均由宋某承担，一审法院对此认定事实错误，适用法律错误，故判决错误。

**（五）一审法院认定宋某为非法吸收公众存款罪的主犯错误**

宋某既不是公司股东，对公司的经营行为无决策权，更是对公司的资金无支配权，仅是执行公司决定，宋某对公司所有的经营行为及犯罪行为均没有决定、批准、授意、纵容、指挥等权力，不属于最高人民法院《金融工作座谈会纪要》中规定的直接负责的主管人员。

**（六）宋某的行为构成非法吸收公众存款罪一罪的成立要件**

非法吸收公众存款罪和集资诈骗罪的区别主要表现在犯罪的主观故意不同，集资诈骗罪是行为人采用虚构事实、隐瞒真相的方法意图永久非法占有社会不特定公众的资金；而非法吸收公众存款罪的行为人只是临时占用投资人的资金，行为人承诺而且也意图还本付息。

1. 从筹集资金的目的和用途看

如果向社会公众筹集资金的目的是用于生产经营，并且实际上全部或者大部分的资金也是用于生产经营，则定非法吸收公众存款罪的可能性更大一些。

2. 从单位的经济能力和经营状况来看

如果单位有正常业务，经济能力较强，在向社会公众筹集资金时具有偿还能力，则定非法吸收公众存款罪的可能性更大一些；如果单位本身就是皮包公司，或者已经资不抵债，没有正常稳定的业务，则定集资诈骗的可能性更大一些。

3. 从案发后的归还能力看

如果案发后行为人具有归还能力，并且积极筹集资金实际归还了全部或者大部分资金，则具有定非法吸收公众存款罪的可能性。

宋某在祥顺公司的单位犯罪中仅起到了帮助单位吸收资金的作用，其犯罪行为更多的是侵犯国家的金融管理秩序，因此本案应当定非法吸收公众存款罪一罪，一审法院对宋某判决非法吸收公众存款罪和集资诈骗罪两罪并罚是错误的。

**（七）一审法院量刑倚重，忽视了宋某具有自首情节和积极认罪悔罪、积极配合侦查机关侦查的表现**

（1）在祥顺公司被刑事立案前，宋某数次到公安机关如实供述祥顺公司和自己的违法犯罪行为，直至 2014 年 11 月 4 日在宋某已经不知道第几次到公安机关配合调查时才被采取刑事强制措施，因此宋某认为其具有自首情节，不能因为之前祥顺公司未被刑事立案，而否定宋某之前如实供述自己罪行的自首行为。事实是宋某主动如实供述在先，刑事立案在后。公安机关口头或电话传唤犯罪嫌疑人后，犯罪嫌疑人即主动到案的，应视为自动投案。其如实供述自己的犯罪行为的，应当认定为自首。

（2）不论是到案前还是到案后，宋某均如实供述了自己的罪行并且在刑事立案前，宋某在没有非法占有任何款项的情况下，从自己家中拿出数十万元来帮助困难群众，为维护社会稳定作出了一定贡献，应当认定宋某积极认罪悔罪。

（3）宋某在看守所羁押期间突发脑梗致使半身不遂，虽然宋某一直在康复治疗以期早日恢复行动能力但至今未见好转，因此宋某恳请贵院本着人道主义精神，在对宋某量刑时予以考虑缓刑。

**（八）宋某系初犯，也是该案件的受害者，其本身主观恶性较小，具备酌定情节，依法可从轻处罚**

非法吸收公众存款犯罪作为一种侵害国家金融管理秩序的行为，与传统犯罪相比其社会危害性更加隐蔽，在集资担保盛行的20世纪初的洛阳地区，宋某只是在遍地开花的投资担保公司中谋求一份职业，其本身既没有非法吸收公众存款的犯罪故意，也并未参与公司的决策和分成。相反，宋某在祥顺公司中多次被该公司的实际控制者利用，以其名义实际操纵公司。例如，借给陕西兆联投资担保有限公司的1000万元实际并未经宋某之手，其也并不知情，事后却在同案彭某生的胁迫下补签手续。由此可知，宋某的主观恶性明显较小。

**（九）宋某在公司资金链断裂后，千方百计弥补客户损失，甚至自筹资金赔偿客户，请法庭对其酌情从轻处罚**

宋某自2014年8月公司出现问题开始，基于内心的不安和良知，千方百计弥补客户损失，甚至自己出钱借给一部分困难客户，以尽力弥补客户损失，总额约有70余万元，其中的67万元有借据可以佐证。出借的资金是其本人的积蓄或向亲戚朋友所借，并非祥顺公司的资金，请法庭酌情予以从轻处罚。

综上所述，在非法集资行为较为普遍的社会大背景下，宋某在该起案件中所起作用较小，参与的情节显著轻微，社会危害性不大，且有自首等法定的免除、减轻、从轻情节，请法院酌情采纳辩护人的意见，依法从轻处罚并适用缓刑。

**【案例结果】**

洛阳市中级人民法院（2020）豫03刑终71号判决撤销河南省洛阳市涧西区人民法院（2019）豫0305刑初中对宋某犯集资诈骗罪的定罪及刑罚部分。

【司法文书】

河南省洛阳市中级人民法院（2020）豫03刑终71号判决书

【案例评析】

（一）集资诈骗罪的法律分析

综合《刑法》第192条的规定，集资诈骗罪是指以非法占有为目的，违反有关金融法律、法规的规定，使用诈骗方法进行非法集资，扰乱国家正常金融秩序，侵犯公私财产所有权，且数额较大的行为。构成该罪必须符合以下四个要件：

（1）犯罪的主体。本罪的主体是一般主体，任何达到刑事责任年龄、具有刑事责任能力的自然人均可构成本罪。依照《刑法》第200条的规定，单位也可以成为本罪主体。

（2）犯罪的主观方面。本罪在主观上由故意构成，且以非法占有为目的。即犯罪行为人在主观上具有将非法聚集的资金据为己有的目的。所谓据为己有，既包括将非法募集的资金置于非法集资的个人控制之下，也包括将非法募集的资金置于本单位的控制之下。在通常情况下，这种目的具体表现为将非法募集的资金的所有权转归自己所有，或任意挥霍，或占有资金后携款潜逃等。

（3）犯罪的客体。本罪侵犯的客体是复杂客体，既侵犯了公私财产所有权，又侵犯了国家金融管理制度。在现代社会，资金是企业进行生产经营不可缺少的资源和生产要素。而生产者、经营者的自有资金极为有限，因此向社会筹集资金成为一种越来越重要的金融活动。与此同时，一些名为集资、实为诈骗的犯罪行为也开始滋生、蔓延。这种集资诈骗行为采取欺骗手段蒙骗社会公众，不仅造成投资者的经济损失，同时更干扰了金融机构储蓄、贷款等业务的正常进行，破坏了国家的金融管理秩序。广大投资者对集资活动的过分谨慎，甚至对金融机构进行集资也可能产生不信任感，影响了经济的发展。

（4）犯罪的客观方面。本罪在客观方面表现为行为人必须实施了使用诈骗方法非法集资，数额较大的行为。

（二）集资诈骗罪的主观要件“以非法占有为目的”

主客观相一致原则要求：对犯罪嫌疑人、被告人追究刑事责任，必须同时具备主客观两方面的条件，并要求主客观两方面的有机统一。符合犯罪主体条件的被告人，在其故意或者过失危害社会的心理支配下，客观上实施了一定的危害社会的行为，对刑法所保护的社会关系构成了严重威胁或已经造成现实的侵害。如果缺少主观或者客观其中任何一方面的条件，犯罪就不能成立，不能令犯罪嫌疑人、被告人承担刑事责任。集资诈骗罪的主观要件要求主观上由故意构成，且以非法占有为目的。非法占有为目的是行为人的一种主观心理活动，外人看不见摸不着，所以只能通过外化的客观行为来推定，正是由于“非法占有的目的”难以认定，因此先后有多部司法解释对此予以界定，颁布时间最近的为最高人民法院的《集资解释》。《集资解释》关于何为非法占有的目的，已基本涵盖前期的有关司法解释。《集资解释》第4条规定：“使用诈骗方法非法集资，具有下列情形之一的，可以认定为‘以非法占有为目的’：（一）集资后不用于生产经营活动或者用于生产经营活动与筹集资金规模明显不成比例，致使集资款不能返还的；（二）肆意挥霍集资款，致使集资款不能返还的；（三）携带集资款逃匿的；（四）将集资款用于违法犯罪活动的；（五）抽逃、转移资金、隐匿财产，逃避返还资金的；（六）隐匿、销毁账目，或者搞假破产、假倒闭，逃避返还资金的；（七）拒不交代资金去向，逃避返还资金的；（八）其他可以认定非法占有目的的情形。”宋某的行为不属于上述规定中的任何一种情形。

《金融座谈会纪要》中除《集资解释》的规定之外，还有一条即明知没有归还能力而大量骗取资金的也应当认定为“非法占有的目的”。关于何为非法占有的目的，学理一直有很多种解释，目前的通说为：非法占有的目的是指排除权利者对财物的占有，把他人的财物作为自己的所有物，并遵从财物的经济用途（用法），对其进行利用或处分的意图。《金融座谈会纪要》中所称的“大量骗取资金”，该行为人取得资金绝不是简单的控制，取得资金后绝不应是“拆东墙、补西墙”的使用资金，而应是自己所有，否则，刑法就没有必要规定非法吸收公众存款罪了。因为，所有以支付高息为手段的非法集资，其最后的结果都是资金链断裂而最终导致借款不能偿还。我国《刑法》分别规定了挪用公款罪、非法吸收公众存款罪、高利转贷罪这种“非法使用”的犯罪，与贪污罪、职务侵占罪、集资诈骗罪、贷款诈骗罪这种“非法占有”型的犯罪相并列、对应。因为有的挪用型犯罪最终也无法归还挪用的款项，这充分表明我国刑事立法对以非法占有为目的的犯罪与以一时使用为目的的犯罪是区别对待的，将“以一时使用为目的”理解为“以非法占有为目的”有违我国刑事立法精神及刑法的有关规定。也正是因此，《金融座谈会纪要》还特别指出，在处理具体案件时要注意以下两点：一是不能仅凭较大数额的非法集资款不能返还的结果，便推定行为人具有非法占有的目的；二是行为人将大部分资金用于投资或生产经营活动，而将少量资金用于个人消费或挥霍的，不应仅以此便认定具有非法占有的目的。结合本案，宋某虽然挂着公司副总经理的职位，但是所有的卷宗材料显示，公司的资金走向、使用情况、投资情况一概没有经宋某决定、批准、授意、纵容、指挥等事实，而宋某本人也仅是每月领取固定 5000～6000 元的工资，从宋某几年来仅领取了 4 万元的提成中也不难看出，宋某根本不具有非法占有的目的。

（三）关于单位犯罪问题

最高人民法院《金融座谈会纪要》在第二项内容（一）中“关于单位犯罪问题”指出：“根据刑法和《最高人民法院关于审理单位犯罪案件具体应用法律有关问题的解释》的规定，以单位名义实施犯罪，违法所得归单位所有的，是单位犯罪。”第二项内容（一）第 2 小项同时规定：“单位犯罪直接负责的主管人员和其他直接责任人员的认定：直接负责的主管人员，是在单位实施的犯罪中起决定、批准、授意、纵容、指挥等作用的人员，一般是单位的主管负责人，包括法定代表人。其他直接责任人员，是在单位犯罪中具体实施犯罪并起较大作用的人员，既可以是单位的经营管理人员，也可以是单位的职工，包括聘任、雇佣的人员。应当注意的是，在单位犯罪中，对于受单位领导指派或奉命而参与实施了一定犯罪行为的人员，一般不宜作为直接责任人员追究刑事责任……”结合宋某在祥顺公司仅是一个雇员的事实，宋某应属于祥顺公司犯非法吸收公众存款罪这一单位犯罪中的从犯，加之宋某对公司资金的流向及管理情况完全不知情、不掌握，宋某继续吸收公众存款的原因是其一直以为公司经营状况良好，且没有资不抵债等情况，而非其明知已经无法兑付群众的资金还继续吸收存款，并且吸收存款的目的是偿还以前群众的借款。宋某对这些行为的目的完全不知情，既然不知情，就不存在故意一说，宋某既没有集资诈骗的故意，又没有非法占有的目的，因此判决认定宋某成立集资诈骗罪是错误的。

（四）数罪并罚的问题

司法实践中，一罪与数罪的区分标准建构在“犯罪构成”的法学理论上。司法界普遍认为，行为人具备一个犯罪构成的为一罪，具备两个以上犯罪构成的为数罪。

本案中一审法院所指控的集资诈骗罪与非法吸收公众存款罪实际上是同一个

犯罪行为，宋某参与单位的集资行为，只能构成同一个犯罪构成要件，成立一个犯罪行为，根本不存在此罪与彼罪、新罪与旧罪的问题，对宋某数罪并罚的指控是完全不能成立的。因此，不存在数罪并罚的问题。一审判决未明确区分非法吸收公众存款罪和集资诈骗罪的行为时间，未明确认定集资诈骗罪的诈骗数额，将宋某在公司期间同一性质的行为以两个罪名判处，属于“一个行为，两次处罚”。

**【结语及建议】**

本案是一起典型的二审改判案件。一审法院审理期间即有明确的证据证明行为人宋某主观上没有非法集资的故意，不存在“非法占有的目的”，并且有明确的证据证明，宋某在祥顺公司任职期间并无实权，其只是按照公司实际控制人的授意办事，所以宋某不存在犯集资诈骗罪的客观条件。因为犯罪的主观方面判断起来具有难度，所以一审法院判决时忽略了一这点，但是对于集资诈骗犯罪的“以非法占有为目的”这一点如何判断，有《集资解释》和《金融座谈会纪要》的具体规定予以明确指导。这启示着，作为律师应当深入分析涉案罪名的构成要件，关注各种法律法规和司法解释的更新。

## 三、专家点评

非法集资案件是近年来常见多发的刑事案件，由于涉案人众多、涉案数额往往巨大，因此一旦处理不好会产生诸多不利社会影响。司法机关也出台了多个法律文件，就办理类似案件罪与非罪、此罪与彼罪的区分、某些构成要件要素的理解等问题进行详细的阐释。但是，在实践中，非法吸收公众存款罪和集资诈骗罪的区分仍然是个难点。一般说来，单纯的非法吸收公众存款并不以行为人实施诈骗行为为前提，只有当行为人实施了诈骗方法非法集资的，才可以构成集资诈骗罪。因此，两者区分的关键环节还是要从客观证据、资料着手分析行为人在采取诈骗方法非法集资过程中是否存在非法占有目的。本案辩护人显然抓住了问题的核心关键，其辩护取得了预期效果。

**【作者简介】**

郑艳律师，北京大学毕业，法学学士学位，河南洛太律师事务所执业律师。

# · 31 ·

# 梁某某贷款诈骗案

## ——骗取贷款罪与贷款诈骗罪之争

索亚星

## 一、案例基本信息

涉案罪名：贷款诈骗罪

办案单位：河南省洛阳市洛龙区人民法院

结案时间：2018 年 12 月 21 日

结案方式：判决

## 二、案例正文

### 【案情简介】

2014 年 7 ~ 12 月，艾某某等人伪造虚假的出口贸易合同，提供虚假报关资料，以××省××进出口公司的名义与××市××商业银行签订授信合同、出口商业发票贴现协议、保证及抵押合同，申请出口押汇项目贷款授信 1.5 亿元，并提供××保险公司出具的发送货物的出口信用保险单据，××市××商业银行将 20634880 美元结汇为人民币 126411617.37 元贷款发放至××省××进出口公司的贷款账户，后被告人网上勾选国外客户已付款选项，免除××保险公司保证责任，通过网银远程操控将贷款用于归还欠款或转入关联公司账户，无资金用于进出口贸易。被告人梁某某明知××省××进出口公司无实际经营活动和出口贸易业务，仍参与编造与外国公司供货垫付款的虚假理由，提供虚假合同、发票、船运提单，向银行信贷经办和审批管理人员编造和虚构出口数据和出口业务量，骗取银行的信任，从而使贷款顺利发放，截至案发前造成损失 1.27 亿余元。

【辩护要旨】

被告人梁某某的行为在本案中不符合贷款诈骗罪的犯罪构成要件，即使构成犯罪也应按骗取贷款罪以及从犯等情节定罪量刑。

【辩护意见】

辩护人认为被告人不构成贷款诈骗罪，具体理由如下。

（一）犯罪主体方面，辩护人认为本案属于单位犯罪，不属于个人犯罪

按照刑法的规定，公诉机关指控的贷款诈骗罪为自然人犯罪，不构成单位犯罪。从起诉书以及案卷的材料看，指控被告人的犯罪行为实际上是××进出口公司在贷款过程中部分材料不真实，骗取被害单位发放贷款，实际上是单位犯罪。被告人梁某某作为该公司的聘用人员从事的行为属于履行职务行为，如构成犯罪，应为单位犯罪的骗取贷款罪。

（二）被告人梁某某的行为在本案中不符合贷款诈骗罪的犯罪构成要件

被告人梁某某不具备贷款诈骗罪的主观要件。根据《刑法》第 193 条的规定，贷款诈骗罪须以非法占有为目的，但梁某某并没有非法占有银行资金的目的。对于金融诈骗罪中非法占有目的的认定，在《全国法院审理金融犯罪案件工作座谈会议纪要》第三部分第 1 条中以列举的形式规定了 7 种非法占有的情形，被告人梁某某并不属于其中任何一种。根据最高人民法院刑事审判参考性案例——陈某国骗取贷款案（《刑事审判参考》指导案例第 963 号），认定行为人主观上具有占有贷款为目的，必须具备以下条件：（1）行为人是通过欺诈手段获取贷款的，即行为人实施了《刑法》第 193 条规定的 5 项情形之一；（2）行为人到期没有归还贷款；（3）行为人贷款时即明知不具有归还能力或者贷款后实施了某种特定行为，如实施《全国法院审理金融犯罪案件工作座谈会纪要》规定的 7 种情形之一。如果行为人骗取贷款的行为欠缺上述三个条件之一，则一般不应认定其主观上具有非法占有贷款的目的，从而不能认定构成贷款诈骗罪。本案中梁某某从未想过非法占有银行的贷款，故不具备贷款诈骗罪的主观要件。

梁某某不具备贷款诈骗罪的客体要件。贷款诈骗罪属于金融诈骗罪的范畴，刑法中之所以特别设立了金融诈骗罪，是因为此部分犯罪侵犯的对象是银行或其他金融机构，客体是它们的金融管理秩序。本案中，××进出口公司向银行提供了××省××文化广场作为抵押担保，该担保物的价值评估远远超过给银行造成的损失 1.27 亿元。据抵押人公司法人代表林某某所述，××银行××分行于

2014 年 10 月 10 日向××进出口公司出具授信额度为 1.5 亿元的授信合同，同日，抵押人××省××文化传播有限公司与××银行××分行签订×银（20×4）××分行高抵字第××××××××号最高额抵押合同为上述债权提供担保，抵押物为×××××区字第 2014 年 01031××××××号。由此可见，××进出口公司向银行提供的担保为真实的抵押担保，银行只要通过行使担保权就可以追回其债权损失。从银行的报案材料中可知，××进出口公司的贷款是在 2015 年 2 月 9 日到期，银行于 2015 年 5 月 11 日就已经向公安机关报案，期间并未通过任何民事救济途径以挽回损失。由于抵押物的价值超过涉案金额，若抵押物变现，银行的债权便得以实现。因此，银行的债权实际上可通过民事救济途径实现，银行的权益并没有被侵犯。

从客观方面分析，梁某某的行为对于银行放贷的影响较小。在向银行贷款的过程中，由吴某某负责贷款业务的总协调工作，吴某某和张某某通知汪某某制作虚假的财务报表，并在该基础上进行修改；林某某负责制作虚假的货物销售清单和虚假的供货合同，并发给张某某审核，审核完成后由吴某某找人制作外国公司的假章盖到供货合同上；谢某某负责制作虚假的船运提单和报关单，洪某某和刘某某负责贷款业务的总对接和协调工作，负责催促银行工作人员早日放款。在银行授信时，张某某负责制作虚假的财务报表，并联系网上的黑中介制作审计报告，全程办理了授信的对接工作。在整个贷款的过程中，梁某某所做的工作，就是向银行的工作人员解释公司的国际贸易背景和平时所做的业务，以及按照艾某某的指示向银行工作人员描述公司进出口业务的流程。公司确实在厦门和平舆等地有加工工厂，也经营有进出口的业务，只是业务量没有达到贷款审批中的数额。可见，梁某某在整个贷款过程中所起的作用较小，即使没有被告人梁某某的存在，银行对该公司的贷款仍然会发放。

梁某某其实也是被其同学兼老板的艾某某所欺骗，从未想过公司会还不上这笔借款。虽然梁某某是公司的副总，但是该公司的实际控制人为艾某某，梁某某只是根据艾某某的吩咐办事。根据洪某某（另案处理）的口供，艾某某原是××银行国际业务部的工作人员，××集团董事局主席，且是多家进出口公司的老总，梁某某作为聘用人员充分相信艾某某有雄厚的财力，有能力还清这笔贷款，从未想过艾某某会还不上这笔贷款。

（三）在银行穷尽民事救济途径追回损失以前，不宜将被告人梁某某的行为作为犯罪处理

首先，本案中，银行并没有穷尽所有办法来追回本息。对银行损失的定义，应当以终点，而不是贷款的起点作为最终损失认定的标准。《中国人民银行贷款风险分类指导原则》（银发［2001］416号）及中国银监会2007年7月3日颁布实施的《贷款风险指引》中将贷款“损失”明确定义为：“在采取所有可能的措施或一切必要的法律程序之后，本息仍然无法收回或只能收回极少部分。”因此，只有在银行穷尽了一切救济方法后，比如提起民事诉讼，强制执行借款者的财产之后，未能收回的那部分本息才属于“直接经济损失”。即，若银行或者其他金融机构并没有穷尽一切救济程序，则不应当认定行为人骗贷造成了重大损失。本案中，银行在没有提起民事诉讼的前提下，便直接进入刑事诉讼程序，也就是没有穷尽所有办法，来追回该公司所欠本息，涉案金额1.27亿元不能认定为最终损失。

其次，若银行通过民事救济途径追回了本息损失，梁某某的行为就不符合骗取贷款罪的犯罪构成要件。根据《刑法》第175条，成立骗取贷款罪需要两个条件，一是行为要素：以欺骗手段取得贷款；二是结果要素：给银行或者其他金融机构造成重大损失或具有其他严重情节。由于银行没有通过行使担保权，变现抵押物的民事途径来挽回自己的损失，故截至目前，还不能对银行的最终损失进行定性。我们认为，如果不考虑最终损失情况认定骗取贷款罪，无疑架空了《刑法》的规定，使得罪刑法定这一刑法基本原则在司法实践中落空。因此，本案宜先由银行行使担保权通过抵押物的变现使债权得以偿还。

在市场经济条件下，银行作为市场主体参与经济活动，不能期待其发放的每一笔贷款都毫无风险，对于可能存在的风险，只要有民事救济的可能，大可通过民事途径解决。因此，辩护人认为，刑法是社会防卫的最后一道防线，不能动辄动用刑事手段介入民商事活动。在民商法已为风险争议设定好解决方案的前提下，轻易动用刑法反而不利于对银行资金的保护。

（四）如构成犯罪，应对被告人以骗取贷款罪定罪量刑

第一，梁某某没有非法占有银行贷款的故意。梁某某仅向银行介绍了公司的进出口贸易背景，没有制作和提交过任何虚假材料，且没有非法占有银行贷款的目的，不符合贷款诈骗罪的构成要件，其行为更宜以骗取贷款罪定性。另外，梁

某某作为聘用人员与老板艾某某之间不具有合谋诈骗的内容及证据，法庭将其行为认定为骗取贷款罪更为妥当。

第二，司法实践中对于提供真实担保物而获取贷款的行为也多以骗取贷款罪处理。最高人民法院的指导性判例明确指出了贷款诈骗罪与骗取贷款罪的不同，本案中，公司提供了真实的担保，且抵押物变现后可足额偿付银行的贷款额，因此，本案若以刑事犯罪处理，梁某某应当被认定为骗取贷款罪。

（五）即使被告人梁某某被认定为犯罪，应当被认定为本案的从犯，应当对其从轻或减轻处罚

（1）梁某某不是公司的实际控制人，没有策划向银行的贷款事宜。艾某某与银行的工作人员联系好贷款业务后，由其对公司的工作人员进行分工，包括梁某某在内的所有人都只是艾某某向银行贷款的工具。

（2）梁某某没有出具过任何虚假资料，即使没有梁某某的存在，贷款仍然会审批成功，其本人在整个贷款过程中所起作用微弱。

（3）梁某某并不控制贷款的流向。在××进出口公司得到银行的贷款后，艾某某作为公司的实际控制人和此次贷款流程的总指挥，由其指示财务吴某某将贷款转入指定的账户，总体控制贷款的去处，梁某某根本不知道贷款的去向，更没有从贷款中获取任何好处。此观点从犯罪嫌疑人吴某某和张某某的笔录中可以得到证实。

（4）梁某某归案以前一贯表现良好，认罪态度好，没有前科。梁某某为××大学的毕业生，文化水平较高，在归案之前没有其他犯罪行为。另外，在办案机关对其讯问时，其坦白陈述案件事实，对办案机关查清案件的来龙去脉起到了很大的推动作用。

综上，辩护人认为，银行首先应当通过民事救济途径，行使担保权来保证债权的实现，在穷尽民事救济无法实现债权时，再通过刑事程序来维护合法权益。即使通过刑事程序处理本案时，也应当将被告人梁某某的行为认定为骗取贷款罪，依法对其从轻或减轻处罚。

**【案例结果】**

河南省洛阳市洛龙区人民法院采纳了辩护人关于被告人梁某某不构成贷款诈骗罪，应按骗取贷款罪处理，系从犯的辩护意见，认定公诉机关指控的贷款诈骗罪不能成立。判决被告人梁某某等人骗取银行贷款数额达人民币126411617.37

元，属于情节特别严重，其行为已构成犯罪。以骗取贷款罪判处被告人梁某某有期徒刑3年，并处罚金人民币10万元。

【司法文书】

洛阳市洛龙区（2018）豫0311刑初26号判决书

【案例评析】

（一）认真分析案情是成功辩护的基石

贷款诈骗罪和骗取贷款罪，两个罪名两字之差，但因为数额特别巨大——案发时达1亿余元，导致刑罚量刑天壤之别。罪名认定的多次波折，反映了本案案情的复杂情况。辩护人多次翻阅卷宗，会见当事人了解案件情况，分析被告人的身份及在犯罪行为中所起的作用，虽然被告人和外逃的老板是大学同学，但被告人在公司中只是聘用人员，代表公司与银行进行接触是其本职工作。贷款的去向被告人也根本不知情，其并不具备贷款诈骗罪犯罪构成中的主观要件——故意犯罪，且以非法占有为目的。本案贷款有抵押物且其价值可以覆盖银行的债权，在穷尽民事救济手段之前能否直接按刑事处理，有相关规定可引用。

（二）严密的法律分析是成功辩护的关键一招

被告人梁某某从公安立案侦查之初便被认定为骗取贷款罪，之后检察院以贷款诈骗罪向法院提起公诉，直至庭审阶段辩护人据理力争，最终被判处骗取贷款罪。贷款诈骗罪和骗取贷款罪之争贯穿了案件始终。在刑法学的定义上，贷款诈骗罪是指以非法占有为目的，使用欺骗办法骗取银行或者其他金融机构的贷款，数额较大的行为。骗取贷款罪是指自然人或者单位以欺骗手段取得银行或者其他金融机构贷款，给银行或者其他金融机构造成重大损失或者有其他严重情节的行为。贷款诈骗罪与骗取贷款罪存在包容关系，亦即，使用欺骗方法获取金融机构贷款的，均成立骗取贷款罪，但是，如果行为人具有非法占有目的，则应认定为贷款诈骗罪。在判断非法占有目的时，除考察行为手段外，还需要考虑以下因素：取得贷款后是否按贷款用途使用；是否使用贷款进行违法犯罪活动；是否携款潜逃；到期后是否积极准备偿还贷款等。对于具有下列情形之一的，应认定为具有非法占有目的：（1）假冒他人名义贷款的；（2）贷款后携款潜逃的；（3）未将贷款按贷款用途使用，而是用于挥霍致使贷款无法偿还的；（4）改变贷款用途，将贷款用于高风险的经济活动造成重大经济损失，导致无法偿还贷款的；（5）为谋取不正当利益，改变贷款用途，造成重大经济损失，致使无法偿还贷款的；（6）使用贷款进行违法犯罪活动的；（7）隐匿贷款去向，贷款到期后拒不偿还的；等等。对于不能证明行为人具有非法占有目的的，不能以贷款诈骗罪论处。

对于因不具备贷款的条件而采取了欺骗手段骗取贷款，案发时有能力履行还贷义务，或者案发时不能归还贷款是由于意志以外的原因，如因经营不善、被骗、市场风险等，只能认定为骗取贷款罪。结合本案案情，被告人梁某某作为公司的一名员工，他仅仅是按照老板的指令行事，从侦查卷宗和讯问笔录中可以得知，公司骗取银行贷款的行为均是在老板艾某某的指挥下进行的。梁某某的工作仅仅是向各个银行解释出口押汇业务的过程，梁某某在公司达成犯罪目的的过程中，影响甚微。除此之外，本案当中，最关键的一点便是××省××文化传播有限公司在××进出口公司和银行的贷款活动中提供担保物的行为。案发后，××进出口公司的犯罪行为已经造成了××市××商业银行1亿多元的损失。但是，抵押担保物的价值远远超过了银行的损失。银行完全可以行使自己的民事权利来达到弥补自己的损失的结果。所以，结合本案案情，在整个犯罪过程中影响甚微、作用甚小的被告人梁某某被认定为贷款诈骗罪有失偏颇。正是由于辩护人在庭审前孜孜不倦地理清案件事实，立足事实紧抓有力证据，凭借严谨缜密的法律分析，该案件才出现了法庭采纳辩护意见更改公诉罪名的判决结果。

**【结语及建议】**

伴随着我国经济的蓬勃发展，近些年经济金融领域刑事犯罪的形态也“日新月异”。一些金融犯罪行为看似披着合法有效的外衣，实际的行为却经不起推敲。本案的重点主要集中在两个方面：第一，案件所涉人员较多，人员的犯罪分工行为各异，反复推敲讯问笔录及现有证据，是理清整个犯罪行为的关键。只有这样，才能更加透彻地了解涉案人员在其中扮演的角色，才能对行为进行准确定性。第二，罪名的认定出现反复，可见案件触碰的是刑法当中争议性比较大的问题。从另一个角度来说，较大的争议性背后也是巨大的可能性，每一位辩护人都可以利用自己的法律逻辑和专业素养来据理力争，由此可见，这也是对辩护人能力的一场高标准检验。

在办案过程中，辩护人积极与梁某某进行沟通，劝导其积极坦白自己的犯罪行为，主动认罪力争宽大处理。与此同时，辩护人主动抓住本案的关键点，发表辩护意见，在罪名之争中有理有据，最终法院在判决中采纳了辩护人的意见，将梁某某认定为骗取贷款罪。

通过这个案件，我们更加深刻地认识到刑辩律师工作的标准性、严苛性和专业性。每一纸刑事判决都像一块块巨石一样压在当事人的肩膀上，既要体现罪行相适应原则，也要重视刑法的谦抑性，防止用刑事手段解决民事纷争。一纸委托书不仅是当事人对我们的信任，更是对我们专业能力的肯定。只有低下头去认真吃透案件的每一处细节，只有沉下心来细细冥思法律规定的每一处不同，我们才能处理好手头的每一起案件，依法发表高质量的辩护意见，供法庭参考。只有在庭审中，控辩双方充分合理地发表各自意见，有理有节地陈述各自论点，才能共同推动法庭作出经得起历史考验的公正判决，体现法律的稳定性、规范性。

## 三、专家点评

本案的情况较为复杂，被告人骗取巨额银行贷款，涉案金额巨大且主犯外逃；银行在有足额抵押物担保债权的情况下，首先选择通过刑事程序挽回损失；本案中各被告人均是以涉嫌犯罪公司的员工身份不同程度地参与了整个犯罪活动的部分环节，因此每一位被告人均具有不同的情况，参与程度不同，影响和作用也不同，这便导致了本案罪名确定的波折情况。辩护人在全面了解案件事实的基础上，运用深厚的法学功底及实践经验，提出辩护意见，认为本案的罪名应定为骗取贷款罪，而不是贷款诈骗罪，进而提出被告人属于从犯的观点，辩护意见被法庭采纳。本案为一起成功的辩护案例。

**【作者简介】**

索亚星，河南广文律师事务所主任。高级律师职称，洛阳市律师协会副会长兼秘书长、洛阳市政协常委、洛阳师范学院兼职教授，省律协民事法律专业委员会主任，洛阳市法学会刑法学研究会副会长，洛阳市人大内司委法律监督咨询专家。

· 32 ·

# 董某伟诈骗案

## ——未与其他被告人形成共同犯罪的意思联络，对其未参与犯罪部分不承担刑事责任

祁冰洋　昝雅青

## 一、案例基本信息

涉案罪名：诈骗罪

办案单位：宜阳县人民法院

结案时间：2019 年 12 月 31 日

结案方式：判决

## 二、案例正文

### 【案情简介】

2015 年 7 月 29 日，被告人张某利在宜阳县白杨镇注册成立了洛阳某丰农业科技有限公司（以下简称洛阳某丰公司），2017 年年初，被告人王某在洛阳某丰公司担任会计。2019 年 4 月 1 日，张某利又在白杨镇注册成立了洛阳某田农业开发有限公司（以下简称洛阳某田公司）。张某利任洛阳某丰公司、洛阳某田公司法定代表人。2017 年 2 月，被告人董某国在嵩县大坪镇注册成立了嵩县某养殖有限公司（以下简称嵩县某公司），董某国为公司实际负责人，王某任法定代表人，被告人杜某利担任公司会计。

2017 年 3 月以来，被告人董某国、张某利以洛阳某丰公司、洛阳某田公司、嵩县某公司为依托，纠集被告人王某、董某伟、李某正、杜某利、孟某刚、徐某朝等人实施诈骗，形成了以董某国、张某利为纠集者的诈骗犯罪团伙。该犯罪团

伙成员以为三个公司建钢结构牛棚、钢结构厂房的名义，相互配合、交叉作案，以交纳报名费、保证金、索要好处费等名目，先后骗取被害人刘某、施某芳等14人现金300万余元以及烟酒、购物卡等物品。本案由宜阳县公安局于2019年11月21日侦查终结移送宜阳县人民检察院审查起诉，宜阳县人民检察院于2019年12月11日向宜阳县人民法院提起公诉。

宜阳县人民检察院2019年12月11日宜检一部刑诉（2019）434号起诉意见书指控：被告人董某国、张某利、王某、董某伟、李某正、杜某利、孟某刚、徐某朝，以非法占有为目的，虚构事实，隐瞒真相，交叉作案，骗取他人财物，其中被告人董某国、张某利、王某、董某伟、李某正、杜某利，数额特别巨大，孟某刚、徐某朝，数额巨大，8名被告人在各自参与实施的犯罪行为中系共同犯罪，被告人杜某利在参与的共同犯罪中起次要、辅助作用，系从犯。被告人张某利、王某、杜某利、孟某刚、徐某朝自愿认罪认罚，签署认罪认罚具结书，可以从宽处理。建议张某利在有期徒刑12~13年量刑，并处罚金；对王某在有期徒刑12~13年量刑，并处罚金；对杜某利在有期徒刑7~9年量刑，并处罚金；对孟某刚在有期徒刑6~8年量刑，并处罚金；对徐某朝在有期徒刑3~4年量刑，并处罚金。建议对董某国在有期徒刑14~15年量刑，并处罚金；对董某伟在有期徒刑11~12年量刑，并处罚金；对李某正在有期徒刑10~11年量刑，并处罚金。

2019年12月13日笔者接受委托后开始为被告人董某伟辩护。

**【辩护要旨】**

1. 公诉机关指控董某伟构成诈骗罪定性不当，依法应当认定为合同诈骗罪。

2. 起诉书指控董某伟涉嫌诈骗的事实及数额缺乏证据支持。

3. 本案属于共同犯罪，董某伟未与其他被告人形成共同犯罪的意思联络，对其未参与部分不承担责任，其在该犯罪中应当按从犯认定。

4. 关于庭审后侦查机关取得的被害人陈述和证人证言，因违反2018年《刑事诉讼法》的程序规定，依法不能采信。

**【辩护意见】**

（一）公诉机关指控董某伟等人构成诈骗罪定性不当，依法应当认定为合同诈骗罪

根据《刑法》第224条规定，合同诈骗罪，是指以非法占有为目的，在签

订、履行合同过程中，采取虚构事实或者隐瞒真相等欺骗手段，骗取对方当事人的财物，数额较大的行为。

结合刑法条文的内涵可以判断合同诈骗罪必须考虑以下几个问题：（1）行为人与被害人之间是否具有合同关系；（2）行为人是否实施与合同内容有关的经济活动；（3）“合同”是否系导致被害人陷入认识错误而作出财产处理的主要原因。

结合本案，被告人具备非法占有目的，所有受害人均与被告人签订了书面的施工合同，多次实施与合同内容相关的经济活动，被害人基于履行合同的目的，陷入错误认识，从而处分自己的财产，完全符合合同诈骗罪的构成要件，应当按照合同诈骗罪定性处罚。

**（二）公诉机关指控董某伟涉嫌诈骗的事实及数额认定上存在错误。本案属于共同犯罪，被告人在特定犯罪中是从中途或后期介入的，未与其他被告人形成共同犯罪的意思联络，对其未介入部分不承担责任**

公诉机关指控董某伟涉嫌犯罪的事实共有6起，分别是周某莲、施某芳、刘某亮、高某山、唐某、魏某忠被诈骗案，但是本案证据指控成立的只有两起：

关于周某莲被诈骗案（第三起犯罪事实、无罪辩护）。起诉书指控董某伟涉及的有22000元及硬中华香烟6条；但周某莲给董某伟、张某利的2万元，因为其表示均在酒店，交付的也是现金，现场只有受害人和被告人，而被告人均不认可该事实，又无其他证据印证，不能排除合理怀疑，该事实依法不应认定。另外周某莲称的6条中华烟是在酒店给的，以及其给付的2000元报名费，只有其陈述，除此之外没有任何证据印证，依法不应认定。因此，董某伟对该起事实不承担责任。

关于施某芳被诈骗案（第四起犯罪事实、罪轻辩护）。起诉书指控董某伟涉及的有102650元及该牛棚花费18400元，香烟9条。但是本案的费用清单系其单方陈述，具有相当的随意性，董某伟予以承担的部分是给其1000元或者700元购买红旗的事实和索要2500元现金及购买一套西服的部分，受害人称在伊龙酒店给其20000元现金，因只有受害人陈述，施某元不在现场只是听说，无其他证据印证，依法不应认定；另外，盖牛棚的价格及购买的钢材方面所涉及的证据形式不合法，不能证明其实际支出。此外，本案退回的148件白酒的价格及给付的路费1000元应当在犯罪数额中扣除。

关于刘某亮被诈骗案（第五起犯罪事实、无罪辩护）。起诉书指控董某伟涉及的有265000元，香烟12条。董某伟出现时双方合同已经签订，而且李某正明确表示是其将刘某亮介绍给张某利，并未介绍给董某伟，张某利的供述说明董某伟未参与20万元的事实，表示15000元也是其个人行为，与董某伟无关，而且董某伟也未参与分成，故董某伟对该起事实不承担责任。

关于高某山被诈骗案（第八起犯罪事实、罪轻辩护）。该起犯罪事实，被告人予以认可，但是其并未直接介绍高某山，也未参与诈骗，而是李某成介绍的高某山，起诉书指控的内容应当予以调整，其在案发后积极退赔，应依法从轻处理。

关于唐某被诈骗案（第九起犯罪事实、无罪辩护）。起诉书指控董某伟涉及的有105000元及九五至尊香烟2条，涉及董某伟的只有每人5000元红包，合计30000元的事实，但是只有受害人供述，没有其他证据印证，不应采信。张某利私下索要的30000元和以过节费名义索要的15000是其单方行为，其供述董某伟未参与，以备案名义索要的30000元董某伟也不知情，故该起犯罪事实董某伟不承担责任。

关于魏某忠被诈骗案（第十起犯罪事实、无罪辩护）。起诉书指控董某伟的有20000元及魏某忠装修花费452011元，其中退赔114900元。用于指控董某伟收受受害人魏某忠2万元现金的证据只有魏某忠和曹某芳的笔录，魏某忠表示给了董某伟，曹某芳只是听说，属于传来证据，无其他证据印证，故指控董某伟收受2万元的事实不能成立。关于受害人装修花费450211元的证据不足，且董某伟到嵩县某公司时已经开工建设，未参与该起事实的诈骗过程，且受害人有履行合同的行为，按照诈骗处理显然不当，故董某伟对该起事实不承担责任。

（三）关于庭审后侦查机关取得的被害人陈述和证人证言，因受害人、证人参与旁听，其新取得的证据违反《刑事诉讼法》的程序规定，依法不应采信

（四）本案董某伟在该犯罪中只是业务员，并非主要成员，也未参与获利分配，在该犯罪中属于从犯，依法应当从轻、减轻处罚

（五）本案随案扣押的与犯罪行为无关的财产应当依法返还

综上，根据《刑法》《刑事诉讼法》及相关法律的规定，请人民法院依法公正处理，体现法律的公平和正义。

**【案例结果】**

2019年12月31日，宜阳县人民法院作出（2019）豫0327刑初536号刑事判决书，对公诉机关指控的大部分事实和量刑建议进行调整，原指控被告人董某伟涉案金额1240389元变更为认定被告人董某伟个人诈骗金额46000元，辅助参与诈骗361600元，同时认定为从犯，已经按照合同履行的部分参照合同诈骗罪从轻处理，对公诉机关建议判处11～12年的建议不予采纳，最终判决被告人董某伟有期徒刑7年，罚金60000元。

**【司法文书】**

宜阳县人民法院（2019）豫0327刑初536号刑事判决书

**【案例评析】**

（一）诈骗罪与合同诈骗罪的辨析

《刑法》第224条规定的合同诈骗罪，是指以非法占有为目的，在签订、履行合同过程中，采取虚构事实或者隐瞒真相等欺骗手段，骗取对方当事人的财物，数额较大的行为。

《刑法》第266条规定的诈骗罪是指以非法占有为目的，用虚构事实或者隐瞒真相的方法，骗取数额较大的公私财物的行为。

由以上规定可以得出合同诈骗罪与诈骗罪的主要区别为，是否实施与合同有关的内容，并且因为履行经济合同陷入错误的认识而处置财产。本案被告人虽然有以非法获利的目的而骗取财物的行为，但也确有履行施工合同的行为，也存在相应工程项目和厂房，并且部分案件也曾按照民事纠纷处理，因此该已经实际履行的部分应当按照合同诈骗罪处理。

（二）认定被告人构成犯罪的证据必须确实、充分，对所认定的事实应排除一切合理怀疑

《刑事诉讼法》第55条规定："对一切案件的判处都要重证据，重调查研究，不轻信口供。只有被告人供述，没有其他证据的，不能认定被告人有罪和处以刑罚；没有被告人供述，证据确实、充分的，可以认定被告人有罪和处以刑罚。证据确实、充分，应当符合以下条件：（一）定罪量刑的事实都有证据证明；（二）据以定案的证据均经法定程序查证属实；（三）综合全案证据，对所认定事实已排除合理怀疑。"

本案涉及的犯罪事实有 13 起，卷宗有 15 本之多，涉案资金超过 300 万元，因侦查期间较短，难免会出现证据不足的情况。笔者通过多次阅卷和会见被告人，发现证据存在重大瑕疵，宜阳县人民检察院指控的大部分犯罪事实，是受害人与被告人之间通过现金一对一交付。卷宗中多次出现受害人与被告人表述不一致的情况，同时受害人提供的书证存在瑕疵和不合法，这就使得证据与待证事实之间缺乏关联性，而且多数证据对证明的犯罪事实不能排除合理怀疑。笔者在辩护中对证据存在的瑕疵大胆质疑和否定，而公诉机关在庭审中无法对证据存在的瑕疵进行补强和合理解释，最终人民法院在判决时几乎全部采纳辩护人的意见。

**【结语和建议】**

本案是公安机关重点办理的在当地较为知名的案件，公安机关在侦查、审查起诉、审判阶段都全程参与跟进，目的就是将该案办成“铁案”。笔者从审判阶段介入该案，接受委托时距离开庭时间只有 10 天，13 起犯罪事实，15 本卷宗，对辩护人来讲要做到有效辩护的困难是巨大的。笔者为了深入了解该案，亲赴嵩县某公司和洛阳某丰农业公司两个涉案现场走访察看，及时调整辩护思路。对犯罪事实存疑的，根据具体情况分别做改变定性、罪轻、无罪辩护。笔者在多次阅卷后对涉案的各项数额及犯罪时间、地点、人物进行统计、罗列、对比，对指控不能成立的犯罪及数额进行排除，最终形成辩护方案，并依据该方案进行辩护，最终做到了有效辩护。

建议刑事辩护人在履行辩护工作中，在对罪名构成要件娴熟的基础上，对案件的定性进行判断。辩护人还要有对事实和证据大胆质疑的胆识和信心，要对卷宗进行详细阅读和对比甄别，运用逻辑思维方法对于证据存疑的指控要大胆否定。同时怀揣公平正义之心，维护法律的正确实施，维护当事人的合法权益，真正做到有效辩护。

## 三、专家点评

证据之辩是刑事辩护中的重要内容。本案辩护人通过对卷宗反复阅读与对证据的仔细甄别，基于证据的判断与运用考量，从被告人被指控罪名、共犯情况、犯罪数额几个方面展开分析。在罪名认定方面，辩护人主张对被告人按照合同诈骗罪进行处理，尽管判决书将被告人的行为认定为诈骗罪，但对按照合同履行的部分参照合同诈骗罪予以从轻处理。在共犯的认定方面，辩护人从被告人在犯罪中是否具有共同犯罪故意、参与共同犯罪的时间等角度进行辩护，对被告人的从轻量刑起到了重要作用。从证据的合法性、关联性等角度出发，辩护人大胆质疑不能达到证据确实、充分的指控犯罪事实，否定不能排除合理怀疑的指控犯罪事实，最终判决书只认定起诉书所指控的较少部分犯罪数额。本案罪轻辩护的着眼点较为精准，较好地实现了有效辩护、精准辩护，从而达到了很好的辩护效果。

**【作者简介】**

祁冰洋，河南明耀律师事务所律师，宜阳县法学会律师学研究会理事。2018年、2019年办理宜阳县全部涉黑恶案6起，宜阳第一涉黑案第一被告人李龙宽辩护人。办理的“善心汇”组织、领导传销活动案为2019年全国十大刑事案件，姚某诉林业局行政诉讼入选指导性案例。

昝雅青，河南明耀律师事务所律师。

# · 33 ·

# 某诺公司骗取贷款案

## ——如何认定骗取贷款罪中的“欺骗手段”

庄红强　王亚静

## 一、案例基本信息

涉案罪名：骗取贷款罪

办案单位：宜阳县人民检察院

结案时间：2020 年 9 月 23 日

结案方式：不起诉决定

## 二、案例正文

### 【案情简介】

某诺公司系洛阳市高新区高科技民营企业，为生产经营需要，于 2014 年 3 月 30 日向洛阳市农村商业银行自贸区支行申请贷款 1000 万元；2015 年 2 月 16 日、2015 年 3 月 6 日、2017 年 8 月 24 日又三次向洛阳市农村商业银行股份有限公司分别申请贷款 500 万元。在申请贷款过程中，某诺公司向银行提供了与其实际控制的商贸公司和自动化公司（其中自动化公司是某诺公司的子公司）的购销合同、虚假的公司利润表，并由另一家高新技术型企业（运营正常）提供保证担保。银行向某诺公司发放贷款共计 2500 万元，贷款均以委托支付的方式进入由某诺公司控制的两公司的账户后再转至进入某诺公司账户，由某诺公司实际使用。每笔贷款到期后，某诺公司与银行多次办理还贷及续贷手续。案发前后该 2500 万元贷款处于续贷状态，利息正常支付。

侦查机关认定：2014 年，某诺公司为发展需要，采取与其控制的两家公司签订产品购销合同的方式，虚构产品交易，骗取洛阳市农村商业银行自贸区支行贷款1000万元。某诺公司及其法定代表人刘某某应按照骗取贷款罪追究刑事责任。

**【辩护要旨】**

不规范的贷款行为，如不足以使银行陷入错误认识而将其认定为发放贷款决定因素的，不能成为骗取贷款中的“欺骗手段”。

**【辩护意见】**

辩护人认为，在案证据只能说明某诺公司、刘某某存在不规范的贷款行为，不能证明犯罪嫌疑人刘某某以欺骗手段取得贷款；且相关不规范行为情节显著轻微、未对金融机构发放贷款产生实质性的“重要作用”，未给金融机构造成重大损失，其未造成危害，不应认为是犯罪。

（一）某诺公司用自己实际控制的两家公司签订购买合同不属于构成骗取贷款罪的“欺骗手段”

《起诉意见书》认定，“某诺公司用自己实际控制的两家公司签订购买合同，用于向洛阳市农村商业银行自贸区支行申请1000万元贷款，系提供虚假材料，骗取贷款”。辩护人认为，上述行为不属于构成骗取贷款罪的“欺骗手段”。

（1）骗取贷款罪所指的“欺骗手段”，应当是足以破坏金融管理秩序的手段。涉案公司及行为人在向银行贷款时，需要出具合同、资信证明、担保财产等一系列的贷款材料。在出具上述材料的过程中，行为人虽然提供的资料有瑕疵或申请贷款的手段有瑕疵，但一方面，该资料或手段的瑕疵不能证明系行为人主观故意下实施的行为；另一方面，该资料或手段的瑕疵行为属于贷款过程中可容忍的瑕疵范围，并未对银行贷款的收回构成巨大风险，未侵犯刑法保护的金融管理秩序等法益，不应认定为是本罪的“欺骗手段”。如果仅仅是提交的材料有瑕疵或虚假，且该材料不足以破坏金融管理秩序，就不构成该罪的“欺骗手段”。“欺骗手段”多种多样，难以完全列举，如虚构担保单位、虚设抵押物等虚假手段。而一般的枝节问题，纵有虚假，因其对是否获取贷款不起决定作用，不应认定为该罪的“欺骗”。骗取贷款罪中，行为人的“欺骗”行为应足以使金融机构产生错误认识，进而提供贷款，也就是说，行为人的欺骗行为与取得贷款之间应当有充分的因果关系。因此，对贷款材料中的枝节不实问题，由于该枝节问题尚不足以使金融机构产生错误认识，不影响贷款发放，因此不能认为行为人的欺骗行为与取得贷款之间有骗取贷款罪中的因果关系，产生的法律关系可以由民事手段调整。如果行为人提供虚假的材料或者陈述与取得贷款没有影响力，或者影响力很小，由于此种情况下金融机构没有产生错误认识，则行为人的欺骗行为与取得贷款的结果之间不具有骗取贷款罪中的因果关系，产生的法律关系也应由民事调整。

（2）本案中，某诺公司提供的与之春商贸公司、自动化研究所有限公司购买合同，系银行为了保证某诺公司的贷款安全，根据合规性要求让某诺公司提供的。在案证据显示，银行发放给某诺公司贷款的支付方式为“受托支付”，即贷款人根据借款人的提款申请，将贷款资金支付给符合合同约定用途的借款人交易对象。《流动资金贷款管理暂行办法》第27条规定：“采用贷款人受托支付的，贷款人应根据约定的贷款用途，审核借款人提供的支付申请所列支付对象、支付金额等信息是否与相应的商务合同等证明材料相符……”根据以上规定，本案贷款必须用于公司的日常生产经营周转，且用途明确、合法，并不要求借款用途“真实”或商务合同“真实”，而仅审核支付对象、支付金额与商务合同等证明材料相符即可，也即形式性审查。事实上，在受托支付的情况下，所有的贷款人都会要求借款人提供自己能够控制的企业和账户，目的就是保证借款人能够支配所贷款项，从贷款人角度来说，是为了保证银行资金的绝对安全。

（3）根据某诺公司与自贸区支行2014年3月签订的《流动资金借款合同》第5条规定，“四、（一）本合同项下借款采用受托支付；……（三）支付管理：1. 在受托支付方式下，贷款人根据借款人提供的资料对支付金额、支付时间、支付对象、支付方式及经办账户进行形式性审查。贷款人完成对上述支付要素的形式性审查认为符合贷款人要求后，将借款资金支付给借款人交易对手。2. 在受托支付方式下，贷款人对上述支付要素的形式性审查并不意味着贷款人对交易的真实性及合法合规性进行确认，也不意味着贷款人介入借款人与其交易对手或第三方的纠纷或需要承担借款人的责任和义务”，该合同条款恰恰证明银行对借款人提供资料仅作形式审查。这说明，在银行发放贷款时，交易的真实性不是银行审查是否应当发放贷款的先决条件，或者说，即便这些要素不真实，也不影响银行决定发放贷款，更不能说银行“陷入了错误认识”。因此，在受托支付情况下，不能因交易资料不真实，就认定其构成骗取贷款罪的“欺骗”。

（4）银行批准本案贷款是基于某诺公司的偿还能力和充足的担保，而非某诺公司与商贸公司、自动化公司的“真实”交易。

根据《流动资金贷款管理暂行办法》第16条之规定，流动资金贷款的发放主要考虑借款人现金流、负债、还款能力、担保这几个因素。本案中，《关于某诺公司的审批意见》显示：“批复如下：一、同意你单位对某诺公司授信1000万元，其中贷款1000万元，用于购电子管＼高频电源，该笔授信由河南某海节能技术服务有限公司提供保证担保，期限2014－3－28至2015－3－27，月利率按10.65%执行；二、限制性条款：（一）信贷业务的发放与支付要严格按照三办法、一指引的相关要求落实；（二）信贷业务办理时，必须确保客户及保证的现状优于或至少不低于授信时经营状况方可办理。”从以上批复内容可知，本案贷款要素中描述了担保人，却根本不显示贷款支付的对象（商贸公司和自动化公司），并强调“必须确保客户及保证的现状优于或至少不低于授信时经营状况方可办理”，说明借款人的经营情况与保证的充足性是本案贷款发放的条件，并非系基于某诺公司提供的材料是否虚假。

（二）即便财务报表与税务报表数据或实际经营状况不一致的情况属实，也不属于骗取贷款罪中的“欺骗手段”

陈某（某诺公司财务人员）说“贷款资料中的数字大一些，按信用社信贷相关人员要求把没有达到报税标准的采购合同数据都加上去，这样看起来报表好看一些，方便贷款”；王某峰（某诺公司财务人员）说“（问：你财务部门制作用贷款的公司财务报表的依据是啥?）没有什么具体的依据，按照银行的要求制作的；我曾经问过银行的客户经理孔某森财务报表能不能少一点，数字太大，他说不能少”。该两份证据证明，对于财务报表中数据与实际经营情况不一致的情形，银行是明知的，甚至是银行工作人员授意的，故不能证明某诺公司对银行实施欺骗。

孔某森（银行信贷人员）说“（问：某诺公司的经营情况是怎么核实的?）我们到公司是实地考察，首先查看水电费并对员工工资进行审核，我们只负责对数据的原件进行核实，目前员工人数从300多人减到100多人，以及现场的经营情况都是按部就班。（问：贷款资金是否安全?）答：某诺公司固定资产较大，也有企业担保，目前我认为贷款资金较为安全。”该证据说明：银行对金诺经营情况的判断是基于实地考察即前述“尽职调查”，认定贷款资金安全与否与公司资产和担保情况有关，而非财务报表的数据。

### （三）现有证据不能证明贷款银行受到“欺骗”

某诺公司自2014年首次申请贷款以来，贷款到期后银行持续为某诺公司批准续贷，某诺公司在办理展期、续贷时使用的申请资料与首次申请贷款提交的资料一致。

2019年2月18日，宜阳县公安局对本案立案侦查；2020年2月19日，公安机关制作《起诉意见书》，将本案移送审查起诉；2020年2月25日，银行在明知某诺公司涉嫌骗取贷款罪的情况下仍然给某诺公司办理了续贷，还款期限分别为2021年2月25日、2022年2月25日。可见，对于银行来说，银行并不认为自己是受欺骗而向其发放贷款，否则，在案发后，银行应当采取措施收回贷款，更不可能在某诺公司申请续贷时重新为其发放贷款。

结合辩护人所提上述（一）、（二）之理由，某诺公司所采用的关联公司交易、虚假财务报表的手段根本不足以使银行陷入错误认识、并在受欺骗的情形下发放贷款，指控某诺公司、刘某某构成骗取贷款罪明显证据不足。

### （四）对某诺公司、刘某某作出不起诉决定，不仅符合法律规定，也符合当前形势下中央“六保六稳”的国家政策

#### 1. 本案符合《刑事诉讼法》第16条规定，属于情节显著轻微、危害不大，不认为是犯罪

如前所述，即便刘某某提供了“虚假合同、与税务机关不一致的财务报表”，因其贷款不是“骗取”而获得，故，无论其数额多少，都已不是罪与非罪、处罚轻重的依据。况且，贷款目前尚未到期，未给银行造成重大损失，未扰乱金融秩序，不具有社会危害性，且作为“受害人”的贷款银行，为了其自身利益不仅收取正常利息，而且还根据洛阳市金融办《洛阳市还贷周转金业务办理流程》办理的“倒贷周转金”为其续贷。根据《人民检察院刑事诉讼规则》第365条“人民检察院对于监察机关或者公安机关移送起诉的案件，发现犯罪嫌疑人没有犯罪事实，或者符合刑事诉讼法第十六条规定的情形之一的，经检察长批准，应当作出不起诉决定”、《刑事诉讼法》第16条“有下列情形之一的，不追究刑事责任，已经追究的，应当撤销案件，或者不起诉，或者终止审理，或者宣告无罪：（一）情节显著轻微、危害不大，不认为是犯罪的”之规定，本案某诺公司、刘某某涉嫌骗取贷款罪一案，不符合起诉条件，应当作出不起诉的决定。

2. 根据最高人民检察院服务保障“六稳”“六保”的相关精神，本案也不宜作为犯罪处理

最高人民检察院《关于充分发挥检察职能服务保障“六稳”“六保”的意见》明确规定：“依法慎重处理贷款类犯罪案件。在办理骗取贷款等犯罪案件时，充分考虑企业‘融资难’‘融资贵’的实际情况，注意从借款人采取的欺骗手段是否属于明显虚构事实或者隐瞒真相，是否与银行工作人员合谋、受其指使，是否非法影响银行放贷决策、危及信贷资金安全，是否造成重大损失等方面，合理判断其行为危害性，不苛求企业等借款人。对于借款人因生产经营需要，在贷款过程中虽有违规行为，但未造成实际损失的，一般不作为犯罪处理。”

很明显，本案某诺公司、刘某某采取的欺骗手段并不属于明显虚构事实或者隐瞒真相，因提供有充足的担保，也不影响银行放贷决策、危及信贷资金安全，且目前并未给银行造成损失，不应作为犯罪处理。

综上，本案所涉“欺骗行为”尚不足以影响银行对某诺公司是否发放贷款，也尚不足以达到构成犯罪的严重性，对某诺公司、刘某某依法作出不起诉决定，不仅有法可依，也符合当今的刑事司法政策。

**【案例结果】**

洛阳市宜阳县人民检察院认为，某诺公司与银行签订合同贷款 2500 万元，用于企业生产经营，虽有提供虚假资料的违规行为，但该贷款有足额担保，未危及信贷资金安全，未造成实际损失，属于情节显著轻微、危害不大、不认为是犯罪。

决定对某诺公司、刘某某不起诉。

**【司法文书】**

宜检二部刑不诉［2020］3 号不起诉决定书

宜检二部刑不诉［2020］4 号不起诉决定书

**【案例评析】**

在企业进行金融贷款的实践中，往往会出现这样的“怪圈”：凡是达到银行批准贷款的财务指标的企业往往没有贷款需求，有贷款需求的企业往往出现了经营状况不佳、运营资金不足的情况，导致反映企业实际经营状况的财务指标达不到银行要求。根据笔者多年为金融机构服务的经历所了解的情况，银行给企业授信或者审批发放贷款时，主要考虑的是贷款能否收回、能否足额收回。因此对是

否批准放贷起决定因素的往往不是贷款企业自身的经营情况，而是看贷款是否具有充足有效的担保措施以确保到期能够收回。尽管根据贷款流程企业仍然要按照银行要求提交财务报表，但实际上各银行仅对财务报表作形式审查，不作为是否发放贷款的主要考量因素。

结合本案，笔者在检察院审查起诉阶段介入本案，发现实际贷款金额为2500万元，且检察机关也认为贷款金额为2500万元，而非侦查机关查明的1000万元，尽管贷款都在持续续贷中，尚不能认定“造成损失”，但根据河南省高级人民法院、河南省人民检察院、河南省公安厅《关于我省适用新刑法有关条款中犯罪数额、情节规定的座谈纪要》的精神，仅从数额上看，就已经达到“其他特别严重情节”的标准，法定刑在3年以上7年以下，在贷款金额这一情节上，事实清楚明确，没有任何辩护的空间，因此，我们决定把案件的突破点放在“欺骗手段”这一行为要素上，将使用关联公司、虚假财务报表的行为定性为“不规范的贷款行为”，不能将其认定为骗取贷款罪中的“欺骗手段”，从而形成前述辩护思路。本案《不起诉决定书》中检察机关认为“虽有提供虚假资料的违规行为，但该贷款有足额担保，未危及信贷资金安全，未造成实际损失”，也证实了该辩护思路是适合本案的。

**【结语及建议】**

在办理此类骗取贷款罪案件时，要立足社会实际状况，了解贷款办理的流程和具体过程，才能抓住核心要素，直击问题的关键。

另外，办理本案时恰逢中央提出“六稳”“六保”的相关意见和精神，最高人民检察院发布了《关于充分发挥检察职能服务保障“六稳”“六保”的意见》，明确提出“对于借款人因生产经营需要，在贷款过程中虽有违规行为，但未造成实际损失的，一般不作为犯罪处理”，为检察机关作出不起诉决定提供了明确的理由和依据。因此，司法刑事政策往往也是影响案件走向的关键，作为刑事律师需要对此特别关注。

## 三、专家点评

骗取贷款罪，是指以欺骗手段取得银行或其他金融机构贷款，给银行或者其他金融机构造成重大损失或者有其他严重情节的行为。从本罪的构成要件看，骗取贷款行为必须“给银行或者其他金融机构造成重大损失”或者“有其他严重情节”，只有具备其中一个要件才能构成该罪。在司法实务中，本罪有扩大适用现象，一旦行为人在申请贷款的资料中有不实情形，很容易被认定为本罪。由于本罪是危害金融管理秩序的犯罪，其构成要件要素的理解必须基于实质解释原则，不得任意扩大或者缩小其含义。本罪的构成既需要欺骗行为，也需要给金融机构造成重大损失或者存在其他严重情节，二者缺一不可。对于欺骗行为，我们不能仅因行为人提供虚假材料就认定为欺骗，我们还需要审查行为人基于什么原因提供虚假材料，金融机构是否产生错误认识，是否基于错误认识发放贷款；重大损失或者其他严重情节的理解需要严格遵守最高人民检察院、公安部制定的《关于公安机关管辖的刑事案件立案追诉标准的规定（二）》第27条的规定。同时，本罪不同于贷款诈骗罪或者其他诈骗犯罪，其主观上不具有非法占有为目的。

**【作者简介】**

庄红强，男，2008年起执业，河南律桓律师事务所主任、洛阳市律师协会刑事法律业务委员会副主任，“2013～2016年河南省优秀刑辩律师”。

王亚静，女，刑法学硕士，2016年起执业，河南律桓律师事务所副主任，2019年“河南省优秀党员律师”。

34

# 马某乙诈骗案

## ——经济交易中诈骗行为的认定

朱赛凤

## 一、案例基本信息

涉案罪名：诈骗罪

办案单位：河南省洛阳市中级人民法院

结案时间：2018 年 11 月 20 日

结案方式：裁定

## 二、案例正文

### 【案情简介】

2014 年 5 月，马某甲和马某乙协助刘某某、范某某等人在安阳市内黄县附近收购干辣椒 631590 斤，价值 4349054 元，以刘某某、范某某名义分别储存在董某某冷库、穆某某冷库、内黄县直属粮库和王某某冷库。2014 年 7 月左右，刘某某、范某某等人签订了合伙证明，后经范某某与马某甲协商，范某某将其持有的合伙收购的 1/3 辣椒份额以 150 万元的价格转让给马某甲，另外又转账给马某甲 50 万元后，马某甲向范某某出具借款 200 万元的借据一张。2014 年 9 月开始，马某甲指使马某乙先将其取得的范某某份额的干辣椒全部卖出后，至 2015 年 6 月，在未经刘某某等人同意的情况下，以银行贷款周转为由，指使马某乙将刘某某等人储存在安阳市内黄县冷库中的干辣椒以每斤 6 元左右全部卖出。后马某甲指使马某乙仍以行情不好、储存的干辣椒尚未出售为由对刘某某等人隐瞒。马某乙扣除仓储费用和劳务费用后，将所卖辣椒款转账给马某甲。经鉴定，马某甲、马某乙卖掉刘某某等人的干辣椒每斤6元，涉案421060斤干辣椒共价值2526360元。刘某某等人在2015年11月得知辣椒被卖，后马某甲、马某乙承认此事，刘某某等人遂于2016年6月29日报案。

2017年1月4日汝阳县人民检察院以汝检诉刑诉［2016］229号起诉书向汝阳县人民法院提起公诉，2017年8月1日汝阳县人民法院作出（2017）豫0326刑初8号判决，马某甲、马某乙不服，向洛阳市中级人民法院提出上诉，2017年10月10日洛阳市中级人民法院作出（2017）豫03刑终436号刑事裁定，裁定撤销原判，发回汝阳县人民法院重新审理，2017年11月10日汝阳县人民法院重新组成合议庭，经汝阳县人民检察院补充侦查后，于2018年7月2日作出（2017）豫0326刑初442号刑事判决，汝阳县人民检察院以（2017）豫0326刑初442号刑事判决认定犯罪事实、程序方面存在错误为由，以汝检诉诉刑抗［2018］1号刑事抗诉书向汝阳县人民法院提出抗诉。

2018年10月25日，洛阳市中级人民法院向洛阳市法律援助中心移送指定辩护通知书等有关材料。2018年10月26日，洛阳市法律援助中心指派河南达兴律师事务所律师为马某乙提供辩护。笔者在办理完援助手续后，到办案单位详细阅读卷宗材料，依法会见了马某乙，并对案件中指控的事实、证据等问题向马某乙进行了详细了解。笔者依据上述资料及马某乙的陈述认为：马某甲引荐范某某等人到内黄县找马某乙帮其收购辣椒、出售辣椒的行为属于正常的民事行为，不存在虚构事实、隐瞒真相，更没有欺骗范某某等人，故对汝阳县人民检察院抗诉书中的抗诉理由不予认同，并且从本案事实上进行分析，认为马某乙的行为不构成诈骗罪。

**【辩护要旨】**

为马某乙做无罪辩护，主要理由为：

1. 马某乙的行为不符合诈骗罪的构成要件；

2. 公诉机关提供的证据不能证实马某乙存在诈骗行为，应当认定为正常的民事行为。

**【辩护意见】**

**（一）马某甲引荐范某某等人到内黄找马某乙帮其收购辣椒储存到冷库的行为，属于正常的民事行为，不构成诈骗罪**

众所周知，诈骗罪是指以非法占有为目的，用虚构事实或隐瞒真相的方法，骗取数额较大的公私财物行为。此罪主观方面表现为直接故意，并且具有非法占有公私财物的目的。客观上具有骗取被害人，使被害人基于错误认识而处分财产的行为。

本案中，马某甲与马某乙之间没有合意非法占有他人财产的主观意愿，不存在共同故意。通过马某乙的供述及马某乙与范某某的陈述、通话录音等证据资料可知：范某某与他人合伙收购辣椒以后，将其自有的1/3份额转让给了马某甲，马某乙在出售辣椒前也给范某某打电话进行了核实，之后马某甲让马某乙出售辣椒，马某乙也仅收取了正常的代理费用，并没有收取其他任何的好处。可见，马某乙不存在非法占有公私财物的目的。且与范某某合伙的刘某某等人已于2017年2月6日向内黄县人民法院提起民事诉讼，请求判决存放辣椒冷库保管人员支付辣椒款。该事实足以说明：马某乙帮助范某某等人收购辣椒存储到冷库的行为，属于正常的民事行为，不存在使用虚构事实或隐瞒真相的方法，骗取数额较大的公私财物行为。

综上，无论是从诈骗罪的客观方面还是从主观方面分析，马某乙的行为都不符合我国刑法规定的诈骗罪特征。故对于抗诉书中“马某甲向刘某某等人隐瞒真相，指使马某乙在2014年9月至2015年6月陆续将辣椒卖掉，将所得辣椒款非法占为己有，诈骗犯罪已经既遂。本案的被害人不管是刘某某，还是仓库管理人，也不管最终损失由谁承担，都不能影响对马某甲、马某乙犯诈骗罪的认定”不予认同，请求二审法院在查清案件事实的基础上，对抗诉机关的该抗诉理由，依法不予采信。

（二）从本案的事实上分析，马某乙的行为不应认定为诈骗行为

2014年5月，马某甲带着范某某、刘某某到内黄县，让马某乙帮助其收购存货。在收购干辣椒期间，范某某、刘某某跟马某甲说，他们在干辣椒生意上面都不懂，让马某甲多操点心。后来，马某甲让马某乙出售辣椒时，马某乙向范某某核实，在得知马某甲已取得了范某某合伙人身份的情况下，才到仓库取出干辣椒进行出售。按照内黄当地的交易习惯，无论合伙人有多少个，仅需要合伙人的领头人决定后即可执行，所以之后马某甲让马某乙出售干辣椒时，马某乙并未向刘某某等人核实情况，而是直接按照马某甲的要求出售干辣椒，并将款项交给马某甲。可见，马某乙的行为不应当认定为诈骗行为。

另外，由于马某乙对马某甲、范某某、刘某某等人之间是什么关系，他们合

伙人之间的内部如何约定统统不清楚，所以当范某某明确告知不让马某乙将其辣椒卖给马某甲的事情告诉刘某某等人，以及马某甲明确告知不让马某乙将出售干辣椒一事告知刘某某等人时，马某乙均照做了。这从马某乙的认知能力及注意义务来讲，其已经核实了马某甲的合伙人身份，且马某甲已向马某乙出具了书面材料，证实此事与马某乙无关，责任由马某甲一人负责。故马某乙将干辣椒出售后将款项交给马某甲的行为，属于正当的交易行为而非诈骗行为。请求二审法院依法认定马某乙不存在诈骗行为，不构成诈骗罪。

（三）关于程序问题

卷宗材料中有刘某某等人向仓库管理者主张权利的民事诉状，无论这个案件的判决结果如何，都可以说明：本案为民事案件，刘某某等人的损失已向仓库管理者进行主张的事实。刘某某等人在一审时提交的陈述意见书中，明确表明马某甲、马某乙没有对其实施虚构事实或隐瞒真相的诈骗行为，请求不予认定刘某某为被害人，更加印证了本案应属于民事纠纷，故一审法院不存在程序错误的问题。

综上所述，一审法院认定事实清楚，证据确实充分，请求二审法院对抗诉书中陈述的理由不予采纳，并依法维持一审判决结果。

**【案例结果】**

河南省洛阳市中级人民法院认为，原审被告人马某甲介绍并帮助范某某、刘某某等人到内黄县，找经纪人马某乙帮助收购辣椒，范某某等三人签订合伙协议之后，范某某将自己的份额转让给马某甲并实际履行，使马某甲取得 1/3 辣椒份额，马某甲指示马某乙出售合伙人收购的辣椒，马某乙事先向范某某核实了马某甲的合伙人身份，马某乙尽到了注意义务；马某甲辩解出卖辣椒是经过合伙人刘某某、史某某同意的，虽未得到刘某某、史某某承认，但刘某某等合伙人发现并责问马某甲处分合伙人财产的事实时，马某甲承认并有还款和以物抵债行为，足以说明马某甲的行为系不经协商同意，私自授权马某乙处分合伙人共同财产的民事行为。因此，原审被告人马某甲、马某乙的行为均不构成诈骗罪，对原审被告人及辩护人无罪的意见，予以采纳。抗诉机关提出原审被告人马某甲、马某乙犯诈骗罪的理由不能成立，不予支持。依照《刑事诉讼法》第 236 条第 1 款第 1 项之规定，裁定如下：驳回抗诉，维持原判。

【司法文书】

河南省汝阳县人民法院（2017）豫0326刑初442号刑事判决书

河南省汝阳县人民检察院汝检诉诉刑抗［2018］1号刑事抗诉书

河南省洛阳市中级人民法院（2018）豫03刑终467号刑事裁定书

【案例评析】

（一）诈骗罪的法律分析

《刑法》第266条规定："诈骗公私财物，数额较大的，处三年以下有期徒刑、拘役或者管制，并处或者单处罚金；数额巨大或者有其他严重情节的，处三年以上十年以下有期徒刑，并处罚金；数额特别巨大或者有其他特别严重情节的，处十年以上有期徒刑或者无期徒刑，并处罚金或者没收财产。本法另有规定的，依照规定。"本罪必须符合以下4个要件：一是诈骗罪的主体为一般主体，凡达到法定刑事责任年龄、具有刑事责任能力的自然人，均能构成本罪。二是诈骗罪的主观方面表现为直接故意，并且具有非法占有公私财物的目的。三是诈骗罪侵犯的客体是公私财物所有权。四是诈骗罪在客观上表现为使用欺诈的手段骗取数额较大的公私财物。首先，行为人要实施欺诈行为，欺诈行为形式上包括两类，一类虚构事实，另一类是隐瞒真相；其次，欺诈行为使对方产生错误认识；再次，要求被害人陷入错误认识之后进行财产处分；最后，被害人作出行为人所希望的财产处分行为，从而使被害人的财产受到损害。根据本条法律的规定，诈骗公私财物数额较大的，才构成犯罪。

（二）刑事欺诈与民事欺诈的界限

民事欺诈行为，是指在民事活动中，一方当事人故意采取欺骗方法，诱使对方陷入错误认识，从而达到引起一定民事法律关系的不法行为。民事欺诈和诈骗罪都可表现为在经济活动中采用欺骗方法取得对特定财物的不法占有状态。在司法实践中，由于产生诈骗的动机、目的、手段及后果纷繁多样，极易与民事法律关系中的民事欺诈等不诚信行为相混淆。但是，两者之间是有区别的：首先，民事欺诈行为的当事人采取欺骗方法，旨在诱使对方陷入认识错误并与其交易从而获取一定的经济利益，不具有非法占有公私财物的目的；而诈骗罪实施欺骗的目的是让对方陷入错误认识而处分财产，从而达到非法占有公私财物的目的；其次，民事欺诈行为人在签订合同之后，总会以积极的态度创造条件履行合同；诈骗行为人没有履行诚意或履行能力，即使有一点履行合同的行为，也是象征性的

"虚晃一枪"；最后，民事欺诈行为人为了减轻责任可能进行一定程度的辩解，但不会逃避承担责任；而诈骗行为人则是逃避自己的责任，最终使对方遭受损失。区分这两者之间的根本界限在于：是否具有非法占有的目的。根据主客观相一致的原则，"以非法占有为目的"的认定既要避免单纯根据损害后果进行客观归罪，也不能仅凭行为人自己的供述证明，而必须坚持在客观基础上的主观判断，即行为人的主观心理状态，必然通过一系列外化的客观行为表现出来，我们可以根据其客观行为表现以及行为效果，在查明客观事实的前提下，根据一定的经验法则或者逻辑规则，推定行为人的主观目的。

通过上述分析可知，判断"以非法占有为目的"主要包括以下几点：（1）行为人事前有无归还能力；（2）行为人事中有无积极归还或者消极不归还行为或者编造事实、隐瞒真相，拖延归还被害人的财产等；（3）行为人事后处分财物及对他人财产损失的态度。需注意的是，行为人仅具有上述一种情形，并不意味着其一定具有非法占有目的，只有结合其他事实，才可认定行为人具有非法占有目的。

众所周知，刑事案件定罪量刑的标准要远远高于高度盖然性，达到排除合理怀疑的证明标准。结合本案的具体情况来看，被告人马某乙已经核实了马某甲的合伙人身份，其按照马某甲的指示，将辣椒卖出后便将款项全部交给马某甲的行为完全符合民事交易习惯，而现有证据无法证实被告人马某乙存在非法占这样的目的，根据我国2012年《刑事诉讼法》第55条之规定：对一切案件的判处都要重证据，重调查研究，不轻信口供。只有被告人陈述，没有其他证据的，不能认定被告人有罪和处以刑罚。故本案马某乙不构成诈骗罪。

**【结语及建议】**

民事欺诈属于民事不法行为，刑事欺诈属于刑事犯罪，两者之间虽存在重大区别，但在司法实践中由于二者的不易区分性，致使公安机关有意无意地介入了相当一部分民事纠纷案件，此类实质上的民事案件按照刑事诈骗类罪名流向检察机关、审判机关，导致了法律适用错误等情况的出现，并且损害了司法的权威性。笔者认为：在此类刑事案件中，控方的有罪指控与辩方的无罪辩解，很多都是集中在行为人是否具有诈骗的主观故意及是否具有非法占有为目的上，建议：相关部门能够通过典型案例分析诈骗罪与民事欺诈之间的区别，这样有利于在司法实践中厘清诈骗犯罪与民事欺诈的界限，从而为正确地认定刑事欺诈犯罪提供理论依据，以便在今后的刑事犯罪中做到不枉不纵。

## 三、专家点评

诈骗罪与民事欺诈的区分一直是刑事司法实践中的疑难问题，难点是当有经济往来时是否还可以认定为诈骗罪。犯罪的认定依据是犯罪构成，行为人的客观行为只要符合诈骗罪的构成要件就应当认定为犯罪。本案辩护人抓住了诈骗罪中“以非法占有为目的”要件进行分析，在现有客观证据基础上论证了被告人马某乙是按照民事交易习惯将出卖辣椒款如实交付给了马某甲，并没有非法占有的目的，从而否认了诈骗罪的成立，取得了预期的法律辩护效果。

**【作者简介】**

朱赛凤，河南达兴律师事务所专职律师。

# · 35 ·

# 赖某某诈骗案

## ——单纯提供网络链接，处于被利用地位，不具有非法占有他人财物目的，不应当认定为诈骗罪

远利杰

## 一、案例基本信息

涉案罪名：诈骗罪

办案单位：洛阳市涧西区人民法院

结案时间：2018 年 7 月 20 日

结案方式：判决

## 二、案例正文

### 【案情简介】

赖某某 2017 年 6 月 2 日因涉嫌诈骗罪被洛阳市某公安分局刑事拘留；2017 年 7 月 6 日因涉嫌诈骗罪、侵犯公民个人信息犯罪被某市公安分局执行逮捕。2018 年 1 月 9 日，侦查机关在起诉意见书中指控：2016 年 12 月 26 日，被害人使用手机在互联网上通过点击广告链接跳转进入某个办理信用卡的诈骗网站，并在该网站上留下姓名、身份证号码、住址、电话等个人信息。次日有犯罪分子主动与受害人联系，在收取 300 元资料费后给受害人一张伪造的假信用卡，以担保费、押金等名义骗取受害人 9000 元。检察机关认定该诈骗网站由被告人赖某某制作运营，且通过诈骗网站，非法获取受害人个人信息后提供给“金宝来”公司用以实施网络诈骗，赖某某通过收取客户的推广费谋取利益。自 2016 年 5 月至 2017 年 4 月，赖某某收取费用共计 240.31 万元。赖某某推广的诈骗网站访问

量为6114037次。

2018年1月9日，公诉机关提起公诉指控：被告人赖某某骗取他人财物，数额较大，应当以诈骗罪追究其刑事责任。赖某某向他人出售或者提供公民个人信息，情节特别严重，应当以侵犯公民个人信息罪追究其刑事责任。2018年春节前，大鑫律师事务所接受赖某某亲属的委托，指派笔者为嫌疑人提供审查起诉和审判阶段的刑事辩护服务。

**【辩护要旨】**

严格区分利用网络犯罪与合法的民事中介行为，检察机关起诉书的指控缺乏事实依据，证据严重不足。

**【辩护意见】**

本案被告人租用服务器，然后联系广告推广公司，收取客户定作费都是善意的商业行为，让广告推广公司制作可以跳转到办理信用卡的诈骗网站的链接。被告人再将他人制作的链接域名和后台管理账号卖给客户，收取一定的费用也是善意的。诈骗分子利用跳转链接，使受害人点击链接就连接到了诈骗分子制作的诈骗网站，诈骗网站带有留言板功能，留言板会记录有办理信用卡意向的受害人（访客）的个人信息。

辩护人认为，赖某某的行为不成立诈骗罪。在本案中，受害人点击诈骗网站的行为是善意的，赖某某转售“网络链接”的行为也是善意的，是诈骗分子对受害人和赖某某隐瞒了诈骗的真相，赖某某和受害人一样都是被蒙蔽的善意人。赖某某既没有设立诈骗网站，也没有使受害人陷入任何错误认识，赖某某转售的“链接”是合法公司的技术，不会导致任何受害人错误处分自己的财物。并且，公诉机关对被告人涉嫌诈骗罪的指控缺乏事实依据，存在严重的证据不足问题。因此，被告人被利用的善意行为，不该评价为诈骗犯罪。综上，人民法院是司法公正的最后一道防线。根据我国《刑法》《刑事诉讼法》《律师法》及相关法律的规定，应准确评价赖某某的善意行为，不应盲目扩大诈骗罪的入罪门槛。

**【案例结果】**

2018年7月21日，河南洛阳市某区人民法院（2018）豫0305刑初70号判决书认定，公诉机关指控被告人赖某某构成诈骗罪，证据不足，本院不予认定。

**【司法文书】**

河南省洛阳市某区人民法院（2018）豫0305刑初70号刑事判决书

## 【案例评析】

《刑法》第266条规定的诈骗罪，是指以非法占有为目的，用虚构事实或者隐瞒真相的方法，骗取数额较大的公私财物的行为。刑法上的诈骗行为形式上包括两类，一类虚构事实，另一类是隐瞒真相，二者在实质上都是使被害人陷入错误认识的行为。因此不论是虚构、隐瞒过去的事实，还是现在事实与将来的事实，只要具有上述内容的，就是一种诈骗行为。诈骗行为使对方产生错误认识。对方产生错误认识是行为人的诈骗行为所致，即使对方在判断上有一定的错误，也不妨碍诈骗行为的成立。在诈骗行为与对方处分财产之间，必须介入对方的错误认识。如果对方不是因诈骗行为产生错误认识而处分财产，就不成立诈骗罪。成立诈骗罪必须使被害人陷入错误认识之后作出了财产处分行为。诈骗行为使被害人处分财产后，行为人便获得财产，从而使被害人的财产受到损失。现实中，网络诈骗、电信诈骗等犯罪，使很多人失去了一生的积蓄和救命钱，甚至家破人亡，社会危害性极大。一旦被认定为诈骗罪，行为人就会受到很重的刑事处罚。

赖某某实施的转售合法技术的行为与通常情况下诈骗犯罪采用虚构事实、隐瞒真相的欺骗手段骗取被害人财产的诈骗行为有根本区别。赖某某没有虚构任何事实和隐瞒任何真相，将后犯罪行为倒推和否定前边的善意行为，且直接指控前善意行为是犯罪，没有法律和事实依据，所以，指控赖某犯诈骗罪，证据明显不足，不能认定为犯罪。人民法院最终对将被处以刑罚的善意行为，说了“NO”。

## 【结语及建议】

本案是一起法院不支持将被告人认定为网络诈骗犯罪的典型案件，辩护人最终达到了委托人被无罪处理的辩护效果。本案在侦查期间，赖某某自己有两次承认有诈骗他人的供述，表面上看，受害人受骗的网站，是网络链接引导的，如果没有网络链接，受害人就不会上当受骗。但受害人付出财产是基于相信了诈骗网站的引导，才一步步钻入了骗子的圈套。受害人上当的原因不是由于点击网站链接，而是进到骗子网站后，被蒙骗办理信用卡上了当。赖某某没有虚构任何事实和隐瞒任何真相，赖某某实施的转售合法链接技术不可能引起受害人办理信用卡的意愿，诈骗犯罪采用的虚构事实、隐瞒真相骗取被害人财产的诈骗行为与赖某某的转售行为明显有根本区别，前行为是善意的，后行为是违法的，而将后犯罪行为倒推和否定前边的善意行为，且直接指控前善意行为是犯罪，没有任何法律和事实依据。所以，指控赖某某犯诈骗罪，证据明显不足，不能认定为犯罪。

最后，笔者充分利用受害人和赖某某的行为均为善意行为这个辩点，最后提出了“很抱歉，对于被利用的善意行为，法律当说“NO!”，赖某某不能认定为诈骗罪的辩护意见，最终得到了法院的支持，有力地促成了赖某某得到公正处理的结果。

建议刑事辩护人履行辩护工作中，对罪名涉及的犯罪事实要逻辑清晰，对于相关的法律规定要烂熟于胸，在此基础上，娴熟运用辩护技巧，充分维护每一个当事人的合法权益，使法律真正地体现出应有的公平和公正。

## 三、专家点评

通说认为，诈骗罪的基本行为构造是：行为人以非法占有为目的实施欺诈行为→被害人产生错误认识→被害人基于错误认识处分财产→行为人取得财产→被害人受到财产上的损失。该构造中，每一个阶段与其后续阶段都存在典型的引起与被引起的逻辑联系，即刑法上的因果关系。否则，即便行为人实施了欺诈行为，但并未将该欺诈行为用于欺骗被害人；或被害人虽然实际交付了财产，但却不是由于受到欺诈陷入错误认识，继而基于错误认识处分财物都不能认定成立诈骗罪。就本案而言，赖某某没有虚构任何事实和隐瞒任何真相，其实施的转售合法链接技术不可能引起受害人办理信用卡的意愿，受害人上当的原因不是由于点击网站链接，而是进到骗子网站后，被蒙骗办理信用卡上了当，因此，被害人财产损失与赖某某行为之间没有刑法上的因果关系，故不构成诈骗罪。辩护人紧扣犯罪构成，精细辩护值得称道。

**【作者简介】**

远利杰，河南大鑫（郑州）律师事务所主任，河南法制建设委员会副会长。2014 年和 2015 年连续两年被中国法学会评为全国优秀刑事辩护律师；2018 年 7 月抱住杯全国律师刑事辩论赛冠军，曾参与洛阳市依法保障律师执业权利实施办法的起草工作。

· 36 ·

# 赵某诈骗案

## ——利用合同诈骗应定性为诈骗罪还是合同诈骗罪

张金明

## 一、案例基本信息

涉案罪名：诈骗罪

办案单位：洛阳市西工区人民法院

结案时间：2019 年 5 月 9 日

结案方式：判决书

## 二、案例正文

### 【案情简介】

2017 年 3 月，赵某以虚构的某建筑工程有限公司委托代理人的名义，与被害人邓某签订了关于洛阳某广场某某家园东区主楼及地库项目水电安装劳务施工合同，先后以“工程定金”“工程保证金”的名义收取邓某 75000 元。赵某收款后，以各种理由推脱，既不交付工程，也不退还邓某上述款项。直至同年 10 月，邓某无法与赵某取得联系。2017 年 10 月 12 日，洛阳市公安局金谷分局接到邓某的报案，于同年 10 月 16 日对赵某涉嫌诈骗罪立案侦查。2018 年 7 月将犯罪嫌疑人赵某抓获归案，同年 9 月 12 日侦查终结。

2018 年 9 月 17 日，洛阳市西工区人民检察院在洛西检诉刑诉［2018］260 号起诉书中指控：赵某虚构某建筑工程有限公司并谎称其是该公司的委托代理人，对外宣称具有洛阳某广场某某家园东区主楼及地库项目水电安装工程发包权，同被害人签订《劳务施工合同》，以“工程定金”“工程保证金”名义骗取邓某与其合伙人鲍某75000元的行为已经构成诈骗罪，移送洛阳市西工区人民法院提起公诉。

2018年11月22日，笔者接受其近亲属的委托，为嫌疑人赵某提供刑事辩护。接受委托后，笔者在多次详细阅卷和会见当事人的基础上，又数次与承办该案件的法官联系，就案件涉及的事实、证据和法律适用问题进行了有效的沟通。2018年11月29日，笔者向审判机关提交了专业审慎的辩护意见，核心观点即是：合同诈骗罪应重点关注通过合同实施诈骗的行为。本案中赵某符合合同诈骗的构成要件而非普通的诈骗犯罪，公诉机关控诉赵某行为属于诈骗罪，忽视了赵某通过虚构单位与邓某订立合同的行为。笔者认为，邓某以非法占有为目的，在签订、履行合同的过程中，以虚构事实或隐瞒真相的方法骗取他人财物的行为，应属于合同诈骗行为。量刑方面，笔者认为赵某存在法定的量刑情节，应当酌定从轻、减轻处罚。

2019年5月9日，洛阳市西工区人民法院（2018）豫0303刑初288号判决书充分考虑和采纳了笔者的意见，对被告人赵某犯罪行为认定为合同诈骗。

**【辩护要旨】**

合同诈骗罪与诈骗罪的区别在于是否利用“合同”进行诈骗。合同诈骗罪的合同体现的是市场主体之间反映市场交易行为、具有经济目的的交换活动。

**【辩护意见】**

本案中，在定罪方面，笔者通过查阅卷宗，对公诉机关指控被告人赵某诈骗罪的罪名提出了异议。《刑法》第224条关于合同诈骗的规定为：“……以非法占有为目的，在签订、履行合同过程中，骗取对方当事人财物，数额较大的，处三年以下有期徒刑或拘役，并处或者单处罚金；数额巨大或者有其他严重情节的，处三年以上十年以下有期徒刑，并处罚金。……”本案中赵某的行为完全符合其规定的第一种情形“以虚构的单位或者冒用他人名义签订合同的”。合同诈骗罪是指以非法占有为目的，在签订、履行合同过程中，以虚构事实或隐瞒真相的方法骗取他人财物的行为。对于公诉机关查明的被告人虚构事实以及骗取他人财物的行为，笔者不持异议。

笔者认为，合同诈骗与诈骗罪的区别在于是否利用“合同”进行诈骗。合同诈骗罪的合同体现的是市场主体之间反映市场交易行为、具有经济目的的交换活动。赵某作为该施工方的班组成员，其本人并无分包权，其对外宣称要分包该施工工程，其针对的是不特定的社会公众，符合市场交易行为。被害人邓某、鲍某基于对被告人赵某欺骗行为的错误认识进而订立的《劳务施工合同》。由此可见赵某与被害人之间的行为符合合同的经济目的性质，符合在合同签订、履行过程中进行诈骗的外在行为表现。

关于本案的量刑方面，笔者提出几点酌定从轻、减轻的量刑情节。首先，被告人赵某属于初犯、偶犯，无其他犯罪记录。赵某在订立合同时存在欺骗行为，但合同内容是现实存在的，其欺骗的手段轻微，主观的恶性不大。依据最高人民法院《关于贯彻宽严相济刑事政策的若干意见》的精神，对于犯罪的初犯、偶犯，应当综合考虑其犯罪动机、手段情节、后果和犯罪时的主观状态，酌情予以从宽处罚。其次，赵某被采取强制措施后，主动配合侦查工作，如实交代案件经过，对自己的犯罪行为没有丝毫隐瞒和回避且当庭认罪，依法应当对其从轻处罚。

综上，笔者根据我国法律的相关规定，在法院审理过程中，准确对赵某实施欺骗行为进行认定，最终获得法院对笔者观点的认可。

**【案例结果】**

河南省洛阳市西工区人民法院（2018）豫 0303 刑初 288 号刑事判决书判决（1）被告人赵某犯合同诈骗罪，判处有期徒刑一年零 6 个月，并处罚金人民币 3 万元；（2）被告人赵某退缴 10000 元依法发还给被害人邓某；（3）责令被告人赵某于本判决生效后退赔邓某损失人民币 65000 元。

**【司法文书】**

河南省洛阳市西工区人民法院（2018）豫 0303 刑初 288 号刑事判决书

**【案例评析】**

结合本案，依据《刑法》第 266 条规定，诈骗罪是指以非法占有为目的，在签订、履行合同过程中，使用虚构事实、隐瞒真相等欺骗手段骗取对方当事人财物，数额较大的犯罪行为。其构成要件为：（1）行为人实施欺骗的行为；（2）被害人基于该欺骗行为而陷入错误的认识；（3）基于该错误的认识给予行为人财物；（4）行为人收受了该财物。主客观认识统一的情形下，符合普通诈骗罪的构成要件。

合同诈骗与普通诈骗虽罪名相似但其本质有着较大不同。首先，体现在侵犯客体上的不同：在客体上，诈骗罪只侵犯了公私财产的所有权，属于简单客体；

合同诈骗不仅侵犯了公私财产的所有权，而且侵犯了市场的交易秩序和国家的合同管理制度，属于复杂的客体；这也是合同诈骗属于破坏社会市场经济秩序犯罪的原因所在。其次，两者的客观方面：诈骗罪主要表现为行为人采取欺骗行为，使受害人产生错误认识而交付财产，其欺骗手段多种多样，不限于在签订、履行合同中；合同诈骗罪是行为人在签订、履行合同过程中，采取虚构事实和隐瞒真相等欺骗手段，骗取合同当事人财物的行为。因此合同诈骗罪的手段，仅限于在签订、履行合同过程中，利用合同手段骗取公私财物的行为。由此，合同诈骗罪与诈骗罪的区别关键在于：诈骗行为是否发生在签订、履行合同中，利用合同的形式骗取公私财物或者财产性利益，或者是否以合同这种交易形式为名进行的。

本案中，被告人赵某虚构某建筑工程有限公司并谎称其是该公司的代理人，使用该公章与被害人邓某签订《安装工程劳务施工合同》，其目的是让对方相信自己具有履约的能力，其合同中的内容符合原《合同法》规定的各种要件。赵某作为施工方的班组成员，分包该工程，虽缺乏授权行为，但符合市场经济的交易行为。赵某在办公室签订合同以及对宣传其目的是让被害人陷入错误的认识，被害人基于错误的认识给予了赵某财物。因此赵某符合在合同签订、履行过程中进行诈骗的构成要件，属于合同诈骗罪。

综上，刑法对普通诈骗罪和合同诈骗罪虽未做细致的区分，但在司法实践中我们应不断深化对该犯罪行为的认识，牢固树立维护法律公平正义的价值观。

**【结语及建议】**

本案是一起公诉机关与辩护人在罪名认定上存在较大争议，法院最终认可辩护人辩护意见，改变案件罪名的典型案例。笔者始终坚持刑法理论与实践相结合的理念，为当事人提供优质的法律服务，捍卫法律赋予当事人的合法权利。

**【结语及建议】**

一位优秀的法律工作者既要具备夯实的刑法理论基础，也要具备丰富的实践经验。要不断在实践中深化对刑法的理论认识，在刑法理论中优化实践操作，精准辩护。

## 三、专家点评

合同诈骗罪与普通诈骗罪通常被认为是一种特别法与普通法的关系。符合合同诈骗罪的行为，也会符合诈骗罪的犯罪构成。符合普通诈骗罪的犯罪构成，并且使用合同的形式进行诈骗的，通常也可以认定为合同诈骗罪。合同诈骗罪的犯罪客体方面属于复杂客体，包括国家对经济合同的管理秩序和公私财物所有权。而普通诈骗罪的犯罪客体是公私财产所有权。本案中，被告人的诈骗行为发生在“签订、履行合同的过程中”，其行为符合合同诈骗罪的犯罪构成，应当认定为合同诈骗罪，应当依据特别法进行惩处。本案辩护人通过对被告人犯罪事实和合同诈骗罪、诈骗罪的仔细考量，把握住两罪之间的差异，从客观方面的“合同”诈骗着眼，准确把握辩点，最终实现了罪轻辩护的效果。

**【作者简介】**

张金明律师，法学本科学历，河南新企合律师事务所刑事部主任。

# · 37 ·

# 何某诈骗案

## ——经济纠纷与诈骗罪如何进行区分

王　森　乔晓敏

## 一、案例基本信息

涉案罪名：诈骗罪

办案单位：洛阳高新技术产业开发区人民检察院

结案时间：2016 年 4 月 22 日

结案方式：不起诉

## 二、案例正文

### 【案情简介】

2012 年年底，洛阳某环保工程有限公司总经理史某认识了北京某科技发展有限公司法定代表人何某、中国某国际工程有限公司评标专家库的专家成员杨某，何某和杨某两人系夫妇。

2013 年 2 月，史某与何某、杨某夫妇签订合作协议约定共同合作。2013 年 3 月至 2013 年 10 月，杨某、何某先后 4 次收到史某所在企业支付的“技术服务费”共计 223.8 万元。其间，史某所在企业就其投标过程中遇到的问题咨询杨某及其所在单位工程师并拜托其提供专业、建设性建议。为此，在对投标工程做前期调研时杨某曾多次协助并帮助介绍相关人员等。

2014 年 3 月双方发生纠纷，2015 年 2 月史某所在的洛阳某环保工程有限公司以其董事长李某的名义在北京市朝阳区人民法院起诉何某及其所在企业。2015 年 5 月法院开庭审理后未支持史某所在企业的诉求。之后 2015 年 5 月，史某在洛阳市公安局高新分局报警，洛阳市公安局高新分局对杨某、何某诈骗案立案。2015 年 11 月 27 日案件侦查终结，洛阳市公安局高新分局作出高新公（案）诉字〔2015〕0091 号起诉意见书，认定犯罪嫌疑人何某的行为已经触犯《刑法》第 266 条之规定，涉嫌诈骗罪，决定移送洛阳市高新技术产业开发区人民检察院审查起诉。

在审查起诉阶段，笔者接受何某亲属杨某的委托担任其辩护人。在仔细阅读卷宗并查看相关证据之后，笔者多次会见犯罪嫌疑人何某，详细了解双方纠纷的细节。笔者认为，犯罪嫌疑人何某实际控制的北京某科技发展有限公司和河北某建筑公司与报案人史某实际控制的洛阳某环保工程有限公司之间存在多项真实的业务合作，《起诉意见书》中指控何某犯诈骗罪存在诸多事实不清、证据不足且相互矛盾之处，无法排除双方属于经济纠纷的合理怀疑，依法可不予起诉。

2015 年 12 月 21 日，笔者向洛阳市高新技术开发区人民检察院提交了专业的审查起诉阶段的辩护意见。辩护意见的重点内容为：双方之间合作协议的内容主要为技术型服务，何某及其所在企业主要负责在投标过程中给史某所在企业提供专业、谨慎的意见，其无法保证也无法影响最后的中标结果。何某及其所在企业已经完全履行合作协议中约定的内容，提供了相应的技术支持，至于后期是否中标其并未承诺也无法左右。何某主观上没有欺诈的故意，客观上没有欺骗的行为，也没有让对方陷入认识错误或者维持认识错误的行为，双方仅仅存在经济纠纷，并未产生刑法上的诈骗。与此同时笔者还递交了取保候审申请书，为犯罪嫌疑人何某申请取保候审。

2016 年 4 月 22 日，洛阳市高新技术开发区人民检察院采纳了笔者的意见，作出洛开检诉刑不诉〔2016〕1 号决定书决定对何某不起诉。

**【辩护要旨】**

是否构成诈骗罪，要严格按照犯罪构成要件，结合具体案情进行分析。双方有具体的合作行为，但合作目的未达成，不能因此而否认一方在合作过程中付出的劳动，将经济纠纷与刑事案件混淆，认定存在欺诈行为。

**【辩护意见】**

本案中，嫌疑人何某并未和杨某共谋，通过主观的欺骗故意，客观的欺骗行为，使报案人史某产生错误的认识并根据错误认识而处分财产。双方之间的技术服务合作属于正常的商务合作范畴，并不能因为史某最后没有中标就否定何某在招标工作中付出的劳动。

犯罪嫌疑人何某实际控制的北京某科技发展有限公司和河北某公司与报案人史某实际控制的洛阳某环保工程有限公司之间存在多项真实的业务合作。（1）2013年2月20日何某控制的北京某科技发展有限公司与史某控制的洛阳某环保工程有限公司签订了《合作协议书》。（2）双方的邮件和短信往来能够证明两公司的业务合作按照《合作协议书》的约定如期进行。（3）史某控制的洛阳某环保工程有限公司向何某控制的北京某科技发展有限公司银行账户汇款的事实。2013年9月史某所在企业在投标中并未中标。洛阳某环保工程有限公司在何某实际控制的北京某科技发展有限公司的帮助下成为涉案项目BOT评标第一中标候选人后才于2013年10月支付了剩余的前期技术服务费173万元。

何某所在公司全面、真诚地履行了双方《合作协议书》中关于技术服务的约定。报案人史某控制的公司成为涉案项目BOT第一中标候选人，能够充分证明何某控制的北京某科技发展有限公司不但具有履行合同的诚意也具有履行合同的能力，其并没有虚构事实或隐瞒真相。后来该项目改为EPC模式是双方无法预料也无法左右的事情，最后未中标是因为天誉公司报价过高，不能因此而否认何某控制的北京某科技发展有限公司在BOT投标中的重要作用，况且何某控制的北京某科技发展有限公司向报案人史某所在的公司开具了部分技术服务费发票。

后续史某并未对其支付的4笔技术服务费用有任何异议，且其在明确得知未中标的情况下依然支付了大笔技术服务费用，可见其对双方合作是满意的，也有意愿长期合作下去。之后双方还于2013年11月2日就合作框架协议进行了沟通并达成一致意见。2013年11月12日，双方正式签署合作框架协议，共同成立合资公司。直到2014年3月31日，双方发生激烈矛盾，史某才报案称杨某、何某诈骗。从卷宗证据中史某和何某、杨某的短信往来中能够看出史某从未提及退款事宜，直到2014年10月16日史某才向杨某明确提出退还223.8万元的要求，并非史某报案所称的从2014年3月就开始要求退款。并且涉案的款项均为公司之间的业务合作关系所产生的前期技术服务费，即使构成犯罪，也属于单位犯罪的范畴，不存在自然人诈骗的事实。

再者，本案起诉意见书中指控的罪名为诈骗罪，根据《刑法》第266条之规定，何某主观上没有诈骗的故意，客观上也没有欺骗的行为。尤其是史某所在的洛阳某环保工程有限公司已经通过正常的民事诉讼程序在北京市朝阳区人民法院起诉何某控制的公司，根本不需要刑事介入。另，根据《人民检察院刑事诉讼规则（试行）》第401条、第404条的相关规定，犯罪嫌疑人何某符合不起诉条件。

综上，根据《刑法》《刑事诉讼法》等相关法律的规定，要求公诉机关继续对本案进行客观审查，认真把好审查起诉关，还本案以本来面目。辩护人认为只有排除了矛盾和可疑之处，才能准确定罪，建议公诉机关查清事实，在认定合法、有效证据的基础上，依法作出不起诉决定。唯有如此，才能维护人民检察院的良好形象，让人民群众在每一个司法案件中都能感受到公平正义。

**【案例结果】**

洛阳市高新技术开发区人民检察院作出洛开检诉刑不诉〔2016〕1号不予起诉决定书，认为何某实施了《刑法》第266条规定的行为，但犯罪情节轻微，根据2012年《刑事诉讼法》第173条第2款的规定，决定对何某不起诉。

**【司法文书】**

河南省洛阳市高新技术开发区人民检察院洛开检诉刑不诉〔2016〕1号不起诉决定书

**【案例评析】**

（一）诈骗罪的法律分析

根据《刑法》第266条规定，诈骗罪是指以非法占有为目的，用虚构事实或者隐瞒真相的方法，骗取数额较大的公私财物的行为。诈骗罪侵犯的客体是公私财物的所有权，诈骗罪在客观方面表现为行为人虚构事实或隐瞒真相，使被害人陷入错误，信以为真，从而“自愿”将财物交出，使财物从被害人转移到行为人一方。诈骗罪的主观方面只能由直接故意构成，并且具有非法占有公私财物的目的。但本案中全部证据都不足以认定何某存在欺骗行为或者存在非法占有的故意，属于事实不清，证据不足。双方只是就技术服务达成一致意见，不能因为没有达到最终合作目的，就否认其在服务过程中所付出的时间成本、人力成本等。

（二）诈骗罪中的欺骗类型

诈骗罪中的欺骗类型主要分为两种，一是积极的作为，二是消极的不作为。积极的作为，即行为人积极地告知对方虚假信息，使得对方产生或者陷入错误的认识，进而处分自己的财物。消极的不作为，即行为人面对对方的认识错误，本来应该及时告知真实情况或者及时纠正其错误认知，但其并未告知亦未纠正，导致被害人陷入错误的认识中，从而处置了自己的财物。

（三）有具体的合作行为但目的未达成不能认定有欺骗行为，不属于诈骗罪中的认识错误

诈骗罪中认识错误的主体必须是具有自制能力的人，即受骗者必须是具有自制能力的人，欺骗幼儿、精神病患者并不成立本罪。

本案中何某实际控制的两个公司与报案人史某实际控制的公司之间存在多项真实的业务合作，笔者在办案过程中也向办案单位提供了大量双方签订的《合作协议》、双方邮件和短信往来、双方公司银行账户来往汇款记录以及技术服务费发票等，可以证明双方存在具体的合作内容。

综上，虽然洛阳市高新技术开发区人民检察院洛开检诉刑不诉〔2016〕1号不起诉决定书认为何某的行为构成诈骗罪，犯罪情节轻微不予起诉，但笔者认为结合何某与被害人之间有具体的合作框架协议，被害人并未因此陷入错误的认识而主动交出财物，应当属于事实不清、证据不足不起诉的范畴。

**【结语及建议】**

本案的本质其实是一桩简单的经济纠纷，只是因为报案人史某的民事诉求未能得到支持，才转而试图通过刑事手段挽回自己的损失。最终，通过笔者的努力，取得了不予起诉的良好结果，双方的经济纠纷也通过调解得以解决。

建议所有从事法律工作的同仁，对于诈骗罪的辩护意见一定要紧扣案件事实及证据材料，仔细分析诈骗罪的构成要件，判断行为人是否具有非法占有他人财产为目的，是否以虚构事实、隐瞒真相的方法使他人陷入错误认识而处分自己的财物。辩护要点要简明扼要、逻辑清晰，要深入浅出地对案件进行分析论证，使办案人员一眼抓住重点。除此之外，还要注意持续更新自己的专业知识，关注最新司法解释，深刻解读不同罪名之间的差异，将有利的相关案例一并提交办案单位，在吃透案情的基础上，在合法范围内保障公民的合法权益。

## 三、专家点评

诈骗犯罪是现实生活中的常见罪、多发罪，诈骗罪的犯罪构成在刑法学界有比较统一的认识。但该罪在具体适用中，由于该类案件的样态繁多，常出现罪与非罪认定上的分歧。在认定行为人是否构成诈骗罪，行为人是否以“非法占有为

目的”，是否采取“虚构事实或者隐瞒真相的方法”，常成为控辩双方的争议焦点。

本案中，被告人本来与报案人实际控制公司之间存在正常的业务往来，彼此因合作导致纠纷，在民事诉讼无法解决纠纷的情况下，转而诉诸刑事手段解决。被告人被指涉嫌诈骗罪，辩护人通过双方的真实合作关系明确其并没有采用“虚构事实或者隐瞒真相的方法”，进而指出被告人并无以“非法占有为目的”的故意。其辩护要点把握十分准确，最终达到了对被告人不起诉的良好辩护效果。

**【作者简介】**

王森，男，1975 年 12 月出生，汉族，研究生学历，河南洛太律师事务所专职律师，合伙人、副主任、党支部书记。任河南省律协新型犯罪专业委员会执委，中国人民大学汉青经济与金融高级研究院研究员，河南省法治建设研究会法律专业委员会执行主任。

乔晓敏，女，汉族，毕业于郑州大学法学专业，全国律师协会会员，洛阳法律研究会金融部会员。

· 38 ·

# 李某诈骗案

## ——重罪变轻罪的成功之辩

邹同军

## 一、案例基本信息

涉案罪名：诈骗罪

办案单位：洛阳市西工区人民法院

结案时间：2015 年 12 月 6 日

结案方式：判决

## 二、案例正文

### 【案情简介】

被告人申某与刘某原系夫妻关系，两人婚后因琐事导致夫妻感情破裂。为在以后的离婚诉讼中获取应有的财产利益，2013 年 4 月，申某通过被告人牛某联系李某，让李某将申某的 100 万元存入其银行账户后再转账给申某，李某同意。2013 年 4 月，申某、牛某二人到上海找到李某，将现金 100 万元交予李某，李某将该款通过其银行账户转账给申某，三人伪造了申某向李某借款 100 万元的虚假债务。

2013 年 7 月，申某起诉离婚。2014 年 3 月，人民法院判令申某、刘某离婚并对夫妻共同财产进行分割。申某和刘某均不服一审判决并提出上诉，申某上诉理由之一为其借李某的 100 万元债务，应由夫妻双方共同承担。同时，申某因不满离婚判决中的财产分配，通过牛某指使李某以申某、刘某为共同被告人向法院起诉。2014 年 7 月，李某提起诉讼，要求该二人共同偿还其借款 100 万元；2014

年9月，人民法院就该民间借贷纠纷作出判决，判令申某、刘某共同偿还李某借款本金100万元，刘某不服，提出上诉。2014年10月，二审法院作出维持申某、刘某的离婚诉讼判决。2014年11月，刘某以申某虚构债务骗其钱财为由报案，公安机关立案侦查。2015年4月二审法院对李某提起民间借贷纠纷案件作出中止诉讼的民事裁定。

2015年8月12日，洛阳市西工区人民检察院以该三人涉嫌诈骗罪向西工区人民法院提起公诉。被告人李某委托笔者为其辩护人。

**【辩护要旨】**

通过伪造证据骗取人民法院民事裁判占有他人财物的行为不宜以诈骗罪追究刑事责任。帮助毁灭、伪造证据罪中的行为人为当事人毁灭、伪造证据提供便利条件的，行为人不是帮助犯，而是正犯。将当事人作为该犯罪主体，缺乏期待的可能性。

**【辩护意见】**

（一）在案证据不能充分推定李某具有非法占有他人财产的主观故意

李某在本案的主观目的是协助申某要回其被第三人侵占的夫妻共同财产，而非协助申某要回非法财产，李某的动机不符合诈骗罪的主观构成要件。根据我国《婚姻法》第17条的规定，夫妻在婚姻关系存续期间所得的财产归夫妻共同所有。从申某和刘某的离婚判决书及他们在本案的供述、陈述证据可以证实，他们在离婚前的夫妻财产所有制是共同财产共同共有。刘某称与申某财产多年都是各管理各自的，但是，没有证据证实，他们对共同财产有特别约定，他们的财产仍然是夫妻财产共同所有。认清此前提，是准确分析申某与刘某离婚判决生效前处分财产行为性质的关键。

卜某掌控申某100万元“婚姻保证金”是非法占有，而非合法占有。申某的供述和卜某的证言可以证实，卜某确实控制有申某100万元婚姻保证金。从卜某的证言可知，该婚姻保证金是为了保证不离婚。离婚与否用保证金来约束，违反我国婚姻法相关规定，该保证金不具有合法性。更重要的是，申某不承认该100万元是“婚姻保证金”的性质。卜某的证言称，其与申某系一般关系，与刘某是亲密朋友关系。申某有足够理由认为刘某是欲利用其与卜某的特殊关系，单独控制、侵吞该笔保证金，拒不退还申某100万元。从庭审中申某称“刘某和卜某才是诈骗”的愤怒情绪可窥见一斑。卜某控制申某100万元是物权法规定的非法占有，卜某有返还申某该财产的义务。

申某指使李某虚假诉讼时，其与刘某的离婚诉讼一审判决书还未产生法律效力，也就是说，生效判决有可能判处不准许离婚，他和刘某之间完全可能还是维持婚姻共同财产所有制，他们的财产关系就像是“一个人左口袋的钱与右口袋的钱”的关系。在与第三人的债务关系这一点，根据法律规定，夫妻有平等占有、使用、收益和处分共同财产的权利，并且他们是债权共享，债务共担。申某的主观动机是追求夫妻双方各自实际控制共同财产的一种平衡，而使用一种“曲线救国”的方式，让李某虚假诉讼，欲使在卜某处的100万元共同债权与李某的100万元债务折抵。申某指使李某起诉，诉讼标的额100万元正好与放在卜某处的100万元吻合，申某2013年4月就设计好了虚假转账，直到2014年6月才指使李某虚假诉讼，原因在于做两手准备，相机行事。卜某的100万元分配公平，就罢了，分配不公平，就用“曲线救国”的方式平衡财产关系。这是申某主观上无意在离婚诉讼中占有更多财产故意的最好证明。

辩护人当庭举证证实李某长期资助贫困学生的证据，公诉人当庭予以认可。这些证据可以证实李某是一位具有爱心、善良的品格的人。从一般常理来看，李某帮助申某一个善良的愿望属于正常，帮助申某做一个邪恶事情的念头的可能性非常小。

（二）李某在案行为不构成诈骗罪的客观要件

诈骗罪是以非法占有为目的，采用虚构的事实或者隐瞒真相的方法，使对方陷入错误的认识，自愿处分本人或者他人财产，交付给行为人且数额较大的行为。受害人自愿将财物交付给诈骗行为人，是此罪区别于彼罪的最明显特征。区分该罪与和该罪相混淆的罪名或违法行为，对定性本案来说，至关重要。任何事物都有其独一无二的、区别其他事物的特征。例如，人和类人猿很相像，有没有长体毛这一特征看似是人与类人猿的区别，但现实社会中也有人通身长满体毛。显然，“有没有长体毛”不是人与类人猿的之间的唯一性、区别性的特征，二者之间最本质的区别在于是否会发明并使用工具。该本质区别的关键，就像“受害人自愿将财务交付给行为人”是诈骗类犯罪区别于其他犯罪的关键。本案中申某的目的是通过法院判决，用法律强制力，认定申某和刘某连带偿还100万元债务。显然，李某的民事起诉行为，不符合上述诈骗罪“受害人自愿交付财物”这一关键区别性特征。

根据最高人民检察院机关内部机构批复精神，不认为李某的行为是犯罪行为。2002 年 10 月 24 日，该院政策研究室“（2002）高检研发第 18 号”《关于伪造证据骗取人民法院民事裁判占有他人财物的行为如何适用法律问题的答复》批复山东省人民检察院：以非法占有为目的，通过伪造证据骗取人民法院民事裁判占有他人财物的行为，所侵害的主要是人民法院的正常审判活动，可以由人民法院依照民事诉讼法的有关规定处理，不宜以诈骗罪追究行为人的刑事责任。根据该批复，认为李某的行为不构成诈骗罪。

按《刑法修正案（九）》的规定，在本案中李某的行为，规定在《刑法》第六章妨害社会管理秩序罪中，而起诉书指控的诈骗罪规定在《刑法》第五章侵犯财产类犯罪中。《刑法修正案（九）》与最高人民检察院 2002 年答复的意见是一脉相承的，均不认为被告人的行为属于侵犯财产犯罪。如果认定李某构成诈骗罪，就会出现判决与《刑法修正案（九）》关于虚假诉讼罪相冲突的现象，因而是错误的。综上四点辩护意见，辩护人认为起诉书指控李某涉嫌诈骗罪的理由不充分，指控的罪名不能成立。

（三）李某在案行为不构成妨害作证罪的客观要件

妨害作证罪，是指行为人采取暴力、威胁、贿买等方法，实施妨碍证人依法作证或者指示他人作伪证，且情节严重的行为。首先，李某和申某的供述与辩解证据显示，申某诉刘某离婚一案，申某起诉离婚的时间是 2013 年 7 月，8 月开的庭，该案的一审判决作出的时间是 2014 年 3 月 13 日。而李某起诉和刘某借贷纠纷的时间是 2014 年 6 月，一审结案时间是 2014 年 9 月。也就是说，申某指使李某起诉时，前一案的判决已经作出，处于 15 日上诉期。李某对毕某出庭作证在内的诉讼活动根本不知情。毕某是申某与刘某离婚案中的证人，与李某的借贷诉讼无任何关联。因此，李某未有指使他人作伪证的事实。更无证据证实，李某有采取暴力、威胁、贿买等方法，实施妨碍证人依法作证的事实。其次，根据前述（2002）高检研发第 18 号《关于伪造证据骗取人民法院民事裁判占有他人财物的行为如何适用法律问题的答复》，通过伪造证据骗取法院民事裁判占有他人财物的行为所侵害的主要是人民法院的正常审判活动，但《刑法修正案（九）》已经明确规定，侵害审判活动的行为符合虚假诉讼罪的特征。故，李某的行为不够妨害作证罪。李某的行为符合虚假诉讼罪的特征，但是，本案发生时《刑法修正案（九）》还未通过，也就是说，李某的行为是发生在该法条发生的效力之前。

根据《刑法》“法不溯及既往”及“法无明文规定不为罪”的罪行法定原则规定，李某的行为适用《刑法修正案（九）》新规定的罪名。退一步讲，假设认定李某的行为符合妨害作证罪的特征，这将与《刑法修正案（九）》规定的虚假诉讼罪相矛盾、相冲突。因而认定李某构成犯妨害作证罪也必然是错误的。辩护人认为，李某在本案中不构成妨害作证罪。恳请人民法院注意《刑法》罪行法定原则的规定，对李某的行为依法进行审查，并注意慎用类推解释。

（四）李某在本案中不属于帮助毁灭、伪造证据罪的犯罪主体

帮助毁灭、伪造证据罪中的“帮助”是一种实行行为，与共犯中的帮助犯的“帮助”不是同等含义，刑法条文使用“帮助”一词，主要是为了表明诉讼活动中的当事人毁灭、伪造证据的，不成立该罪，同时为了表明，行为人是为当事人毁灭伪造证据的。我国《刑法》总则是一般性规定，分则是具体规定，分则有特殊规定的，应当使用特殊规定。如，2015 年 10 月 30 日“两高”《关于执行我国《刑法》确定罪名的补充规定（六）》将原 121 条之一规定的“资助恐怖活动犯罪”修改为“帮助恐怖活动罪”。该条犯罪，原本是属于恐怖活动犯罪（组织、领导、参加恐怖活动），但是法条罪名使用“帮助”一词，意在表明，帮助行为人，与被帮助人不是共同犯罪共犯关系，而是分别单独构成犯罪。同理，《刑法》第 207 条规定的“帮助毁灭、伪造证据”罪的行为人与当事人（被帮助人）不构成共同犯罪的共犯关系。因此，行为人与当事人毁灭伪造证据，在这种情况下，两者并不成立共犯。行为人为当事人毁灭、伪造证据提供便利条件，行为人不是帮助犯，而是正犯。将当事人作为该犯罪主体，缺乏期待的可能性。刑法理论通说及国内权威刑法学者陈兴良、张明楷教授等都持此观点。从《刑法修正案（九）》第 35 条的规定可以看出，该修正案将“虚假诉讼罪”与“帮助毁灭、伪造证据罪”并列，最权威地证实了辩护人关于“帮助毁灭、伪造证据的帮助人与当事人不是共同犯罪关系”的观点。李某起诉申某及刘某，李某具有原告身份，是诉讼当事人。李某只不过是被申某利用的一个工具。故，辩护人认为，李某在本案中不属于帮助毁灭、伪造证据罪的犯罪主体。

**【案例结果】**

李某犯帮助伪造证据罪，判处有期徒刑 2 年，缓刑 3 年。

**【司法文书】**

河南省洛阳市西工区人民法院（2015）西刑初字第 176 号刑事判决书

**【案例评析】**

本案立案、拘留、移送审查起诉以及起诉，罪名都不一致。同时，李某在案行为容易与妨害作证罪、虚假诉讼罪相混淆。笔者在辩护中，不仅要应对起诉书可怕的诈骗重罪的指控，而且必须应对起诉书未指控的疑似罪名定罪危险，以防止辩论顾此失彼，无效辩护。笔者结合事实、证据，围绕诈骗罪、妨害作证罪两个罪名的构成要件，逐一分析、辩驳，逐一排除，得出李某不构成这两个罪名的论点。笔者又巧妙抓住虚假诉讼罪“审判已生效，案发时未生效”的特殊之处，根据“法不溯及既往”的刑法总则规定，坚定指出李某不构成该罪。最后为了防止辩护挂一漏万，对法官可能注意到的帮助伪造证据罪，又进行严谨论证，得出李某也不构成该罪的论点。虽然法院最终判李某有罪，但是从法院判其他两被告人妨害作证罪实刑、判李某帮助伪造证据罪缓刑的对比来看，法院实际上是对李某做了“疑罪从轻”的处理。当事人当庭被释放，对辩护结果表示满意。

**【结语及建议】**

李某在本案中只有一个行为，但是与4个罪名相像，这让笔者在4个罪名上使出了浑身解数，费尽了心神！在本案中笔者体会到，辩护必须结合证据事实，围绕犯罪构成要件逐一辨析。笔者在本案中使用了举例论证、道理论证、类比论证、理论论证等，使论证既丰富又具有针对性。论证要多层次、多角度，要做到缜密、严谨、饱满，切忌泛泛而谈，更忌夸夸其谈。辩护律师应当将当事人对自己信任的眼神，牢记在心！

## 三、专家点评

诈骗罪，是指以非法占有为目的，用虚构事实或者隐瞒真相的方法，骗取数额较大的公私财物的行为。根据主客观相统一原则，认定成立诈骗罪主观上必须具有非法占有目的，客观上必须实施了虚构事实隐瞒真相的欺诈行为，这既是司法定案的着力点，也是刑事辩护的突破点。就本案而言，在李某仅帮助申某通过其账户走账，伪造申某向其借款100万元虚假债务的情形下，李某是否构成诈骗罪也需要严格按照诈骗罪犯罪构成基于主客观相统一的原则进行判断。辩护人从这一判断原则出发，详细论证了李某主观上不具有非法占有目的，客观行为也不符合典型的“基于错误性认识交付”的诈骗罪客观行为，着力解构公诉机关的重罪指控。同时，又结合案件事实，通过关联案件犯罪构成的详尽分析，最终取得李某轻判的实际效果，应该说这是“深耕细作”精细辩护的可喜成果。

**【作者简介】**

邹同军，男，河南敏树律师事务所律师，河南省律师协会宣传委员，洛阳市律师协会刑事委员会委员。

# · 39 ·

# 葛某诈骗案

## ——如何区分以“牟利”为目的和以“非法占有”为目的

许红军

## 一、案例基本信息

涉嫌罪名：诈骗罪

办案单位：河南省洛阳市老城区人民法院

结案时间：2018 年 12 月 29 日

结案方式：判决

## 二、案例正文

### 【案情简介】

洛阳市老城区人民法院于 2018 年 12 月 29 日作出（2017）豫 0302 刑初 225 号刑事判决：被告人葛某犯诈骗罪，判处有期徒刑 13 年，并处罚金 30 万元；责令葛某退偿被害人孙某等 31 人经济损失共计 348.5 万元。葛某不服提起上诉，洛阳市中级人民法院作出（2018）豫 03 刑终 151 号刑事裁定书，撤销原判，发回重审。

洛阳市老城区人民检察院指控，2010～2013 年，被告人葛某向被害人孙某等 31 人谎称能够在洛阳市老城区邙山镇葛家岭村购买宅基地，并以伪造和变造的洛阳市郊区土地管理局关于村民建宅用地的批复，骗取孙某等人信任，先后分多次将该村的耕地卖给孙某等人用于建房，葛某向孙某等人每人收取 8 万～14.5 万元不等的现金，共计骗取被害人现金 348.5 万元。后经核实，葛某向被害人提供的批复均系伪造。公诉机关以书证、证人证言、被害人陈述、被告人供述与辩解等证据为依据，认为被告人葛某的行为触犯了《刑法》第266条之规定，应当以诈骗罪追究其刑事责任。

**【辩护要旨】**

葛某虽然在向不属于本村集体组织人员出售土地时，表示可以办理宅基地手续并提供了伪造、变造的政府土地批文，但是，其行为并不足以使买受人产生错误认识，所收取的购地款依法应当认定为以牟利为目的，而不是以非法占有为目的，应当以非法倒卖土地使用权定罪量刑。

**【辩护意见】**

被告人葛某的行为依法应当认定为非法倒卖土地使用权罪并非诈骗罪。

（一）洛阳市国土资源局老城分局认为本案可能涉嫌非法倒卖土地使用权罪

该局《涉嫌犯罪案件移送书》中的调查结论为："根据现有材料，葛某非法转让、倒卖土地使用权非法获利已超出最高法《关于审理破坏土地资源刑事案件具体应用法律若干问题的解释》第一条第四项规定的五十万以上的标准，以涉嫌倒卖土地使用权罪立案调查……"该局认为被告人葛某的行为涉嫌构成倒卖土地使用权罪，应移送公安机关立案侦查。

（二）非法倒卖土地使用权罪与诈骗罪的区别

非法转让、倒卖土地使用权罪，是指以牟利为目的，违反土地管理法规，非法转让、倒卖土地使用权，情节严重的行为。本罪的构成要件为：（1）客体要件。本罪侵犯的客体是国家的土地管理制度。（2）客观要件。本罪在客观方面表现为违反土地管理法规，非法转让、倒卖土地使用权，情节严重的行为。（3）主体要件。本罪的主体为一般主体。（4）主观要件。本罪在主观方面表现为故意并且以牟利为目的，不以牟利为目的，不构成本罪。

（三）诈骗罪的构成及诈骗犯罪与其他以欺骗为特征犯罪的区别

诈骗罪，是指以非法占有为目的，用虚构事实或隐瞒真相的方法，骗取数额较大的公私财物的行为。

在司法实践中诈骗罪的"欺骗行为"可分为"核心欺骗行为"和"辅助欺骗行为"。

核心欺骗行为是实现诈骗目的的必要手段，没有核心欺骗行为则不能成立诈骗；辅助欺骗行为不影响诈骗的成立。核心欺骗行为就是骗人家把钱拿出来的行为，辅助欺骗行为就是在诈骗的过程中采取的编假的理由、用假的名字等一些辅助行为。

核心欺骗行为应当是以要求他人交付财物为内容的虚假的表意行为：（1）从表象上看，核心欺骗行为应当是一种表意行为。行为人在表面上有与他人设立、变更、终止民事法律关系的意图，向他人表达借贷、借用、买卖、投资等意思；（2）从实质上看，这种表意行为是一种表达虚假意思的欺骗行为。行为人实际上并没有履行民事义务的意图，其真实目的是骗取他人财产；（3）这种表意行为以要求他人交付财物为内容。

### （四）在刑事审判中如何理解和认定以“非法占有为目的”

#### 1. 如何理解“非法”

诈骗罪中的“非法”主要包括不支付对价、违背权利人的真实意思、占有手段的非法性。

（1）诈骗罪中的“非法占有”是不支付对价而占有。

从众多应当定性为诈骗的案件中，经分析不难得出结论：诈骗是不支付对价而占有他人财物的行为。

第一，支付对价不意味着等价。在市场交易过程中，交易双方交付的财物或劳务很难做到完全等价，有时候甚至价值相差悬殊，只要是为实现交易目的进行交付，就应认为支付了对价。

第二，为骗取他人财物而付出犯罪成本不属于支付对价。支付对价与支付犯罪成本的区别在于：支付对价是为了实现交易目的而进行交付，支付犯罪成本不是为了实现交易目的。

第三，不完全支付对价而占有他人财物，应当认为对差额部分的财物未支付对价，可以成立非法占有。

第四，履行无效或可撤销合同而支付对价占有他人财物，不成立非法占有。通过欺诈方式订立的合同是无效的或者可撤销的，以欺诈的方式订立合同占有他人财产属于非法占有。实际上，通过欺诈方式订立的合同虽然不是有效合同，但行为人的目的是设立、变更、终止民事法律关系，仍是一种民事法律行为，订立的合同仍不失为真实的合同。只要是为履行真实的合同而占有他人财物，就不属于刑法意义上的非法占有；即便履行的合同无效或可撤销，也同样不成立非法占有。

（2）诈骗罪中的“非法占有“是违背权利真实意思而恶意占有，虽然不支付对价，但如果行为人占有他人财物是基于权利的自愿处分，显然不属于非法占有。

（3）诈骗罪中的“非法占有”还意味着占有手段的非法性，虽然虚构事实、隐瞒真相，但如果在特定情况下，这种欺骗行为并不为法律所禁止，则行为人通过欺骗手段占有财物不属于非法占有。

2. 如何理解“占有”

（1）“非法占有目的”须具有排除意思，即永久剥夺他人财产的意图，暂时控制和支配他人财物的，不属于刑法意义上的非法占有。

（2）“非法占有目的”不需要具有利用意思，只要有控制和支配他人财产的意图即可。

3. 如何理解“目的”

诈骗罪的非法占有目的，须产生于行为人取得财物之前。如果行为人已经控制、支配了他人的财物，再采用虚构事实、隐瞒真相的方法将其据为己有，则不成立诈骗罪。

根据以上的法律分析结合本案事实可知，一方面，葛某收取孙某等 31 人购地款 348.5 万元，其中一部分支付给了出卖人，另一部分交给了村长葛某；另一方面，孙某等 31 人已确实得到土地使用权且已建房，并得到拆迁安置房及现金的补偿，葛某的行为依法根本不存在以非法占有为目的，孙某等 31 人也不是本案的被害人，因为他们不但没有损失，而且还获得了暴利。

**（五）从本案事实上看，葛某的行为构成非法倒卖土地使用权罪而不是诈骗罪**

葛某的犯罪的目的和动机是以牟利为目的，而不是以非法占有为目的。在本案中，首先，出卖人也是为了获取利益。其次，买受人同样是以获取拆迁安置房及补偿为目的，而不是为了居住。最后，葛某仅是从中获取每宗 5000 元的中介费。上述三方均是以牟取利益为目的，葛某并没有以非法占有卖地款为目的且买受人实际得到了对价的宅基地并建房完毕，特别是已得到了拆迁安置房及补偿款。所以，认定葛某以非法占有为目的依法是不能成立的。

**【案例结果】**

洛阳市老城区人民法院重审后认为：被告人葛某以牟利为目的，违反土地管理法规，非法倒卖土地使用权，情节特别严重，其行为已构成非法倒卖土地使用权罪。被告人葛某及其辩护人据此提出不构成诈骗罪的辩解辩护意见，予以采纳。根据本案的犯罪事实、犯罪性质、情节及对社会的危害程度，依照《刑法》的相关规定，经本院审判委员会讨论决定，判决被告人葛某犯非法倒卖土地使用权罪，判处有期徒刑 3 年零 10 个月，并处罚金 50 万元；被告人葛某违法所得 348.5 万元，依法予以追缴。

**【司法文书】**

河南省洛阳市老城区人民法院（2018）豫 0302 刑初 36 号刑事判决书

**【案例评析】**

1. 原审判决被告人葛某诈骗罪并据此量刑，被告人上诉后，经二审审理裁定，以事实不清，证据不足为由发回重审。

2. 公诉机关指控被告人葛某犯诈骗罪不能成立，理由如下：（1）从犯罪客体来说，非法倒卖土地使用权罪侵犯的客体是国家的土地管理制度，而诈骗罪侵犯的客体是公私财物所有权。葛某收取他人钱款，违反土地管理法规将集体土地交付他人建房，买受人购买后实际已建造房屋，其行为侵犯的是国家土地管理制度；（2）从主观方面来说，非法倒卖土地使用权罪主观上要求行为人以牟利为目的，诈骗罪主观上要求行为人以非法占有为目的，从本案情况来看，葛某应属于以牟利为目的；（3）从客观方面来说，诈骗罪的行为人通过虚构事实或隐瞒真相的欺诈行为使被害人产生错误认识并处分其财产，行为人因此获得财产，被害人因此遭受财产损失。本案中，葛某在向不属于本村集体组织人员出售土地时，表示可以办理宅基地手续或提供了伪造、变造的政府土地批文，但从土地批文的真实程度来说，并不足以使人产生错误认识，结合非农村集体组织人员不能取得村集体的宅基地使用权的法律规定，不能认定本案中买受人因葛某的行为产生了错误认识。

**【结语及建议】**

本案焦点是公诉机关指控被告人是构成诈骗罪还是构成非法倒卖土地使用权罪。

笔者深入细致地分析案情，依据我国刑法及司法解释的有关规定，认真研究并制定辩护方案，采取对葛某涉嫌的两个罪名对比的方法进行辩护。笔者从两罪的法律概念、立案标准、构成要件、分析两罪的区别入手，引用司法实践中资深刑事审判法官的最新观点，准确地抓住本案的突破口，以事实为根据，以法律为准绳，为葛某提供了精准的辩护，辩护意见得到了合议庭的采纳，有力地维护了葛某的合法权益。

## 三、专家点评

在我国刑法分则中，诈骗罪与非法倒卖土地使用权罪分属不同的类罪，其区别较为明显。但在本案中，被告人的行为应当认定为两罪中的哪个罪名，则产生了较大的分歧。一审法院判决书认定被告人葛某犯诈骗罪，判处有期徒刑13年，并处罚金30万元。发回重审之后，原一审法院改判葛某犯非法倒卖土地使用权罪，判处有期徒刑3年零10个月，并处罚金50万元。从被告人被认定的罪名改变到刑罚适用的大幅度降低来看，该辩护无疑是很成功的。本案被告人实施的“以伪造和变造的洛阳市郊区土地管理局关于村民建宅用地的批复”，与孙某等进行土地使用权交易的行为，貌似诈骗犯罪。辩护人着重分析了被告人实施犯罪时的主观心理特征，抓住了本案最关键的辩护要点。根据本案犯罪事实与法律规定十分充分地论证了被告人主观上具有“牟利”的目的，而非“非法占有”的目的，进而否定了被告人的行为构成诈骗罪。此为本案辩护的亮点所在。

**【作者简介】**

许红军，男，中国民主同盟盟员，河南润洛律师事务所律师。

# · 40 ·

# 牛某某诈骗案

## ——对诈骗罪基本构造的理解

邓红峰

## 一、案例基本信息

涉案罪名：诈骗罪

办案单位：河南省嵩县人民检察院

结案时间：2020 年 3 月 25 日

结案方式：不起诉决定

## 二、案例正文

### 【案情简介】

本案由嵩县监察委移送至嵩县公安局侦查终结，河南省嵩县公安局指控（移送审查起诉书认定）：2018 年嵩县某民生扶贫项目工程，采取先施工后进行财政评审、招投标方式进行，该项目由含犯罪嫌疑人牛某某在内的等人负责的多家施工队进行施工。施工完成后，经审计发现：该项目施工方以采取在混凝土道路综合单价报价中多计道路垫层的方式，骗取工程款 766771.63 元。

河南省嵩县公安局认为，犯罪嫌疑人牛某某等人的行为触犯《刑法》第 266 条之规定，涉嫌诈骗罪，根据 2018 年《刑事诉讼法》第 162 条之规定，将此案移送审查起诉。本案嫌疑人牛某某（取保候审）本人委托笔者作为其本案审查起诉阶段的辩护人。

### 【辩护要旨】

在客观上没有实施虚构事实或者隐瞒真相的行为，在主观上没有非法占有公私财物的目的，不具备诈骗罪的犯罪构成要件，嫌疑人的行为不构成诈骗罪，不应当追究其刑事责任。

**【辩护意见】**

辩护思路：无罪辩护。

辩护词要点：

我国刑法所规定的诈骗罪是指以非法占有为目的，用虚构事实或者隐瞒真相的方法，骗取数额较大的公私财物的行为。

本案中，主观方面：牛某某是部分项目工程的实际施工人，依法有获取工程价款的权利，牛某某依法取得自己应当得到的工程价款是合法行为，不具有违法性，在主观上并不具有非法占有公私财物的目的。

客观方面：虚构事实或者隐瞒真相的欺诈行为就是指在道路已完工的情况下，在后期预算、评估和招标的过程中虚构道路垫层的欺诈行为虚构事实骗取财政资金。牛某某只是部分项目工程的实际施工人，在预算、评估和招标的过程只是如实上报了自己已施工完工道路的面积，并没有实施虚构道路垫层的欺诈行为，其显然没有实施虚构事实或者隐瞒真相的行为，不符合诈骗罪的客观构成要件。

此外，在本案中，目前该工程价款并没有经双方结算，也没有最终的审计结论，牛某某最终应得的工程价款并不确定，前期挂靠单位所付工程价款也只是初步确定价款后拨付的一部分工程价款，并不能确定挂靠单位已拨付给牛某某的工程价款是否超出了牛某某最终应得的工程价款。

即使最终确定挂靠单位已拨付给牛某某的工程价款超出了牛某某最终应得的工程价款，因其没有实施欺诈行为，在主观上也不具有非法占有公私财物的目的，其多得的部分款项也只是属民法上的不当得利，可要求其依法返还，但不能构成刑法上的诈骗罪。

综上所述，牛某某在客观上没有实施虚构事实或者隐瞒真相的行为，在主观上没有非法占有公私财物的目的，不符合诈骗罪的犯罪构成要件，其行为不应当构成诈骗罪，依法不应当被追究其刑事责任。恳请人民检察院根据《刑事诉讼法》第 177 条第 1 款之规定，依法对牛某某作出不起诉决定。

**【案例结果】**

河南省嵩县人民检察院经审查后认为：经本院审查并退回补充侦查，本院仍然认为河南省嵩县公安局认定的犯罪事实不清、证据不足，不能确定牛某某构成犯罪和需要追究刑事责任，不符合起诉条件。依照《刑事诉讼法》第175条第4款的规定，决定对牛某某不起诉。

**【司法文书】**

河南省嵩县人民检察院嵩检一部刑不诉〔2020〕9号不起诉决定书

**【案例评析】**

（一）诈骗罪的法律分析

《刑法》第266条规定："诈骗公私财物，数额较大的，处三年以下有期徒刑、拘役或者管制，并处或者单处罚金；数额巨大或者有其他严重情节的，处三年以上十年以下有期徒刑，并处罚金；数额特别巨大或者有其他特别严重情节的，处十年以上有期徒刑或者无期徒刑，并处罚金或者没收财产。本法另有规定的，依照规定。"

该罪必须符合以下4个要件：(1) **犯罪的主体**：本罪主体是一般主体，凡达到法定刑事责任年龄、具有刑事责任能力的自然人均能构成本罪。(2) **犯罪的主观方面**：在主观方面表现为直接故意，并且具有非法占有公私财物的目的。(3) **犯罪的客体**：本罪侵犯的客体是公私财物所有权。(4) **犯罪的客观方面**：本罪往往客观上表现为用虚构事实或者隐瞒真相的方法，骗取数额较大的公私财物，其具体表现为行为人实施了虚构事实或是隐瞒真相的欺诈行为，使对方产生错误认识，对方之后做出财产处分行为，行为人便获得财产，从而使被害人的财产受到损害，其核心是行为人通过实施了虚构事实或是隐瞒真相的欺诈行为骗取数额较大的公私财物。

（二）本案的法律分析

1. 主观方面

在本案中，牛某某是部分项目工程的实际施工人，依法有获取相应工程价款的权力，牛某某依法取得自己应当得到的工程价款的行为是合法行为，不具有违法性，在主观上并不具有非法占有公私财物的目的。

2. 客观方面

本案中，虚构事实或者隐瞒真相的欺诈行为就是指在道路已完工的情况下，在预算、评估和招标的过程中用虚构道路垫层的欺诈行为来虚构事实骗取财政资金。牛某某只是部分项目工程的实际施工人，在预算、评估和招标的过程只是如实上报了自己已施工完工道路的面积，并没有实施虚构道路垫层的欺诈行为，其显然没有实施虚构事实或者隐瞒真相的行为，不符合诈骗罪的客观构成要件。

3. 注意区分刑事犯罪与民事纠纷

该工程价款并没有经双方进行结算，也没有最终的审计结论，牛某某最终应得的工程价款数额并不确定，前期挂靠单位所付工程价款也只是初步确定价款后拨付的一部分工程价款，并不能确定挂靠单位已拨付给牛某某的工程价款是否超出了牛某某最终应得的工程价款。

即使最终确定挂靠单位已拨付给牛某某的工程价款超出了牛某某最终应得的工程价款，因其没有实施欺诈行为，在主观上也不具有非法占有公私财物的目的，其多得的部分款项也只是属于民法上的不当得利，可要求其依法返还，但不能构成刑法上的诈骗罪。

综上，本案中嫌疑人牛某某在客观上没有实施虚构事实或者隐瞒真相的行为，在主观上没有非法占有公私财物的目的，不具备诈骗罪的犯罪构成要件，其行为不构成诈骗罪，不应当追究其刑事责任。河南省嵩县人民检察院不起诉决定做出的不能确定牛某某构成犯罪和需要追究刑事责任、不符合起诉条件的认定无疑是正确的。

## 【结语及建议】

本案是严格把握犯罪构成要件，深挖案卷细节并据此成功无罪辩护的案件。笔者在承办案件中更进一步体会到以下几点的重要性，特与大家分享。

1. 大局观是一名刑辩律师确定辩护思路的关键

大局观决定了辩护思路，在刑事辩护中要严格根据犯罪构成要件把控对案件事实的分析，并以此做出辩护思路的选择。

2. 辩护中逻辑思辨能力对于一名刑辩律师而言是成功辩护的根本

笔者建议多研读多学习一些逻辑类书籍，养成逻辑思辨的思考习惯和方式；实践中注意对犯罪的构成要件与对应的事实之间逻辑上的把握。

3. 细节决定成败，“换位思考”，准确把握案件的法律事实是成功辩护的基石

准确理解法条和犯罪构成要件的法学理论，据此具化办案机关指控犯罪所需要证明的事实，并将之与卷宗材料中证据能证明的事实作充分的对比，在对比中准确把握案件的法律事实，并再次与犯罪构成要件作对比，从而对辩护的整体思

路和框架进行细化。

## 三、专家点评

构成诈骗罪的基本构造是：行为人实施了诈骗行为——受骗者产生了错误认识——对方基于错误认识处分了财产——行为人或者第三者取得财产——被害人遭受财产损失。本案被告人是否采取在混凝土道路综合单价报价中多计道路垫层获取工程价款这一事实非常关键。这需要查清楚工程款项的计价方式。被告人作为施工方，他获取工程款的依据是自己如实申报的实际施工的面积，其所获得的价款也是根据该计价方式而获取，本案难以认定有虚构事实和隐瞒真相的行为，不符合诈骗罪的客观要件。

**【作者简介】**

邓红峰，男，生于 1967 年 8 月 30 日，中共党员，中文专业、法学本科学历，河南立雪律师事务所合伙人、副主任、专职执业律师，洛阳仲裁委员会仲裁员，嵩县人民政府行政执法特邀监督员。

# · 41 ·

# 王某诈骗案

## ——如何区分经济纠纷与诈骗犯罪

赵欣伟　张理想

## 一、案例基本信息

涉案罪名：诈骗罪

办案单位：河南省洛阳市洛龙区人民法院

结案时间：2020 年 3 月 22 日

结案方式：撤回起诉

## 二、案例正文

### 【案情简介】

2016 年 8 月，王某按照约定接手经营洛龙区某教育中心，主要从事培训中小学生英语、数学、作文等教育课程。王某在接手教育中心以后，勤勤恳恳，一心只为办好教育中心，教书育人，但由于自己不懂经营，教育中心渐渐入不敷出。从 2017 年 2 月开始，学生人数急剧下降，部分辅导老师离开，王某每个月都使用多张信用卡周转资金，渐渐资不抵债，无法维持学校的正常运转。2017 年 8 月 1 日，由于教育中心未通过洛龙区教育局的年审，区教育局下发了《停办通知书》，但王某为了维持生计，继续违规招收学生并开课培训。后因王某到期未能及时缴纳房租，教育中心于 2017 年 9 月 1 日被房东锁门。学生家长见状，开始纷纷要求王某退还学费，王某无钱可退，与学生家长发生争执。学生家长先后报过两次警，民警出警后认为是经济纠纷，希望他们通过诉讼解决，双方未能就退还金额达成一致。

由于教育中心无法正常运行，王某为了退还辅导费，不得已前往深圳打工赚钱。学生家长张某、高某等 17 人由于无法退费，便到区信访局控告教育中心和王某。2018 年 6 月 19 日，洛阳市公安局洛龙分局电话联系王某让其到洛龙分局说明情况，但王某一直未到办案机关。2018 年 9 月 28 日，公安机关前往深圳抓捕王某，对王某以涉嫌诈骗罪刑事拘留、逮捕，共羁押 294 天。

2019 年 4 月 16 日，洛阳市洛龙区人民检察院向区人民法院提起公诉，指控王某经营的教育中心在 2017 年 3 月被洛龙区教育局审核为年审停办机构，失去办学资格。王某不顾《停办通知书》，在没有办学资质的情况下，仍对外作虚假宣传，扩大招生规模，继续违法办学。经侦查机关调查，自 2017 年 3 月 14 日至学校关闭，王某先后收取被害人高某等 17 人孩子的辅导费共计人民币 74450 元，后学生家长多次要求王某退还辅导费用，王某拒绝退还。公诉机关认为，王某以非法占有为目的，骗取他人财物，数额巨大，应当以诈骗罪追究其刑事责任。

2019 年 7 月 9 日，洛阳市洛龙区人民法院作出一审判决，认为王某明知其没有办学资质，且其所办学校持续亏损，在无偿还能力的情况下，隐瞒上述事实，仍扩大招生规模，收取学生辅导费，并在学校关闭后，学生家长多次讨要辅导费的情况下拒不退还，足以认定王某主观上有非法占有的目的，客观上有隐瞒真相使被害人陷入错误认识的行为，其行为已构成诈骗罪，判处王某有期徒刑 3 年，缓刑 3 年，并处罚金 5000 元。

王某不服一审判决，于 2019 年 7 月 22 日向洛阳市中级人民法院提起上诉。2019 年 9 月 27 日，洛阳市中级人民法院裁定发回洛阳市洛龙区人民法院重审。案件进入重审一审阶段后，洛阳市洛龙区法律援助中心经审查，受理并指派笔者为王某提供辩护。

笔者接受指派后，立即接待了王某。多次阅读和仔细分析全案卷宗材料，认为一审法院认定王某构成诈骗罪的证据既不确实，也不充分。首先，卷宗材料的证据只能证明王某收取了学费，且在教育中心停课后无法退费给学生家长，并不能证明王某对所收学费有非法占有的目的。其次，客观上王某将所收学费用于房租、教师工资、物业费、水电费等办班开支，但侦查机关并没有搜集王某使用学费方面的证据。虽然证据不足以指控王某的行为构成诈骗罪，但要去掉罪名，需要完善和补充部分客观存在的无罪证据，如证明王某办学期间支出情况的相关证据等。为此，笔者协助并指导王某搜集了以下有关证据：（1）办学期间支付房租、物业费、水电费的等票据；（2）代课教师领取工资的记录；（3）申请房东出庭作证，以说明租赁事宜；（4）申请代课老师出庭作证，以说明双方劳务用工事宜。

2019 年 12 月 19 日，本案开庭审理，庭审围绕王某是否构成诈骗罪的争议焦点进行。公诉人认为，王某经营的教育中心在教育局下发《停办通知书》后，失去办学资质，王某在失去办学资质的情况下，仍扩大招生，继续违法办学，收取辅导费，王某的行为应当构成诈骗罪。辩护人认为，王某主观上并不是以非法占有为目的，客观上也没有实施虚构事实以及隐瞒真相的行为，向法庭提交了王某办学期间支出情况等方面的证据，并发表了以下辩护观点：一是王某接手教育学校后，所收学费均用于学校的日常开支；二是王某在主观上并非以非法占有为目的，而是投入人力物力，想把学校办好；三是王某所收学费共计 74450 元，但王某在开办教育机构期间的支出共计 110400.2 元，远远超过其所收学费，充分说明王某所收学费用于学校的正常经营。王某主观上没有诈骗动机，客观上没有诈骗行为，故王某不应当构成诈骗罪。

由于辩护观点于法有据，证据真实可靠，最终合议庭完全采纳了辩护人的辩护意见。2020 年 3 月 16 日，河南省洛阳市洛龙区人民检察院申请撤回对王某的起诉。3 月 17 日，河南省洛阳市洛龙区人民法院作出《刑事裁定书》，准许撤回对王某的起诉。王某对辩护人的工作十分满意，并致以深深的敬意。

**【辩护要旨】**

民事经济纠纷不具有非法占有目的，虽有虚构事实和隐瞒真相事实，但不能认定为诈骗罪。

**【辩护意见】**

经过阅卷，与被告人核实案情，辩护人认为王某不构成诈骗罪。现就本案发表如下辩护意见。

（一）王某在主观心态上并非以非法占有为目的，其主观心态就是想把学校办好，故王某在主观方面不符合诈骗罪的构成要件

王某按照约定接手教育中心的目的就是想把教育中心办好。由于王某不善经营才导致教育中心亏损，无法支付房租，发生了房东锁门，学生无法上课的事件。

王某在经营期间已将所收学费用于日常开支，其无法退还尚未上课的学费，最终由民事纠纷演化为刑事案件。整个事件中王某在主观上并无任何犯罪的心态。

（二）王某接手教育中心后，其并没有实施任何虚构事实或者隐瞒真相的行为，其所收学费也均用于学校的日常开支办学，故王某在客观方面不符合诈骗罪的构成要件

2016年9月王某接手教育中心时，该校是具有办学资质的，虽然在经营期间，教育中心并没有改名成功，还在办学期间被教育局下发《停办通知书》，但这些是由于王某不懂经营造成的，其办学行为具有连续性、真实性，没有任何欺骗和虚构的成分。王某所收学费全部用于支付学校的房租、教师工资、伙食费、水电费等各项经营开支。

2017年9月教育中心被房东强行锁门以后，王某积极配合教育部门，与学生家长达成协议，在报纸上公开承诺，直至最后妥善解决退费事宜。

故王某在客观方面也不符合诈骗罪的构成要件。

（三）《起诉书》指控的74450元中，有2017年3月14日之前收取的学费共计43413元，不应计入本案数额。2017年3月14日后王某收取的学费才应计为本案数额。

（四）王某在开办教育中心期间有证据的支出共计110400.2元，再加上没有提供证据的日常支出，远远超过其所收学费，充分说明王某所收学费是用于学校的正常经营。主观上没有诈骗动机，客观上没有诈骗行为。故王某不应当构成诈骗罪。

综上，辩护人认为，本案应当是一起民事纠纷，由于王某经营不善导致学校关闭，王某没有多余资金退还学生家长的学费。因为学生家长众多，公安机关迫于压力才将本案定性为刑事案件，故辩护人认为王某不构成诈骗罪，建议法院作出无罪判决，对王某的正常经营行为作出正确的司法评价。

**【案例结果】**

2020年3月16日，河南省洛阳市洛龙区人民检察院以事实证据发生变化为由，决定撤回对被告人王某的起诉。2020年3月17日，河南省洛阳市洛龙区人民法院认为，河南省洛阳市洛龙区人民检察院决定撤回对被告人王某的起诉符合法律规定，应予准许，依据最高人民法院《关于适用〈中华人民共和国刑事诉讼法〉的解释》第242的规定，裁定准许河南省洛阳市洛龙区人民检察院撤回对被告人王某的起诉。

【司法文书】

河南省洛阳市洛龙区人民法院（2019）豫0311号刑初677号刑事裁定书

【案例评析】

（一）关于王某处理方式的评析

由于王某资不抵债，无法退还停课后学生家长的学费，王某就前往外地，打算打工赚钱还账。这种做法会让学生家长产生王某是在逃避债务，不愿意归还学费的想法。王某应当和所有家长正面沟通对接，认真核对已完成的学生教学课程，清算剩余教学课程相对应的学费金额，向家长们出具欠条，这样也许案件就不会向刑事方向发展了。

（二）关于诈骗罪的分析

《刑法》第266条规定："诈骗公私财物，数额较大的，处三年以下有期徒刑、拘役或者管制，并处或者单处罚金；数额巨大或者有其他严重情节的，处三年以上十年以下有期徒刑，并处罚金。……"诈骗罪，是指以非法占有为目的，用虚构事实或者隐瞒真相的方法，骗取数额较大的公私财物的行为。构成诈骗罪，在主观要件上表现为直接故意，并且具有非法占有公私财物的目的。在客观要件上表现为使用欺诈方法骗取数额较大的公私财物。行为人实施了欺诈行为，在形式上包括两类：一是虚构事实，二是隐瞒真相；在实质上是使被害人陷入错误认识的行为。欺诈行为的内容是，在具体情况下，使被害人产生错误认识，并作出行为人所希望的财产处分行为。欺诈行为使对方产生错误认识，对方产生错误认识是行为人的欺诈行为所致，即使对方在判断上有一定的错误，也不妨碍欺诈行为的成立。成立欺诈罪要求被害人陷入错误认识之后作出财产处分行为。欺诈行为使被害人处分财产后，行为人便获得财产，从而使被害人的财产受到损害。

（三）严格区分民事经济纠纷与刑事犯罪

王某和学生家长前两次报警，民警出警后均认为是经济纠纷，希望双方通过诉讼解决。学生家长们到区信访局控告教育中心和王某后，洛龙分局接政法委交办案件，让王某到该局说明情况，但王某一直未到办案机关说明情况。公安机关前往深圳抓捕王某，直接对王某以涉嫌诈骗罪刑事拘留、逮捕，羁押于洛阳市看守所长达294天。有时候，民事纠纷处理不当很有可能就会被司法机关定性为刑事案件，当然这也并非完全是司法机关的错，当事人自身处理问题的方法、态度都有可能会影响或者改变案件的性质。

（四）关于法院裁判结果的分析

洛龙区人民法院原一审判决认为王某构成诈骗罪，判处王某有期徒刑3年，缓刑3年，并处罚金5000元。也为发回重审一审法院准许检察院撤回起诉埋下了伏笔。

本案是一起由民事纠纷处理不当而引发的刑事案件。这本应是典型的民事纠纷，但由于王某处理不当，才一步步被认定为刑事案件。如果本案最终按照刑事案件处理的话，不仅会给王某及其家庭带来巨大的伤害，也会让老百姓失去对法律的信仰。社会主义法治理念讲究的是公平公正，虽然本案在一审时没有给予王某适当的司法评价，但是经过重审一审，检察院最终撤回了对王某的起诉，维护了法律的公正和王某的正当、合法权益。

**【结语及建议】**

公、检、法机关应努力让人民群众在每一个司法案件中感受到公平正义。当公民面对民事纠纷或者刑事调查时，应当采取正当合法的手段维护自己的权益，用正确的方式处理解决问题，这样才不至于走弯路、走错路。当面对矛盾或纠纷不知所措时，请咨询专业人士，律师会对整件事情抽丝剥茧，从专业角度找到最适当的应对之策。

## 三、专家点评

民事欺诈与诈骗犯罪历来是刑事辩护的痛点与难点，关键之处在于如何认定“非法占有目的”。因为单纯从客观行为上看，一般民事欺诈纠纷中行为人也可能存在一定程度的虚构或隐瞒现象，因此单纯从客观行为上有时难以做出准确区分。对于“非法占有目的”的认定，由于我国理论与实践基本采取的是推定的方式，因此，对行为人的客观行为表现的分析便十分重要。如果通过行为分析不足以得出行为人具有“非法占有目的”，则基本上就可以排除诈骗犯罪。就本案而言，在一审判决有罪的情形下，辩护人通过调取新证据，重新梳理案件事实，从涉案资金用途上集中突破“非法占有目的”的认定问题，最终赢得了检察院撤诉的辩护效果，这种集中围绕关键性构成要件要素深入辩护的方法值得推广。

**【作者简介】**

赵欣伟，洛阳市律协刑事委员会委员。

张理想，河南张振龙律师事务所实习律师。

· 42 ·

# 马某职务侵占案

## ——未转交财物不等同于非法侵占

尚旭辉

## 一、案例基本信息

涉案罪名：职务侵占罪

办案单位：河南省洛阳市洛龙区人民法院

结案时间：2011 年 11 月 1 日

结案方式：撤诉

## 二、案例正文

### 【案情简介】

被告人马某，女，1969 年 2 月 13 日出生，河南省洛阳市人，汉族，农民，高中毕业，住洛阳市西工区王城路××号院×栋×门×××号。因涉嫌职务侵占罪于 2010 年 3 月 31 日被洛阳市公安局洛龙分局刑事拘留，同年 4 月 4 日被洛阳市公安局洛龙分局取保候审。本案由洛阳市公安局洛龙分局侦查终结，以被告人马某涉嫌职务侵占罪于 2010 年 11 月 17 日移送审查起诉。

洛龙检刑诉［2011］106 号起诉书指控：2006 年 3 月 15 日，马某在担任洛阳市××汽车销售有限公司（以下简称 A 公司）法人兼总经理期间，代表该公司与偃师市××有限公司（以下简称 C 公司）签订 28 台机动车买卖合同，在合同签订后履行了 18 台，因前者被查封，不能继续履行合同。2006 年 8 月，马某受聘担任洛阳市×××汽车销售有限公司总经理，由马某代表 A、B 两家公司与 C 公司共同协商，于 2006 年 12 月 5 日将剩余 10 台机动车的买卖合同变更由 B 公司履行。合同变更后，马某于2006年12月27日以B公司名义收到C公司给付的87.54万元，除去马某将原由C公司支付给A公司的购车预付款75万元电汇给郑州××公司（以下简称D公司）外，将12.54万元据为己有。洛龙区检察院认为，被告人马某在履行职务过程中，利用职务上的便利，将本单位财物非法占为己有，数额巨大，其行为已经触犯了《刑法》第271条之规定，犯罪事实清楚，证据确实充分，应当以职务侵占罪追究其刑事责任。

受河南诚然律师事务所委托，苏惠渔、刘宪权、顾肖荣、严励、刘希贵、张绍谦等知名学者组成的法学专家组于2011年8月6日对本案进行了研讨。

专家组认为：马某构成职务侵占罪的关键事实不清，证据明显不足，案件疑点较多，定罪依据不充分；从本案实际情况看，以经济纠纷处理更为妥当。

专家组的理由如下。

**（一）证明马某个人非法占有B公司12.54万元的证据明显不足。本案现有证据只能证明，马某没有将12.54万元预付款转交给B公司，但是并没有任何证据能证明马某个人实际上已经将这12.54万元“非法占为己有”。**

（1）12.54万元是C公司在B公司接手购车业务之前，已经先行付给A公司的购车预付款，马某个人并没有接受这些钱。虽然2006年12月27日马某作为B公司总经理签字，以B公司的名义给A公司出具了一张87.54万元的收据，但是，这并不表明此时马某个人收到了相应的87.54万元的资金，只是为了C公司记账形式的需要，而收据上面清楚表明是由A公司“转付的购车款”，说明这笔款已经存在于A公司的账上了，至于A公司是不是实际转付了这笔款，那只是A公司和B公司两家公司之间的事情。显然不能由此就认定此时马某个人已经掌握了也87.54万元资金。

（2）没有充分证据表明马某隐瞒了这12.54万元的去向。虽然在侦查机关2010年3月对马某进行第一次讯问时，马某以自己确实一时想不起当时这笔款的来龙去脉为由没有说清楚这12.54万元的去向，但显然并不能因此就认定她是在有意隐瞒。

（3）没有充足证据证明马某个人已将未付出的12.54万元据为己有。仅简单地以她没有以A公司名义支付给D公司或没有将其转到B公司账上，就推定是她个人非法据为己有了。同时宋某与A公司的关系不清，其证言可信性存在疑问。多项证言证明宋某在××公司是监管财务工作的经理，因此，公司账目管理是他的职责，但宋某对待这笔欠款的事后态度令人难解。

（二）专家组提出如下疑点，同时认为定罪明显不适，应按疑罪从无原则处理

（1）宋某与A公司的关系不清，其证言可信性存在疑问。

（2）A公司2006年以后的账目去向不明，而这是本案定罪的关键证据。

（3）宋某对待这笔款的事后态度令人费解。

专家组一致认为：根据目前所掌握的相关事实和证据，认定马某构成职务侵占罪的关键事实不清，证据明显不足，案件疑点较多，定罪依据不充分，如果在缺失的关键证据上不能得到补充，案件重要疑点不能予以消除，根据“疑罪从无”的定罪原则，不宜对马某进行定罪，全案宜应按经济纠纷处理；而且依照刑法谦抑精神的要求，根据本案的实际情况看，按经济纠纷处理更为妥当。

**【辩护要旨】**

现有证据不足以证明行为人具有非法占有的目的，不具有职务侵占罪的主观故意，其行为不构成职务侵占罪。

**【辩护意见】**

本案中，辩护人对公诉机关指控被告人涉嫌职务侵占罪的定性有异议。辩护人认为本案定罪的主要事实不清、证据明显不足，应作出证据不足，不能认定其有罪的无罪判决，以下几点辩护意见供合议庭合议时予以考虑。

（一）公诉机关提交的证据不能证明马某个人具有非法占有B公司12.54万元的客观事实和主观故意

起诉书指控：马某在2006年8月受聘担任B公司总经理后，于2006年12月27日以c公司名义收到客户C公司（以下简称为“偃师××公司”）87.54万元预付款，除去将其中的75万元电汇给D公司外，将剩余的12.54万元据为己有。

根据现有证据只能证明，马某没有将12.54万元预付款转交给B公司，但是并没有任何证据能证明马某个人实际上已经将这12.54万元“非法占为己有”。因为不能从12.54万元没有交给B公司，就认定马某个人将此款据为己有。根据法庭查明的事实，马某本人完全可能并没有将这笔钱“据为己有”，这12.54万元至今还在A公司的账上。其理由如下。

1. 从客观方面讲，这12.54万元是C公司在B公司接手购车业务之前，已经先行付给A公司的购车预付款，而非马某个人收取的钱

从庭审查明的事实来看，2006年3月，由A公司和偃师C公司签订了28台车的买卖合同，马某是A公司的总经理。按照合同约定，2006年4月6日和7月18日，C公司分两次将72万元和24万元预付款，共计96万元支付给A公司，而不是支付给了马某个人，A公司按合同履行了18台车的购车义务，且C公司也将车款全额支付给A公司，原支付的96万元仍然作为剩余10台车的预付款放在A公司账上。由于前18台中有一台出现问题，所花维修费8.46万元，经协商从96万元预付款中扣除，在A公司账上的预付款就剩下87.54万元。在履行后10台车购车义务期间，因特殊情况A公司继续履行10台车的购车义务有困难，才由B公司接手继续履行。变更后由于马某也是B公司的总经理，一手托二家，但当时并没有约定A公司已收的87.54万元预付款是否必须转给B公司。且在履行过程中也是由A公司转付了其中的75万元。虽然2006年12月27日马某作为B公司总经理签字，以×××公司的名义给C公司出具了一张87.54万元的收据，但是这并不代表马某个人收到了87.54万元的资金，只是为了C公司记账而完善的手续而已。而且收据上清楚表明是由A公司“转付的购车款”，说明这笔款还存在A公司的账上，至于A公司是否实际转付这笔款，那是A公司和B公司两家公司之间的经济纠纷，而不能认定此时马某个人已经占有了这87.54万元的资金。

2. 从主观上讲，马某没有占有的故意，且公诉机关也没有提交充分的证据证明马某隐瞒了这12.54万元的去向

公安机关在2010年3月对马某进行第一次讯问时，马某未及时说明12.54万元的去向就被认定有意隐瞒，但在经过回忆和查看C公司提供的证据之后还是说明了钱的去向，但是公安机关后来并没有针对这12.54万元的去向再继续调查，故难以认定马某是在故意进行隐瞒。同时，A公司在收到96万元的预付款后，已经给C公司出具了两份收据；在合同变更履行后，马某于2006年12月27日是以A公司没有收回先前已经给C公司出具的那两份收据；A公司和B公司在账上未做过任何假；支付给D公司10台车款的75万元确实是从A公司账上划过去的等，这些事实均证明C公司的87.54万元预付款确实是一直在A公司的账上。以上事实证明，A公司账上至今还剩余有12.54万元预付款，马某也根本没

有或打算隐瞒这笔款。

3. 公诉机关提交的证据不能证明马某个人已将未付的12.54万元据为己有。同时，宋某的证言对于本案能否定罪起着至关重要的决定作用。但他的证言存在诸多不实之处，不能作为定案依据。

（二）辩护人认为本案应为一般经济纠纷，不应按刑事犯罪案件处理

根据当庭查明的情况，由于此款仍然在A公司账上，没有任何证据证明是马某个人将此12.54万元非法据为她个人所有，所以，职务侵占罪的要件并不具备。在A公司与B公司前后继续履行合同的过程中，由于预付款没有及时转付，或者说是由于合同交易产生的利润没有及时转移而产生的纠纷，因而是比较典型的经济纠纷，完全可以通过民事诉讼予以解决。先不说马某与宋某二人之间的姘居关系，且就有关利润的分配问题也是不公平的，A公司作为合同履行的一方，履行了主要的合同内容，而且付出了很大努力，而B公司仅支付过40.46万元车款，就要求得到128万元交易的全部即12.54万元利润，而让A公司一无所得，这似乎也是不公正的。这里应该存在如何在A公司和B公司各自在合同签订、履行这笔合同业务过程中所起的实际作用合理划分这12.54万元利润的问题。如果考虑到A公司已经支付8.46万元修理费这一事实，这种合理划分的必要性就更加突出。如果根本不考虑这一点，将这12.54万元全部认定为系B公司应得的财产，然后又以此为由对马某按职务侵占罪定罪处刑，难免会发生涉及两家公司对于合同交易利润如何转移的错案冤案，而且还会涉及两公司对合同的交易利润如何合理划分问题，因而更是属于经济纠纷的范畴。

综上所述，辩护人认为，本案被告人涉嫌构成职务侵占罪的主要事实不清，证据明显不足，根据疑罪从无原则，应宣告马某无罪；并建议按经济纠纷处理。

**【案例结果】**

洛阳市洛龙区人民检察院指控被告人马某涉嫌职务侵占罪一案，一审法院经过二次庭审审理后，检察院以需要补充侦查，提出延期审理的建议，在延期审理后，超过法定的补充侦查期限没有提请人民法院恢复法庭审理，洛阳市洛龙区人民法院决定按人民检察院撤诉处理。后公安机关对马某解除了强制措施。

**【司法文书】**

河南省洛阳市洛龙区人民法院（2011）洛龙刑初字第154号按撤诉处理决定书

**【案例评析】**

本案中重要的争议焦点是职务侵占罪的成立与否。纵观本案，首先，不难发现马某明显缺乏侵占的意思表示与侵占行为，侦查机关更是没有查清楚 12.54 万元的具体去向，仅仅是以马某未转交财物给 B 公司而认定其将 B 公司的财物非法占为己有，从而认定构成职务侵占罪。起诉书的指控也只是依据一般逻辑推理而得出的一种可能性推论而非唯一的结论。

其次，对有关 12.54 万元利润的分配问题单纯地认为是 B 公司个体财产也是明显不合常理的，故关于所谓侵占的 12.54 万元都解释为本公司的财产也是不正确的。

最后，本案基于 A 公司和 B 公司以及马某和宋某等错综复杂的关系，证据能否采纳，证明力的大小以及 12.54 万元的去向等多重因素导致本案事实不清、证据不足，应严格遵从疑罪从无原则。

**【结语及建议】**

本案是一次非常成功的疑罪从无案件的辩护。特别是专家组的相关论证细致入微、层层深入，给辩护律师提供了非常好的辩护思路与辩护理由，同时也使得辩护更具有说服力。现实生活中，公法干预私法领域的案例仍屡禁不止，某些主体为了自身利益假借违法犯罪等公法之名打击相关人员和竞争对手以实现自己不可告人的目的，这是对市场经济的严重破坏，也是与营造良好营商环境政策的背道而驰。所以应该严格区分私法与公法领域，还市场一个公平竞争的自由环境。

疑罪从无原则在现实办案中具有非常大的应用空间。根据刑法谦抑精神的要求，办理刑事案件要求达到犯罪事实清楚，证据确实、充分的证明标准。侦查、检察机关在办理案件过程中相关证据的收集可能会有各种纰漏与疏忽，导致相关案件事实无法被查清或根本无法查清，这给了辩护律师极大的辩护空间，这在有利于维护当事人的合法权益的同时也是对公检法机关工作的完善和监督。

## 三、专家点评

本案的成功辩点是：紧扣犯罪构成，对案件事实抽丝剥茧，坚持从客观行为到主观罪过的辩护逻辑。认定犯罪是一个从客观到主观的判断过程，因此刑事辩护首先也应该坚持从行为到罪过的判断逻辑。认定行为人是否构成犯罪，首要的是看其是否实施了相应犯罪构成要件的行为，再根据客观化的行为罪过问题，只有这样才能够得出符合事实逻辑和法律逻辑的正确结论。就本案而言，嫌疑人是否构成职务侵占罪，不能想当然地认为其主观上具有非法占有目的，而是要从其行为中判断。现有证据只能证明马某没有将12.54万元预付款转交给B公司，并没有任何证据能证明马某个人实际上已经将这12.54万元“非法占为己有”。换言之，本案马某是否实施了职务侵占罪的客观构成要件行为首先就存在疑问，就更不用说主观罪过问题了。从犯罪构成角度，辩护人紧紧抓住客观行为辩护，就足以解构整个指控。

**【个人简介】**

尚旭辉，男，汉族，1977年1月生，河南诚然律师事务所主任，第八届河南省律协理事，河南省律协刑委会副主任，洛阳市律师协会副会长，洛阳市政协委员、洛阳市法学会理事等，曾多次荣获河南省优秀刑辩律师，河南省优秀律师，洛阳市优秀律师、河南省司法系统先进个人等荣誉称号。

# · 43 ·

# 沈某某职务侵占案

## ——转账票据因故未能及时入账不能认定为职务侵占

尚旭辉

## 一、案例基本信息

涉案罪名：职务侵占罪

办案单位：河南省洛阳市洛龙区人民法院

结案时间：2020 年 7 月 15 日

结案方式：判决

## 二、案例正文

### 【案情简介】

沈某某，系洛阳××假日酒店有限公司股东、副总经理。洛阳××假日酒店有限公司于 2009 年 12 月成立，公司成立以来，自身矛盾不断，出现退股、转股、名义股东以及不停更换公司高管、财务人员等现象。沈某某因涉嫌挪用资金罪于 2015 年 6 月 17 日被洛阳市公安局洛龙分局刑事拘留，同年 6 月 19 日被取保候审，2016 年 6 月 27 日至 2017 年 8 月 16 日，洛阳市洛龙区人民法院决定对其取保候审，2017 年 8 月 17 日至 2019 年 8 月 19 日决定对其监视居住，2019 年 8 月 20 日再次决定对其取保候审。公诉机关以职务侵占罪指控在 2010 年 10 月 1 日至 2011 年 11 月 30 日期间，被告人姚某某、沈某某经预谋后利用职务之便，在无任何业务往来的情况下，指使酒店财务人员将人民币 367 万元分 121 次转至灵宝××实业有限公司、灵宝××置业有限责任公司、洛阳市××实业有限公司，并据为己有。检察院认为，被告人姚某某、沈某某利用职务上的便利，将本单位财物非法据为己有，数额巨大，犯罪事实清楚，证据确实、充分，应当以职务侵占罪追究刑事责任。

**【辩护要旨】**

公司工作人员转账之后，因故未能及时入账不能认定为职务侵占。

**【辩护意见】**

辩护人认为被告人沈某某与被告人姚某某二人存在很大的矛盾，不存在预谋；沈某某不懂财务仅是按流程签字，没有利用职务之便指使财务人员；洛阳××假日酒店有限公司至今仍欠沈某某大量垫付款等资金，该酒店还与洛阳××实业有限公司存在大量的业务往来，沈某某不存在侵占的可能性；同时由于酒店财务管理混乱，账务账目不完善，司法鉴定意见缺乏依据而不能被采信。所以，辩护人认为依据现有证据不能证明沈某某的行为构成职务侵占罪。

**（一）被告人沈某某与姚某某二人存在很大的矛盾，不存在预谋**

被告人姚某某、沈某某仅是工作上合作伙伴的关系，同样是洛阳××假日酒店有限公司（简称酒店）的股东。从本案卷宗中被告人供述和辩解、证人证言和书证来看，两人之间是相互制约的关系，两人之间还有矛盾，不存在共同预谋。

（1）在沈某某担任负责财务的副总时，所有对外转账都需要姚某某和沈某某的签字，说明二人之间是相互制约、监督的关系，这也是财务流程的规定。

（2）在沈某某担任负责财务的副总时，因与姚某某之间有矛盾，于2010年4~12月安排常某某负责财务事务，说明各股东之间有一定的矛盾。其中证人陈某某等可证实，并且在庭审过程中均查明二被告人存在很大的矛盾。

（3）洛龙区法院民事判决书（2013）洛龙民初字第1816号中显示，“本院认为：由于各股东之间矛盾重重，经营理念各不相同，以致互不信任，互相拆台”。这说明沈某某与姚某某之间不但有矛盾，而且矛盾很深。

（4）2013年12月22日沈某某、刘某某、常某某签署的《恢复营业申请书》《同意并希望恢复营业声明》，更加证明了姚某某和沈某某及其他股东之间的矛盾。

（5）公诉机关指控的涉嫌犯罪的11笔转款均发生在2010年12月31日至2011年12月26日之间，而酒店于2012年5月停业。

故被告人姚某某和被告人沈某某之间的关系不可能是预谋。

**（二）沈某某不懂财务仅是按流程签字，没有利用职务之便指使财务人员**

（1）沈某某虽然作为酒店负责财务的股东，但是沈某某并不懂财务，财务由公司财务部的财务总监、会计、出纳负责，沈某某只负责核对金额并签字。

（2）酒店对外转账虽然没有明确的财务规定，但对外转账都需要由法人姚某某和负责财务的副总签字，然后由财务总监、出纳办理才可以进行，这种转账流程已经形成了一种稳定的财务制度，并且在银行有姚某某和沈某某共同的印签才能办理转账业务。出纳张某某、姚某某询问笔录（2014 年 5 月 8 日、第 54 页）、财务总监马某某（2012 年 11 月 13 日、第 72 页）、陈某某询问笔录以及多份书证均可以证明。

（3）在 2010 年 4 ~ 12 月，酒店负责财务的副总由沈某某更换为常某某，财务付款的流程并没有变，故沈某某不可能利用职务便利指示酒店财务人员违法转款。

（4）从公诉机关提交的证据来看，酒店的所有财务人员没有一人证实是沈某某指使其违法转款，也没有人证实是沈某某不让入账，更没有人证实是沈某某负责记账或故意不入账。

故沈某某不可能有利用职务之便指使财务人员违法转账且不入账，并据为己有，数额巨大，拒不返还的行为。

**（三）酒店与洛阳××实业有限公司存在业务往来，公诉机关指控的不存在一定的业务往来是错误的**

（1）酒店向洛阳××实业有限公司所转 30 万元款项是合法的。由于酒店财务混乱，银行日记账上没有记载这 30 万元，但根据庭审查明的事实，证明 30 万元转款不是酒店垫付款就是酒店还沈某某的借款。

（2）由于酒店账目混乱，缺失了很多有利于沈某某替酒店垫款或借款的账务记账凭证。根据洛阳市××会计师事务所出具的司法鉴定意见书“其他应付款—借款明细账”，沈某某尚欠酒店人民币 1 万元。根据辩护人当庭提供的 11 组证据，可以证实酒店仍欠沈某某 1851852.8 元未付，也未入账。从辩护人提交的凭证可以看到，每份收据上均有法人姚某某、出纳姚某某或者出纳张某某或会计王某某的签字，并加盖有酒店的财务专用章。

（3）公诉机关提供的卷宗材料显示，洛阳××实业有限公司与地矿酒店之间也存在多笔转款业务（第 237 ~ 241 页）。

（4）辩护人当庭提交的“证据清单”中第二组证据，证明沈某某以洛阳××实业有限公司的名义通过洛阳银行转给酒店20万元，该款系借款，至今也未偿还。

故公诉机关认为沈某某及其所控股的洛阳××实业有限公司与酒店不存在一定的业务往来是错误的。

（四）酒店至今欠沈某某大量垫付款等资金，沈某某不存在侵占的可能性

（1）酒店对沈某某的转款，是为了偿还酒店在设立、成立、经营过程中，因酒店需要沈某某所垫付的各种款项或借款。

（2）酒店除了注册资金外，其他所有的流动资金均是二被告人垫付，这在庭审中已经查明。其主观上没有任何侵占的故意。

（3）截至酒店停业，被告人提供的证据显示酒店尚欠沈某某1851852.8元未付，其转给洛阳市××有限公司的30万元完全可以认定为归还沈某某的借款或垫付款。

（五）酒店财务管理混乱，账务账目不完善，司法鉴定意见不能被采信

（1）酒店在经营管理的过程中，各股东之间矛盾重重，造成财务部门内部的财务人员也是频频换人，导致账务账目记载不全。负责财务的副总开始是沈某某，在2010年4月左右换成常某某，后又换成沈某某；财务总监在2010年8月换成郭某某，在2011年11月或12月换成马某某；出纳开始是张某某，在2011年5月左右，由姚晓某某出任出纳一职；会计开始是蔡某，后为王某某。在交接过程中也存在交接不全的问题。

（2）虽然是对酒店2009年5月1日至2011年11月30日的账务账目进行专项审计，但是在司法鉴定意见书中也提到了对该公司的财务资料一直未能完整调取，仅对已调取的会计资料进行审计。据此可以证明，侦查机关所依据的司法鉴定意见书是不完整、不全面、有失公允的。上述情况在洛阳市××会计师事务所司法鉴定意见书（编号：洛××司鉴所［2014］会鉴字第2号）第2页，第2项检案摘要中可以体现出来。

（3）在公司没有明确的财务记账制度的前提下，侦查机关应当全面地调取证据、调查事实，而不能仅凭记载不全的财务账目就认定沈某某应当承担刑事责任。

综上所述，辩护人认为，沈某某没有和姚某某经预谋后利用职务之便，在无任何业务往来的情况下，指使酒店财务人员将376万元中的30万元转至洛阳市××实业有限公司的行为。沈某某既没有侵占酒店资金的客观行为，也没有侵占酒店资金的主观动机，不符合《刑法》第271条职务侵占罪的犯罪构成要件。

**【案例结果】**

洛阳市洛龙区人民法院（2016）豫0311刑初207号刑事判决认定被告人姚某某、沈某某无罪。

**【司法文书】**

河南省洛阳市洛龙区人民法院（2016）豫0311刑初207号刑事判决书

**【案例评析】**

《刑法》第271条第1款规定："公司、企业或者其他单位的人员，利用职务上的便利，将本单位财物非法占为己有，数额较大的，处五年以下有期徒刑或者拘役；数额巨大的，处五年以上有期徒刑，可以并处没收财产。"

本罪是真正身份犯，要求是公司、企业或者其他单位的人员，同时也是与贪污罪主体国家工作人员的重要区别，本罪的实质是非国家工作领域内的贪污罪。本罪的犯罪行为是将本单位财物非法占为己有，并且要求利用职务上的便利，且是主管、管理等实质利用而非形式利用，这是与盗窃罪等相关财产犯罪的重要区别。本罪的犯罪对象是本单位财务，包括动产和不动产，也包括债权等无形物。

本案中沈某某并非只为一家公司股东或者领导，同时对酒店垫付了大量资金，相关涉案公司又有财务来往，人员不间断更替导致财务记账混乱、不完善，这些因素交织在一起最终引发该案件。该案的关键问题是转账资金未及时，全面入账能否认定为职务侵占。虽然公诉机关提供了大量的意见，但纵观本案是不构成职务侵占罪的，比如相关的鉴定意见中，鉴定材料是不全面、不完整的，无法作为定案依据。本案的涉案公司内部比较复杂，被告人沈某某在公司成立后投入了大量的精力，垫付了不菲的资金，公司至今仍欠沈某某1000多万元，这也从侧面反映了沈某某无非法侵财物的必要和意思。本案是公司内部管理不善导致财务记账疏忽引起的民事纠纷，并由人为夸大的犯罪事实，涉及罪与非罪的区分与认定。

**【结语及建议】**

本案是一次非常成功的无罪案件的辩护。现实生活中，公法干预私法领域的案例仍屡禁不止，某些主体为了自身利益假借违法犯罪等公法之名打击相关人员和竞争对手以实现自己不可告人的目的，使法律成为某些别有用心之人的工具。同时这也是对市场经济的严重破坏，是与营造良好营商环境政策的背道而驰。所以应该严格区分私法与公法领域，还市场一个公平竞争的自由环境。

关于刑法的谦抑性原理，刑法是法治社会的最后一道枷锁，科之以刑法，必要有充分的事实依据与论证，刑法与相关法律虽无效力等级但有适用等级，要严格区分民事纠纷与刑事犯罪的具体界限。刑法需时刻保持谦抑性这一原理在现实办案中具有非常大的应用空间。

## 三、专家点评

判断本案被告人沈某某是否构成职务侵占罪，需要分析其客观上是否存在利用职务上便利侵占本公司财产的行为，主观上是否存在将本单位财产非法占有的目的。利用职务上的便利是利用自己主管、管理、经营、经手单位财务的便利条件。从本案的事实看，沈某某是负责财务的股东，确实有职务，但是问题的关键是，沈某某既没有利用该职务便利的条件也没有侵占本单位财物的事实。因为沈某某并不懂财务，财务都由公司财务部的财务总监、会计、出纳负责，沈某某只负责核对金额并签字，公司向与自己存在业务往来的其他公司转账是正当的业务需要。因此，指控沈某某职务侵占的客观事实并不成立。本案辩护人特别从公司财务管理混乱角度分析了沈某某不存在利用职务上便利侵占公司财物的行为，这也是本案被认定无罪的关键所在。

**【个人简介】**

尚旭辉，男，汉族，1977 年 1 月生，河南诚然律师事务所主任，第八届省律协理事，河南省律协刑委会副主任，洛阳市律师协会副会长，洛阳市政协委员，曾多次荣获河南省优秀刑辩律师，河南省优秀律师，洛阳市优秀律师、河南省司法系统先进个人等荣誉称号。

# · 44 ·

# 张新某、张晓某、石某某诈骗、职务侵占案

## ——单位员工骗取本公司业务返点如何定性

曾　磊

## 一、案例基本信息

涉案罪名：诈骗罪、职务侵占罪

办案单位：河南省三门峡市湖滨区人民法院

结案时间：2019 年 5 月 31 日

结案方式：判决

## 二、案例正文

### 【案情简介】

对诈骗罪的指控：2014 年 3 ~ 6 月，被告人张新某、张晓某、石某某在×××公司三门峡运营部工作期间，为谋取私利，为不符合公司贷款条件的客户伪造征信和银行流水，帮助客户骗取×××公司贷款，利用职务之便骗取服务费。经核算，利用虚假征信、银行流水贷款共计 102 笔，贷出金额 547 万元，骗取服务费 21. 88 万元据为己有。另收取客户好处费 2 万余元。

对职务侵占罪的指控：被告人张新某、张晓某在担任×××公司三门峡运营部负责人期间，利用职务上的便利，将收取的利息 6. 54 万元及催收客户欠款的 9. 979 万元占为己有。

### 【辩护要旨】

不构成诈骗罪，职务侵占罪事实不清、证据不足。

【辩护意见】

（一）关于起诉书指控的第一起犯罪事实，被告人张晓某的行为不构成诈骗罪

根据《刑法》第266条规定，诈骗罪是以非法占有为目的，采取虚构事实、隐瞒真相的方法，骗取数额较大公私财物的行为。纵观本案，辩护人认为对被告人以诈骗罪定性稍显牵强。

1. 被告人张晓某伪造虚假资料的行为不应认定为虚构事实

本案中被告人张晓某虽然伪造征信和银行流水，但征信和银行流水仅是借款事实中的一部分材料，材料的虚假并不会影响借款事实的成立，在借款合同、借款客户的身份、住址、借款的发放等都是真实的情况下，×××公司对出借款项，并不会因为征信材料的虚假而改变其对借出款项的权利，改变的只是占有的方式，即以所有权方式变为债权方式。

2. 被告人不具有非法占有的目的

被告人张晓某系×××公司三门峡运营部的负责人，其完全可以通过虚构借款人身份的方式，直接将借款实际占有。但事实上，被告人并没有这么做，其伪造征信和银行流水只是为了保留自己在三门峡的运营资格，而采取了错误的方式来扩大业绩，在其与×××公司的合同到期后，更没有逃避、逃跑的意图，而是继续对逾期债权进行追讨，被告人不具有非法占有的目的。

（二）被告人张晓某的行为可能涉嫌职务侵占罪

根据《刑法》第271条规定，公司、企业或者其他单位的人员，利用职务上的便利，将本单位财务非法占为己有，数额较大的构成职务侵占罪。纵观本案，被告人的行为可能涉嫌职务侵占罪的犯罪构成。

从主体上看，张晓某系×××三门峡运营部的负责人，其以×××公司的身份揽承业务、促成借款、审核材料更均系×××公司的业务范畴。在工作活动中，张晓某并无独立的身份地位，借款合同的签订、来往款项的收发均受×××公司约束，其业务提成也由×××公司发放，其应属于×××公司的人员。

从客观要件上看，张晓某利用作为×××公司三门峡负责人这一身份，审核借款人身份及材料的这一职责之便利，采取伪造征信的手段，×××公司发放借款正是基于对张晓某已尽到审核借款人资质的信任。

从客体上看，被告人张晓某利用自己审查借款人资质的便利，骗取公司返点占为己有。

从主观要件上看，其明知自己具有审核借款资质的职责，仍然伪造征信，为客户发放借款，在主观上具有故意。

综上，被告人张晓某的行为涉嫌职务侵占罪，但是否构罪还要结合其涉嫌犯罪的数额。

现有证据不能证明被告人张晓某涉嫌职务侵占的数额达到了刑事立案的标准。

1. 关于起诉书指控的第一起犯罪事实数额的认定

第一，现有证据无法证明102笔虚假征信均为被告人张晓某伪造或被告人张晓某参与伪造。

现有证据指向被告人张晓某参与伪造客户征信或银行流水造假的有14人（15人中有一人的资料经鉴定为真），涉及贷款金额约90万元，服务费约4.44万元，但14人中有6人资料未经鉴定，资料真假无法证实，即能够证实的假资料只有8人（证据卷一第118页），因此骗取的服务费只能按照证据可以证明的贷出金额（即将资料真假无法证实的6人金额减掉），然后按照被告人实际的1个返点来计算。

第二，职务侵占罪的客体是公司的财产所有权，犯罪数额仅应计算公司返点部分。

起诉书指控的218800元服务费是按照贷出金额547万元的4%计算得出。而这4个点，1个点是×××公司的返点，另外3个点是被告人张晓某按照公司规定向客户收取的线下服务费。根据职务侵占罪的犯罪构成，职务侵占罪的客体是公司的财产所有权，所以在犯罪数额上仅应计算公司返点部分。另外，本案不能排除存在其他业务员伪造征信，被告人张晓某没有审核到位的情况，被告人张晓某按照公司规定领取返点后，又将返点发放给具体的业务操办人，因此被告人的犯罪数额，还应扣除其他业务员侵占的数额。

第三，收取的2万元好处费不应计入张晓某的犯罪数额。

张晓某没有收取过、也没有指使他人收取客户好处费2万余元，该好处费是个别员工的个人行为，只能由收取人自己负责。

2. 关于起诉书指控的第二起犯罪事实构成职务侵占罪，辩护人认为事实不清、证据不足

第一，关于侵占利息6.54万元（证据卷十一，第172~174页张新某、张晓某侵占利息部分统计表）。

该侵占利息统计表系河南×××金融服务公司单方制作，未经侦查机关核实，且证明逻辑混乱，依法不应予以采信。

首先，借款客户是否支付利息的证言，因支付利息与其自身有重大的利害关系，故其证言效力较低，应有其他证据予以佐证；

其次，借款客户还息却不索取还息凭证，这种做法超出一般借款还息交易的常识；

最后，借款客户说还了利息、公司称未收到，据此就推定被告人收取了利息，该推论缺乏逻辑。

第二，关于侵占本金9.979万元，应具体数额具体分析。

1. 证据是指向被告人张晓某，但性质存在区别的款项

王某某1万元，席某某1万元，张某2万元，这三笔钱共计4万元，依据是张新某和温州×××经济信息咨询有限公司毋××签订的《网络借贷平台使用协议》（卷二第60~75页）第65页第2条逾期保障："丙方作为所辖地区借贷业务的管理方，对审核通过的借贷业务出现逾期时，当逾期超过30日后，必须对该笔业务进行债权收购，且必须在放款人债权逾期的第30日至第40日内办理完毕。"被告人应对逾期债权进行收购（即由张新某和张晓某承担还款责任），但张新某和张晓某没有和×××公司及时办理债权收购手续（未给×××公司出具欠条）。被告人上述4万元有职务侵占的嫌疑，但是否构成职务侵占罪，还应综合考虑被告人是否具有占有的故意。本案中被告人向×××公司交纳了高达90万元的保证金，通过×××公司毋某波的证言（卷一第140页），结合《网络借贷平台使用协议》的约定，该保证金就是用于保证运营负责人购买逾期债权的，因此现有证据不足以证明被告人张晓某有侵占的主观故意。

2. 从时间上看，证据不能指向被告人张晓某的款项

卷宗证据显示：李某某转账记录显示是2015年7月9日，王某转账记录是2015年6月19日。根据毋某某公司员工王二某的证言（卷一第147页），"2015

年5月20日张新某将卡给了河南×××金融服务公司，现在这几张卡在我们这里”，可见李某某、王某转账时被告人张晓某已不再持有到账银行卡，客观上显然也不能占有上述款项。

3. 证据未直接指向被告人张晓某的款项

卷宗证据显示：王金某转账凭证显示为1.5万元，其中有一笔转账5000元是转给张少某（证据十一第171页），张少某并非三门峡×××公司的员工，也没有证据证明张少某将款项交由被告人张新某，仅张少某一人的证言系无法核实的孤证，该笔款项为被告人侵占的事实无法认定。

同样，李某转账的5000元也是张少某收取，但没有证据证明张少某将款项交给被告人张新某，现仅张少某一人的证言系无法核实的孤证，该笔款项为被告人侵占的事实无法认定。

4. 证据已证明由被告人张晓某收购的债权

王夏某收条36490元，卷宗证据（卷二第101页）中张新某和张晓某给河南×××金融服务有限公司的欠条显示，樊某（王夏某的前夫）的逾期已经垫付，该笔款项按照《网络借贷平台使用协议》的约定，已经属于债权收购了。在债权本就是被告人张晓某的情况下，不可能存在侵占事实。

综上，辩护人认为，刑法应保持谦抑性原则、遵守严格证据规则，对被告人与×××公司之间存在债权收购协议，但未办理具体手续部分的款项，可按照经济纠纷处理，对证据不足以证明被告人占有款项，做出对被告人有利的认定。

综合全案，辩护人认为，对被告人张晓某应以一个罪名即职务侵占罪定性处罚，同时鉴于职务侵占数额不大，受害人损失在案发前已经通过保证金形式得到弥补，请求法庭对张晓某免予刑事处罚或在1年以下量刑并适用缓刑。

**【案例结果】**

被告人张晓某犯职务侵占罪，判处有期徒刑1年。

**【司法文书】**

（2018）豫1202刑初360号刑事判决书

**【案例评析】**

职务侵占罪与诈骗罪存在一定的交叉竞合关系，区分两罪的关键在于获取财物的行为对象及犯罪手段不完全相同。就行为对象而言，职务侵占罪侵犯的只能是本单位的财物，而诈骗罪侵犯的是被害人基于错误认识而处分的财产；就犯罪手段而言，两罪虽然都有欺骗行为，却存在是否利用职务便利的区别，如果行为人最终获取财物除实施一般的欺骗行为之外，还利用本身的职务便利，则不宜认定为诈骗罪而应考虑定职务侵占罪。

本案中，征信和银行流水只是发放贷款审核流程中需要提交的部分材料，而非放款的充分条件，公司基于业务的真实情况发放提成没有陷入错误认识，因此从获取财物的行为对象来看，不应认定为诈骗罪。张晓某利用作为公司三门峡负责人这一身份，审核借款人身份及材料的这一职责之便利，故意伪造征信，骗取公司返点更符合职务侵占罪的犯罪构成。

**【结语及建议】**

本案涉及诈骗金额21万余元，同样的数额，诈骗罪刑期在5~6年，涉及职务侵占的数额在16万余元，刑期在1~2年。因此辩护的首要任务是改变诈骗罪的定性，这也是被告人量刑从重变轻的关键，然后再从证据方面入手，主张现有证据不能认定职务侵占的数额，为当事人争取最大的量刑空间。法院最终采纳了部分辩护意见，更正了公诉人指控的罪名，践行了刑事司法中应遵循的“罪刑法定”及“罪刑相适应”原则，被告人也因此获得了更公正的处理。

本案的处理较好地体现了辩护人在刑事案件中的作用。案件的妥善处理，离不开辩护人对事实的详细分析和对法律的深入研究。本案中辩护人积极澄清事实、指正罪名，较好地维护了张晓某的合法权益。

## 三、专家点评

判断本案被告人是否构成诈骗罪，需要对其伪造征信和银行流水在公司出借款项中的作用进行查证。诈骗罪中的虚构事实必须要足以导致被害人认识错误，本案中，公司对借款人诸多信息没有产生认识错误，被告人虚构事实和公司处分财物之间没有直接的因果联系。辩护人抓住这一关键环节，否定了被告人虚构事实和隐瞒真相的行为，从经济活动的视角论证了不存在导致×××公司损失的事实，从而否定了被告人构成欺诈罪的客观要件。从客观方面看，本案被告人确实存在职务侵占行为，但是，这种行为究竟是否构成犯罪还需要涉案数额分析。本案辩护人对涉案数额的精准计算，最大限度上减少了司法机关所认定的数额，维护了被告人的最大利益。

【作者简介】

曾磊，河南思宏律师事务所律师。河南省律协刑事业务委员会委员、洛阳市律协刑事业务委员会执委。

# · 45 ·

# 岳某某职务侵占案

## ——挂靠人员是否属于“本单位工作人员”应坚持实质判断标准

刘国琳

## 一、案例基本信息

涉案罪名：职务侵占罪

办案单位：洛阳市西工区人民法院

结案时间：2015 年 6 月 10 日

结案方式：判决

## 二、案例正文

### 【案情简介】

2014 年 4 月 11 日，洛阳市西工区人民检察院以西检刑诉（2013）286 号起诉书指控被告人岳某某犯职务侵占罪。

公诉机关指控：

第一，2011 年 9 月 8 日人被告人岳某某任建工集团天 × 一品项目部总负责人。2012 年 1 月 5 日，被告人岳某某收取水电工程分包人魏某某 50 万元保证金，被告人岳某某未按建工集团规定将 50 万元保证金上交指定账户，用于偿还个人债务及消费。建工集团多次向被告人岳某某催缴保证金其拒不上交。后由于工程无法进行，魏某某要求退还工程保证金，后由建工集团退还魏某某 50 万元保证金。

第二，2012 年 9 月，被告人岳某某在建工集团与被告人黄某某洛阳天 × 房地开发有限公司（以下简称天×公司）天×一品项目工程款结算中，被告人岳某某、黄某某在结算协议说明中虚列80万元水电押金，后被告人黄某某多次采用信访、围堵建工集团等手段讨要该80万元。2012年12月25日，经洛阳市西工区信访局处理，建工集团或天×公司支付被告人黄某某剩余工程款150万元。后被告人黄某某要求建工集团支付余款150万元时，建工集团未予支付。经审理查明，2011年7、8月份，被告人岳某某与时任建工集团总经理金某经协商达成以交纳1.5%管理费的方式挂靠建工集团，由被告人岳某某以建工集团名义承包天×一品项目工程。2011年9月8日建工集团任命被告人岳某某为天×一品项目部总负责人，负责该项目的全面工作。9月16日被告人岳某某以建工集团名义与天×公司签订天×一品A6地块一期工程施工合同，并在承包人处签字，加盖建工集团：

1. 2012年1月4日，被告人岳某某与魏某某签订洛阳天×一品A6地块一期工程建设工程施工专业分包合同。1月5日，被告人岳某某收取魏某某50万元保证金，未按建工集团规定将该笔保证金交指定账户，而是用于偿还个人债务及消费。后由于工程无法进行，魏某某多次要求退还50万元保证金未果，遂以建工集团、被告人岳某某为被告向本院提起民事诉讼。法院于2012年10月10日作出（2012）西民二初字第208号民事判决书，判决由建工集团退还魏某某50万元保证金及其他款项，判决生效后建工集团已履行。

2. 2011年9月26日，被告人岳某某与被告人黄某某签订洛阳天×一品A6一期1#、2#、17#地下车库工程劳务承包合同，黄某某遂带领劳务队进驻工地施工，期间因纠纷导致黄某某劳务队停工。2012年8月28日，建工集团与天×公司就A6地块2#、34、车库工程款达成一致，最终定案金额为11300487.97元，建工集团有被告人岳某某、金某的签字。2012年9月5日，被告人岳某某与黄某某就该项目达成工程结算协议说明，其中虚列水电押金80万元，岳、黄两人均在该说明上签字。后黄某某多次采取上访、围堵等手段讨要包含虚列水电押金80万元在内的剩余工程款150万元，期间并未向接访机关说明虚列水电押金80万元的情况。洛阳市西工区处理信访问题及群体性事件联席会议办公室于2012年12月25日、28日两次召开会议就该上访事项作出处理意见，督促建工集团完善手续，支付黄某某余款150万元。若建工集团不予支付，可由天×公司先期支付黄某某，待天×公司与建工集团结算时抵扣，黄某某表示同意，承诺在收到

150 万元款项后撤离。其余纠纷通过法律渠道解决不再上访，并出具承诺书和本人账号用于转款。建工集团对此提起异议未予支付。

3. 2012 年 9 月 18 日，天 × 公司因天 × 一品项目工程与建工集团产生纠纷，遂向洛阳仲裁委员会申请仲裁。2012 年 12 月 19 日洛阳仲裁委员会作出（2012）洛仲字第 127 号裁决书，同月 31 日送达天 × 公司、2013 年 1 月 5 日送达建工集团。2013 年 9 月 25 日，建工集团与天 × 公司就工程遗留问题协商解决，并形成会议纪要。

公诉机关认为，被告人岳某某利用其担任建工集团 × × 一品项目部总负责人的职务便利，伙同被告人黄某某将单位财务非法占为己有，数额巨大，其行为已构成职务侵占罪，系共同犯罪。

针对上述指控，公诉机关提交了被告人岳某某、黄某某供述与辩解，证人金某、耿某、张某、马某、谢某等证言，以及证明、情况反映、建筑领域民工上访登记表、抓获经过、关于岳某某的任职通知、管理办法、保证金支出明细表、劳务承包合同、支付黄某某款项明细、西信联办（2012）46 号文件、会议纪要、承诺书、工程结算协议说明等证据。

辩护人通过对该案的深入研究，进一步发现该案公诉机关向法院提交的所有证据均不能证明岳某某及黄某某系该案职务侵占罪的犯罪主体，且不具有侵占公司财物的故意。

**【辩护要旨】**

行为人不具有公司、企业或者其他单位人员身份，不符合职务侵占罪的犯罪主体要件，其行为依法不构成职务侵占罪。

**【辩护意见】**

（一）被告人岳某某不是 × × 建工集团有限公司（以下简称建工集团）的员工，不是职务侵占罪的犯罪主体，不构成职务侵占罪

从《刑法》第 271 条规定的犯罪构成要件上看，职务侵占罪的主体是特殊主体，即必须是公司、企业或其他单位的人员，如果不是该单位的人员，则不构成本罪。

辩护人认为，挂靠经营的被告人岳某某不是建工集团的工作人员，不具备职务侵占罪的主体要件。理由如下。

（1）判断岳某某是否属于建工集团的工作人员主要看实质，不能仅看形式。

从形式上看，建工集团有任命岳某某的任命书，表面上岳某某似乎是建工集团的管理人员，但从本质上看，岳某某与建工集团是平等主体之间的合同关系，不是内部管理关系。单位的任命形式不是判断职务侵占罪的主体能否成立的关键因素，要点在于把握岳某某是否实际承担了建工集团赋予的工作职责。实际上，岳某某不是建工集团的正式员工，是以缴纳 1.5% 管理费的方式挂靠建工集团（建工集团总经理金某对此也予以承认），由岳某某以建工集团的名义承包洛阳××房地产开发有限公司天城一品项目工程。挂靠期间建工集团并未对岳某某进行实质性的管理，挂靠行为本身是无效的。

（2）挂靠的岳某某与建工集团未签订劳动合同，建工集团未向被告人岳某某支付工资、劳动保险和其他福利待遇，双方不具有劳动关系。正因为双方是合同关系，建工集团才不会支付岳某某工资。因此岳某某不是建工集团的员工，不是职务侵占罪的犯罪主体，不构成职务侵占罪。

（3）西工区信访局的会议纪要不能作为认定岳某某的行为为职务行为的证据。因为，首先信访局不是司法机关，其次岳某某并没有参加信访局的协调会议，所以信访局以会议纪要的形式认定岳某某的行为为职务行为是不当的，法院不应采纳。

（二）关于魏某某的 50 万元保证金的问题

对于魏某某的 50 万元保证金岳某某并非打算占为己有，而是给员工发放工资，购买机器设备，自己还有 200 万元保证金在押，并且打算马上归还。

（三）关于 80 万元水电押金的问题

《工程结算协议》不是岳某某本人起草的，当时其本人并没有仔细阅读协议内容，让主管向某看后认为没有问题就匆忙签字了，对于多出的 80 万元以为是工程款，后来才知是水电保证金，而且索要 80 万元只是黄某某一人所为，岳某某没有与其预谋，也没有参与，其不存在侵占押金的故意，黄某某所称的《欠条》至今也没有找到。

综上所述，本案公诉机关出示的证据没有达到刑诉法规定的证据确实、充分的程度，岳某某既不是职务侵占罪的主体，也不具有侵占公司财物的故意，其行为不具备职务侵占罪的构成要件，本着刑法的罪刑法定、疑罪从无的原则，本案被告人岳某某不构成职务侵占罪。

依据《刑事诉讼法》（2012 年修订）第 172 条规定的“犯罪事实已经查清，

证据确实充分”公诉机关的起诉条件，辩护人认为本案公诉机关认定的岳某某的犯罪事实不清、证据不足，人民法院应当对被告人岳某某作出无罪判决。

【案例结果】

洛阳市西工区人民法院认为，《建筑法》规定，禁止建筑施工企业以任何形式允许其他单位和个人使用本企业的资质证书、营业执照，以本企业名义承揽工程。本案中建工集团同意岳某某以缴纳管理费的方式进行挂靠，用建工集团的资质承揽工程，挂靠行为本身就是违法的、无效的，故不能因此认定被告人岳某某是建工集团的人员，岳某某不符合职务犯罪的主体要件。岳某某在工程分包过程中确实存在违规收取工程保证金的行为，但本院已对此作出民事判决，判决书生效后亦履行完毕，依法不应再对该行为作出刑事判决。岳某某、黄某某在工程结算过程中确实存在虚列水电押金的行为，但结算协议中的其他款项并未虚列，该 80 万元所指向的也并非建工集团所有的财物，此后天城公司与建工集团的仲裁行为、协商解决的会议纪要均能证明本案属于民事纠纷，应当认定岳某某的行为属于民事欺诈行为，而不是职务侵占犯罪，公诉机关指控被告人岳某某犯职务侵占罪罪名不能成立。对辩护人提出的岳某某不构成职务侵占罪的辩护意见予以采纳。依据《刑事诉讼法》（2012 年修订）第 195 条第 2 项，最高人民法院《关于适用〈中华人民共和国刑事诉讼法〉的司法解释》第 241 条第 3 项之规定，经法院审判委员会研究，合议庭判决如下：被告人岳某某无罪；被告人黄某某无罪。

【司法文书】

河南省洛阳市西工区人民法院（2014）西刑初字第 78 号刑事判决书

【案例评析】

依据罪刑法定的原则，本案公诉机关提交的证据不能证明岳某某是职务侵占罪的主体。建工集团同意岳某某以缴纳管理费的方式进行挂靠，用建工集团的资质承揽工程，挂靠行为本身就是违法的、无效的，故不能因此认定被告人岳某某是建工集团的人员，岳某某不符合职务犯罪的主体要件。

民事欺诈行为，是指在民事活动中，一方当事人故意以不真实情况为真实的意思表示使对方陷入认识错误，从而发生、变更、消灭一定的民事法律关系的不法行为。职务侵占罪，是指公司、企业或者其他单位的人员，利用职务上的便利，将本单位财物非法占为己有，数额较大的行为。两者的区别是：主观目的不同，行为故意的内容不同。民事欺诈行为的当事人在经济活动中采取欺骗方法，旨在使相对人产生错误认识，作出有利于自己的法律行为，然后通过双方履行法律行为谋取一定的“非法利益”；而职务侵占罪是利用职务上的便利，故意非法占有本单位财物。岳某某、黄某某在工程结算过程中确实存在虚列水电押金的行为，但结算协议中的其他款项并未虚列，该80万元所指向的也并非建工集团所有的财物，此后天城公司与建工集团的仲裁行为、协商解决的会议纪要均能证明本案属于民事纠纷，岳某某的行为属于民事欺诈行为，而不是职务侵占犯罪。

综上所述，岳某某既不是职务侵占罪的主体，也不具有职务侵占的故意。因此，公诉机关提起的公诉不符合刑事诉讼法规定的起诉条件。法院最终采纳了本辩护人的辩护意见，判决被告人岳某某无罪。

**【结语及建议】**

辩护人在仔细查阅案件卷宗材料和多次会见被告人的基础上，通过对案件的细致研究，深信被告人是无罪的。在辩护人的有效坚持下，辩护人无罪辩护的观点最终得到法院采纳。

在严格把握案件基本事实的基础上，辩护人应当敢于为被告人发表有效的无罪辩护意见，以充分维护被告人的合法权益。律师为当事人维权的道路从来都不是一帆风顺的，刑辩之路任重而道远。刑辩律师既是在为每一个具体的犯罪嫌疑人、被告人辩护，又是在通过一个又一个具体个案的辩护，最终捍卫了社会上每一个人的生命、自由和财产，这就是刑辩律师的职责和使命。

## 三、专家点评

认定职务侵占罪的三个关键性节点是：行为人是否具备本单位工作人员身份、侵占的是否是本单位财物、是否利用了职务便利。如果行为人不具有本公司、本企业或者其他单位人员身份，或没有侵犯本单位财物，则不能构成职务侵占犯罪。其中，对于行为人的身份问题，不能仅仅着眼于形式判断而应进行实质分析，尤其是建筑工程领域，各种挂靠之风盛行，对于相关人员身份的认定更应进行实质解释。本案辩护人通过对案件事实的精细剥离，通过实质解释的方式，准确界定了行为人的身份问题，为最终无罪判决奠定了关键性基础。

**【作者简介】**

刘国琳，郑州大学法学本科毕业，中共党员，2007 年在河南王城律师事务所执业至今，河南省律协刑事委员会委员，洛阳市法学会行政研究会法学常务理事，洛阳市律协刑事委员会委员，洛阳市律协民事委员会委员，洛阳市律协女律师工作委员会委员。参与《洛阳市中小学生人身伤害事故处理与预防条例》的起草工作。2019 年被洛阳市律协评为优秀党务工作者。

# · 46 ·

# 唐某挪用资金案

## ——经股东授权的收付款行为属于履职行为不是挪用

李松奎

## 一、案例基本信息

涉案罪名：挪用资金罪

办案单位：洛阳高新技术产业开发区人民法院

结案时间：2019 年 12 月 30 日

结案方式：判决

## 二、案例正文

### 【案情简介】

1998 年罗某（另案处理）在洛阳市高新技术产业开发区成立一人有限责任公司——洛阳 ×× 衬里公司（简称衬里公司），公司以生产加工黄金冶炼设备为主。

2004 年 8 月罗某、郭某女（另案处理）、胡某（已故）三人在洛阳市高新技术产业开发区成立洛阳 ×× 实验公司（简称实验公司），其中罗某占 36% 股权、郭某女占 22% 股权、胡某占 42% 股权，公司同样以生产加工黄金冶炼设备为主。实验公司成立之初为了扩大市场份额一直以衬里公司名义进行生产和销售，实验公司和衬里公司在同一层楼办公，实验公司成立后，衬里公司不再进行实际生产经营活动。

实验公司成立后，罗某和郭某女一直没有参与公司运营，仅接受公司分红，随后 2010 年罗某在新安县开办混凝土公司。

2010 年华某受聘为实验公司技术部总经理，唐某兼任实验公司和罗某的混凝土公司出纳一职，胡某妻子杨某女在公司担任财务部负责人。

2014 年 12 月胡某在四川出差期间死亡，罗某、郭某女和杨某女就胡某工亡赔偿金达成协议后，要求杨某女作为公司财务人员将公司的财务账册和公章交由第三方会计师事务所进行审计，以便查明公司盈亏情况，杨某女不予配合，罗某和郭某女代表实验公司将杨某女起诉至高新区人民法院，同时向公安机关以职务侵占罪向高新区公安局报案。在此期间双方不断发生纠纷，互相起诉，实验公司的账户也被冻结，大量货款无法接收。

2014 年 12 月、2015 年 1 月杨某女、罗某、郭某女三方在各自的律师见证下进行谈判，三方一致同意由华某担任公司总经理负责实验公司的全面工作（包括财务）。

罗某和郭某女同意的情况下：2015 年 2 月至 3 月 10 日华某收取货款 24.49 万元转入自己的银行卡内；2015 年 3 月 11 日华某收取货款现金 1 万元和承兑 20 万元。华某在 2015 年 5 月支付完实验公司拖欠的工人工资后，将剩余的 18.9 万元和 20 万元承兑汇票交给唐某，唐某将 18.9 万元存入自己的银行账户（该银行账户在 2010 年即设置理财程序，所有转入款项自动理财），20 万元承兑交付罗某。

2015 年 5 月，唐某根据股东罗某要求保管的 18.9 万元和承兑用于支付到新安县厂区工作的工人工资和租赁费用。2015 年 5 月初所有费用花完。

2016 年 7 月 7 日为了不被追究责任，杨某女和罗某、郭某女达成和解协议，约定：杨某女支付罗某和郭某女合计 350 万元，罗某和郭某女谅解杨某女且撤回民事起诉和刑事立案申请，同时将股权过户给杨某女指定的人员，双方所有纠纷互不追究。

2018 年 1 月 2 日，因现任股东报案洛阳市公安局高新分局以涉嫌挪用资金罪将华某刑事拘留、2018 年 1 月 3 日以涉嫌掩饰、隐瞒犯罪所得将唐某刑事拘留。

2018 年 1 月 3 日，唐某的妻子委托笔者作为唐某的辩护人参加一审辩护。

2018 年 3 月 16 日该案移送至洛阳高新技术产业开发区人民检察院，检察院两次以“事实不清、证据不足”为由退回公安机关补充侦查，辩护人也积极向检察院提交杨某女、罗某和郭某女授权华某负责财务的会议记录、电话录音；提交实验公司 2015 年 3 月至 5 月的账本，证明唐某将收到的货款全部用于支付实验设备公司的工资和日常开销。

2018 年 8 月 30 日洛阳高新技术产业开发区人民检察院以挪用资金罪对二被告人提起公诉，华某和唐某一直拒绝认罪。

2019 年 1 月 13 日洛阳高新技术产业开发区人民法院作出（2018）豫 0391 刑初 171 号判决书，以涉嫌挪用资金罪判处华某 1 年零 3 个月有期徒刑；以涉嫌挪用资金罪判处唐某 1 年零 1 个月有期徒刑。

判决后二被告人不服，继续委托笔者参与上诉程序的辩护工作，2019 年 5 月 30 日洛阳市中级人民法院以原判决认定事实不清、证据不足作出（2019）豫 03 刑终 251 号刑事裁定书，裁定撤销（2018）豫 0391 刑初 171 号判决书，将本案发回重审。

2019 年洛阳高新技术产业开发区人民法院审理后作出（2019）豫 0391 刑初 104 号刑事判决书，判决对二被告人免于刑事处罚。

**【辩护要旨】**

经股东会议授权的暂时管理、使用资金的行为，是职务行为，是正当的履职行为，不应当作为挪用资金的犯罪行为。

**【辩护意见】**

（一）华某接受货款有正当理由

华某在该公司法定代表人去世之前是技术部负责人，指控的犯罪期间的身份是实验公司的总经理负责财务。罗某是实验公司的股东和监事，郭某女是洛阳特耐实验设备有限公司的股东。两个股东及胡某的唯一继承人杨某，一致同意由华某接受实验公司的应收货款。

（二）唐某有权力收取和支出收到款

华某作为总经理有权收取款项；唐某作为实验公司的出纳有权利和义务收取华某交付的款项。同时作为公司出纳，在罗某和郭某女二股东签字下，有义务支付实验公司员工的工资、租赁费用。退一步讲，基于唐某系罗某混凝土公司和衬里公司的出纳，无论唐某如何支出收到的华某款项，其只需要自己的老板罗某授权即可，作为出纳按照老板要求支付款项是其本职职责，这是其与华某在职责上的区别。

（三）实验公司搬入新安县混凝土公司仅系搬家

公诉机关认定 2015 年 5 月实验公司搬入新安县厂区后的支出不应当继续认

定为实验公司支出，笔者认为搬入新安县厂区是二股东和胡某在世前就商议的，2014 年 9 ~ 11 月胡某还指派华某设计厂房，华某的家属也提交了 2014 年 9 ~ 11 月的设计图纸，2015 年 5 月至今仍然放在新安县厂区的实验公司加工单等。那么唐某和华某在搬入新安县厂区后的支出应当认定是支付实验公司，更何况 2015 年 5 月 3 日前涉案的 48.9 万元已经花费完毕。

（四）唐某和华某不构成共同犯罪

《刑法》第 25 条第 1 款规定，共同犯罪是指二人以上共同故意犯罪。在主观方面，构成共同犯罪必须具有共同的犯罪故意。

客观上华某是在罗某、郭某女、杨某女授权下收取款项；唐某是老板罗某要求付款，履行出纳的职责。

华某收货款和唐某从华某手中接受款项，是完全不同的两个行为，不存在任何的合谋，只是职务行为，是服从于公司股东决策的行为，更为根本的是，二人没有任何挪用的合谋，不成立共同犯罪。

（五）二人不构成挪用资金罪

《刑法》第 272 条规定，挪用资金罪，是指公司、企业或者其他单位的工作人员，利用职务上的便利，挪用本单位资金归个人使用或者借贷给他人，数额较大、超过 3 个月未还的，或者虽未超过 3 个月，但数额较大、进行营利活动的，或者进行非法活动的行为。

对照刑法对挪用资金罪犯罪构成的规定，结合相关司法解释和现实案例可以看到，首先华某所谓的“挪”系两位股东和胡某继承人杨某女的授权。客观方面的“用”，所有钱全部支付实验公司的花费，唐某没有从事任何获利活动。不论是从“挪”还是“用”来讲，华某的“挪”系来自公司所有股东的授权，“用”是用在实验公司，根本构不成犯罪。

（六）司法机关不得插手经济纠纷

辩护人提出，本案本末倒置，原来的犯罪嫌疑人摇身一变成为受害人。2014 年 12 月胡某死后，罗某和郭某女一直以杨某女私自侵占公司千万资金为由报案，最终在双方朋友的调解下，杨某女赔偿二人 350 万元，且达成了郭某女、罗某和杨某女纠纷全部解决的协议。罗某和郭某女达成协议后又各自带人生产黄金冶炼设备，华某更是洛阳地区该行业的技术权威，杨某男一直利用报案手段逼迫罗某和郭某女退出市场。

【案例结果】

被告人最终被判处免于刑事处罚。

【司法文书】

(2019)豫0391刑初104号刑事判决书

【案例评析】

(一)挪用资金罪的法律分析

挪用资金罪，是指公司、企业或者其他单位的工作人员利用职务上的便利，挪用本单位资金归个人使用或者借贷给他人，数额较大、超过3个月未还的，或者虽未超过3个月，但数额较大、进行营利活动的，或者进行非法活动的行为。

对照刑法对挪用资金罪犯罪构成的规定，结合相关司法解释和现实案例，应当将该罪名分为两个部分，即“挪”和用。

挪用资金中，行为人必须有利用职权非法“挪”和非法“用”的行为。本案中，“挪”的方面，华某是实验公司的总经理，经过授权收款；唐某是三个公司的出纳，收款是基本职责，因此不存在“挪”。关于“用”，全部款项是用在实验公司拖欠的2015年3~4月的工资、房租和其他支出，2015年5月初已经花费完毕，因此用是用于实验公司，不存在挪用行为。

(二)关于共同犯罪

共同犯罪是指二人以上共同故意犯罪。华某收取和支出款项是基于实验公司总经理的身份；唐某收取款项更多的是基于罗某公司出纳的身份，作为出纳收款是其职责，不需要必须是实验公司出纳。华某主观上是为实验公司的运营；唐某是出于对罗某负责。二人没有共同犯意且事先无犯罪联络。

## 三、专家点评

挪用资金罪中“挪用”行为的本质在于未经合法批准，或违反财经纪律，擅自使资金脱离单位，从而使其陷入巨大的风险当中。所以，如果根本没有使资金脱离单位，或者根本没有给资金造成任何实质性风险，基本上不属于《刑法》第272条规定意义上的“挪用”行为。就具体认定而言，界定“挪用”必须具备形式要件和实质要件。就形式要件而言，“挪用”或表现为物理位置的变化，如将资金实际挪出相应账户；或表现为法律性质的变化，如将资金直接转变为个人财产，如果既未发生物理位置的变化，也未发生法律的性质变化基本上不能认定为《刑法》第272条规定的“挪用”行为；就实质要件而言，“挪用”必须是使资金陷入不能返还巨大的风险当中。本案中，辩护人采取的是以无罪辩护求轻判的辩护策略，认为华某是实验公司总经理，经过授权收款；唐某是三个公司的出纳，收款是基本职责，并且全部涉案款项也均用于了实验公司拖欠的工资、房租和其他支出，没有使相关资金陷入不能返还的巨大风险当中，因此不存在挪用行为。从本案的最终结果上看，应该说这种辩护策略取得了积极成效。

**【作者简介】**

李松奎，从警13年，2007年开始执业于上海市君志律师事务所，2014年创办“河南致义律师事务所”，专注于刑事犯罪的研究与辩护，担任省律师协会经济犯罪法律专业委员会执委、洛阳市委政法委的法律专家库成员、河南省公安厅、市公安局的警风警纪监督员，北大法学在线的注册作者，发表学术论文20余篇。

· 47 ·

# 孟某敲诈勒索案

## ——村民在村内道路设卡收费是否应认定为敲诈勒索罪

张原芳

## 一、案例基本信息

涉案罪名：敲诈勒索罪

办案单位：洛阳市偃师市人民法院

结案时间：2019 年 12 月 18 日

结案方式：判决结案（罪名不成立）

## 二、案例正文

### 【案情简介】

2014 年 11 月至案发前，被告人王某任偃师市 × × 镇 × × 村村委主任。2017 年 4 ~ 6 月，经往郑州方向的拉砖车为躲避山化双桥洞处超限站的检查，遂绕行在 × × 镇 × × 村村内道路通行。因拉砖车将村内部道路压坏，严重影响本村村民的正常行驶，王某遂授意孟某阻拦拉砖车从村道通行。后经拉砖车与孟某、孟某 1 等人协商，拉砖车司机自愿通行一次给 × × 村交 50 元费用，孟某将此事汇报给王某，王某同意。期间共收取过往车辆费用 57700 元。收取的费用一部分用于工资，一部分用于修缮被拉砖车压坏的道路。本案由偃师市公安局于 2018 年 10 月 8 日立案侦查，因涉嫌敲诈勒索罪立案侦查的嫌疑人有王某、孟某二人。2019 年 1 月 10 日，该案移送偃师市人民检察院审查起诉。2018 年 11 月 15 日，辩护人接受委托，为嫌疑人孟某提供刑事辩护服务。

偃师市人民检察院 2019 年 6 月 28 日偃检诉刑诉［2019］118 号起诉书指

控：2014 年 11 月至案发前，被告人王某任偃师市 × × 镇 × × 村村委主任。2017 年 4 ~6 月份，经往郑州方向的拉砖车为躲避山化双桥洞处超限站的检查，遂绕行在 × × 镇 × × 村村内道路通行。王某、孟某以大车将村道压坏、需要交纳修路费用为由，由孟某雇佣偃师市 × × 镇 × × 村的孟某 1、孟某 2、甄某在 × × 镇 × × 村村内道路上设卡、拦住过往村道的拉砖车并进行强行收费，过往车辆每通行一次收取 50 元费用，期间共收取过往车辆费用 57700 元。后该笔款项被王某、孟某、孟某 1、孟某 2、甄某 5 人分肥。

**【辩护要旨】**

行为人不具有非法占有目的，且未对被害人使用恐吓、威胁或要挟的方法，被害人主动交纳钱财的行为，依据罪刑法定原则，行为人依法不构成敲诈勒索罪。

**【辩护意见】**

本案认定孟某构成敲诈勒索罪属事实不清、证据不足，孟某依法不构成敲诈勒索罪。敲诈勒索罪，是指以非法占有为目的，对被害人使用恐吓、威胁或要挟的方法，非法占用被害人公司财物的行为。第一，孟某在主观上没有非法占有他人财物的故意。孟某是受本村村长王某的指派在村内部道路设立卡点，为了村集体的利益将收取的过路费，一部分用于修缮被重卡压毁的村道，一部分用于工人工资，不具有非法占有的主观故意。第二，孟某在客观上没有采用威胁、要挟、恫吓等手段，迫使被害人交出财物的。收取过路费是被害人主动且自愿与孟某 1 协商并主动交给孟某 1 的。× × 镇 × × 村村内道路并非被害人拉砖通行的唯一道路，选择从 × × 村村内部通行并非唯一选择。本案的被害人即外地拉砖的重卡车司机超载运输，是为了逃避路政的高额罚款，躲避正规收费站即山化双桥洞超限站，而选择绕道到被告人孟某居住的偃师市 × × 镇 × × 村的村道上，主动自愿与孟某 1 协商以每次每车 50 元的价格换取 × × 村内部道路的通行权。

综上，根据刑法中敲诈勒索罪的构成要件中要求主客观相统一的原则，孟某依法不构成敲诈勒索罪。

**【案例结果】**

偃师市人民法院（2019）豫 0381 刑初 239 号刑事判决书判决，指控王某、孟某犯敲诈勒索罪的事实不清、证据不足，罪名不能成立。孟某依法不构成敲诈勒索罪。

【司法文书】

河南省偃师市人民法院（2019）豫0381刑初239号刑事判决书

【案例评析】

（一）敲诈勒索罪的法律分析

根据《刑法》第274条的规定，敲诈勒索罪是指以非法占有为目的，对被害人使用恐吓、威胁或要挟的方法，非法占有被害人公私财物的行为。

构成该罪必须符合以下4个构成要件：（1）客体要件。不仅侵犯公私财物的所有权，还危及他人的人身权利或者其他权益。（2）客观方面。行为人采用威胁、要挟、恫吓等手段，迫使被害人交出财物。（3）主体要件。本罪的主体为一般主体。凡达到法定刑事责任年龄且具有刑事责任能力的自然人均能构成本罪。（4）主观要件。本罪在主观方面表现为直接故意，必须具有非法强索他人财物的目的。

（二）刑法中敲诈勒索罪的成立必须要求主客观相统一的原则

敲诈勒索罪的成立，主观上要求行为人具备非法占有他人财物的故意。本案中，孟某等人收取过路费的目的是修缮被大车压坏的村内部道路，以方便本村村民的正常行驶。实际上孟某等人也是这样做的，将收取的过路费一部分用于修缮道路，一部分用于发工资。敲诈勒索罪的客观方面，要求行为人采用威胁、要挟、恫吓等手段，迫使被害人交出财物。本案中，第一，孟某没有采用威胁、要挟或者恐吓的手段；第二，被害人以每车每次50元的价格在村内部道路通行，是被害人与孟某1协商一致的结果。村内部道路并非被害人通行的唯一道路，被害人是为了躲避超限站的高额罚款，进而选择在××村内部道路通行，结果将村道压坏，严重影响了本村村民的正常行驶。根据主客观相统一原则及罪刑法定原则，孟某依法不构成敲诈勒索罪。

【结语及建议】

本案是一起典型的村民自治维权过程中发生的案件。孟某受村长指派，为维护广大村民的合法权益而在村内部道路设卡不让大车通行，出发点是为了保障本村村民的正常行驶不受影响，但是因私自收费面临可能被追究敲诈勒索罪的刑事责任的法律风险。辩护人介入以后，会见犯罪嫌疑人、充分阅卷，到案发现场实地考察，进而制定了对嫌疑人最有利的辩护思路。辩护人多次和办案人员进行沟通，将本案的案发背景、过路费收取的前因后果、资金流向情况进行充分阐明，最终，法院采纳了辩护人的无罪辩护意见，判决孟某不构成敲诈勒索罪，真正落实了让人民群众在每一个司法案件中感受到公平正义的理念，维护了法律的公平与公正。因农村地区村民普遍法律意识缺乏，为避免类似案件的发生，建议应在全社会进行普法宣传教育，以增强全体公民的法治意识，避免因不懂法、盲目维权带来的诉累。

作为刑事专业律师，应当秉承“精准、精细、精心——有效辩护”的使命，娴熟运用法律规定，大胆提出无罪、罪轻的辩护思路，为当事人提供最全面优质的法律服务，充分维护当事人的合法权益。

## 三、专家点评

村民在村内部道路设卡不让大车通行，并私自收费，这个行为从形式上看，具有敲诈勒索犯罪的嫌疑。但从行为的起因、所收费用使用去向来看，实为自治维权行为。辩护人从被告人所收费用使用目的、设卡原因出发否定其以非法占有为目的主观故意的存在，从收费过程并未采取威胁、要挟等手段，否定其具有敲诈勒索犯罪的客观行为。同时指出，被收费车辆被害人是为了躲避超限站的高额罚款，进而选择村内道路通行，结果将村道压坏，严重影响本村村民的正常行驶。村民自发维权行为绝非敲诈勒索犯罪。尽管判决书认为被告人犯敲诈勒索罪不能成立，是从事实不清、证据不足的角度认定的，但辩护人的辩护思路是值得肯定的，已经达到了无罪辩护的实际效果。

**【作者简介】**

张原芳，河南省律协经济犯罪委员会执委，洛阳律协刑委会副主任，河南睿合瑞律师事务所执行主任，2017 年被评为洛阳十佳优秀律师。

# · 48 ·

# 任某某敲诈勒索案

## ——正常维权与敲诈勒索犯罪的区别

李 捷

## 一、案例基本信息

涉案罪名：敲诈勒索罪

办案单位：洛阳市公安局西工分局

结案时间：2013 年 8 月 24 日

结案方式：撤销案件

## 二、案例正文

### 【案情简介】

任某某为职业打假人，其对假冒伪劣、缺斤短两、以假充真、虚假广告、价格欺诈等侵害消费者权益的商家进行多次打假，受到了洛阳市工商局、物价局、技术监督局等市场监管部门的充分肯定和表彰，每年为政府部门提供了大量的打假信息，为净化洛阳市场做出了巨大的贡献。同时，也遭到了销售假冒伪劣、虚假宣传商家的痛恨和报复，特别是手机电信运营商的记恨，任某某多次对某移动公司销售假冒伪劣手机进行投诉，使某移动公司多次受到政府部门的处罚，因此移动公司对任某某早就怀恨在心、恨之入骨。

2013 年 4 月 1 日，任某某对其代朋友购买某移动公司的 3 部三星手机（货款价值 15000 元）的价格欺诈问题，到涧西区物价局投诉。之前任某某没有和对方进行任何接触，更不存在什么威胁或要挟了。涧西区物价局将相关投诉反馈到洛阳移动公司后，4 月 4 日，移动公司指派其两名女性工作人员，要求对任某某的价格欺诈投诉问题进行协商解决，任某某表示其只针对某移动公司进行索赔，和具体工作人员无关，在对方一再要求下，任某某同意见面协商。下午3时，双方协商时，遭到对方有预谋的下套殴打，任某某拨打110后，110指派西工分局治安大队出警，将双方带到治安大队。4月5日，西工分局对任某某以敲诈勒索进行刑事拘留。

**【辩护要旨】**

犯罪嫌疑人不具有敲诈勒索的主观故意，也没有对被害人以威胁或要挟的方法强行索要公私财物，不构成敲诈勒索罪。

**【辩护意见】**

辩护思路：无罪辩护

（一）任某某案发当天的行为不应当认定为犯罪

1. 任某某案发当天的行为不具有敲诈勒索罪的主观故意

首先，敲诈勒索罪在主观方面表现为直接故意，必须具有非法强索他人财物的目的。如果行为人不具有这种目的，或者索取财物的目的并不违法，则不构成敲诈勒索罪。任某某朋友在某移动公司××营业部（以下简称××移动公司）购买手机后向政府价格主管部门投诉商家价格欺诈的行为，属于《消费者权益保护法》（2009年修订）法律调整的范围，依照该法第49条“经营者提供商品或者服务有欺诈行为的，应当按照消费者的要求增加赔偿其受到的损失，增加赔偿的金额为消费者购买商品的价款或者接受服务的费用的一倍”的规定，任某某代表消费者向经营者××移动公司主张一倍的赔偿，并没有超出法律规定，主观上不属于非法占有的目的。

其次，本案涉及的消费索赔纠纷案件已经在案发前被洛阳市涧西区物价局依法受理，并由行政机关依法协商解决中，本案纠纷系民事消费纠纷，不是刑事案件，本案的实施索赔一方并非任某某一人，发票中载明还有二人，任某某为消费者代表。

综上，任某某没有敲诈勒索的主观故意。

2. 任某某客观上没有实施对被害人威胁或要挟的方法，强行索要公私财物的行为

（1）任某某没有“使用威胁或者要挟”的客观行为

首先，以任某某为代表的三个消费者已经向洛阳市涧西区物价局进行合法投

诉，并已经通过物价部门反馈到××移动公司，双方之间没有任何威胁或要挟行为。

其次，客观上是××移动公司主动邀请任某某进行调解，而非任某某向对方提出调解方案和索赔金额，从任某某的来往通话记录均能够反映以上事实。何来敲诈勒索之嫌疑？

最后，所谓案发当天即2013年4月4日的××移动公司二位女员工不是本案的“被害人”。根据案发当天及之前二位女员工的表现可知：任某某与其他消费者是在××移动公司的经营场所进行购买手机的行为，二位女员工只是履行职务，之前双方人员根本就不认识，没有任何接触。案发当天××移动公司的二位女员工的行为应当是代表××移动公司进行协商的行为，而非个人行为。《民法通则》第43条：“企业法人对它的法定代表人和其他工作人员的经营活动，承担民事责任。”据此，本案即使存在被害人，也只能是中国移动公司涧西营业部。

（2）任某某以消费者身份向物价部门提出物价欺诈的投诉，与威胁和要挟存在本质的区别

我国宪法赋予公民在受到权利侵害时，有控告、申诉的权利，任某某以消费者身份对××移动公司涉嫌价格欺诈进行投诉并提出索赔主张的行为是依法维权行为，与威胁或要挟有本质的区别，没有超出法律规定的范围，客观上不属于威胁或要挟行为。

敲诈勒索罪针对的被害人仅指公民个人，××移动公司不存在“人身权”受到“威胁或要挟”。故任某某作为消费者代表的维权行为，不构成敲诈勒索罪。

综上，《刑法》第274条规定的敲诈勒索罪，是指以非法占有为目的，对被害人使用威胁或要挟的方法，强行索要公私财物的行为。本案中，任某某的行为在犯罪构成上不构成敲诈勒索罪。任某某主观上不存在非法占有的目的，而是在法律规定的范围内的消费维权索赔。

**（二）本案涉案单位××移动公司及二位女员工的行为涉嫌诬告陷害**

案发当天，××移动公司指使二位女员工主动引诱任某某实施所谓的“收取财物”的行为，并向公安机关隐瞒本消费纠纷已在物价部门投诉处理程序中的事实，采取引诱、主动调解给付赔偿金的手段，隐瞒双方口头达成的调解方案，故意实施所谓“交付赔偿金”行为，进而报案造成任某某被追诉，已经涉嫌诬告陷害罪。

综上所述，任某某作为消费者代表的维权行为并不违反法律规定，其行为未超出法律规定的范围，不符合敲诈勒索的犯罪构成。

**【案例结果】**

洛阳市公安局西工分局认为，任某某敲诈勒索案，因情节显著轻微、危害不大、不认为是犯罪，根据《刑事诉讼法》（2012 年修订）第 15 条第 1 项之规定，决定撤销此案。

**【司法文书】**

西工公（治）撤案字〔2013〕0014 号撤销案件决定书

**【案例评析】**

（一）检察机关充分发挥其监督职能

在公安机关有体罚、虐待任某某之嫌的情况下，辩护人接受任某某亲属委托并征求任某某同意后，及时向检察机关提出控告并提交了法律意见书和全国同类案件各地的处理情况，检察机关收到控告后高度重视，在批准逮捕的期限内，举行听证，积极与辩护人进行交流，听取辩护人意见，对公安机关指控的罪名提出质疑，最后作出不予批捕的决定。公安机关在收到不予批捕决定书后，及时撤销了该案件。

（二）要严格依法定罪，坚持主客观相统一

在判断任某某是否构成敲诈勒索罪时，要严格按照犯罪的构成要件，做到主客观相统一。敲诈勒索罪，是指以非法占有为目的，对被害人使用恐吓、威胁或要挟的方法，非法占有被害人公私财物的行为。本案中，任某某既没有敲诈勒索的主观故意，也没有对被害人使用威胁或者要挟的方法，强行索要公私财物的行为。任某某明显不构成犯罪。

（三）严格区分敲诈勒索和消费者正常的维权行为

《消费者权益保护法》第 15 条规定："消费者享有对商品和服务以及保护消费者权益工作进行监督的权利。消费者有权检举、控告侵害消费者权益的行为和国家机关及其工作人员在保护消费者权益工作中的违法失职行为，有权对保护消费者权益工作提出批评、建议。"第 55 条第 1 款规定："经营者提供商品或者服务有欺诈行为的，应当按照消费者的要求增加赔偿其受到的损失，增加赔偿的金额为消费者购买商品的价款或者接受服务的费用的三倍；增加赔偿的金额不足五百元的，为五百元。法律另有规定的，依照其规定。”本案中，任某某通过向物价局投诉以及和商家协商解决都是维护消费者合法权益的体现，其行为未超出法律规定的范围。

**【结语及建议】**

刑事辩护是一个战役，应讲究战略、策略。辩护律师应当怀疑一切，其首要的就是怀疑所指控的罪名能否成立。只要实体上存在不构成犯罪的因素，不符合犯罪构成条件的案件，就应当进行无罪辩护。

## 三、专家点评

在很多情况下维权索赔行为可以让被索赔者产生忧惧，而后基于此种忧惧心理向索赔者支付钱款。从形式上看，维权索赔有敲诈勒索行为嫌疑。但依法正当行使权利的行为，即便会给被索赔者形成心理压力，也不能认定为敲诈勒索罪的威胁、要挟行为。本案辩护人从为犯罪嫌疑人维权的角度展开辩护，指出依法行使权利的行为，绝非敲诈勒索罪的犯罪构成要件，从而否定了犯罪嫌疑人实施威胁或者要挟的行为。同时，从犯罪嫌疑人并不具有非法占有目的的角度进行辩护，否定其具有敲诈勒索罪的犯罪故意。这两个角度的辩护内容起到了釜底抽薪的效果，最终使侦查机关撤销案件，成功实现了无罪辩护的目标。

**【作者简介】**

李捷，中共党员，河南经源律师事务所主任律师，河南省律协刑事业务委员会执委，被评为2011年度洛阳市优秀律师。

## · 49 ·

# 马某琛敲诈勒索、故意伤害案

## ——不具备非法强索他人财物目的的暴力讨账，不构成敲诈勒索罪

付联委

## 一、案例基本信息

涉案罪名：敲诈勒索罪、故意伤害罪

办案单位：洛阳市涧西区人民法院

结案时间：2017 年 10 月 18 日

结案方式：判决

## 二、案例正文

### 【案情简介】

2016 年 4 月 14 日，洛阳市公安局重庆路分局重庆公（案）诉字（2016）0026 号起诉意见书指控：马某琛因洛阳 × × 服饰公司的经营问题，于 2016 年 1 月 12 日 18 时许，纠集多名社会讨账人员，在洛阳市涧西区 × × 酒店 3001 房间，对被害人李某进行殴打，强迫李某签订退股协议和 31 万元欠条，至李某脏器多处受伤，脾脏破损被摘除。经洛阳市公安局刑事科学技术研究所鉴定，李某的损伤程度为重伤二级。洛阳市公安局重庆路公局以马某琛涉嫌敲诈勒索罪、故意伤害罪移送审查起诉。

涧西区检察院以马某琛涉嫌敲诈勒索罪、故意伤害罪向涧西区法院提起公诉，涧西区法院于 2017 年 5 月 9 日作出（2016）豫 0305 刑初 295 号判决书：判决马某琛犯敲诈勒索罪，判处有期徒刑 3 年零 6 个月，罚金 2 万元，犯故意伤害

罪，判处有期徒刑 3 年，数罪并罚后，决定执行有期徒刑 5 年，处罚金 2 万元。

马某琛不服判决上诉至洛阳市中级人民法院。2017 年 5 月 9 日，洛阳市中级人民法院（2017）豫 03 刑终 168 号刑事裁定书以“原判认定部分事实不清”撤销一审判决并发回重审。

洛阳市涧西区法院开庭审理，采纳辩护人意见，认定敲诈勒索罪不成立，并于 2017 年 10 月 18 日作出（2017）豫 0305 刑初 327 号判决书：判决马某琛犯故意伤害罪，判处有期徒刑 3 年。

**【辩护要旨】**

不具备非法强索他人财物目的的暴力讨账，不构成敲诈勒索罪。

**【辩护意见】**

**（一）本案不具有敲诈勒索罪的构成要件，指控被告人马某琛敲诈勒索罪不成立**

1. 被告人马某琛主观上不具有非法占有的目的

根据我国《刑法》第 274 条的规定，敲诈勒索罪在主观上必须是直接故意，必须具有非法占有的目的，在本案中，马某琛主观上没有非法占有的目的，理由是：马某琛认为是李某私自作主让喻某飞拉走公司的机器设备，使自己遭受损失，遂心生不满。也就是说，马某琛找李某的目的并不是为了非法占有李某的钱财，而是想弥补自己的损失。

2. 本案证据不能证明被告人马某琛成立敲诈勒索罪

（1）本案的实际情况是，被告人和江某辉、苏某一起联系讨账人员找受害人签欠条和退股协议，主意是三人一起商量的，欠条是苏某在空白欠条上填写的内容，退股协议是江某辉起草的，江某辉、苏某想让受害人一起赔偿他们的损失。为规避法律风险，条上只写了被告人一人的名字，江某辉、苏某实为本案共同行为人，其二人的证言，实为被告人供述和辩解，理应慎重采信。除此之外，只有受害人李某的陈述证明被告人系敲诈勒索，因此不能证明马某琛成立敲诈勒索罪。

（2）受害人所打欠条，马某琛事发当天就已扔掉，事发 13 天后被害人才向公安机关报案，马某琛也没有找受害人讨要过，马某琛根本没有非法占有受害人财物的目的。

（二）对起诉书指控马某琛犯故意伤害罪被告人不持异议，但其具有如下从轻处罚情节

1. 马某琛成立自首

被告人在公安机关传唤时主动到案，对故意伤害罪的供述虽有辩解但能主动认罪，依法应当认定为自首。

2. 马某琛自愿认罪，悔罪表现明显，已赔偿受害人损失，并取得受害人谅解

3. 马某琛系初犯、偶犯，没有前科劣迹

4. 本案受害人李某对本案的发生存在重大过错，对本案的发生负有不可推卸的责任

5. 马某琛的犯罪情节较轻

综上，被告人不构成敲诈勒索罪，指控被告人故意伤害罪成立，但其自首且自愿认罪，已赔偿受害人损失，并取得受害人谅解，系初犯、偶犯，且犯罪情节较轻。建议法院依法查明事实，对被告人马某琛以故意伤害罪从轻处罚并适用缓刑。

**【案例结果】**

洛阳市涧西区法院判决马某琛犯故意伤害罪，判处有期徒刑 3 年。

**【司法文书】**

河南省洛阳市涧西区人民法院（2017）豫 0305 刑初 327 号刑事判决书

**【案例评析】**

《刑法》第 274 条规定："敲诈勒索公私财物，数额较大或者多次敲诈勒索的，处三年以下有期徒刑、拘役或者管制，并处或者单处罚金；数额巨大或者有其他严重情节的，处三年以上十年以下有期徒刑，并处罚金；数额特别巨大或者有其他特别严重情节的，处十年以上有期徒刑，并处罚金。"

构成该罪必须符合以下 4 个要件：（1）犯罪的主体。本罪的犯罪主体是一般主体。凡达到法定刑事责任年龄且具有刑事责任能力的自然人均能构成本罪。（2）犯罪的主观方面。本罪在主观方面表现为直接故意，必须具有非法强索他人财物的目的。如果行为人不具有这种目的，或者索取财物的目的并不违法，如债权人为讨还久欠不还的债务而使用带有一定威胁成分的语言，催促债务人加快

偿还等，则不构成敲诈勒索罪。(3) 犯罪的客体。本罪侵犯的客体是复杂客体，不仅侵犯公私财物的所有权，还危及他人的人身权利或者其他权益。(4) 犯罪的客观方面。本罪在客观方面表现为行为人采用威胁、要挟、恫吓等手段，迫使被害人交出财物的行为。

本案中，马某琛不具有强索他人财物的目的，只是为了催债，维护自身的利益，虽然手段侵犯了他人的权益，但不能因此而评价为敲诈勒索行为；况且本案中，能证明马某琛涉嫌敲诈勒索罪的证据只有被害人李某的陈述，并没有其他证据相佐证，依据不轻信口供、孤证不定罪，不能将马某琛的催债行为评价为敲诈勒索。

**【结语及建议】**

证据是诉讼的根基，贯彻"以事实为根据，以法律为准绳"的原则，必须以证明案件事实的证据为基础，作为一名刑事辩护律师，必须认真阅卷，对侦查机关的证据进行研判、分析，查找刑事证据与证据之间的矛盾之处，以其矛攻其盾，从而推翻公诉机关的证据。本案正是辩护人从公诉机关的证据材料中发现指控被告人马某琛犯敲诈勒索罪不成立，让受害人写欠条是基于双方的退股纠纷，不存在敲诈，经法院审理最终判决被告人马某琛不构成敲诈勒索罪。本案不失为一起颠覆性的有效辩护案例。

## 三、专家点评

本案发生背景具有特殊性，即被告人和被害人一方存在一定的债务纠纷，被告人找被害人签欠条和退股协议，主观上是想让被害人赔偿他们的损失，也就是说，被告人具有实现债权的意图和行为。在实践中，债权人为了实现到期债权，对债务人实施了一定暴力或者胁迫的，是否构成敲诈勒索罪需要充分考虑上述因素。我国刑法理论和司法实践上均认为，当债权人没有超出权利的范围，且债务人长期逃避债务的，债务人维护债权的手段只要不构成其他犯罪，没有给债务人的财产造成损失的，就应当认为不构成敲诈勒索罪。

**【作者简介】**

付联委，1971 年 5 月出生，四川大学法学本科学历，现任河南省律师协会刑事诉讼专业委员会委员、国家三级律师、河南鼎大律师事务所律师、副主任，洛阳市法学会理事、洛阳仲裁委员会仲裁员。

# · 50 ·

# 李某参加黑社会性质组织、寻衅滋事案

## ——临时性受人指使参与黑社会性质组织的犯罪活动不构成参加黑社会性质组织罪

刘雅斌

## 一、案例基本信息

涉案罪名：参加黑社会性质组织罪、寻衅滋事罪

办案单位：洛阳市西工区人民法院

结案时间：2020 年 1 月 10 日

结案方式：判决

## 二、案例正文

### 【案情简介】

2012 年至 2016 年，因采矿需对当地 36 户村民房屋进行拆迁，被告人张某授意班某、谢某等人对拒不配合搬迁的村民进行殴打、恐吓。其中，2014 年 2 月 19 日，被告人班某驾车载被告人谢某、李某等人在伊川县城，对被害人段某实施殴打行为，之后，被告人张某给被告人谢某、李某等人各发放了 200 元酬劳。2018 年 4 月，洛阳市公安局车站分局对张某等人涉嫌参加黑社会性质组织罪、寻衅滋事罪等进行立案侦查。2018 年 12 月 10 日，洛阳市公安局车站分局对本案侦查终结并出具车站公（案）诉字【2018】第 10037 号起诉意见书，以张某、班某、谢某、李某等人涉嫌组织、领导、参加黑社会性质组织罪为由要求追究上述人员刑事责任。作者经过阅卷、多次会见嫌疑人李某，并与本案检察官多次沟通，于 2019 年 3 月 20 日向洛阳市西工区人民检察院提交了书面辩护意见，主要

辩护观点为：一是李某主观上没有加入以王某、张某为首的黑社会性质组织的意愿，客观上仅是临时受指使参与殴打段某一事，其行为不构成参加黑社会性质组织罪；二是李某到案后能够如实供述犯罪事实，且没有犯罪前科，可以从轻或减轻处罚。

但洛阳市西工区人民检察院作出的洛西检涉黑刑诉【2019】2号起诉书未采信作者意见，认定李某应以参加黑社会性质组织罪等被追究刑事责任。

**【辩护要旨】**

行为人主观上没有加入黑社会性质组织的意愿，仅为受雇到黑社会性质组织开办的公司、企业、社团工作。未参与或者仅参与少量黑社会性质组织的违法犯罪活动的人员或因临时被纠集、雇佣、受蒙蔽为黑社会性质组织实施违法犯罪活动，提供帮助、支持、服务的人员或为维护、扩大自身利益而临时雇佣、收买、利用黑社会性质组织实施违法犯罪活动的人员均不构成参加黑社会性质组织罪。

**【辩护意见】**

（一）关于参加黑社会性质组织罪

李某一直在外求学，2014年春节前夕才回到伊川县家中，其与以张某为首的黑社会性质组织无任何交集。李某从未替张某等人工作，也未直接或间接受其管理和领导，更未领取过任何报酬。再结合李某的日常表现，其不存在参加黑社会性质组织的主观故意。客观上，在本案案发前，李某也从未实施过任何与该组织有关联的违法行为。

结合最高人民法院、最高人民检察院、公安部、司法部《关于办理黑恶势力犯罪案件若干问题的指导意见》（法发［2018］1号）、《全国部分法院审理黑社会性质组织犯罪案件工作座谈会纪要》（法［2015］291号）等规定，李某不构成参加黑社会性质组织罪。

（二）关于寻衅滋事罪

辩护人对寻衅滋事罪的构成没有异议，但根据实际情况向法庭提出了李某应当从轻或减轻处罚的辩护意见。

**【案例结果】**

2020年1月10日，洛阳市西工区人民法院作出（2019）豫0303刑初134号刑事附带民事判决书，认定李某主观上没有参加黑社会性质组织的意愿，客观上没有接受黑社会性质组织的领导、管理，只是临时性受人指使参与黑社会性质组织的寻衅滋事犯罪活动，不宜以参加黑社会性质组织罪定罪处罚。仅判决被告人李某犯寻衅滋事罪，判处有期徒刑1年零9个月。

**【司法文书】**

河南省洛阳市西工区人民法院（2019）豫0303刑初134号刑事附带民事判决书

**【案例评析】**

**（一）黑社会性质组织的存在是参加黑社会性质组织罪构成的前提**

《刑法》第294条明确了黑社会性质组织必须具备以下条件：（1）形成较稳定的犯罪组织，人数较多，有明确的组织者、领导者，骨干成员基本固定；（2）有组织地通过违法犯罪活动或者其他手段获取经济利益，具有一定的经济实力，以支持该组织的活动；（3）以暴力、威胁或者其他手段，有组织地多次进行违法犯罪活动，为非作恶，欺压、残害群众；（4）通过实施违法犯罪活动，或者利用国家工作人员的包庇或者纵容，称霸一方，在一定区域或者行业内，形成非法控制或者重大影响，严重破坏经济、社会生活秩序。

因此，在办理案件中，首先要确定检察机关指控的黑社会性质组织是否成立，如果不成立，则参加黑社会性质组织罪就无从谈起。

**（二）参加黑社会性质组织罪的构成要件**

参加黑社会性质组织罪必须符合4个构成要件：（1）犯罪的主体。该罪的主体为一般主体，即达到刑事责任年龄具有刑事责任能力的自然人，也可以包括单位。（2）犯罪的主观方面。该罪在主观方面必须有明确的故意，即明知是黑社会性质的组织而积极参加。（3）犯罪的客体。该罪的客体为社会管理秩序。（4）犯罪的客观方面。该罪在客观方面表现为行为人积极参加黑社会性质的组织所实施的违法犯罪活动。

具体到个案中，必须同时符合以上四个要件才能够被认定构成参加黑社会性质组织罪。否则，就应根据刑法的谦抑性，按一般犯罪处理。

**（三）行为人的“参加”行为必须是建立在“明知”和“自愿”的基础上**

在参加黑社会性质组织罪的认定中，行为人对其参加组织的性质和社会影响必须是明知的，明知可以是参加之前，也可以是参加后明知而拒不退出的。另外，行为人参加该组织也必须是自愿的，行为人不愿意参加，而被强迫参加的，则不构成该罪，但行为人被强迫参加黑社会性质组织后，没有积极退出该组织，而在该组织中参与实施违法犯罪活动的，则应当认定构成参加黑社会性质组织罪。

（四）“两高”“两部”的规定进一步明确参加黑社会性质组织罪的行为人主观上必须具备“明知”和“自愿”

最高人民法院、最高人民检察院、公安部、司法部《关于办理黑恶势力犯罪案件若干问题的指导意见》（法发［2018］1号）、《全国部分法院审理黑社会性质组织犯罪案件工作座谈会纪要》（法［2015］291号）规定的以下三类人员不构成参加黑社会性质组织罪：（1）主观上没有加入黑社会性质组织的意愿，受雇到黑社会性质组织开办的公司、企业、社团工作，未参与或者仅参与少量黑社会性质组织的违法犯罪活动的人员；（2）因临时被纠集、雇佣或受蒙蔽为黑社会性质组织实施违法犯罪活动或者提供帮助、支持、服务的人员；（3）为维护或扩大自身利益而临时雇佣、收买、利用黑社会性质组织实施违法犯罪活动的人员。以上三类人员即为没有以“明知”和“自愿”为前提。

本案中，李某犯罪前的社会经历和以王某、张某为首的黑社会性质组织之间没有任何交集，其参与殴打被害人段某完全是其朋友请求“帮忙”，且在该事件后，李某再未实施过与本案黑社会性质组织有关的其他犯罪活动。李某对以王某、张某为首的黑社会性质组织不明知，在主观上没有参加黑社会性质组织的意愿，故李某不符合参加黑社会性质组织罪的犯罪构成，其殴打被害人段某的行为不构成参加黑社会性质组织罪，仅应按照寻衅滋事罪定罪量刑。

综上，洛阳市西工区人民法院认定李某不构成参加黑社会性质组织罪，仅判决构成寻衅滋事罪，并科处刑罚是正确的。

**【结语及建议】**

黑社会性质组织的产生和存在对社会秩序和公众安全构成极大威胁，黑社会性质组织通过贩卖毒品、暴力杀人伤人、组织卖淫、寻衅滋事、强迫交易、非法采矿、腐蚀官员等手段，使人民群众心理上产生恐惧，导致社会秩序的混乱。在全国开展扫黑除恶专项斗争，是以习近平同志为核心的党中央作出的一项重大决策部署，事关社会大局稳定和国家长治久安，事关人心向背和基层政权巩固，事关进行伟大斗争、建设伟大工程、推进伟大事业、实现伟大梦想。正因为扫黑除恶斗争的重要性，才更加要求法律人在面对案件时真正做到依法、依规办案。需针对不同案情和表现出的特点，结合有关法律进行整体把握。

律师在参与扫黑除恶专项斗争工作中，既要提高政治站位，增强“四个意识”，充分认识开展扫黑除恶专项斗争的重大意义，把思想和行动统一到党中央的决策部署上来；也要严格恪守职业道德和执业纪律，依法依规办理“扫黑除恶”案件辩护的代理工作，严格执行涉黑恶势力案件的备案管理制度、集体讨论研究制度等，严格按照犯罪构成，实事求是地评判犯罪嫌疑人、被告人的有关行为，切实维护当事人的实体权利和诉讼权利。

## 三、专家点评

从刑法理论上看，组织、领导、参加黑社会性质组织罪是集团共同犯罪，其成立既要符合共同犯罪成立的一般条件，也应当符合犯罪集团的特征。黑社会性质组织必须同时具备“组织特征”“经济特征”“行为特征”“危害特征”。作为一种特殊的共同犯罪类型，组织者、领导者和参加者必须对这四个特征是有认知的，这是共同犯罪成立的基本条件和要求。本案辩护人从主观和客观两方面分析论证了被告人李某不符合参加黑社会性质组织犯罪的犯罪构成，其辩护意见得到了司法机关的认可，本案仅按照寻衅滋事罪定罪量刑。

**【作者简介】**

刘雅斌，中共党员，河南晟阳律师事务所律师。2018 年参与办理河南省扫黑除恶第一案——“狄治民等 19 人组织领导参加黑社会性质组织等案”的辩护工作，被洛阳市司法局评为 2018 年度扫黑除恶专项斗争特别辩护团队优秀律师。被洛阳市西工区司法局评为 2019 年度优秀律师。

## · 51 ·

# 李某敏开设赌场案

### ——临时纠集在一起实施以营利为目的的开设赌场行为不属于“恶势力”犯罪

田新华　王雷涛

## 一、案例基本信息

涉案罪名：开设赌场罪

办案单位：河南省洛阳市瀍河回族区人民法院

结案时间：2019 年 6 月 20 日

结案方式：判决书

## 二、案例正文

### 【案情简介】

2018 年 7 月至 2018 年 8 月 17 日，李某猛伙同郭某东、李某敏、张某震、李某枭、畅某龙、申某蒲等人在位于洛阳市瀍河回族区的某一菜市场的一间门面房内开设一无名游戏厅，利用“捕鱼机”“黑红梅方”“鸟机”等游戏机供人赌博，并以现金购买上分。其中李某猛、郭某东、李某敏等人系该游戏厅的股东，张某震、李某枭、畅某龙、申某蒲等人负责管账、上分、看门等工作。2018 年 8 月 17 日，该游戏厅被公安机关当场查获，从现场查获“捕鱼机”“黑红梅方”“鸟机”等游戏机共计 5 台。经鉴定，该 5 台游戏机共有 36 个可供独立操作单元，且均具备赌博功能。

本案由洛阳市公安局瀍河分局侦查终结，以李某猛、郭某东、李某敏、张某震、李某枭、畅某龙、申某蒲涉嫌开设赌场罪，于 2018 年 11 月 21 日向洛阳市瀍河回族区人民检察院移送审查起诉。洛阳市瀍河回族区人民检察院以洛瀍检诉刑诉（2018）158号起诉书指控被告人李某猛、郭某东、李某敏、张某震、李某枭、畅某龙、申某蒲犯开设赌场罪，于2019年1月4日向洛阳市瀍河回族区人民法院提起公诉。

2019年1月9日，笔者接受委托，担任被告人李某敏一审阶段的辩护人。笔者在接受委托后，当即与承办法官联系，并在详细阅卷和多次会见嫌疑人的基础上，数次与承办法官就案件事实认定、证据证明力以及法律适用问题进行了沟通。在经过严谨的论证后，笔者凝练了如下辩护要点：首先，被告人李某敏所涉犯罪行为不属于恶势力犯罪；其次，公诉机关指控李某敏系股东的证据不足，缺乏书面合伙协议、出资证明等原始书证。

2019年5月29日，洛阳市瀍河回族区人民法院作出（2019）豫0304刑初4号刑事判决，认定本案共同犯罪行为的特征不具有相关司法解释关于“恶势力”团伙犯罪的组织固定性、多次违法性、危害社会的影响性、发展性等特征，认定本案不是“恶势力”犯罪。

**【辩护要旨】**

若因开设赌场行为而涉刑，在对其定性是否属于“恶势力”犯罪时，需要结合具体的案件事实判断其是否具有组织固定性、多次违法性、危害社会的影响性、发展性等“恶势力”团伙犯罪的实质特征，而不能仅依据“开设赌场”的形式特征而对其定性。若仅满足形式特征，而不满足“恶势力”犯罪的实质特征，依然不能将其定性为“恶势力”犯罪。

**【辩护意见】**

辩护人对被告人李某敏涉嫌开设赌场罪的罪名无异议，为其做罪轻辩护。

第一，李某敏所涉犯罪行为不属于恶势力犯罪。就本案李某敏个人而言，其实施的客观行为并不属于威胁、恐吓、操控、强迫、强买强卖、收保护费等逼迫他人主观意志的黑恶行为。综合本案成员的组织情况，本案犯罪组织根本不属于“重要成员较为固定，组织成员经常纠集在一起”，也不存在共同故意实施三次以上恶势力惯常实施的犯罪活动。涉案赌场经营时间不足一个月，时间较短，未形成完整有序的经营模式，且未强迫赌客们参加赌博，与黑恶行为模式有本质的区别。对恶势力犯罪的认定应当依据其行为的性质以及对受害人的强迫程度进行定性，而不能仅因本案涉案人数达到三人以上，属故意犯罪就认定本案属于恶势力犯罪。

第二，公诉机关指控李某敏系涉案赌场股东证据不足，缺乏书面合伙协议、出资证明等原始书证。公诉人出示的被告人供述中关于李某敏是否为股东的内容前后矛盾，且均为传来证据。公诉机关出示的认定李某敏系涉案游戏厅股东的证据不能排除合理怀疑，不能确实充分地证明李某敏是涉案游戏厅的股东。若要认定李某敏符合刑法及司法解释规定的开设赌场的股东的情形，还需其他证据予以佐证。

第三，李某敏具有如实供述、坦白、没有获利、社会危害性小、主动缴纳罚金等量刑情节，应当依法予以认定。

综上，本案不属于“恶势力”犯罪，李某敏在主观意图上没有开设赌场、赚取分红的动机，事实上也未获利。请求合议庭考虑到李某敏主观恶性不大，到案后能够深刻接受本案教训，并且具有法定从轻、减轻处罚情节。根据罪责刑相适应原则，建议人民法院依法对李某敏从轻、减轻处罚。

**【案例结果】**

被告人李某敏犯开设赌场罪，判处有期徒刑 1 年 2 个月，并处罚金人民币 3 万元。

**【司法文书】**

河南省洛阳市瀍河回族区人民法院（2019）豫 0304 刑初 4 号刑事判决书

**【案例评析】**

《刑法》第 303 条规定：“以营利为目的，聚众赌博或者以赌博为业的，处三年以下有期徒刑、拘役或者管制，并处罚金。开设赌场的，处三年以下有期徒刑、拘役或者管制，并处罚金；情节严重的，处三年以上十年以下有期徒刑，并处罚金。”开设赌场，即经营赌场，是指开设以行为人为中心，在其支配下供他人赌博的场所的行为。开设赌场既包括开设临时性赌场，也包括开设长期性的赌场。

依照最高人民法院、最高人民检察院、公安部、司法部制定的《关于办理恶势力刑事案件若干问题的意见》（法发〔2019〕10 号），恶势力，是指经常纠集在一起，以暴力、威胁或者其他手段，在一定区域或者行业内多次实施违法犯罪活动，为非作恶，欺压百姓，扰乱经济、社会生活秩序，造成较为恶劣的社会影响，但尚未形成黑社会性质组织的违法犯罪组织。该意见明确了恶势力、恶势力犯罪集团的认定标准，同时该意见第5条规定："单纯为牟取不法经济利益而实施的'黄、赌、毒、盗、抢、骗'等违法犯罪活动，不具有为非作恶、欺压百姓特征的，或者因本人及近亲属的婚恋纠纷、家庭纠纷、邻里纠纷、劳动纠纷、合法债务纠纷而引发以及其他确属事出有因的违法犯罪活动，不应作为恶势力案件处理。"结合案件事实可知，本案的7名被告人系临时纠集在一起实施以营利为目的的开设赌场行为的共同故意犯罪，其共同犯罪行为的特征不具有司法解释关于"恶势力"团伙犯罪的组织固定性、多次违法性、危害社会的影响性、发展性等特征，故本案不是"恶势力"犯罪。辩护人依据本案事实及"恶势力"的认定标准，提出本案不属于"恶势力"犯罪的辩护意见，并最终被承办法院采纳。

综上，洛阳市瀍河回族区人民法院关于本案不属于"恶势力"犯罪的认定是正确的。

**【结语及建议】**

本案是一起短期开设赌场的典型案例，通过辩护人严谨、有据的辩护，最终达到了被告人认可的辩护效果。本案7名被告人系临时纠集在一起实施以营利为目的的开设赌场行为的共同故意犯罪，不具有"为非作恶、欺压百姓"的特征，与"恶势力"犯罪的性质有本质的区别。经过悉心准备、研讨，承办法官认可辩护人关于本案不是"恶势力"犯罪的辩护观点以及量刑意见。被告人李某敏也明确表示对其所处的刑罚心服口服。

建议刑事辩护人在办理刑事案件的过程中，对涉嫌罪名的法律规定及其法理一定要烂熟于胸，根据刑事证据规定，以审慎、严谨的态度寻找辩护的着手点，并充分论证。在办案过程中，阅卷质量的高低，直接关系到案件的成败。认真、仔细、全面地研究案卷材料，并结合对被告人的会见，能够最大限度地还原案件事实，有助于律师了解案情，发现问题，凝练辩护的观点，以便充分维护每一个当事人的合法权益，促进法律的正确实施。

## 三、专家点评

在最高人民法院、最高人民检察院、公安部、司法部印发《关于办理黑恶势力犯罪案件若干问题的指导意见》之后，"恶势力""恶势力"犯罪、"恶势力"犯罪集团等便成为近两年刑事司法实践中控、辩、审三方经常关注的重要词汇。

如何寻找合适的辩点让涉恶被告人从“恶势力”的犯罪中脱离出来，成为涉恶犯罪辩护律师的主要辩护任务之一。本案辩护人根据被告人的犯罪事实，结合有关“恶势力”的司法解释，经过仔细比对，否定了本案多名被告人具有实施犯罪的组织固定性、多次违法性、危害社会的影响性等“恶势力”的构成特征，指出被告人的行为仅“系临时纠集在一起实施以营利为目的的开设赌场行为的共同故意犯罪”。本案辩护人十分全面地掌握了被告人的犯罪事实与“恶势力”的构成特征，能准确把握关键辩点并展开翔实论证，被告人的犯罪并非“恶势力”犯罪的辩护意见终为法院采纳，成功地实现了罪轻辩护的效果。

**【作者简介】**

田新华，女，河南星眸律师事务所执业律师，主任，国家二级律师。

王雷涛，男，河南星眸律师事务所执业律师。

# · 52 ·

# 张某非法采矿、非法占用农用地案

## ——认定“非法”应坚持实质解释并严格依照犯罪构成

孙瑞红　李曙光

## 一、案例基本信息

涉案罪名：非法采矿罪、非法占用农用地罪

办案单位：洛阳市西工区人民检察院

结案时间：2018 年 6 月 7 日

结案方式：不起诉

## 二、案例正文

### 【案情简介】

2013 年下半年，张某和张某东花费 350 万元收购了王某伟所有的宜阳县韩城镇鑫豪西关砂石厂（含厂房、设备、砂石，占地 30 多亩）。两人约定张某任法定代表人，张某东负责日常的生产管理。2014～2016 年，西关砂石厂均按规定办理了河道采砂许可证，按照宜阳县河道局划定的采矿范围进行生产经营。2016 年 8 月，砂石厂和西关村签订租地协议，使用村里 30. 88 亩地，支付 3 年租金 9 万元。2017 年，张某、张某东按照宜阳县河道管理局的惯例和管理办法 1 月份缴纳了管理费之后按以往惯例开展采砂工作（填写申请书、缴纳税费后，河道管理局就允许开采）。2017 年 6 月 29 日洛阳市水务局批准了鑫豪西关砂石厂 2017 年度的采砂许可证，许可日期为 2017 年 6 月 29 日至 2017 年 12 月 31 日。2017 年 6 月 26 日张某因涉嫌非法采矿罪、非法占用农用地罪被洛阳市公安局金谷分局刑事拘留，同年 7 月 7 日被监视居住，8 月 28 日被执行逮捕，9 月 29 日被取保候审，11 月 27 日被移送西工检察院审查起诉。期间笔者多次和办案检察官沟通并提出法律意见二份。2018 年 6 月 7 日西工区检察院做出洛西检诉刑不诉【2018】9 号不起诉决定书，决定对张某不起诉。

**【辩护要旨】**

1. 实地走访才能客观掌握案件真相；

2. 土地使用中是否造成毁损应当由鉴定机构进行评估；

3. 行政机关办理行政许可期限过长产生的不良后果不应当由行政相对人承担。

**【辩护意见】**

辩护思路：无罪辩护。

**（一）张某的行为与非法占用农用地罪的构成要件不具有符合性**

*1. 张某使用砂石厂的行为没有大量毁坏所占土地*

关于本案涉及的 50. 76 亩用地中，采矿用地为 19. 88 亩，果园地为 30. 88 亩；这 30. 88 亩的用地分别属于洛阳市宜阳县韩城镇西关村五组和八组。在西关村委签订的租赁合同书中对该 30. 88 亩土地的性质描述为“河滩地”，五组和八组队长对该土地认为“这是河滩地，种庄稼不怎么收，只能种点树”，村委和老百姓普遍认为这就是个河滩地，在没有被租用之前最多就是种树。如此，暂且不论该土地到底是果园地还是河滩地。要认定张某触犯非法占用农用地罪，起码要查清楚张某的行为是否造成了所占土地的大量毁坏。

一方面，该土地本来就是不适宜种植农作物，无所谓种植条件好坏的问题。张某的砂石厂租用此土地也只是用作平时作业中堆放砂石之用，不存在挖沙、采石、取土、堆放固体废弃物或者进行非农业建设的情形，砂石被拉走后不会影响土地的原有用途。亦即，张某的砂石厂只是对所占土地进行了平整，并未破坏，更没有毁坏。补充侦查卷对王某军（水利局执法一队队长）的询问笔录的内容可以予以佐证，问“你在宜阳河道局工作期间，韩城鑫豪砂石厂（西关砂石厂）有无毁坏堤坝、污染河道土地的情况？答：没有发现”。

另一方面，截至目前，没有证据可以证明张某的砂石厂日常的开采行为造成了土地大量毁损的情况。金谷公（治）补侦字［2018］W002 号补充侦查报告书，对该案涉及的 30. 88 亩地是否造成种植条件严重毁坏或者严重污染情况结果显示，经与宜阳国土局、省国土厅、省公安厅联系沟通，**得到了答复为该地属于**

**果园地不属于耕地，不属于鉴定范围，无法鉴定**。

最高人民检察院、公安部《关于公安机关管辖的刑事案件立案追诉标准的规定（一）》第67条第2、3款关于耕地大量毁坏和林地大量毁坏规定如下：

“违反土地管理法规，非法占用耕地建窑、建坟、建房、挖沙、采石、采矿、取土、堆放固体废弃物或者进行其他非农业建设，造成耕地种植条件严重毁坏或者严重污染，被毁坏耕地数量达到以上规定的，属于本条规定的‘造成耕地大量毁坏’。

“违反土地管理法规，非法占用林地，改变被占用林地用途，在非法占用的林地上实施建窑、建坟、建房、挖沙、采石、采矿、取土、种植农作物、堆放或者排泄废弃物等行为或者进行其他非林业生产、建设，造成林地的原有植被或者林业种植条件严重毁坏或者严重污染，被毁坏林地数量达到以上规定的，属于本条规定的‘造成林地大量毁坏’。”

根据前述司法解释的规定可知，不管是造成耕地大量毁坏还是造成林地大量毁坏，都明确了结果是造成相应土地的种植条件或者植被严重毁坏或者严重污染。亦即，要构成非法占用农用地罪，要求有造成农用地大量毁坏的结果出现。本案中所谓的果园地，张某砂石厂将堆置在上面的沙料移走，即可恢复至原来的状态，根本就没有造成《刑法》第342条要求的“造成农用地大量毁坏”的结果出现。故，辩护人认为，张某的行为与非法占用农用地罪不具有构成要件上的符合性。

故，辩护人认为，现阶段新的证明材料亦不能证明张某的行为构成非法占用农用地罪，相反，是能够证明张某无罪的。

2. “果园地”追诉标准不明确

最高人民检察院、公安部《关于公安机关管辖的刑事案件立案追诉标准的规定（一）》第67条第1款规定：“违反土地管理法规，非法占用耕地、林地等农用地，改变被占用土地用途，造成耕地、林地等农用地大量毁坏，涉嫌下列情形之一的，应予立案追诉：（一）非法占用基本农田五亩以上或者基本农田以外的耕地十亩以上的；（二）非法占用防护林地或者特种用途林地数量单种或者合计五亩以上的；（三）非法占用其他林地十亩以上的；（四）非法占用本款第（二）项、第（三）项规定的林地，其中一项数量达到相应规定的数量标准的百分之五十以上，且两项数量合计达到该项规定的数量标准的；（五）非法占用其他农用地数量较大的情形。”

首先，张某的砂石厂所占土地被称为“果园地”，那就是说不属于前述司法解释中所明确列出来的任何一类土地。这一点，从 2017 年 7 月 10 日宜阳县国土资源局出具的关于宜阳县韩城××砂石厂不能鉴定的说明中就能够得到确认。并且宜阳县国土资源局的该说明也表明国土资源局认为本案中占用的果园地和采矿用地不是破坏土地资源刑事案件中特指的土地。

其次，果园地既不是基本农田，也不是耕地，亦不是防护林、其他林地，如果将其解释到符合前述司法解释中的兜底条款所称的“非法占用其他农用地数量较大的情形”中，辩护人认为，一方面应当有明确的法律规定或司法解释对此予以厘定，另一方面，也应当有明确的法律规定或者司法解释对涉及“果园地”的追诉标准予以明确。在没有相关法律规定或者司法解释对此予以明确的情况下，不宜将相应的行为当作犯罪处理。

（二）张某的行为与非法采矿罪不具有构成要件的符合性

1. 张某已经按照职能部门的要求缴纳相关费用、提交相关办证资料，不存在擅自开采的行为

首先，按照过往做法，年初交了管理费，在预申领开采证期间是能够开采的。过往年份也的确都是这样做的，并且水利部门所发的开采证上都追认了开采证颁发之前的开采行为。否则的话，其交的是一年的费用，按照开采证正式下发的时间开始计算，则意味着只有半年时间可以开采。这是不公平的。特别是 2017 年的开采证，是 6 月 29 日才正式发下来。如果不追认之前的开采行为，则意味着交了 12 个月的费用，只能开采 5 个月。冬天天气恶劣的时候，还无法开采，意味着真正的开采时间就更少了。

其次，张某的砂石厂在缴费之后、开采证下来之前的开采行为是主管部门允许的。在 2017 年 8 月 24 日宜阳县水利局出具的证明第二段显示“按照河道管理局以往的管理和管理方法，砂厂交纳管理费后，办理采砂许可证期间，允许开采”；宜阳县河道管理局执法一队队长王某军在自己的询问笔录中明确回答采砂许可证没有办下来就可以开采问题时，表述“依据法律规定是不允许的，但实际情况是本人采砂申请书填写后，交了税费，我局就可以让其开采了”。交纳了相关费用，得到行政主管部门的允许开始日常作业并未有不妥之处，不存在擅自采矿的情况。也就不符合《刑法》第 343 条规定的擅自开采的规定，亦即张某的砂

石厂的行为不符合非法采矿罪关于擅自开采的规定。在这种情况下，如果依然认定张某构成非法采矿罪，政府部门的公信力将受到严重损害！

2. 本案涉及的砂石属于国家规定的何种矿产不明确

张某的砂石厂 2015 年的河道采砂许可证，显示采砂性质和种类是水洗沙；2016 年的河道采砂许可证，显示采沙性质和种类是破碎石和水洗沙；2017 年的河道采砂许可证显示的采矿性质和种类表述为：鄂破机、十余条输运带、铲车、挖掘机，没有对性质和种类进行进一步表述。由于张某的砂石厂的位置没有变化，开采证所对应的开采位置基本相同，所采沙石类型应该是相同的。那么破碎石、水洗沙是否属于国家规定的矿产、属于何种矿产？辩护人认为，应当有相关司法鉴定意见予以确证。

**【案例结果】**

最终，检察机关做出了《不起诉决定书》。

**【司法文书】**

洛西检诉刑不诉［2018］9 号不起诉决定书

**【案例评析】**

本案从被采取刑事措施到最终的不起诉决定，可算是一个成功的典型案例。本案中的焦点问题有两个，第一个焦点问题是张某的采矿行为是否造成了土地的毁损。不管是造成耕地大量毁坏还是造成林地大量毁坏，都明确了结果是造成相应土地的种植条件或者植被严重毁坏或者严重污染。可是本案中，砂石厂将堆置在上面的沙料移走即可恢复至原来的状态，不会造成《刑法》第 342 条要求的“造成农用地大量毁坏”的结果，亦即，砂石厂的行为不存在刑事违法性。

第二个焦点问题是张某的砂石厂是否存在由于个人原因非法采矿的情况。行政主管部门办采砂证的实际情况是，2014 年后采砂证是一年一办，在每年的一月交费用和申办材料，证件下来的时间由行政部门决定，2014 年、2015 年、2016 年到 5 月才发放，2017 年因为环保到 6 月才办下来，2017 年的采砂证都在市里，县里没有取回来。在 2017 年的办证过程中，张某已经按行政主管部门的要求缴纳相关费用、提交相关办证资料，完成了自己的义务，证件没有下发是行政主管部门的流程和办事周期的问题。笔者在辩护过程中实地察看了砂石厂使用土地的实地情况，了解到行内的默认规则，即办证过程中可以正常开展采砂工作，就此问题很好地和检察官进行了沟通，最终达到了理想的效果。

【结语及建议】

刑事案件，辩护律师在辩护过程中通过实地查看及了解约定俗成的行业规则来充实、支撑自己的辩护观点，更容易得到办案机关的认同。

## 三、专家点评

犯罪构成是认定行为人是否犯罪的唯一标准，严格贯彻这一标准就需要对案件事实进行鞭辟入里的甄别，提炼并区分哪些事实是犯罪构成要件事实，哪些事实虽然是客观事实但却与犯罪构成无关，只有这样才能准确地区分罪与非罪、此罪与彼罪的界限。就本案而言，形式上看，确实存在开采的事实，但问题是张某已经按照职能部门的要求缴纳了相关费用、提交了相关办证资料，证件没有下发是行政主管部门的流程和办事周期的问题，且按照过往做法，年初交了管理费，在预申领开采证期间能够开采，因此不存在擅自开采行为。这样就将客观事实和构成要件事实准确地区分开来，继而排除了非法采矿罪的成立空间。另外，就非法占用农用地罪而言，存在同样的问题，从实质解释上看，张某的砂石厂并没有大量毁坏所占土地，因此也不符合该罪的犯罪构成。总之，辩护人严格坚持犯罪构成是认定犯罪唯一标准的辩护思路在本案中取得了良好的辩护效果。

【作者简介】

孙瑞红，河南淅川人，河南森合律师事务所主任律师、合伙人，洛阳师范学院法学与社会学院兼职讲师，河南省律师协会刑事法律专业委员会执委，洛阳市律师协会刑事业务委员会副秘书长，洛阳市法学会刑法学研究会理事。

李曙光，河南森合律师事务所执业律师。

# · 53 ·

# 秦某丽贪污、受贿案

## ——贪污罪中数额的认定以及受贿罪中及时退还赃款的认定

陈占军　李　准

## 一、案例基本信息

涉案罪名：贪污罪、受贿罪

办案单位：洛阳市栾川县人民法院

结案时间：2017 年 12 月 8 日

结案方式：判决

## 二、案例正文

### 【案情简介】

栾川县人民检察院栾检公诉刑诉（2016）127 号起诉书指控：2015 年 4、5 月，时任洛阳某银行支行行长的秦某丽利用职务便利，分两次收受洛阳××置业有限公司法定代表人邵某梅现金共 20 万元，并为邵某梅在该银行办理贷款业务及后续贷款事宜提供帮助。秦某丽将该 20 万元用于生活支出及投资理财。后由于害怕举报及单位内部自查自纠警示，秦某丽于 2015 年 9 月 11 日将 20 万元以定活两便存单的方式退还给邵某梅。2015 年 5 月，洛阳××汽车销售服务公司法定代表人沈某涛为了与秦某丽搞好关系以便在以后的贷款业务中得到秦某丽的帮助，为秦某丽个人购车支付车辆购置税、保险和上牌费用共计 45893.29 元。2015 年春节，沈某涛为了和秦某丽拉拢关系，在秦某丽办公室给秦现金 2 万元。2016 年 2 月，已调入洛阳银行西工支行任副行长的秦某丽利用担任九龙鼎支行行长的职务便利，以维护西工客户为借口，私自让九龙鼎支行会计贺某红将属于九龙鼎支行的5万元丹尼斯购物卡送到自己处，用于自己消费，尚有2.5万元卡在秦某丽手中。

栾川县人民法院于2017年6月21日作出（2016）豫0324刑初285号刑事判决书，以受贿罪判处秦某丽有期徒刑1年6个月并处罚金10万元，以贪污罪判处有期徒刑6个月，并处罚金10万元，数罪并罚，判处有期徒刑1年6个月，并处罚金20万元。2017年6月21日宣判后将秦某丽逮捕收监。因秦某丽上诉，洛阳市中级人民法院于2017年9月7日作出（2016）豫03刑终369号刑事裁定书，将案件发回栾川县法院重审。2017年12月8日，栾川县人民法院作出（2017）豫0324刑初302号刑事判决书，认定秦某收受沈某65893.29元，构成受贿罪，判处拘役6个月，处罚金10万元。宣判后不久即释放，也即“实报实销”。

**【辩护要旨】**

国家工作人员用于维护客户的费用不能认定为贪污。国家工作人员收受他人金钱后以该人名义存入银行，存单交该人的行为构成及时退还，不是受贿。

**【辩护意见】**

（一）指控秦某丽收受邵某梅20万元的行为已经以存单形式退还，应认定为主动及时退还，不是受贿。与沈某涛的往来是朋友交往，与职权无关，也不构成受贿

关于邵某梅的20万元，应认定为及时退还。2015年4月，邵某梅在秦某丽办公室以隐蔽方式留下10万元，秦某丽发现后即打电话让邵某梅取走，邵某梅没有及时取走。几天后，秦某丽将10万元以邵某梅名义开户存入银行并通知了邵某梅。这时法律行为的性质已经由受贿变为及时退还、代为保管存单。后由于家事急用钱经邵某梅同意将10万元取出。这时又演变为无偿借贷民事法律关系。2015年6月，邵某梅又到办公室送秦某丽10万元，秦某丽使用了3个月，接受调查前6个月于2015年9月11日将两个10万元合在一起以邵某梅的名义办理了一张20万存单，已通过汇美国际领班宋某转交给邵某梅。根据“两高”《关于办理受贿刑事案件适用法律若干问题的意见》第9条第1款，秦某丽的该行为由被动受贿转化为主动及时退还，不应认定为受贿；关于沈某涛购车优惠4.5万余元不符合受贿罪权钱交易的本质特征，秦某丽没有占有沈某涛财物的主观故意，不仅没有利用职权给其谋利，反而还收回了沈某涛在秦某丽任行长之前的贷款。

秦某丽接受沈某涛2万元应认定为朋友的往来礼金，因为秦某丽和沈某涛是对门邻居，秦某丽也曾给沈某涛儿子出国礼金2万元。

（二）秦某丽用于维护客户的费用不能认定为贪污

秦某丽为了扩展增加存款业务，将银行用于回馈客户的价值5万元的购物卡中的2.5万元购物卡送给与该银行有开户业务的黄某、段某、任某、姚某4位朋友，检察院并未对此事进行调查落实。黄某等4人均愿意出庭作证，并以现金形式退款。故应将该2.5万元从5万元中减去，不计入秦某丽的违法犯罪数额。那么，仅剩余的2.5万元，尚不够贪污罪立案标准。

（三）侦查机关忽略对被告人有利证据的调查收集，无法准确反映案件事实，依据刑法疑罪从无的基本原则，不宜作出有罪判决

（1）秦某丽和邵某梅2015年4～9月的通话记录反贪局立案侦查后应当调取复原通话内容而没有调取，2015年5月8日银行监控录像应当调取也未调取，到2017年11月已无法调取。

（2）证人黄某、段某、任某、姚某相应时间段的通话内容应予调取而未调取，公诉机关的相关证人联系不上或不予配合的说法与事实不符。

（3）A公司与B公司的业务往来证据应予调取而未调取，仅凭B公司一纸证明否定两公司之间的业务往来不妥。

（4）没有进行市场调查评估，仅凭B公司一纸证明而确认秦某丽所购车辆的市场差价不妥。

（5）检察机关没有提供2016年3月1～3日凌晨前在检察机关的全程录音录像，不能充分证明2016年3月1日之后讯问手段的合法性和供述的自愿性。

（6）检察机关没有提供2016年3月1～3日秦某丽被检察机关控制期间，曾送栾川县医院急救相关材料和合理说明。

**【案例结果】**

栾川县法院采纳了笔者的辩护意见，认定秦某贪污罪不成立，20万元受贿不成立，认定秦某受贿65893.29元，判处拘役6个月，罚金10万元。

**【司法文书】**

栾川县法院（2017）豫0324刑初302号刑事判决书

**【案例评析】**

（一）贪污罪的法律分析

根据《刑法》第382条的规定，贪污罪是指国家工作人员利用职务上的便利，侵吞、窃取、骗取或者以其他手段非法占有公共财物的行为。

受国家机关、国有公司、企业、事业单位、人民团体委托管理、经营国有财产的人员，利用职务上的便利，侵吞、窃取、骗取或者以其他手段非法占有国有财物的，以贪污罪论。与前两款所列人员勾结，伙同贪污的，以共犯论处。

《刑法》第93条规定，本法所称国家工作人员，是指国家机关中从事公务的人员。国有公司、企业、事业单位、人民团体中从事公务的人员和国家机关、国有公司、企业、事业单位委派到非国有公司、企业、事业单位、社会团体从事公务的人员，以及其他依照法律从事公务的人员，以国家工作人员论。

最高人民法院、最高人民检察院《关于办理贪污贿赂刑事案件适用法律若干问题的解释》第1条规定："贪污或者受贿数额在三万元以上不满二十万元的，应当认定为刑法第三百八十三条第一款规定的'数额较大'，依法判处三年以下有期徒刑或者拘役，并处罚金。"

构成该罪必须符合以下4个要件：（1）犯罪的主体：国家工作人员或者受委托管理、经营国有财产的人员；（2）犯罪的主观方面：直接故意，行为人以非法占有为目的；（3）犯罪的客体：公共财物或非国有单位的财物；（4）犯罪的客观方面：行为人利用职务之便，侵吞、窃取、骗取或者以其他手段非法占有公共财物或非国有单位的财物的行为。

本案中，秦某丽利用其曾任洛阳某银行支行行长的职务便利，让原下属将银行用于维护客户的价值5万元的丹尼斯购物卡送到秦某丽处，将其中的2.5万元购物卡先后送给4位客户朋友。案发时还剩2.5万元购物卡在秦某丽处没有送出。不能就此认定秦某丽有非法占有的故意。而且，如果非要评价为贪污行为，也不够法定的贪污罪立案标准。

（二）受贿罪的法律评析

根据《刑法》第385条的规定，国家工作人员利用职务上的便利，索取他人财物的，或者非法收受他人财物，为他人谋取利益的，是受贿罪。国家工作人员在经济往来中，违反国家规定，收受各种名义的回扣、手续费，归个人所有的，以受贿论处。"两高"《关于办理受贿刑事案件适用法律若干问题的意见》第9

条第 1 款规定："国家工作人员接受请托人财物后及时退还或者上交的，不是受贿。"

构成该罪必须符合以下 4 个要件：（1）犯罪的主体：国家工作人员或者受委托管理、经营国有财产的人员；（2）犯罪的主观方面：直接故意，行为人以非法占有为目的；（3）犯罪的客体：侵犯国家机关工作人员的职务廉洁性；（4）犯罪的客观方面：行为人利用职务上的便利，索取他人财物，或者非法收受他人财物，收受回扣、手续费，斡旋受贿，为他人谋取利益。

本案中，2015 年邵某梅先后两次在秦某丽办公室送现金 20 万元，案发前 6 个月，秦某丽均主动以银行存单方式退回，符合法定的"及时退还"条件，不认定为受贿；沈某涛购车优惠 4.5 万余元不符合受贿罪权钱交易的本质特征，秦某丽没有占有沈某涛财物的主观故意，不仅没有利用职权给其谋利，反而还收回了沈某涛在秦某丽任行长之前的贷款。案发后秦某丽得知优惠幅度 4.5 万余元还主动又给了申某涛 3 万元。秦某丽接受沈某涛 2 万元应认定为朋友的往来礼金，因为秦某丽和沈某涛是对门邻居，秦某丽也曾给沈某涛儿子出国送礼 2 万元。

**【结语及建议】**

本案严格意义上应是无罪案件，虽有遗憾，但仍不失为一起有效辩护的成功案例。笔者作为秦某丽二审及重审辩护人，通过仔细阅卷和多次会见被告人，敏锐地觉察到检察机关的指控证据存在严重疏漏，如果能将检察机关疏漏的证据、证人证言收集到位，将会影响案件定性。随即，笔者带领青年律师到洛阳区县调查，还驱车 700 公里到湖北宜昌走访与秦某丽案有关系的证人沈某涛，收集对被告人秦某丽有利的证人证言，并动员证人同意出庭作证，形成的 7 份律师调查笔录引起了洛阳中院办案法官的高度重视，法院以（2016）豫 03 刑终 369 号刑事裁定书裁定"撤销原判发回重审"。重审中，合情合理合法中肯的辩护意见引发了公诉人的共鸣，也得到法庭的高度认可。

证据是诉讼之王，发现疑点、挖掘证据、收集证据是律师工作的根本。精准研判法律事实，打击指控软肋，动摇控方指控决心，影响主审法官支持控方意见的信心，以勤勉的工作取得主审法官的信任是刑事案件有效辩护的法宝。

## 三、专家点评

2007 年 7 月 8 日，最高人民法院和最高人民检察院颁布的《关于办理受贿刑事案件适用法律若干问题的意见》第9条第1款规定："国家工作人员收受请托人财物后及时退还或者上交的，不是受贿。""及时退还或者上交"是判断国家工作人员有无受贿故意的重要考量。我国司法理论和实务认为，受贿罪具有侵犯他人财产的属性，收受他人财物后退还的，财产法益没有被侵犯，因此，可以认为该行为不构成受贿。本案中，被告人秦某丽虽然在2015年4月收受邵某梅10万元，但是她在几天后以邵某梅名义开户存入银行，这已属及时退还。第二笔10万元，被告人在接受调查前6个月也退还了邵某梅。这可以认定为及时退还或者上交财物的情形，可以不认定为受贿罪。

**【作者简介】**

陈占军，男，中国政法大学法律硕士，河南鼎大律师事务所主任。2012年晋国家一级律师，2019年省委省政府授予河南省劳动模范，曾为洛阳市人大代表、政协委员。

李准，男，1981年10月生，郑州大学本科，学士。河南鼎大律师事务所律师，主任助理，工会主席，新安县政协委员。2005年至2014年3月，在漯河技师学院任教，讲师，2014年4月至今，河南鼎大律师事务所，律师。

# · 54 ·

# 侯某某受贿、贪污案

## ——贪污罪主观内容明知的认定

程建龙

## 一、案例基本信息

涉案罪名：受贿罪、贪污罪

办案单位：河南省郑州市人民检察院

结案时间：2015 年 11 月 26 日

结案方式：起诉书未就贪污罪提起指控

## 二、案例正文

### 【案情简介】

2015 年 5 月 15 日，郑州市人民检察院郑检反贪移诉〔2015〕7 号起诉意见书指控：犯罪嫌疑人侯某某利用职务便利，非法收受他人贿赂 601.6 万元人民币，10.7 万美元、1 万加币、1.5 万元购物卡及价值 68.3131 万元商务车一辆，并为他人谋取利益，数额巨大，涉嫌受贿犯罪。犯罪嫌疑人侯某某利用职务便利贪污公款 50 万元人民币、2 万美元和 5 万元购物卡，涉嫌贪污犯罪。犯罪嫌疑人侯某某涉嫌受贿犯罪、贪污犯罪，应依法追究刑事责任，故将案件移送审查起诉。

2015 年 5 月 15 日案件进入审查起诉阶段。2015 年 5 月 20 日，辩护人接受委托，为犯罪嫌疑人侯某某提供刑事辩护服务。在详细阅卷和多次会见犯罪嫌疑人的基础上，辩护人又数次与承办人及负责公诉的检察官等当面就事实认定、证据适用以及准确适用法律等问题进行了沟通。

2015年6月10日，辩护人向郑州市人民检察院提交了专业审慎的辩护意见，辩护要点为：严格区分贪污罪与受贿罪。贪污罪的客观方面是利用职务之便，侵吞、窃取、骗取或者以其他手段非法占有公共财物的行为。受贿罪的客观方面是利用职务上的便利，向他人索取财物，或者收受他人财物并为他人谋取利益的行为。李某、张某某二人用公款向侯某某行贿，侯某某并不知道该笔钱是公款。故侯某某收受李某、张某某二人的款项符合受贿罪的定义和构成要件。

2015年11月16日，郑州市人民检察院郑检公三刑诉〔2015〕31号起诉书充分考虑和采纳了辩护人的辩护意见，撤回郑州市人民检察院郑检反贪移诉〔2015〕7号起诉意见书中对侯某某贪污罪的指控，仅就被告人侯某某受贿罪的事实，向河南省郑州市中级人民法院提起公诉。

**【辩护要旨】**

对所收受钱款不知是公款的，不能认定为贪污。

**【辩护意见】**

1. 辩护人认为，起诉书指控侯某某涉嫌贪污的事实不清、证据不足，依法不能成立，理由如下。

（1）贪污罪，是指国家工作人员利用职务上的便利，侵吞、窃取、骗取或者以其他手段非法占有公私财物的行为。本罪在客观方面表现为行为人实施了利用职务上的便利侵吞、窃取、骗取或者以其他手段非法占有公私财物的行为。其中，侵吞是指行为人将自己管理或经手的公共财物非法转归自己或者赠送他人。可见，贪污罪在客观方面要件包括两个方面，一是利用职务上的便利，二是非法占有公共财物。本罪在主观方面表现为直接故意犯罪，并且具有非法占有公共财物的目的。

（2）侯某某没有贪污行为。纵观本案，侯某某无论是在省纪委多次谈话笔录和检察院的多次讯问笔录中均认为没有贪污的行为。针对起诉意见书指控侯某某收受李某20万元认定贪污一事，侯某某在笔录中是这样说的："2007年春节前和2008年春节前李某到我办公室每次从包里拿出10万元钱放到我办公桌上，说该过年了给我准备10万元钱让我春节花销支出用，并为他想当副县长给予关照作为活动经费。"针对起诉意见书指控侯某某收受张某某30万元人民币、2万美金、5万元购物卡，认定为贪污一事，侯某某在笔录中是这样说的："2008年中秋节前张某某送给我5万元丹尼斯购物卡是让我过节用的，2011年元月张某某知道我要去美国考察送给我2万元美元，2009年春节前张某某送给我10万元人民币，2011年4月张某某到我办公室跟我说‘我给你准备了20万的活动经费马上该换届了’，张某某想当副县长让我给予关照并作为活动经费。李某、张某某工作不错，经过我积极推荐，二人不久都当上了副县长。”辩护人认为，侯某某在这一事件中并没有向二人要钱，而是二人利用春节之际为了和侯某某搞好关系及提拔当副县长主动给侯某某送钱。送钱的时候侯某某并不知道这笔钱的来历。本案中也没有直接证据能够证明侯某某知道这笔钱是公款。从逻辑上讲，侯某某受贿也不可能问行贿人所送钱财的来历。本案的实际情况是李某、张某某二人用公款向侯某某行贿，为自己谋取利益。因此辩护人认为，侯某某的上述行为不构成贪污罪，符合受贿罪的定义和构成要件，应按受贿罪处理更符合事实和法律规定。

2. 辩护人对起诉意见书指控侯某某的行为构成受贿罪没有异议，但对指控侯某某受贿商务车一辆，价值68万余元，辩护人认为这一行为不构成受贿罪。因为该车仍然登记在汝阳大酒店名下，根据我国相关法律的规定，该车的物权及所有权均没有转移，该车仍是汝阳大酒店的车，同时侯某某离开汝阳时带走使用该车是有原因的，因为当时汝阳县要建前坪水库，这辆车是配给侯某某跑项目用的公务车且该车已退回汝阳县大酒店，因此辩护人认为这一行为不构成受贿。

3. 侯某某应认定为自首。侯某某的受贿问题均是在办案单位没有掌握的情况下主动交代的，完全符合《刑法》关于自首的定义，应当认定为自首。据侯某某本人讲，办案人员多次对其说，其行为是自首行为。但起诉意见书没有认定。望公诉人在起诉书中予以认定。

4. 侯某某年龄应按照1954年予以认定。侯某某实际出生年份是1954年，上大学时将年龄改小两岁，改为1956年，有大学毕业证为据。工作后又将年龄改小一岁，改为1957年，其目的就是为了多工作几年。干部将年龄改小已是普遍现象。

综上所述，侯某某的行为不构成贪污罪，具有自首情节，商务车不能认定为受贿，其出生年份应依法认定为1954年。

**【案例结果】**

郑州市人民检察院郑检公三刑诉〔2015〕31号起诉书撤回对郑检反贪移诉〔2015〕7号起诉意见书中对侯某某贪污罪的指控，仅就被告人侯某某受贿的事实，向河南省郑州市中级人民法院提起公诉。

**【司法文书】**

郑州市人民检察院郑检公三刑诉〔2015〕31号起诉书

**【案例评析】**

（一）贪污罪的法律分析

《刑法》第382条第1款规定：国家工作人员利用职务上的便利，侵吞、窃取、骗取或者以其他手段非法占有公共财物的，是贪污罪。构成该罪必须符合以下4个要件：（1）犯罪的主体：国家工作人员。（2）犯罪的主观方面：必须出自直接故意，并具有非法占有公共财物的目的。过失不构成本罪。故意的具体内容表现为行为人明知自己利用职务之便所实施的行为会发生非法占有公共（国有）财务或非国有单位财物的结果，并且希望这种结果的发生。犯罪的目的，是非法占有公共（国有）财物或非国有单位财物。非法占有公共（国有）财物或非国有单位财物的目的，既可以是行为人企图将公共（国有）财物或非国有单位财物永久地占为己有，也可以是行为人希望将公共（国有）财物或非国有单位财物非法获取后转送他人。（3）犯罪的客体：利用职务之便，侵吞、窃取、骗取或者以其他手段非法占有公共财物的行为。（4）犯罪的客观方面：本罪侵犯的客体是复杂客体。既侵犯了公共财物的所有权，又侵犯了国家机关、国有企业事业单位的正常活动以及职务的廉洁性，但主要是侵犯了职务的廉洁性。

（二）贪污罪中，必须是国家工作人员利用职务上的便利，侵吞、窃取、骗取或者以其他手段非法占有公共财物的行为

本案中，关于起诉意见书指控侯某某收受李某20万元认定贪污一事。2007年、2008年李某给侯某某的20万元，是在换届选举时，李某想当副县长让侯某某给予关照并作为活动经费；2009年、2011年张某某给侯某某的30万元、2万美元、5万元购物卡，是张某某想当副县长让侯某某给予关照并作为活动经费。侯某某对以上款项来源于公款并不清楚，李某、张某某给侯某某款项是为自己谋取利益。故，侯某某的上述行为不构成贪污罪，按照受贿罪处理更符合事实和法律规定。

综上，郑州市人民检察院最终没有指控侯某某涉嫌贪污罪是正确的。

【结语及建议】

本案是一起对贪污罪不起诉的典型案件，辩护人最终达到了委托人贪污罪被无罪处理的辩护效果。本案在侦查期间，侯某某供述收受李某 20 万元时，李某告诉侯某某该款项是汝阳县的惯例，每年都要给领导准备。李某陈述该款项是从汝阳县财政局所支取的；侯某某供述收受张某某 30 万元人民、2 万元美元、5 万元购物卡时，张某某告诉侯某某该款项是县财政局的惯例，给领导的活动经费。张某某、赵某才陈述该款项是从县财政局所支取的。从表面上看，侯某某收受李某、张某某的上述款项来源于财政局，符合贪污罪客观方面利用职务之便非法占有公共财物的行为。辩护人通过查阅卷宗及会见侯某某后，发现卷宗里的证人证言、侯某某的供述，均不能证明侯某某明知上述款项的来历，故不符合贪污罪关于利用职务之便非法占有公共财物的要件；另外，李某、张某某利用公款向侯某某行贿是为自己谋取利益，不符合贪污罪具有非法占有公共财物的目的这一要件。侦查机关忽略了以上要件。辩护人充分利用了这个辩护观点，最终侯某某未以贪污罪被提起公诉。

建议刑事辩护人在履行辩护工作中，要对罪名的法律规定及罪名的构成要件烂熟于心，并且会熟练运用罪名的法律规定及罪名的构成要件。秉承做好每一个案件的理念，充分维护好每一个委托人的合法权益。坚信律师不是委托人的打手，而是公平和正义的化身。

## 三、专家点评

根据主客观相统一的原则，行为人应当对客观行为、危害结果等构成要件有认识。就贪污罪来说，贪污罪的犯罪对象必须是公共财物，而非公民私人所有的财物（在国家机关、国有公司、企业、集体企业和人民团体管理、使用或者运输中的私人财产除外）。行为人主观上必须认识到贪污罪犯罪对象的特殊性，才能认识到自己的行为侵犯了职务行为的廉洁性、会发生侵害公共财产的结果。本案辩护人抓住这一核心环节，充分论证了被告人侯某某收受李某 20 万元，收受张某某 30 万元人民、2 万元美元、5 万元购物卡时没有认识到这些财物来源于财政局，不符合贪污罪犯罪对象的要求，也不符合贪污罪的主观方面要件，因而案件辩护取得很好的法律效果。

**【作者简介】**

程建龙，男，中共党员，北京市博人律师事务所洛阳分所主任，2005 年评为二级律师，任洛阳市律师协会理事，刑委会副主任，考核委副主任，洛阳市人民政府法律顾问，洛阳市吉利区人民政府法律顾问，洛阳仲裁委员会首批仲裁员并连任至今，多次被评为优秀律师，优秀仲裁员等。

## · 55 ·

# 王某贪污、受贿案

## ——贪污罪、受贿罪中犯罪数额的认定

尚旭辉

### 一、案例基本信息

涉案罪名：贪污罪、受贿罪

办案单位：河南省洛阳市孟津县人民法院

结案时间：2019 年 1 月 26 日

结案方式：判决

### 二、案例正文

**【案情简介】**

王某，男，汉族，1954 年 12 月 17 日出生，本科学历，中共党员，河南省××县人。2007 年 12 月任洛阳市××局党组书记、局长，2011 年 12 月任洛阳市××局调研员，2014 年退休。

2018 年 7 月 9～20 日王某因涉嫌贪污、受贿犯罪，被洛阳市监察委决定采取留置措施。2018 年 9 月 21 日被孟津县公安局执行逮捕。2018 年 10 月 16 日，洛阳市中级人民法院指定孟津县人民法院管辖被告人王某涉嫌贪污、受贿犯罪一案。2018 年 9 月 21 洛阳市监察委员会以王某涉嫌贪污 515350.01 元，涉嫌受贿 2365575 元向孟津县人民检察院移送审查起诉。2018 年 11 月 5 日孟津县人民检察院向孟津县人民法院提起公诉。

**【辩护要旨】**

为国家工作人员提供服务的支出，不应当认定为贪污数额。

在案发前向廉政自律账户交纳的款项不应认定为受贿罪犯罪数额。

**【辩护意见】**

（一）关于起诉书指控王某涉嫌贪污罪的问题

关于指控王某涉嫌贪污罪一案，辩护人认为根据现有证据不能认定犯罪嫌疑人王某的行为构成贪污罪。

1. 关于王某利用职务便利向××县××农兴种植场拨款5万元的事实，辩护人认为不应认定为贪污行为

（1）洛阳市××局向××县××农兴种植场拨款5万元有完整且符合规定的相关申报手续及合法的批准拨款手续。

（2）洛阳市××局向××农兴种植场拨款5万不但有完整的拨款手续，而且修建了相关的工程，工程是真实存在的。

（3）王某的行为应认定为违纪行为。虽然犯罪嫌疑人王某利用职务上的便利给××农兴种植场拨付了5万元，且××农兴种植场系王某实际控制和经营。但上述5万元拨款有完整的拨款手续，且修建了相关的工程，在工程真实存在的情况下，并没有法律规定不允许给此类种植场扶持水利设施补助费。另外，在2014年10月15日，王某已经向洛阳市廉洁自律账户交纳了65万元，主动退还了涉案的款项。故辩护人认为王某的行为应认定为违纪行为，不应认定其行为构成贪污。

2. 关于向市农村水利技术推广站集雨灌溉实验补助10万元的行为不应认定为贪污行为

（1）市××局向农业水利技术推广站拨付实验补助10万元的程序合法。

（2）10万元拨款有完整的拨款手续，而且修建了相关的工程，工程是真实存在的。市××局拨付的10万元农业水利技术推广站也用于建设了试点，且××农兴种植场系王某实际控制和经营，但该款未挪作他用。

（3）《洛阳市新安县山丘区雨水集蓄抗旱试点工程实施方案》和洛水财（2012）×号文件是2012年3月出台的，而王某已于2011年7月不再担任××局局长的职务，2011年12月任洛阳市××局调研员，不可能再利用职务的便利。

（4）王某的行为应认定为违纪行为，而不是犯罪行为。虽然王某利用职务上的便利给农业水利技术推广站拨付了10万元，但上述10万元拨款有完整的拨款手续，而且修建了相关的工程，在工程真实存在的情况下，并没有法律规定不

允许给此类种植场扶持水利技术推广站集雨灌溉试验补助费。另外，在2014年10月15日，王某已经向洛阳市廉洁自律账户上交了65万元，主动退还了涉案的款项。

故辩护人认为王某的行为应认定为违纪行为，不宜认定构成贪污。

3. 关于起诉意见书认定王某担任市××局局长期间，利用职务上的便利，通过安排下属工作人员虚报水利项目补贴等方式，将公共财产515350.01元的公共财产非法据为己有，其中供水管井的项目花费为365350.01元，辩护人认为不构成贪污罪

（1）关于该款的性质没有查清，不能确定该款系公共财物，故不能认定为贪污款。

（2）王某、马某、周某等人在监察委的供述和证言证明，洛阳水资源勘察设计院有限公司于2011年7月改制成为有限责任公司（自然人投资或控股），但是卷宗中并没有出示相关改制方案等证据，也不知道改制后对于该笔费用是如何处理的，是否为改制后私企承担？该涉案款项的性质是什么？从现有证据不能证明是国有或公共财物。

因此，洛阳市水资源勘察设计院为××县××镇××村供水管井的项目花费的365350.01元，根据刑法的“谦抑性原则”，应认定本案为民事纠纷或存在违纪行为，而不应认定王某的行为是贪污犯罪行为。

综上，辩护人认为，公诉机关指控王某2010~2011年，在担任市××局局长期间，利用职务上的便利，通过安排下属工作人员虚报水利项目补贴等方式，将价值51.535001万元的公共财产非法据为己有，其行为构成贪污罪的指控是不能成立的。

**（二）关于起诉书指控王某受贿罪的问题**

辩护人对起诉书指控王某受贿的定性没有异议，对于指控的12起受贿事实，除收受王尚某价值20万元汽车一辆有异议外，其他均无异议。

辩护人认为，收受王某价值20万元汽车一辆应认定为违纪行为，而不是受贿行为，该20万元应从受贿款中予以扣除。理由如下：

（1）从王某2018年8月10日在监察委的供述以及证人证言可知，王某仅是免费使用，主观上并无收受不退还之意。

（2）王某于2018年8月6日交代的材料内容同2018年8月10日在监察委

的供述内容也是一致的，均不能直接认定其主观上有受贿故意。

（3）虽然王某在客观上有对财物占有的事实，但在主观上没有占有的故意，其行为应为违纪行为，而不是受贿行为。该车自2013年年初至案发，在近5年时间里一直由王某开着，没有办理过户手续，且王某也从未提出过办理过户手续，所有权一直没有转移。后在市纪委调查前，王某主动打电话给王尚某，让王尚某把车开走了。再次证明王某主观上没有受贿该车的故意。

（4）因二人是一个村的，都是一家子，按辈份王某给王尚某叫"爷"，二人关系比较要好，王尚某作为企业老板抵账回来的车平时也不使用，所以，王尚某送车给王某免费使用也是合乎常理的。同时因王某于2011年10月就退休了，不会再利用职务的便利为王尚某谋取利益，若王尚某随时要车，王某也一定会还给王尚某的。

故本案不适用"两高"《关于办理受贿刑案件适用法律若干问题的意见》第8条的规定。辩护人认为王某的行为不是受贿行为，该20万元应从受贿款中予以扣除。

**（三）关于量刑情节，被告人王某有以下法定和酌定量刑情节**

（1）被告人王某在受贿罪一案中具有法定的自首情节

根据卷宗材料，王某被留置时，侦查机关仅掌握王某涉嫌贪污的相关线索及张某向王某行贿8.8万元、吴某向王某行贿8.9万元和4000元购物卡的相关线索。根据第二十卷第151页王某的讯问笔录可知，在王某被留置之前，已于2014年10月向洛阳市廉洁自律账户上交了65万元，已将吴某、张某向其行贿的18.1万元上交至廉洁自律账户，该款项可不做犯罪数额予以认定。根据卷宗中王某的讯问笔录，王某在被留置后主动交代了收受王尚某、范某、吕某、张某、王家某、曹某、丹某、马某、党某、李某、段晓某贿赂的犯罪事实（洛阳市监察委员会起诉意见书也对此进行了认定），故其行为系自首。故根据《关于办理职务犯罪案件认定自首、立功等量刑情节若干问题的意见》第1条第7款之规定应当认定王某具有自首情节。

（2）王某具有法定的坦白从轻处罚情节，一般应从轻处罚

王某在到案后如实供述自己的罪行，对监察委员会掌握的贪污的事实（辩护人认为不构成本罪）和受贿的案件事实（吴某、张某向其行贿的事实）如实进

行供述，应当从轻处罚。

（3）王某在案发后积极退赃，可从轻处罚。

（4）王某平时一贯表现良好，无违法犯罪前科，系初犯、偶犯，可酌情从轻处罚。

（5）王某认罪态度较好，有明显悔罪表现，可酌情从轻处罚。

（四）关于量刑建议

辩护人认为根据《最高人民法院关于常见犯罪的量刑指导意见》［法发（2017）7号］文件第5条第1款的规定，建议量刑如下。

（1）王某在受贿一案中具有自首情节，可在基准刑的40%以下量刑。

（2）王某具有坦白情节，其中如实供述自己罪行的，可以减少基准刑的20%以下；如实供述司法机关尚未掌握的同种较重罪行的，可以减少基准刑的10%~20%。

（3）王某当庭自愿认罪，可以减少基准刑的10%。

（4）王某积极退赃，可以减少基准刑的30%以下。

故请求贵院在查明案件事实的基础上，确定本案的基准刑，参照该量刑指导意见，对被告人从轻、减轻处罚，给被告人一次改过自新，重新做人的机会。

**【案例结果】**

（1）被告人王某犯贪污罪，判处有期徒刑一年，并罚金人民币10万元，犯受贿罪，判处有期徒刑6年，并处罚金人民币40万元，数罪并罚，决定执行有期徒刑6年，并处罚金人民币50万元。

（2）被告人王某的违法行为所得现金1998525.01元，本田CRV汽车一辆，Nikon尼康D3型照相机一部，依法予以没收，上缴国库。

**【司法文书】**

河南省孟津县人民法院〔2018〕豫0322刑初286号刑事判决书

**【案例评析】**

（一）涉案365350.01元从贪污罪中扣减并改变定性是关键，能够改变贪污罪的量刑档次

公诉机关指控王某涉嫌贪污515350.01元的数额，需要从本罪的构成要件上严格把握，辩护人提出关于凿井费365350.01元系民营企业洛阳市水资源勘察设

计院所支出不构成贪污罪的辩护意见，一审法院予以采纳。将检察院指控贪污365350.01元的性质改变为受贿，将贪污罪量刑档次从3年以上10年以下有期徒刑降低至3年以下有期徒刑，并最终以贪污罪判处有期徒刑1年，取得良好的辩护效果，同时体现了司法公正。

（二）在案发前向廉政自律账户交纳的款项不应认定为犯罪数额

本案中，王某在其犯罪事实未被发觉前，主动向洛阳市廉政自律账户上交65万元，辩护人认为该款项不应认定为受贿的犯罪数额，应当扣除，同时提出对于扣除后被告人主动交代的受贿数额按自首处理。法院采纳了向廉政账户上交的65万元不应当认定为犯罪的数额的辩护意见。

**【结语及建议】**

本案中，笔者接受委托以后，多次会见王某，认真审查卷宗材料，与承办单位办案人员积极沟通，重点沟通犯罪数额及性质问题，指出对指控的515350.01元中的365350.01元不应当认定为犯罪数额；对案发前向廉政自律账户上交的65万元不应认定为犯罪数额，该辩护意见最终被法院采纳。

建议刑事辩护律师在每一起案件中，针对罪名的构成要件以及入罪标准，区分不同的辩护重点，制定对应的辩护策略，做好充分的准备，将辩护的重点形成书面的辩护意见，与办案人员取得有效沟通，使承办人员接受辩护人对罪名和量刑的看法，从而取得一个较好的辩护效果。

## 三、专家点评

贪污罪和受贿罪中的犯罪数额对于行为人的定罪和量刑具有非常关键的意义。贪污罪犯罪数额的认定需要结合本罪的客观行为的性质，犯罪对象是否为公共财物，行为人主观目的等方面综合研判。同样道理，受贿数额的认定也需要研判行为人在主观上是否具有非法占有目的、收受财物的法律属性。另外，根据相关司法解释，受贿人收取财物后及时退还的不当认定为受贿罪。本案辩护人深入分析案件客观事实，从监察机关和检察机关指控的贪污、受贿数额中剥离了部分数额，对被告人的量刑减轻起到了关键作用，最大程度地保护了被告人的合法权益。

**【个人简介】**

尚旭辉，男，汉族，1977 年 1 月生，河南诚然律师事务所主任，第八届省律协理事，河南省律协刑委会副主任，洛阳市律师协会副会长，洛阳市政协委员，曾多次荣获河南省优秀刑辩律师，河南省优秀律师，洛阳市优秀律师、河南省司法系统先进个人等荣誉称号。

# · 56 ·

# 杨某太贪污、受贿、巨额资产来源不明罪案

## ——非国有控股、参股合营银行的高管是否属于“国家工作人员”

陈占军　李　准

## 一、案例基本信息

涉案罪名：贪污罪、受贿罪、巨额资产来源不明罪（指控）

职务侵占罪、非国家工作人员受贿罪（判决）

办案单位：三门峡市湖滨区人民法院

结案时间：2018 年 11 月 9 日

结案方式：判决

## 二、案例正文

### 【案情简介】

2017 年 12 月 29 日，三门峡市湖滨区人民检察院以三湖检公诉刑诉（2018）8 号起诉书提起公诉：（1）2012 年 2 月至 2017 年，被告人杨某太在担任中国民生银行股份有限公司洛阳分行副行长、行长期间，指使在民生银行洛阳分行办公室工作、后任办公室主任的被告人马某强，采用虚开发票从财务报销的方式，套取单位资金归其个人所有。马某强按照杨某太的要求，先后联系王某深（王某）、常某华、李某娟、拜某姗、郑某燕、娄某、姚某平、刘某等人虚开发票共计 5772921 元，并将王某深等人虚开的发票以及杨某太购买的河南 × × 连锁商业有限公司发票 761600 元，在民生银行洛阳分行财务上报销，套取单位资金后归杨某太个人占有并使用。（2）杨某太收受李某人民币 50 万元；收受王某标购物

卡3.7万元、现金2万元、价值22.33万元的别克林荫大道汽车一辆；收受何某现金4万元、价值14.1万元的卡帝亚手表一块、价值73586.06元的欧米茄手表一块；收受杨某武4万元；收受苗某芳购衣卡3万元；收受王某喜礼金2万元；收受吉某哲价值8700元的30克金条一根。（3）杨某太现有财产共计2335万元，杨某太及其妻子家庭的合法收入10762767.53元，减除贪污和受贿所得7571636.7元，尚有500余万元不能说明来源。现以杨某太涉嫌贪污罪、受贿罪、巨额财产来源不明罪追究其刑事责任。建议判处有期徒刑17年并处罚金。

2018年2月6日，三门峡湖滨区人民法院公开开庭审理该案，并于2018年11月9日作出（2018）豫1202刑初33号判决书，判决杨某太犯职务侵占罪，判处有期徒刑6年；犯非国家工作人员受贿罪，判处有期徒刑5年；合并执行有期徒刑9年。

**【辩护要旨】**

查清被告人“非国家工作人员”的身份本质，法庭上改撤罪名定性，改贪污罪为职务侵占罪、改受贿罪为非国家工作人员受贿罪，不构成巨额财产来源不明罪，使被告人罚当其罪。

**【辩护意见】**

笔者对公诉机关起诉书针对犯罪的定性及部分事实的指控有异议。辩护人意见可以概括为“一个主体、一个程序、三个事实、四个情节、一个走向”。

**（一）辩护人认为本案被告人不属于国家工作人员，本案应定性为非国家工作人员受贿罪和职务侵占罪。巨额财产来源不明罪因主体不适格不能成立**

（1）民生银行洛阳分行不是国有银行，也不是国有控股、参股的合营银行，而是实实在在的股份制民营银行。人寿保险公司不是民生银行的股东，人寿股份有限公司在证券股份有限公司中占有股份，证券股份有限公司是民生银行的股东，不能导出人寿保险公司参股了民生银行。（2）杨某太没有受国家机关、国有公司、企业、事业单位或者国有股份公司的委派在洛阳银行从事公务或者行使监督管理职权（杨某太此前曾在中国银行任职，但辞职后即不再具有国家工作人员的身份）。（3）杨某太和民生银行是一种劳动合同关系，是民生银行董事会聘用的洛阳分行高级管理人员。（4）民生银行党委及洛阳银行分行党委，不是国有公司、企业党委，更不是法律意义上的国家机关。《刑法》第93条第2款规定，国家机关、国有公司、企业、事业单位委派到非国有公司、企业单位中从事公务的人员，视为国家工作人员。最高人民法院《关于在国有资本控股、参股的股份有限公司中从事管理工作的人员利用职务便利非法占有本公司财物如何定罪问题的批复》［法释（2001）17号］中指出，“在国有资本控股、参股的股份有限公司中从事管理工作的人员，除受国家机关、国有公司、企业、事业单位委派从事公务的以外，不属于国家工作人员”。根据有关法律、司法解释的规定，“国有资本控股或参股”“委派”是认定是否国家工作人员的两个不可或缺的条件。杨某太的身份不应认定为国家工作人员，也不应视为国家工作人员，不是《刑法》第385条受贿罪、第382条贪污罪、第395条巨额财产来源不明罪的适格主体。

**（二）本案的程序问题难以回避**

如上所述，杨某太不属于检察院反贪局的侦办对象，不在反贪局的受案范围内。《刑事诉讼法》（2012年修订）第18条第2款规定了人民检察院的刑事案件的立案侦查范围，“六部委”2012年12月26日《关于实施刑事诉讼法若干问题的规定》第1条明确规定，人民检察院在侦查贪污贿赂案件时发现属于公安机关管辖的应及时移送公安机关。能否适用最高人民法院《关于适用〈中华人民共和国刑事诉讼法〉的解释》第241条，直接改变罪名作出判决，值得商榷。

**（三）本案的三个基本事实需要澄清**

（1）公诉机关指控王某标向杨某太行贿价值22.23万元的别克林荫大道汽车应存疑，根据王某标的当庭证言，应认定为正常买卖关系，只是车款未及时结清，即使杨某太当庭表示未借车，这也应属于民事法律关系范畴。

（2）公诉机关指控杨某太通过情人张某巍收受何某24万元不能成立。何与张之间是民间借贷关系，筹资月息2.5分并不超过法律保护的利息范围。据了解，何某筹资有月息2分的，也有月息4分、6分的。该二人因利息还讨价还价，当时何某并不知道张某巍和杨某太的情人关系，只知道二人关系很好，经杨某太介绍，张某巍将钱借给何某。检察卷六第20页，何某第7次笔录内容更符合逻辑，检察卷六第83页张某巍讯问笔录也印证了这个基本事实。为什么何某的前三次讯问笔录没有移送法院呢？证据应当依法全部完整移送，没有移送即不排除有不利指控的因素。

（3）关于指控的巨额财产来源不明罪部分事实的澄清问题，涉及对民生银行郑州分行及民生银行洛阳分行办公室姚某等的进一步核查，公诉人庭审中也表示有必要核查。检察卷中只是认定了杨某太正常的工资，却忽略了银行行业奖金福利比基本工资高很多的基本经验事实。此外，还应减去杨某太投资袁某章玻璃厂 80 万元、分红 80 万元以及其他投资收入。在被指控的贪污罪中，杨某太自认自用了的 100 万元应于资产中扣除，其他数额应进一步查明具体去向和用途。

（四）杨某太 4 个法定酌定从轻或者减轻情节应予认定

（1）杨某太自首情节应予以认定（即便不认定自首，坦白情节也应认定）。根据 2010 年最高人民法院《关于处理自首立功具体应用法律若干问题的规定》、2010 年最高人民法院《关于处理自首和立功若干具体问题的意见》，杨某太主动向检察机关陈述了检察机关尚未掌握的主要犯罪证据，依法应认定为自首。杨某太虽然在本案开庭中作了必要的辩解，但根据法律规定，其自首情节还应予以认定。根据《刑法》第 67 条的规定，具备自首情节，可以从轻或者减轻处罚，坦白情节也可以从轻。

（2）杨某太犯罪的主观恶性不深，没有给银行造成实际的经济损失，社会危害性相对较小。

（3）涉案赃款全部主动退回，依法可以酌情从轻处罚。

（4）杨某太没有前科，且一贯表现良好。

（五）本案处理的走向问题

根据《刑事诉讼法》（2012 年修订）第 3 条刑事诉讼各专门机关必须严格遵守法律程序的原则及《刑事诉讼法》（2012 年修订）第 18 条、最高人民法院等六部委《关于实施刑事诉讼法若干问题的规定》第 1 条的规定精神，本案应撤回起诉，移交公安部门侦查，但如果能从有利于被告人的刑事诉讼原则出发，能够足够重视辩护人的辩护意见，参照最高人民检察院《关于人民检察院立案侦查的案件改变定性后可否直接提起公诉问题的批复》（高检发研字［2006］8 号）的精神，直接改变被告人杨某太的罪名并处以较轻的刑罚，辩护人认为也符合诉辩博弈的价值取向。

（六）量刑部分的意见

综上所述，根据《刑法》第 3 条罪刑法定原则和第 5 条罪责相适应原则，以及最高人民法院 2017 年 4 月 1 日实行的《关于常见犯罪的量刑指导意见》，综合全案评价，充分考虑评价各种情节，数罪并罚，辩护人建议对杨某太判处有期徒刑 7 年左右刑罚。

**【案例结果】**

认定杨某太伙同马某强（办公室主任）利用职务便利采取虚开增值税发票冒领款项侵占546.4521万元，杨某太利用职务便利收受他人贿赂人民币99.2586万元、港币14.1万元，以职务侵占罪判处杨某太有期徒刑6年，以非国家工作人员受贿罪判处杨某太有期徒刑5年，合并执行有期徒刑9年。罚金刑不适用。

**【司法文书】**

河南省三门峡市湖滨区人民法院（2018）豫1202刑初33号刑事判决书

**【案例评析】**

（一）贪污罪与职务侵占罪的比较

《刑法》第271条规定："公司、企业或者其他单位的人员，利用职务上的便利，将本单位财物非法占为己有，数额较大的，处五年以下有期徒刑或者拘役；数额巨大的，处五年以上有期徒刑，可以并处没收财产。国有公司、企业或者其他国有单位中从事公务的人员和国有公司、企业或者其他国有单位委派到非国有公司、企业以及其他单位从事公务的人员有前款行为的，依照本法第三百八十二条、第三百八十三条的规定定罪处罚。"

《刑法》第382条规定："国家工作人员利用职务上的便利，侵吞、窃取、骗取或者以其他手段非法占有公共财物的，是贪污罪。受国家机关、国有公司、企业、事业单位、人民团体委托管理、经营国有财产的人员，利用职务上的便利，侵吞、窃取、骗取或者以其他手段非法占有国有财物的，以贪污论。与前两款所列人员勾结，伙同贪污的，以共犯论处。"

贪污罪与职务侵占罪有共同之处，也有明显的区别。区别主要表现在以下两个方面：第一，犯罪客体不同。贪污罪是复杂客体，既侵犯了国家工作人员的职务廉洁性，也侵犯了公共财产所有权；而职务侵占罪的客体是简单客体，只侵犯单位财产的所有权。第二，犯罪主体不同。贪污罪的主体是国家工作人员和受国家机关，国有公司、企业、事业单位、人民团体委托管理经营国有财产的工作人员；而职务侵占罪的主体则是公司企业中不具有国家工作人员身份的工作人员。

（二）非国家工作人员受贿罪和受贿罪的比较

《刑法》第385条规定："国家工作人员利用职务上的便利，索取他人财物的，或者非法收受他人财物，为他人谋取利益的，是受贿罪。国家工作人员在经济往来中，违反国家规定，收受各种名义的回扣、手续费，归个人所有的，以受贿论处。”

《刑法》第184条规定：“银行或者其他金融机构的工作人员在金融业务活动中索取他人财物或者非法收受他人财物，为他人谋取利益的，或者违反国家规定，收受各种名义的回扣、手续费，归个人所有的，依照本法第一百六十三条的规定定罪处罚。国有金融机构工作人员和国有金融机构委派到非国有金融机构从事公务的人员有前款行为的，依照本法第三百八十五条、第三百八十六条的规定定罪处罚。”

非国家工作人员受贿罪与受贿罪有明显区别：（1）主体不同。公司、企业人员与国家工作人员不同。（2）所侵犯的客体不同。非国家工作人员受贿罪侵犯的是公司、企业的正常管理活动和信誉，而受贿罪侵犯的是国家机关的正常管理活动和信誉。（3）犯罪行为中索贿要求不同。非国家工作人员受贿罪中的索贿必须为他人谋利益的，才构成犯罪；而受贿罪不需要为他人谋利益，也可以构成犯罪。（4）犯罪既遂标准不同。非国家工作人员受贿罪必须受贿数额较大才构成犯罪；受贿罪数额5000元以下，情节较重的，也可以构成犯罪。（5）法定刑不同。非国家工作人员受贿罪最高处15年有期徒刑，而受贿罪最高处死刑。

### （三）巨额财产来源不明罪

《刑法》第395条规定：“国家工作人员的财产、支出明显超过合法收入，差额巨大的，可以责令该国家工作人员说明来源，不能说明来源的，差额部分以非法所得论，处五年以下有期徒刑或者拘役；差额特别巨大的，处五年以上十年以下有期徒刑。财产的差额部分予以追缴。”该罪主体必须具备国家工作人员的身份。

### （四）罪名不同，罪责迥异

本案中，杨某太案发时任民生银行洛阳分行行长、党委书记，而民生银行是民营银行，非国有控股、参股银行，杨某太未受国家指派或委托管理、监督相关事务，不具备国家工作人员的身份，不符合贪污罪、受贿罪、巨额资产来源不明罪的犯罪主体要件，不构成贪污罪、受贿罪、巨额资产来源不明罪。对非国家工作人员杨某太的行为评价为职务侵占罪、非国家工作人员受贿罪最为适当。

该案被告人不仅判处了相对较轻的刑罚，还免去了可能大额罚金刑的处理，判决生效后又从检察机关领回了几百万元的所谓赃款。

【结语及建议】

本次辩护是一次成功颠覆案件定性的有效辩护。笔者通过在“犯罪主体”上下足功夫，釜底抽薪，取得了“去掉了一个罪名，改变两个定性”的辩护效果，使被告人罚当其罪。在本案的辩护过程中，笔者为了查清指控的犯罪事实和涉案金额的具体、真实情况，跨市域作业，耗费了大量的精力和心血，找准案件的突破口，并有针对性地调查取证，精心地组织辩护。经检法两院分别层报最高人民检察院、最高人民法院，辩护意见最终成功被法院采纳。尤其是检察官、法官还采纳了辩护人的意见，在庭后又核查了多件争议事实，而不是简单、武断、粗暴地粗告知“没有证据不予采纳”。

做刑事辩护，既要有敏锐的眼光，还要有斗争精神，要勇于并善于发现公诉机关的指控在证据、法律适用上的不足，考虑管辖问题，组织证据应对指控，还要善于沟通。律师做业务不仅要将工作做充分，还要做得超前，要赶在检察官、法官前面发现问题、提出问题、解决问题，带着一份观点独到、层次分明、说理充分的法律意见书同办案人员交流，定会事半功倍。刑事辩护律师不是民事代理人，还要有独立于当事人及其家属的胆略、勇气和定力。

成功的案例必须要控、辩、审三方相互尊重、相互欣赏，和谐共鸣才能产生。

## 三、专家点评

该案属于当时当地具有一定影响的案件，在公诉机关指控三个罪名的情形下，“去掉了一个罪名，改变两个定性”的辩护效果来之不易。本案辩护的成功主要来自辩护人对案件两处重要节点的准确把握：一是犯罪的主体身份，二是程序瑕疵。在我国耦合式的犯罪构成体系中，彻底瓦解一个构成要件就能达到解构一个罪名的效果，对于身份犯罪而言，行为人是否具备相应身份往往是辩护的重要突破口。本案中，辩护人从民生银行性质、股权关系、被告人身份等入手，准确界定了被告人身份，为改变案件定性奠定了坚实基础。另外，改变罪名后的直接后果就是导致涉案罪名不能再由检察院管辖，这样程序上的瑕疵将是不可逆的问题，这也为本案最终轻判提供了抓手。总之，辩护人在本案中精准把握辩护要点的能力值得业界同行学习。

**【作者简介】**

陈占军，男，中国政法大学法律硕士，河南鼎大律师事务所主任。2012 年晋国家一级律师，2019 年省委省政府授予河南省劳动模范，曾为洛阳市人大代表、政协委员。

李准，男，1981 年 10 月生，郑州大学本科，学士。河南鼎大律师事务所律师，主任助理，工会主席，新安县政协委员。2005 年至 2014 年 3 月，在漯河技师学院任教，讲师，2014 年 4 月至今，河南鼎大律师事务所，律师。

# · 57 ·

# 赵某某受贿、滥用职权案

## ——缺乏收受贿赂故意不构成受贿罪

魏俊卿

## 一、案例基本信息

涉案罪名：受贿罪、滥用职权罪

办案单位：河南省洛宁县人民检察院、洛宁县人民法院

结案时间：2017 年 12 月 31 日

结案方式：判决

## 二、案例正文

### 【案情简介】

2011 年 5 月 11 日，洛阳市人民政府发布《关于加强市砂石资源管理工作》的通告，规定“河道采砂实行采砂许可证制度，凡在我市境内从事河道采砂的单位或个人，必须向当地水行政主管部门提出采砂申请，符合河道规划及资源整合要求的，报市沙石资源管理部门审批后，颁发《采砂许可证》”。2012 ~ 2013 年期间，犯罪嫌疑人李某任 × × 县水利局纪检书记，分管 × × 县河道管理局工作，犯罪嫌疑人赵某某任 × × 县河道管理局局长，二人在明知按照市政府规定办理采砂许可证须经洛阳市沙石管理处、洛阳市水利局审批，× × 县水利局无权审批发放采砂许可证的情况下，未按照规定执行，擅自决定由 × × 县水利局、× × 县砂石资源管理指挥部审批发放采砂许可证 36 个，导致巨额沙石资源被非法开采，经查实仅刘某某一家砂场非法采砂价值就达 9392310 元，造成恶劣社会影响。

2013 年 2 月，赵某某在担任 × × 县河道管理局局长期间，向被管理对象沙场

老板麻某某提出单位车辆紧张，麻某某以 68950 元的价格新购大众桑塔纳轿车一辆，赵某某安排自己的司机马某某从麻某某手中接收了该车辆，并入户在马某某父亲名下。该车辆从 2013 年 2 月到 2015 年 12 月，先后由 × × 县河道管理局和 × × 县水利局水政监察大队工作使用，从 2013 年 2 月开始的加油、维修、保养、保险等各项费用均在单位报销。2015 年公车改革时， × × 县水利局班子成员于 2015 年 12 月 23 日召开专门会议，赵某某也参加了此次会议。会议记录载明，会议名称为“公车封存”，载明该大众桑塔纳轿车系“ × × 沙场购买，河道局使用”，后该车辆一直封存在 × × 县水利局地下车库，直至本案案发。

赵某某于 2018 年 8 月 3 日被刑事拘留，8 月 18 日被洛阳市人民检察院以涉嫌受贿罪、滥用职权罪予以逮捕。

2017 年 8 月 24 日，洛宁县人民检察院反渎职侵权局以宁检反渎移诉（2017）5 号起诉意见书，以犯罪嫌疑人赵某某涉嫌受贿罪、滥用职权罪向洛宁县人民检察院移送审查起诉，认为犯罪嫌疑人赵某某拒不认罪，情节特别严重，且犯数罪，建议对其判处 3 年以上有期徒刑。

**【辩护要旨】**

受贿罪的本质特征是以非法占有为目的，如果行为人主观上既没有非法占有案涉财物的故意，客观上也没有将案涉财物据为己有的行为，则不构成受贿罪。

**【辩护意见】**

辩护人认为，赵某某在主观上没有非法占有案涉大众桑塔纳轿车的故意，在客观上，赵某某也没有将该大众桑塔纳轿车据为己有的行为，赵某某不构成受贿罪。

辩护人还认为，对滥用职权犯罪，赵某某应认定为从犯，且应认定为自首，建议对其免于刑事处罚。

**【案例结果】**

2017 年 9 月 30 日，河南省洛宁县人民检察院以宁检诉刑诉［2017］200 号起诉书向洛宁县人民法院提起公诉，起诉书仅以滥用职权罪一个罪名起诉，对受贿罪没有起诉。

2017 年 12 月 21 日，河南省洛宁县人民法院作出（2017）豫 0328 刑初 290 号河南省刑事判决书，认定赵某某犯滥用职权罪，并免于刑事处罚。

一审判决后，被告人没有提起上诉，公诉机关也没有提起抗诉，一审判决已发生法律效力。

**【司法文书】**

河南省洛宁县人民检察院宁检诉刑诉［2017］200号起诉书

河南省洛宁县人民法院（2017）豫0328刑初290号河南省刑事判决书

**【案例评析】**

**（一）赵某某在主观上没有非法占有案涉大众桑塔纳轿车的故意，在客观上，赵某某也没有将该大众桑塔纳轿车据为己有的行为，赵某某不构成受贿罪**

1. 赵某某在主观上没有非法占有案涉大众桑塔纳轿车的故意

受贿罪必须以非法占有为目的，这是受贿罪的本质特征。而本案中，赵某某自始至终不承认自己打算将案涉大众桑塔纳轿车据为己有。更为重要的是，下列几方面的客观证据能印证赵某某对案涉大众桑塔纳轿车不具有非法占有的目的。

（1）公车改革时，××县水利局班子成员于2015年12月23日曾召开专门会议，赵某某也参加了此次会议。会议记录明确载明，会议名称为“公车封存”，载明案涉大众桑塔纳轿车系“××沙场购买，河道局使用”。并且，会议记录显示该单位使用的车辆中入私户的不只这一辆，由沙场购买、提供或者抵顶砂石管理费的也不只这一辆。会议记录的这一记载，等于已经向××县水利局的全体班子成员及列席人员宣示，案涉大众桑塔纳轿车系××沙场购买，供河道局使用。赵某某作为此次会议的列席人员，对此没有提出任何异议。这足以表明，赵某某在主观上根本没有打算将该车辆据为己有。否则，会议记录不会记载该车辆系沙场购买这一事实，赵某某也会提出异议，也不可能研究决定将该车辆封存。

（2）××县水利局2017年8月16日出具的证明，以及时任副局长、局长的笔录，均证明该车辆从2015年12月车改时封存于××县水利局地下车库至今。如果赵某某主观上想将该车辆据为己有，其也不可能同意将该车辆封存，而且还一直封存这么久。

（3）××县水利局、××县河道管理局2017年8月16日分别出具的证明，以及时任副局长范××的笔录，均证明2015年3月赵某某调任××县水利局水政监察大队大队长后，将××县水利局水政监察大队车牌号为豫CSL729大众捷达轿车与××县河道管理局使用的案涉大众桑塔纳轿车调换，豫CSL729大众捷达轿车改由××县河道管理局使用，案涉大众桑塔纳轿车改由××县水利局水政监察大队使用。试想，如果赵某某打算将案涉大众桑塔纳轿车据为己有，视该车辆为自己的私家车，其将该车辆带到水政监察大队使用，怎么可能还会从该大队调出一辆车给河道局使用呢？

（4）现有证据能证明，案涉大众桑塔纳轿车从2013年2月开始的加油、维修、保养、保险等各项费用均在单位报销。本来该车系沙场老板购买登记在私人名下大家都不知道，可是又在单位报销该车辆的各项开支。如果赵某某主观上想将该车据为己有，他不可能这样做。

（5）赵某某作为局长，如果主观上想将该车辆据为己有，根本不可能让马某某去接收车辆，并登记在马某某父亲名下。他完全可以让麻某某直接将车辆登记在自己名下，自己亲自去接收车辆。

2. *在客观上，赵某某也没有将案涉大众桑塔纳轿车据为己有的行为*

（1）赵某某司机马某某在笔录中表示，案涉大众桑塔纳轿车单位的其他人很少使用，主要是赵某某使用，包括赵某某工作使用，也包括赵某某因私事使用。公车有时候私用，是违纪行为，不能据此认定行为人据为己有。

（2）事实上，案涉大众桑塔纳轿车从2013年2月到2015年3月，一直由××县河道管理局工作使用。2015年3～12月，一直由××县水利局水政监察大队工作使用。××县河道管理局、××县水利局分别在2017年8月16日出具证明，均证明案涉大众桑塔纳轿车尽管入户在赵某某的司机马某某父亲名下，但目的是车辆审验方便，该车辆从2013年2月到2015年12月期间，实际先后由××县河道管理局和××县水利局水政监察大队工作使用，并不是赵某某个人占有和使用。

（3）××县水利局2017年8月16日出具的证明，以及时任副局长、局长的笔录，均证明该车辆从2015年12月车改时封存于××县水利局地下车库至今。更为重要的是，《查封/扣押财物、文件清单》显示，该车辆被扣押时，仅有的两把钥匙都在司机马某某手中。这就表明，该车辆从2015年12月至今也不是赵某某个人占有和使用。

3. *赵某某的行为不构成受贿罪*

赵某某当初没有及时向水利局领导汇报该车辆的来源，也没有向河道局副局长说明该车辆的来源，将该车登记在司机马某某父亲名下，这确有不妥。赵某某曾用该车办私事，这也不妥。但是，不能以此来推定其就想将该车辆据为己有；

更不能无视本案的客观事实、证据和现实中大量存在的公车私户的事实，认定赵某某构成受贿罪。赵某某的该行为充其量是违纪行为，不能认定为犯罪行为。

**（二）对滥用职权犯罪，赵某某应认定为从犯，并应认定为自首，且情节显著轻微，应免于刑事处罚**

（1）××县河道管理局作为××县水利局的二级机构，其本身没有审批、办理采砂许可证的权力，它们只是层层上报，决定权不在河道管理局。

（2）公诉机关将××砂厂采砂的销售收入作为被告人李某、赵某某滥用职权造成的国家损失，明显不当。二被告人的犯罪情节轻微，且均应认定为自首，应免于刑事处罚。

**【结语及建议】**

笔者在2017年8月22日接受犯罪嫌疑人赵某某家属委托担任辩护人，当时本案尽管还在侦查阶段，但两天后就移送审查起诉了。笔者向侦查机关了解了案件情况，并会见了赵某某。案件移送审查起诉后，经阅卷，笔者发现本案的证据根本不能证明赵某某具有受贿的故意和行为。笔者到××县水利局、××县河道管理局调查了解情况时，××县水利局、××县河道管理局分别出具了情况说明，笔者将两份情况说明提交给了洛宁县人民检察院公诉科工作人员，提交了书面辩护意见，并与主办检察官进行了当面沟通，重点表达了赵某某不构成受贿罪的意见，最终得到公诉机关的支持，没有起诉受贿罪。

职务犯罪中，侦查机关经常会收集犯罪嫌疑人多方面犯罪的证据，特别是受贿犯罪的证据。但有些案件中，认定受贿犯罪其实是很牵强的。遇到这类情况，作为辩护人，应当依法充分收集各方面的客观证据，坚持正义，据理力争，尽心尽力履行辩护人的职责，切实维护当事人的合法权益。

## 三、专家点评

受贿罪有两种方式，即索贿和收受贿赂。在本案中，案件涉及被告人是否构成收受贿赂问题。从理论上看，收受贿赂是指在行贿人主动提供贿赂时，国家工作人员以将该贿赂作为自己的所有物的意思而接收、取得。本案辩护人立足于收受贿赂的规范解释，论证分析了赵某某缺乏将大众桑塔纳轿车据为己有的故意和行为，成功说服司法机关采纳了该辩护意见，维护了被告人的合法权益。

**【作者简介】**

魏俊卿，男，中共党员，河南金晖律师事务所主任。现任洛阳市律师协会常务理事、洛阳市律师协会县域发展工作委员会主任、河南省律师协会县域律师工作委员会副主任、河南省律师协会刑事业务委员会执行委员。

2017年获“河南省优秀刑辩律师”，2019获“全省律师行业优秀党员律师”，2019年获“2015～2019年度河南省优秀律师”。

# · 58 ·

# 王某华行贿案

## ——没有请托事项强行索贿，不以行贿罪论处

常　琳

## 一、案例基本信息

涉案罪名：行贿罪

办案单位：洛阳市瀍河回族区人民法院

结案时间：2016 年 12 月 6 日

结案方式：判决

## 二、案例正文

### 【案情简介】

河南省洛阳市瀍河回族区人民检察院洛瀍检诉刑诉（2016）92 号起诉书中载明：2001 年，时任洛阳天诚会计师事务所基建审计一部经理的被告人王某华，为承接洛阳师范学院艺术中心项目的决算审计项目，与时任洛阳师范学院监察审计处副处长的杜某明商定，将其承接的洛阳师范学院项目审计费的 10% 作为“业务开拓费”送给杜某明，此后从 2001 ~2009 年，王某华所在的洛阳天诚会计师事务所基建审计一部先后承接了洛阳师范学院老校区艺术中心、图书馆、两栋学生宿舍楼等项目的决算审计，期间王某华按照约定先后分三次送给杜某明 6 万元人民币。2011 年，王某华所在的洛阳天诚工程造价咨询事务所有限公司审计一部，在时任洛阳师范学院审计处处长、新校区建设办公室监审部主任杜某明的帮助下，承接了洛阳市师范学院新校区一期、二期部分项目的工程量清单和招标控制价的预算编制。期间，于 2015 年 12 月的一天，杜某明以家中有事、急需用

钱为由，向王某华索要10万元，王某华出于感谢随即送给杜某明10万元。洛阳市瀍河回族区人民检察院认为：王某华为谋取不正当利益，给予国家工作人员以财物，其行为已触犯了《刑法》第389条之规定，犯罪事实清楚，证据确实充分，应当以行贿罪追究其刑事责任。

瀍河回族区人民法院于2016年12月6日作出（2016）豫0304刑初95号刑事判决书，判决被告人王某华犯行贿罪，免于刑事处罚。

**【辩护要旨】**

没有请托事项强行索贿，不以行贿罪论处。

**【辩护意见】**

2016年11月11日公开开庭审理本案，笔者提出了如下辩护意见。

（一）起诉书中指控被告人王某华于2015年12月送给杜某明10万元的事实，辩护人认为不应认定为行贿

被告人王某华并没有通过杜某明取得任何不正当竞争优势，未谋取不正当利益，王某华所在公司承接杜某明在任时兴建工程时，王某华并没有与杜某明有任何接触，其公司是以其在业内的口碑和专业上的绝对优势承接该洛阳师范学院伊滨新区一期的5栋宿舍楼、8栋教学楼、第三学生食堂的编制工程量清单和招标控制价项目，被告人公司及其所在部门领取的一切费用都是在双方合同中明确约定的、洛阳师范学院应该支付的服务报酬，且涉案工程款有一部分直至王某华案发还未履行付款义务。杜某明向王某华索要涉案10万元的款项时已不再担任工程建设办公室监审部主任，双方自2009年以来就没有任何业务上的往来，也没有任何不成文的约定，涉案款项的支付并没有具体请托事项，实则是出于无奈被杜某明强行索取。

（二）关于量刑部分的意见

辩护人认为，依据《刑法》第5条罪责相适应原则及最高人民法院《人民法院量刑指导性意见（试行）》，参照河南省高院《人民法院量刑指导意见实施细则（试行）》，及最高人民法院、最高人民检察院《关于处理自首和立功具体应用法律若干问题的解释》，辩护人建议对王某华免于刑事处罚。

**【案例结果】**

瀍河回族区人民法院采纳笔者关于王某华于2015年12月交给杜某明10万

元时没有具体的请托事项，属于无奈被杜某明强行索取的辩护意见，和对王某华免于刑事处罚的量刑辩护意见，以（2016）豫0304刑初95号刑事判决书对王某华受贿6万元，判处免于刑事处罚。

**【司法文书】**

河南省瀍河回族区人民法院（2016）豫0304刑初95号刑事判决书

**【案例评析】**

根据《刑法》第389条的规定：为谋取不正当利益，给予国家工作人员以财物的，是行贿罪。在经济往来中，违反国家规定，给予国家工作人员以财物，数额较大的，或者违反国家规定，给予国家工作人员以各种名义的回扣、手续费的，以行贿论处。因被勒索给予国家工作人员以财物，没有获得不正当利益的，不是行贿。

构成该罪必须符合以下4个要件：（1）犯罪的主体：一般主体，即行为人是达到刑事责任年龄，具备刑事责任能力的自然人。（2）犯罪的主观方面：表现为故意，即行贿人对于自己行贿行为的目的、性质都十分清楚，但为了谋取私利而仍然为之的故意行为。（3）犯罪的客体：本罪侵犯的客体是国家机关的正常管理和公职人员职务行为的廉洁性。（4）犯罪的客观方面：表现为①为自己谋取不正当利益；②用钱财收买国家工作人员的职务行为；③违反国家规定，给国家工作人员以各种名义的回扣费、手续费；④数额较大。

本案中2001年杜某明自己找到时任洛阳天诚会计师事务所基建审计一部经理的王某华，想把洛阳师范学院艺术中心决算审计项目交由王某华所在部门办理，并提出返还10%“业务拓展费”。为了所在部门能揽到项目，王某华答应了杜某明的要求，双方签订合作协议。后王某华分三次给杜某明共计6万元。基于行贿罪的行为犯罪属性，法院认定行贿行为已经完成，认定行贿罪成立。结合本案的事实、情节、社会危害程度等，认定王某华犯罪情节轻微，未给国家、集体造成任何经济损失，免予刑事处罚，是符合罪刑相适应原则的。

合议庭能采纳辩护人的意见，对王某华行贿10万元的指控因无证据证明王某华取得不当利益，不符合相关法律规定的检方指控不予支持，难能可贵。法院能充分尊重笔者的核心辩护意见，作出对王某华免于刑事处罚的判决，更是难能可贵。本案不失为一起检律法各尽其职共同完成的一件三个效果相统一的典型案例。

【结语及建议】

建议刑事辩护人在履行辩护工作中，做好以下几点：第一，对罪名构成的要件要烂熟于胸，娴熟运用刑事法律规定；第二，刑事案件不是流水线工作，不是按程序走完便大功告成。刑事案件不是绝对冰冷的，也是有温度的，它的走向关乎一个人的未来、家庭，甚至生命。作为一名专业的刑辩律师，须尽职尽责，使当事人深切地感受到法律的公平和正义。

## 三、专家点评

行贿罪是行为人为了谋取不正当利益，给予国家工作人员以财物的行为。给予国家工作人员财物是行贿罪的核心构成要件内容，被国家工作人员索取而给予财物的是向国家工作人员给予财物的方式之一。根据《刑法》第389条第3款的规定，因被勒索给予国家工作人员以财物，没有获得不正当利益的，不是行贿。因此，本案中，被告人给予杜某明10万元的行为是否是为了获得不正当利益就非常关键。根据“两高”2008年11月20日发布的《关于办理商业贿赂刑事案件适用法律若干问题的意见》规定，谋取不正当利益，是指行贿人谋取违反法律、法规、规章或者政策规定的利益，或者要求对方违反法律、法规、规章、政策、行业规范的规定提供帮助或者方便条件。在招标投标、政府采购等商业活动中，违背公平原则，给予相关人员财物以谋取竞争优势的，属于谋取不正当利益。我国行贿罪的认定范围相比较于外国刑法的规定来说还是很窄的，外国刑法多数并不将谋取不正当利益作为行贿罪的构成要件。既然我国刑法有规定，就应当严格遵守。本案中，被告人给予杜某明10万元时，主观上并无谋取不正当利益的意图，客观上也无谋取不正当利益的行为，属于单纯被勒索财物的情形。

【作者简介】

常琳，河南鼎大律师事务所律师，毕业于武汉大学法学院法学学士，涧西区政协委员。

· 59 ·

# 和某行贿案

## ——医药公司业务员向医院管理人员行贿是单位行贿罪还是行贿罪

张金明

## 一、案例基本信息

涉案罪名：行贿罪

办案单位：洛阳市老城区人民法院

结案时间：2017 年 8 月 29 日

结案方式：判决

## 二、案例正文

### 【案情简介】

2007～2017 年，和某作为某医药公司的业务员代表，为了销售药品和结算货款，分别向某市汇中医院药剂科科长 A、财务科科长 B 给予 7 万元和 5 万元现金。在业务往来中，又分别向第二医院院长 C、药剂科科长 D 给予累计 101 万元和 35.1 万元。2017 年 2 月 28 日，和某因涉嫌行贿，由洛阳市老城区人民检察院初查，并经该院检察长批准，对和某立案侦查，同年 3 月 14 日洛阳市公安分局对和某执行逮捕，6 月 12 日该案侦查终结。

2017 年 7 月 28 日，由洛阳市老城区人民检察院审查起诉，起诉书指控：2009～2017 年年初，某医药公司业务员和某，为获取汇中医院供药计划以及催要货款，便于开展业务，先后分多次向该院药剂科科长、药学部主任 A 行贿共计 7 万元。和某为顺利结算货款先后分多次向该院财务科科长 B 行贿共计 5 万元。

2009年~2017年年初，在向第二医院供药过程中，为顺利开展并保持业务，先后多次向该院院长C某行贿共计101万元，该院药剂科科长D行贿共计35.1万元。

2017年6月22日，笔者接受被告人近亲属的委托，为嫌疑人和某提供刑事辩护。在详细阅卷和多次会见的基础上，笔者又数次与承办人及负责公诉的检察官就事实认定、证据适用以及准确适用法律的问题进行了详细的沟通，充分了解案件的始末。2017年7月7日，老城区人民检察院向老城区人民法院对和某涉嫌行贿一案提起公诉。

2017年8月21日，笔者向老城区人民法院提交了专业审慎的辩护意见书，辩护核心要点为："严格区分单位行贿与个人行贿，在此罪与彼罪认定之间的差异。"在本案犯罪行为的性质上主张和某的行贿行为属于单位行贿而非个人行贿。其送他人钱财的目的也不完全是谋取非法利益，其一部分的目的是维护自身合法的权益；最终获得利益者，也不是和某个人，而是其本人所属的医药公司。在量刑方面，笔者结合和某在刑事初查阶段主动交代自己的违反犯罪事实，发生在刑事立案之前这一案件细节，主张和某的行为属于自首法定量刑情节，应当对和某从轻处罚。

2017年8月29日，洛阳市老城区人民法院（2017）豫0302刑初181号判决书充分考虑和采纳了笔者的辩护意见，认定和某行贿的行为属于单位行贿，其作为单位的直接责任人员应当承担刑事责任。对笔者提出的量刑意见也予以采纳，对和某作出从轻处罚，判处和某拘役5个月刑事处罚。笔者结合案件的事实和法律的规定，以维护社会公平正义为担当，切实履行了法律赋予辩护人神圣的职责。

**【辩护意见】**

本案中和某的业务行为不能仅仅片面认定为个人行为，应考虑其在单位中所处的职位及作用。和某不仅作为该公司的业务人员，同样作为该公司的股东兼业务经理，其开展的业务行为属于职务行为。其通过行贿方式所得的利益，最终是由所属公司获得。由此认定和某属于个人行贿行为是错误的，同时也是不合理的。

由于行贿罪与受贿罪属于对向犯，若受贿的主体不存在，那么行贿行为也无从谈起。就本案而言，在2011年8月至2012年11月期间，洛阳市某医院已经进行改制，该院院长C、药剂科科长A的身份通过改制已经发生转换，由此不属于“单位行贿罪”所界定的国家工作人员。在此后和某向A、C给予财物数额，就不应计算在行贿数额的范围之内。由于A、C涉及受贿犯罪，已做另案处理，对于认定行贿数额则需公诉机关提供的证据能够相互印证。而本案中和某供述的数额，在侦查机关提供数次询问笔录中不断地发生变化，这对于认定行贿数额具有较大影响。对此，笔者对老城区检察院公诉书认定的行贿数额提出合理的质疑。在缺乏事实和证据的支撑下，和某分别向A、C行贿101万元、35.1万元不应当采信。公诉机关未对行贿资金取款时间、行贿过程、受贿财产去向提供客观证据予以印证，由此笔者请求向合议庭对和某行贿数额进行重新认定。

关于量刑方面，和某具有法定的可以减轻处罚或免除处罚的自首情节。首先，和某2017年2月28日在侦查机关尚未刑事立案前，如实供述向C、A、B的行贿行为，属于“被追诉前”如实供述犯罪行为的情形。依据“两高”《关于办理行贿刑事案件具体应用法律若干问题的解释》“受委托直接办理单位行贿事项的直接责任人员在被追诉前主动交代自己知道的行贿行为的，对该直接责任人员依照刑法第三百九十条第二款的规定”减轻处罚或者免除处罚。其次，和某系初犯没有前科、社会危险性小、未造成严重后果且当庭认罪，真诚悔罪。

综上，笔者依据法律规定并结合案件事实提出上述辩护意见，让和某真实感受到法律的公平正义。法律保护个人，对企业也是同样保护的。

**【案例结果】**

洛阳市老城区人民法院（2017）豫0302刑初181号判决书判令：（1）被告人单位某医药公司犯单位行贿罪，判处罚金30万元；（2）被告人和某犯单位行贿罪，判处拘役5个月零13天，并处罚金5万元。

**【司法文书】**

河南省洛阳市老城区人民法院（2017）豫0302刑初181号刑事判决书

**【案例评析】**

司法解释中对单位行贿的定义是“单位为谋取不正当利益而行贿，或者违反国家规定，给予国家工作人员以回扣、手续费、情节严重的行为”。传统刑法理论对单位行贿的解析：单位行贿罪的主体为单位，“单位”包括公司、企业、事业单位、机关、团体，但与单位受贿罪不同，其范围更大包括集体所有制企业、中外合作企业、有限公司、外资公司私营公司等。其主观方面表现为直接故意，侵犯的客体主要是国家机关、公司、企业、事业单位和团体的正常管理活动和职能活动及声誉。其犯罪的对象是财物，该财物一般是公司、企业、事业单位、机关、团体的财物，而非个人的财物，但不限于有形的财物，而且包括具有财产性利益，如旅游等其他。

笔者结合最新的刑法理论，对单位犯罪进行了另一种解读。在传统的四要件理论中我们对犯罪的分析往往仅考虑四个方面，对认识犯罪具有一定的局限性。依据两阶层理论的观点，在认定犯罪的构成上分为违法性和有责性，违法性主要表现为某种行为是否应当认定为犯罪，是否存在违法性阻却事由；有责性则是关于行为人承担责任的认定，是应当承担故意的责任还是过失的责任，当然还包括有无刑事责任的认定。就本案涉及的罪名，在违法性层面，和某作为单位业务人员其个人的行为属于单位的行为，其违法获得的收益归属于单位所有，单位为犯罪的主体。危害行为表现为“给予国家机关工作人员财物的行为”，行为对象为“国家机关工作人员”，侵犯的法益为“职务行为的廉洁性、不可以交易性”；违法性层面不存在阻却违法性的事由。由此在违法性的构成上可以认定和某所属单位是符合定罪要求的。就和某个人而言，其仅仅是行为主体但不是犯罪的主体。在有责性层面，单位行贿罪的主观方面表现为故意犯罪，应承担故意的责任。和某作为直接责任人员，对单位的故意犯罪行为也应承担故意的责任。如果在违法性层面与有责性层面均能做出肯定的回答，那么我们就可以认定该行为构成犯罪。就和某涉及行贿一案，违法性层面对犯罪主体争议性较大，公诉机关认为和某个人可以是行贿罪的构成主体，但笔者始终坚持自己的观点，主张单位才是该行贿犯罪的主体，和某不属于单位犯罪构成的主体，最终法院认可了笔者的观点，对和某的行为以单位行贿罪定性处罚。

**【结语及建议】**

本案是一起公诉机关与辩护人对案件性质认定存在较大冲突，法院最终认可辩护人的辩护意见，改变案件性质的典型案例。笔者坚持在司法实务中，秉承刑法理论与实践相结合理念，不断地夯实刑法理论基础，积累丰富的实践经验，为当事人提供优质的法律服务。

笔者建议，刑事辩护人在履行辩护工作中，对犯罪构成具有完整认识的基础上，结合刑法理论，作出正确的判断。面对公诉机关的职权优势，自身处于劣势的情况下，应以“事实为依据，法律为准绳”坚决捍卫被告人的合法权利。

## 三、专家点评

单位行贿罪与行贿罪在立案标准方面有较大不同，犯罪数额对量刑的影响也有很大的差异。同样的犯罪数额，被告人若被认定为前罪显然其刑罚较于认定后罪将更轻。本案中，辩护人通过辩护将被告人被指控的罪名从行贿罪变更为单位行贿罪，使被告人获得了较轻的刑罚，达到了罪轻辩护的效果。辩护人紧扣单位行贿罪与行贿罪犯罪构成的差异，根据本案的犯罪事实情况，从犯罪主体与犯罪客观方面行为角度条分缕析，目光徘徊于事实与法律之间，精准把握辩护要点，着实可圈可点。

**【作者简介】**

张金明律师，法学本科学历，河南新企合律师事务所刑事部主任。

# · 60 ·

# 侯某岭挪用公款、私分国有资产、贪污案

## ——企业改制后主体身份的认定

颜福民

## 一、案例基本信息

涉案罪名：私分国有资产罪、挪用公款罪、贪污罪，数罪并罚

办案单位：洛阳市老城区人民法院

结案时间：2014 年 8 月 21 日

结案方式：重审宣告无罪

## 二、案例正文

### 【案情简介】

2008 年，洛阳市老城区人民检察院指控侯某岭涉嫌挪用公款、私分国有资产、贪污，于当年 9 月 8 日开庭审理。经过 5 次开庭（老城区法院有罪判决、洛阳市中级人民法院发回、老城区法院再次判决有罪、中级人民法院驳回上诉），侯某岭获罪被判 1 年 6 个月，并处罚金 5 万元，个人分得国有资产 4.95 万元予以追缴。

被告人侯某岭相继向洛阳市中级人民法院、河南省高级法院申诉。河南省高院于 2012 年 12 月 10 日作出（2011）豫法刑提字第 20 号刑事裁定书，撤销洛阳市中级人民法院（2009）豫法刑一终字第 67 号刑事裁定书和洛阳市老城区人民法院（2009）老刑初字第 23 号刑事判决书，并发回老城区法院重新审理。

2014 年，老城区人民法院审判委员会讨论决定，作出老城区（2013）老刑初字第 17 号刑事判决书，宣告侯某岭无罪；2017 年侯某岭获得国家赔偿，恢复

名誉。

【辩护要旨】

国有企业改制前后身份性质的变化影响罪与非罪的认定。

【辩护意见】

整个案件在侦查、起诉、审理、申诉一系列过程中，历经数次开庭，辩护人主要从以下几个方面进行辩护。

（一）依法签订的合同具有法律效力

2001 年 12 月 11 日，洛阳市汽车运输公司与侯某岭签订的有关承包的《合同书》具有法律效力，该合同第 6 条明确规定："本合同生效后，即具有法律约束力，甲乙双方不得随意变更或解除。需要变更或解除时，须经双方协商一致，达成新的书面协议，在新的协议未达成之前，本合同仍然有效。"侯某岭有权按《合同书》对收益部分，进行奖金红利的分配。

该合同是在积极响应洛阳市政府文件（《关于进一步推进国有企业产权制度改革的若干意见》等）的环境下，按照真实意思表示签订的合同，合同内容确定，并且该合同明确要求"独立核算、确保上交、自负盈亏"。

（二）侯某岭全面履行合同，有权按合同约定对经营收入进行奖金、红利的分配

侯某岭发放 21.7 万余元的奖金、红利及对向贾某伟煤矿投资收益的 3.5 万元进行分配，没有超出合同约定的权利范围。

《合同书》第 1 条第 4 项明确约定：每年年终经洛阳市汽车运输公司核算，完成年度上缴给公司的基数后，其超额部分的 40% 作为股额分红和奖励基金，60% 记为生产发展基金，生产发展基金作为期股权对入股职工按出资比例配股。侯某岭在任职九分公司经理期间，2003 年和 2004 年九分公司按照合同足额上交市运公司管理费用。按照《合同书》的约定，超额部分的 40% 作为股额分红和奖励基金，60% 作为生产发展基金，2003 年和 2004 年其他款项为：垫付车价款利息 386003.14 元、二级维护费和审车费 117305.00 元、新增车辆管理费 430518.22 元、投资煤矿利息 35000.00 元，共计 968826.36 元，按《合同书》第 1 条第 4 项的约定"40% 作为股额分红和奖励基金"计算，侯某岭有权分配的分红和奖励基金应为 387530.54 元。

另外，《合同书》第 1 条第 4 项约定的"60% 记为生产发展基金，作为期股

权对入股职工按出资比例配股”，同样也属于持股人的私有资产，也同样不是国有资产，退一万步，即使分配给职工，也不属于“私分国有资产”。

（三）自《合同书》生效后，侯某岭已不具有国家工作人员身份

2001年5月11日，洛阳市汽车运输公司任命侯某岭为九分公司经理，但是在2001年12月11日侯某岭与洛阳市汽车运输公司签订承包《合同书》，该合同第1条第2项约定：模拟改制后的企业法人均以经营者自然人的身份承担内外债权债务。显然，从合同生效时起侯某岭便不再是国家工作人员身份。

（四）法院认定侯某岭触犯私分国有资产罪，但侯某岭不具有任何“私分国有资产”的主观故意

侯某岭在签署《合同书》后即按照合同约定进行生产经营，侯某岭对九分公司职工分配的奖金与红利来源于生产经营所得，九分公司的生产经营行为严格遵照了《合同书》中关于合同双方权利义务的约定；侯某岭对奖金与红利的分配方式也是依据《合同书》进行的。所以，侯某岭分配的奖金与红利，以及分配的依据均是遵照《合同书》履行合同的结果，不存在任何“私分国有资产”的主观故意。

**【案例结果】**

本案件经过两次上诉，第一次发回，第二次维持原判。判决书生效以后，当事人依法向河南省高级人民法院申诉，河南省高级人民法院裁定撤销洛阳市、区两级法院的判决书。指定洛阳市老城区人民法院重新审理。2014年，老城区人民法院（2013）老刑初字第17号刑事判决书，宣告侯某岭无罪。

**【司法文书】**

河南省老城区人民法院（2013）老刑初字第17号刑事判决书

**【案例评析】**

纵观本案被告人完全是依照签订的合同履行相关主体的义务，若对此苛责于刑罚，则会导致刑民法律对一行为呈现不同的价值评价，导致法律体系内部的矛盾与冲突。在合同依法成立并生效受法律保护的同时，依照合同约定全面履行合同，自负盈亏，合法分配经营收入，是在履行义务，遵守契约精神。同时本案中的被告人已不具备国家工作人员身份，是以经营者自然人的身份承担内外债权债务，依法分配企业生产经营所得，又何来私分国有资产之故意？

**【结语及建议】**

案件中涉及的合同，发生在我国改革开放初期，“摸着石头过河”是当时企业改革的必由之路，侯某岭勇于吃螃蟹的精神毋庸置疑，值得敬佩。企业改制后企业所有制发生了本质的变化，可以用净资产、购买净资产、量化资产、债权股权投资。侯某岭在改制后的运营过程中遵循国家政策及承包合同约定，不仅该企业创造了利润，给国家也上缴了费用，还为社会减轻了负担，解决数十人的就业问题，发挥全体员工积极性与能动性，从根本上破解国有企业无法解决的难题。如果将这样一个严格履行合同的公民随意判为有罪，不仅严重侵犯了公民应享有的基本权利，而且践踏了国家法律的尊严，阻碍了中国法制建设的进程，也打乱了市场的正常秩序，甚至破坏了改革开放以来取得的来之不易的成绩。

## 三、专家点评

本案件历经多次审判，在辩护人的努力下，司法机关正视判决错误，依法改判，重还被告人清白，案件法律效果显著。近年来，党和国家对企业家群体的日益关注，为企业家创造创业环境下发了多项政策文件，加强产权保护制度建设，加强对各种所有制和自然人财产权的保护，坚持有错必纠。本案件虽然发生在十八大以前持续到2014年依法改判，但是，司法机关改判依然贯彻了这一精神，这对激活企业活力和创新发展有一定作用。

**【作者简介】**

颜福民，男，1964年1月23日出生，河南润合律师事务所律师。

# · 61 ·

# 李某、胡某、杨某滥用职权案

## ——滥用职权罪中主观故意的认定

姜爱军　侯科伟

## 一、案例基本信息

涉案罪名：滥用职权罪

办案单位：河南省平顶山市人民检察院

结案时间：2019 年 2 月 20 日

结案方式：撤销案件

## 二、案例正文

### 【案情简介】

2003 年受“非典”影响，中央为了保障粮食供应市场的稳定，要求各地建立应急粮储备制度。为此，平顶山市人民政府下达了应急粮储备指标，并让当地财政、粮食、农发行等部门落实。粮食局按照政府的统一安排，落实应急粮储备工作，并通过局党委会决议，指定面粉厂代储部分应急粮，由粮食局管辖的粮库与面粉厂签订“代储协议”，粮库向面粉厂支付管理费和利息补贴。从 2015 年开始，随着粮食轮换次数的增多，加上面粉行业竞争的加剧，面粉厂经营发生困难，几乎处于停产状态，粮库便停止向面粉厂支付管理费和利息补贴，致使面粉厂代储的储备粮指标处于悬空状态。2017 年，在当地纪委开展常规巡察过程中，发现面粉厂存在套取财政补贴的情形，并造成财政资金的严重损失，遂将案件线索移送至平顶山市人民检察院，后该院以原粮食局领导李某、胡某、杨某涉嫌滥用职权罪进行了立案侦查。

2017 年 10 月 11 日平顶山市人民检察院反渎职侵权局将本案移送该院公诉局审查起诉，《起诉意见书》指控：嫌疑人李某、胡某、杨某身为国家机关领导干部，违反规定决定和落实由没有储备资格的面粉厂代储储备粮，允许面粉厂用经营周转粮折抵储备粮，造成财政资金损失 376 万元和储备粮指标空挂，涉嫌滥用职权犯罪，属于“情节特别严重”情形。

2017 年 10 月 24 日，笔者接受杨某委托后，担任嫌疑人杨某的辩护人。通过查阅证据，笔者发现，要想确定此案的性质，必须要弄清楚应急储备粮建立的初衷，弄明白中华人民共和国成立以来中央到地方的粮食政策，以及有关储备粮和应急储备粮的历史沿革及规定。随后，笔者收集了大量中央和地方出台的关于储备粮和应急储备粮的规定，并查阅了大量档案资料，制作了关于储备粮和应急储备粮的政策和法规导图。经分析和研究，笔者认为，李某、胡某、杨某作为粮食局领导，共同决定由粮库委托面粉厂代储应急储备粮的行为符合国家的政策和规定，没有滥用职权，也没有造成严重的后果，不构成犯罪，更不能用刑法来评价。

2017 年 11 月 29 日，笔者向平顶山市人民检察院公诉局提交了辩护意见，认为粮食局领导决定由粮库委托面粉厂代储应急储备粮的行为，符合国家当时的政策和地方实际情况，不存在滥用职权的问题，也不存在任何渎职行为，同时，也没有造成严重的后果，不构成犯罪，不应作为犯罪处理。

2019 年 2 月 20 日，平顶山市人民检察院采纳了笔者的全部辩护意见，作出了撤销案件的决定。

**【辩护要旨】**

在体制改革背景下，不能将地方政府部门所做的符合政策指引的探索和创新措施认定为滥用职权罪。

**【辩护意见】**

笔者经过查阅卷宗资料，向杨某核实有关情况，认为李某、胡某、杨某等决定由粮库委托面粉厂代储应急储备粮（面粉）的行为构不成犯罪。为此，笔者采取了无罪的辩护思路。

**（一）本案所涉储备粮是“应急储备粮”，而非传统意义上的储备粮**

我国粮食储备制度是中华人民共和国成立初期就开始建立的，开始有“五〇六”“甲字”两种储备粮，均属于战略储备，由中央下达指标、地方各级粮食主管部门指定基层粮库保管。1990年，为增加市场调节能力，保护农民种粮积极性，增加了“专项储备粮”，1991年9月12日国家粮食储备局正式颁布《国家储备粮油管理暂行办法》，明确规定了国家储备粮油包括“五〇六”储备粮油、“甲字”储备粮油和国家专项储备粮三种性质的储备粮。根据中央储备粮的品种安排，当时的储备粮仅有三个品种，即小麦（中原六省）、玉米（东北三省）、稻谷（南方各省），且均为原粮。1995年12月29日河南省政府办公厅印发的《河南省地方储备粮食管理若干规定》中，明确了河南省的省级储备粮为小麦、稻谷两个品种。所以，传统意义上的储备粮应当理解为小麦、玉米、稻谷这三种原粮。2003年受“非典”影响，中央要求地方建立应急储备粮，保障粮食供应的稳定，本案涉案的储备粮正是为了落实建立应急储备粮的精神，由政府建立的应急储备粮（面粉）供应系统。由此可知，粮库委托面粉厂代储的是用于加工面粉的小麦以及成品面粉，并非传统的原粮，只是由于面粉没有单独的补贴办法和标准，故为计算数量和补贴便利，才仍按小麦下达计划。

**（二）面粉厂代储应急储备粮符合承储资格要求**

（1）根据2003年9月30日国家发改委、国家粮食局、财政部、农发行颁发《关于进一步充实地方粮食储备，做好粮食市场供应工作的通知》，面粉加工企业、连锁超市、商场、私营粮食零售企业都可以受托代储应急储备粮，面粉厂作为面粉加工企业，承储应急储备面粉符合该文件的要求。

（2）由于面粉保质期较短（夏季1个月，冬季3个月），长期储存极易板结、霉变，所以要不停轮换，只有放在面粉加工企业才能实现持续轮换，并在应急需要时，能够随时提供新鲜面粉。

（3）截至目前，国家和省粮食主管部门均没有对面粉加工企业、连锁超市、商场、私营粮食零售企业承储应急储备粮（成品粮）的条件作出具体规定，所以，选择此类代储企业属于粮食行政部门的职权，只要选择具有承储能力和加工保管条件、信誉好的企业即可，不存在违规选择承储企业问题。

**（三）粮库委托面粉厂代储应急储备粮（面粉）期间，向面粉厂支付保管费和利息补贴，既符合储备粮管理政策，又符合双方合同约定**

（1）双方合同约定，代储期间粮库按市财政部门确定的费用和利息补贴标准向面粉厂支付代储费用（粮库按每年每吨20元扣除管理费），所以粮库向面粉厂拨付代储费用是有合同依据的。

（2）拨付的费用标准均在市财政部门规定的补贴标准之内，没有超拨和多拨，所以，粮库拨付代储费的行为不违反任何政策性规定。

（3）从粮库提供的检查记录看，在杨某分管储备粮管理工作期间，面粉厂的储备粮库存一直没有出现库存不足问题，面粉厂出现库存不足时，杨某已经离开工作岗位5年之久，不应对其离职后的储备粮监管行为承担任何法律责任。

**（四）目前，面粉厂代储的储备粮指标悬空，应由粮库和市粮食局现任领导承担补库责任**

（1）杨某参与决定将应急储备粮（面粉）交由粮库委托面粉厂代储，符合委托代储时的一切政策性规定，其主抓储备粮期间，也没有出现亏库现象，不存在任何滥用职权和渎职行为。

（2）至于以后面粉厂经营不善，导致储备粮库存不足并最终使粮库将代储的指标收回，粮库应当在收回该部分指标后，另行委托其他企业代储，或自己购买面粉建立库存，但粮库并未及时做好指标衔接和库存充实工作，粮食局也没有及时纠正、督办，为此粮库和粮食局现任领导应对指标悬空承担直接责任。

**（五）重新补库时的粮食价格与原来建库时的价格之差，不应视为实际损失**

面粉厂保管的应急储备粮（面粉）由于没有使用农发行的贷款，所以粮食轮出时并没有形成价差，财政部门也没有给予任何价差补贴。因此，本案不存在实际损失。如果目前重新建立库存，应该按当前市价购入，将来轮出销售时，如有溢价，则缴入粮食风险基金；如有落价，则由粮食风险基金补贴价差。该批粮食的价格最终是否溢亏，只能在未来轮出时确定，而不能以当前收购价与之前收购价之差作为粮价损失。

总之，笔者认为，面粉厂承储应急储备粮（面粉）符合国家当时的有关政策和当地实际情况，当时的粮食局领导班子决定由粮库委托面粉厂代储，不存在滥用职权问题。同时，面粉厂承储期间，粮库向其拨付代储费用，既符合粮食储备政策，又符合双方的合同约定，侦查机关将粮库应付面粉厂的代储费用视为国有资产损失是没有任何法律依据的。至于面粉厂后期经济状况恶化，造成库存不实，并由粮库收回代储指标，而且没有及时补库，造成储备粮指标悬空，应由此时的粮库和市粮食局领导班子承担补库责任，与离任的三位前任领导无关。

**【案例结果】**

河南省平顶山市人民检察院作出了平检反渎撤（2019）1号撤销案件决定

书，对杨某等人滥用职权案，因不按犯罪处理，决定撤销此案。

**【司法文书】**

河南省平顶山市人民检察院平检反渎撤（2019）1号撤销案件决定书

**【案例评析】**

最高人民检察院《关于渎职侵权犯罪案件立案标准的规定》指出："滥用职权罪是指国家机关工作人员超越职权，违法决定、处理其无权决定、处理的事项，或者违反规定处理公务，致使公共财产、国家和人民利益遭受重大损失的行为。"

**（一）杨某等人通过局党委会决议，指定面粉厂代储部分应急粮，是否超越职权**

在本案中，粮食局作为粮食主管部门，负责管理储备粮，协调中央储备粮与地方粮食的购销关系，指导、协调粮食轮换和陈化粮处理。杨某等人按照政府的统一要求，落实应急粮储备工作，并通过局党委会决议，指定面粉厂代储部分应急粮，由粮食局管辖的粮库与面粉厂签订"代储协议"，后粮库向面粉厂支付管理费和利息补贴，履行的是粮食局的部门职能，没有擅自决定和超越职权，而是通过正常的表决程序，经过党委会决议安排实施的。因此，杨某等人没有超越职权。

**（二）《起诉意见书》指控"造成财政资金损失376万元和储备粮指标空挂"的后果，是否属于滥用职权罪的结果**

滥用职权的行为，必须致使公共财产、国家和人民利益造成重大损失的结果时，才构成犯罪。本案中，粮库委托面粉厂代储应急储备粮（面粉）期间，向面粉厂支付保管费和利息补贴，符合储备粮管理政策，也符合双方合同约定。

同时，根据储备粮轮换的有关规定，储备粮指标下达后，由农发行根据收购数量和市场价格，向承储企业发放足额贷款，承储企业按政策性贷款利率向农发行支付利息，财政局按承储企业实际支付的利息全额给付利息补贴，并支付保管费用，符合规定和政策要求。

实际操作中，粮食轮换（销售）时，如果粮价高于收购的价格时（粮食由粮食管理部门统一对外销售），应当将销售溢价交予财政管理的粮食风险基金，粮食销售款归还农发行贷款；如果销售价格低于之前的收购价，其价差由财政从粮食风险基金中拨付，然后由承储企业将销售款加上价差补贴归还农发行贷款；

重新轮换购入以及再次轮出销售时，仍按上述办法操作，每批次粮食的价差按批次分开核算。面粉厂未使用农发行的资金，仅收取的是利息补贴和保管费，没有给国家造成损失。

对于指标悬空，如果重新建立库存，应该按当前市价购入，将来轮出销售时，如有溢价，则缴入粮食风险基金；如有落价，则由粮食风险基金补贴价差。该批粮食的价格最终是否溢亏，只能在未来轮出时确定，而不能以当前收购价与之前收购价之差作为粮价损失。故，不能认定“造成财政资金损失 376 万元和储备粮指标空挂”属于滥用职权罪的结果。

**【结语及建议】**

本案是一起人民检察院机构改革前，检察院自侦立案，又撤销案件的典型案件，笔者通过深入挖掘应急储备粮背后的运作模式，剥丝抽茧，化繁为简，最终达到了无罪处理的辩护效果。

粮食关系着百姓的基本生活，也关系着国家社会的稳定，如何在特殊时期（如战时、地震、瘟疫、人祸等）保证粮食市场的稳定，物价不会大起大落，从而确保整个社会稳定，是摆在政府以及粮食主管部门面前的一道难题。所以，针对市场的情况，只能先行采取储备成品粮，按期轮换的方式，保障粮食供应的稳定，但此模式也是处在探索过程中，既没有现行的明确规定，也没有可参照的固定模式，地方政府部门均采取一边探索一边改革的原则，确保粮食供应措施的落地。但改革势必打破固有的模式，如何保证改革成果不被司法程序否定，则是本案的核心。

对由于历史原因和客观形势所迫，执行政府政策过程中出现的违规行为，或无规定、无政策指导下的改革探索行为，进行刑法评价时，应充分考虑其发生的社会背景和客观环境以及演变的脉络，准确判断罪与非罪的界限，支持对国家社会有利的改革措施，保证改革成果不被司法机关否定。

## 三、专家点评

被告人的行为是否构成滥用职权罪，需要准确理解“职权”和“滥用职权”的含义。“职权”是国家机关工作人员代表国家处理公务的职责和权力。职责和权力的范围会随着社会时代发展、国家法律、政策等因素而发生变化。理解本案被告人的职权需要结合历史的发展查证其是否正确履职。“滥用职权”则是指国家工作人员超越职权，违法决定、处理其无权决定、处理的事项，或者违反规定处理公务。本案辩护人显然注意到这一点，充分论证了杨某等人是按照政府的统一要求，履行粮食主管部门的赋予职能，即指定面粉厂代储部分应急粮，由粮食局管辖的粮库与面粉厂签订“代储协议”，由粮库向面粉厂支付管理费和利息补贴。杨某依法正确履职，不存在滥用职权之处。

【作者简介】

姜爱军，河南张振龙律师事务所合伙人、副主任。河南省律协刑事风险防范委员会执委、洛阳市律协刑事业务委员会副秘书长，河南省律师行业优秀党员律师，洛阳市优秀律师，与他人合著《民营企业全方位法律风险防范手册》《民营企业运作锦囊》等书。

侯科伟，河南张振龙律师事务所刑事部副主任，洛阳律协刑事委员会委员。

## · 62 ·

# 王某某包庇、纵容黑社会性质组织案

## ——如何区分包庇、纵容黑社会性质组织罪与玩忽职守罪

张原芳

## 一、案例基本信息

涉案罪名：玩忽职守罪

办案单位：渑池县人民检察院

结案时间：2019 年 6 月 5 日

结案方式：起诉书将涉黑罪名改为轻罪玩忽职守罪

## 二、案例正文

### 【案情简介】

本案由渑池县公安局于 2018 年 6 月 22 日立案侦查，本案因涉嫌包庇、纵容黑社会性质组织罪立案侦查的嫌疑人有赵某×、赵某 2、王某某、王某×、胡某。2019 年 2 月 1 日移送渑池县人民检察院审查起诉。2019 年 1 月 13 日，辩护人接受委托，为嫌疑人王某某提供刑事辩护服务。

渑公（41122105）诉字［2019］10055 号起诉意见书指控：2015 年 12 月，因之前代某俊等人举报代某在中关村非法开矿，市国土局李某、刘某下来督促工作并同渑池国土局王某某、王某×等人到中关村代某非法开矿现场实地查看，只对塞地沟处两处采矿点进行了勘查后返回，并未全面、细致勘查周围其他疑似采矿点，后渑池县国土局以美丽乡村组组通项目修路挖出少量瓷石一个采矿点为据作出 3 万元处罚。2014 年 11 月至 2018 年 3 月犯罪嫌疑人王某某作为××县国土资源局领导分管矿业秩序管理及执法监察大队工作，2014 年 12 月听取王某×、

胡某汇报关于中关村代某等人为了非法开采钾长石，非法设置栏杆，安排专人放哨阻挡执法的情况后，王某某没有采取有效措施清除障碍，没有联合其他相关职能部门及时执法、关闭取缔。仅安排王某×立案查处，但截至2015年12月29日王某×未立案查处，王某某作为主管领导未进行有效督促监督。王某某作为主管领导在处罚决定与客观事实严重不符、办案程序违法的情况下却签字同意。

犯罪嫌疑人王某某、王某×、胡某3人不依法履行自己应尽的职责，严重失职不负责任，放任、纵容了以代某为首的黑社会性质犯罪组织长期在××乡中关村非法采矿，2013年~2016年6月在渑池县××乡中关村岭后组花地疙瘩上沟组塞地沟、岭后组南沟、岭后组寨地疙瘩等处盗挖销售的钾长石高达257569.30吨，获取暴利。为以代某为首的黑社会性质犯罪组织发展壮大了提供了经济支撑，给国家矿产资源造成重大损失。嫌疑人王某某等人的行为涉嫌包庇、纵容黑社会性质组织罪。

**【辩护要旨】**

包庇、纵容黑社会性质组织罪的主观方面必须是出于故意，行为方式表现为不依法履行或不正确履行职责，包庇、放纵黑社会性质组织进行违法犯罪活动的行为。

**【辩护意见】**

王某某在本案中的行为特征不符合包庇、纵容黑社会性质组织罪的法定犯罪构成要件，其行为依法不构成包庇、纵容黑社会性质组织罪。第一，本案中王某某在主观方面不存在包庇、纵容黑社会性质组织罪的主观故意，更无触犯本罪的犯罪动机与犯罪目的。王某某在本案案发前不知代某团伙系涉黑犯罪组织，更不知其行为的违法犯罪性；王某某在本案中不存在任何违法的犯罪动机，其与代某团伙无任何经济瓜葛或其他关联性。第二，本案中王某某在客观方面没有实施包庇、纵容黑社会性质的组织进行的违法犯罪活动的行为。第三，王某某在中关村非法采矿事件的处置上已经尽到了认真履行职责的义务。第四，代某黑社会性质组织团伙涉嫌非法采矿罪的监管主体应当是渑池县××乡人民政府，而非××县国土资源局。

综上，王某某在本案中的行为特征不符合包庇、纵容黑社会性质组织罪的犯罪构成要件，而且王某某与代某及其犯罪团伙成员之间，没有任何经济关联性，故将王某某认定为涉嫌包庇纵容黑社会性质组织罪于法理于情理均不恰当。

【案例结果】

河南省渑池县人民检察院三渑检涉黑犯罪刑诉［2019］3号起诉书认定，被告人王某某、王某×、胡某玩忽职守，不认真履行职责，致使国家矿产资源遭受重大损失，情节特别严重，应当以玩忽职守罪追究刑事责任。**经过有效辩护，渑池县人民检察院起诉时将涉黑罪名包庇、纵容黑社会性质组织罪改为玩忽职守罪**。

【司法文书】

河南省渑池县人民检察院三渑检涉黑犯罪刑诉［2019］3号起诉书

【案例评析】

（一）包庇、纵容黑社会性质组织罪的法律分析

根据《刑法》第294条第4款的规定，包庇、纵容黑社会性质组织罪，是指国家机关工作人员包庇黑社会性质的组织或者纵容黑社会性质的组织进行犯罪活动的行为。本罪在主观方面必须出于故意，即明知是黑社会性质的组织而包庇，是黑社会性质的组织进行的违法犯罪活动而纵容。过失不能构成本罪。

最高人民法院《关于审理黑社会性质组织犯罪的案件具体应用法律若干问题的解释》（2000年12月5日，法释〔2000〕42号）第5条的规定："刑法第二百九十四条第四款规定的**'包庇'**，是指国家机关工作人员为使黑社会性质组织及其成员逃避查禁，而通风报信，隐匿、毁灭、伪造证据，阻止他人作证、检举揭发，指使他人作伪证，帮助逃匿，或者阻挠其他国家机关工作人员依法查禁等行为。刑法第二百九十四条第四款规定的**'纵容'**，是指国家机关工作人员不依法履行职责，放纵黑社会性质组织进行违法犯罪活动的行为。"即明知是黑社会性质的组织进行的违法犯罪活动而放纵、宽容，对之听之任之，放任不管，不予制止，不加查处。

（二）包庇、纵容黑社会性质组织罪的认定必须坚持主客观相统一的原则

王某某在中关村非法采矿事件中，已经尽到了分管领导的注意义务。代某自2013年就开始非法采矿，其组织村委干部，联合驻村乡干部，制定值班把守制度，以给参与的团伙成员经济报酬为惑，层层掩盖、关关把守，并编造建设"美丽乡村项目"进行冠冕堂皇的掩护；在2015年年底，由于渑池县国土局在中关村严防死守，代某便纠集其团伙成员前后20余次到县国土局非法上访，阻挠办

公；面对地痞无赖的无理扰乱与地方团伙盘根错节的阻挠恐吓，王某某能够在2014年12月分管矿产业务后认真履职，并且于2016年6月彻底将中关村非法开采点取缔。王某某在本案中的行为特征不符合包庇、纵容黑社会性质组织罪的犯罪构成要件，王某某依法不构成包庇、纵容黑社会性质组织罪。

综上，渑池县人民检察院最终以王某某涉嫌玩忽职守罪向渑池县人民法院起诉是正确的。

**【结语及建议】**

本案是一起典型的扫黑除恶专项斗争中涉及深挖彻查保护伞的刑事案件。“保护伞”成为滋生黑恶势力的温床，因此，扫除政法队伍中的“害群之马”，营造风朗气清的良好政治生态势在必行。刑辩律师在办理黑恶势力案件时，不仅要严格依据罪刑法定原则，寻找对当事人最有利的辩点，争取当事人合法权益的最大化，更要提高自己的政治站位，做到讲政治、顾大局，始终坚持以事实为基础、以法律为准绳，维护好当事人的合法权益。

## 三、专家点评

坚持罪刑法定原则，从刑法的罪刑条款中寻找最有利于当事人的可辩、能辩之点，是优秀辩护律师的必修课。从刑法的规定来看，玩忽职守罪与包庇、纵容黑社会性质组织罪并不难区分。但当国家机关工作人员实施玩忽职守犯罪，恰恰该犯罪客观上又无形中帮助了现存的黑社会性质组织进行违法犯罪活动时，这就容易被当作纵容黑社会性质组织罪进行惩处。本案中，辩护人从被告人主观方面不存在包庇、纵容黑社会性质组织罪的主观故意角度进行辩护，坚持主客观相统一的定罪原则，分析了被告人的行为并不能成立包庇、纵容黑社会性质组织罪，最终让公诉机关改变了起诉的罪名。在全国声势浩大的“扫黑除恶”专项斗争背景之下，能够在审查起诉阶段经过辩护摘掉涉黑的帽子，无疑这次辩护是比较成功的。

**【作者简介】**

张原芳，河南省律协经济犯罪委员会执委，洛阳律协刑委会副主任，河南睿合瑞律师事务所执行主任，2017年被评为洛阳十佳优秀律师。